新媒体运营

主　编　王　慧　卢丽媛　万家凤
副主编　赵淑芳　梁丹丹　张升琼
彭昆钰　姜　玲　蔡恒美
陶思琴

合肥工业大学出版社

图书在版编目(CIP)数据

新媒体运营/王慧,卢丽媛,万家凤主编. --合肥:合肥工业大学出版社,2024
ISBN 978-7-5650-6686-3

Ⅰ.①新… Ⅱ.①王… ②卢… ③万… Ⅲ.①传播媒介-运营管理-高等学校-教材
Ⅳ.①G206.2

中国国家版本馆 CIP 数据核字(2024)第 038067 号

新媒体运营

王 慧 卢丽媛 万家凤 主编 责任编辑 王 丹

出 版	合肥工业大学出版社	版 次	2024 年 12 月第 1 版
地 址	合肥市屯溪路 193 号	印 次	2024 年 12 月第 1 次印刷
邮 编	230009	开 本	787 毫米×1092 毫米 1/16
电 话	基础与职业教育出版中心:0551-62903120	印 张	20.75
	营销与储运管理中心:0551-62903198	字 数	430 千字
网 址	press.hfut.edu.cn	印 刷	安徽联众印刷有限公司
E-mail	hfutpress@163.com	发 行	全国新华书店

ISBN 978-7-5650-6686-3 定价:45.00 元

前　言

在信息化高速发展的今天，信息传播方式正经历着前所未有的变革。新媒体的兴起，不仅重构了信息获取的渠道，更深刻地影响着社会的经济、文化及教育等多个维度。新媒体作为一种全新的传播媒介，正在逐渐取代传统的信息传播渠道，成为人们获取和分享信息的主要平台。鉴于此，江西应用科技学院和普特（杭州）跨境电子商务有限公司共同编写了《新媒体运营》一书。本书旨在为广大学习者提供一套全面且系统的新媒体运营知识体系，帮助他们深入理解新媒体时代的传播逻辑，从而有效提升在该领域的专业运营能力与素养。本书内容丰富、结构清晰，从新媒体的基本概念、特点，到新媒体运营的策略、技巧，再到新媒体时代的创新思维，都进行了详细的阐述和讲解。全书具有以下特点：

第一，紧密追踪行业动态。鉴于新媒体行业的快速发展，本书在编写过程中密切关注领域内的新技术、新平台及新策略，确保所传授的知识与行业实践同步，为学习者提供最具时效性的学习资源。

第二，强化理实深度融合。新媒体运营既需要坚实的理论基础作为支撑，也离不开丰富实践经验的指导。因此，本书在阐述理论框架的同时，融入了大量实际案例，引导学习者将理论知识转化为实践能力。

第三，探索创新思维理念。新媒体运营的精髓在于不断创新，而跨界融合则为创新提供了广阔的空间。本书鼓励学习者打破传统思维束缚，勇于探索未知领域，同时关注不同行业间的交集与融合，以期在创新中寻求突破。

本书由江西应用科技学院王慧教授拟定提纲，江西应用科技学院教师卢丽媛、万家凤、赵淑芳、梁丹丹、张升琼、彭昆钰、姜玲、蔡恒美、陶思琴承担了本书的编写工作。其中，前言由王慧编写，第一章由万家凤编写，第二章由赵淑芳、梁丹丹编写，第三章由张升琼、姜玲编写，第四章由陶思琴编写，第五章由卢丽媛编写，第六章由彭昆钰编写，第七章由蔡恒美编写，第八章由王慧编写。本书由王慧、卢丽媛、万家凤统稿，最后由王慧定稿。

本书中的案例和相关资源由普特（杭州）跨境电子商务有限公司提供，同时该公司在编写过程中也提出了相关指导意见。

本书主要适用于电子商务专业本、专科学生，也可以作为新媒体运营从业人员的基础培训用书。本书在编写过程中，得到了合肥工业大学出版社的支持和指导。另外，在编写过程中，本书参考和借鉴了电子商务行业及新媒体运营行业诸多同行和专家的研究成果，未能一一注明出处，在此一并表示感谢。同时，期盼相关行业专家、学者、教师和学习者在使用本书时，能提出宝贵意见和建议，我们将认真对待并吸纳合理意见和建议，以便修订时完善。

编写组

2024 年 7 月

《新媒体运营》课程思政设计一览表

章节	专业传授	思政素材	实施方法与路径	思政元素
第一章	新媒体运营的认识	必备素质 运营思维	通过一个简单案例分析导入新课，引出新媒体运营的主题，激发学生的学习兴趣。通过PPT和视频展示，介绍新媒体的概念、特点和表现形式，以及新媒体运营的基本知识、技能和必备的素质，培育学生的思想政治意识，提高学生的综合素质和社会责任感，激发学生的学习热情和主动性，从而培养出更多具有社会责任感和创新精神的新媒体人才。同时，引导学生思考如何保护个人信息安全和遵守网络道德。	思想政治意识 社会责任感 网络道德
第二章	微信运营	微信视频号 运营规范	拓展材料阅读：在讲授微信视频号时让学生了解微信视频号的运营规范，即诚实使用、分享好的内容及不干扰他人。 设计目的：让学生能够熟悉微信视频号的运营规范，更好地维护安全、有序、绿色的网络信息空间。	遵守规范
第三章	微博运营	微博内容互动 多元化	在讲授微博的传播特征过程中，对于微博信息的传播，楔入“不敢造假、不能造假、不愿造假”的理念，从“诚信”的好处与“不诚信”的危害两个角度讲述“诚信传播”信息的核心要义，使学生在知晓微博传播特征的同时感悟“诚信传播”信息的内涵，体会“虚假信息”对自己和国家的危害。	诚实守信

（续表）

章节	专业传授	思政素材	实施方法与路径	思政元素
第四章	短视频运营	短视频运营中的文化传播	布置小组任务：组织学生围绕特定的思政主题，如“传承红色基因”“青春奋斗”等，进行短视频创作。鼓励学生发挥创意，将思政元素融入短视频中，通过故事、画面、音乐等形式，传递正能量和正确价值观。活动结束后，可以组织展示和评选，让学生互相学习、交流。 设计目的：提升学生的专业技能，帮助他们更好地理解社会责任和价值观，实现全面发展。通过这些活动，学生可以将思政理论与实际操作相结合，更好地理解和把握短视频运营中的思政内涵。	文化自觉 创新思维 社会责任感
第五章	直播电商运营	在直播电商中进行文化内涵和社会价值的传播	案例讨论：在直播电商运营中，主播和商家如何做到真实、准确地介绍产品信息，不误导消费者，以诚信立业？ 案例分析：剖析一些直播电商中的虚假宣传案例，探讨其对社会公信力的影响，以及需要承担的相应法律责任和社会责任。 设计目的：在讲解直播运营时融入法律责任和社会责任的元素，让学生在掌握直播电商运营技巧的同时，深刻理解和践行社会主义核心价值观，自觉承担社会责任，养成良好的职业道德和行为习惯。	法律意识 社会责任感
第六章	社群运营	社群营销案例引导	案例讨论：在讲解社群营销案例中，除了教会学生如何进行社群搭建和营销之外，还可以举一些关于社群营销骗局的案例引起相关讨论，同时也提醒学生不要通过非法手段和行为进行营销，以免触碰法律红线。 设计目的：让学生了解作为社群运营人员应对社群内容进行严格监管，及时删除不良信息，防止负能量传播，营造积极向上的社群氛围。	诚实守信

（续表）

章节	专业传授	思政素材	实施方法与路径	思政元素
第七章	活动运营	活动运营成功案例引导	案例讨论：以北京奥运会案例为切入点，在讲述整个案例的成功要素过程中穿插北京奥运会活动运营涉及的中国元素，向全世界传递中国文化魅力和力量，以及其中涉及的技术创新和国际合作。 设计目的：让学生感受中国国家力量的日益强大，增强文化认同感，促使学生不断奋发努力，为社会主义现代化建设添砖加瓦。	文化自信
第八章	新媒体运营工具	优秀新媒体工具使用创新案例讨论	案例讨论：分析典型的新媒体运营案例，如正能量传播、公益宣传、舆情应对等，引导学生思考如何在新媒体运营实践中体现社会责任。 设计目的：强调新媒体作为信息传播的重要载体，对社会舆论、文化导向及公众认知产生的深远影响，阐述新媒体从业者在弘扬社会主义核心价值观、维护清朗网络空间、促进社会和谐稳定等方面的特殊责任与使命。	新媒体时代的社会责任与使命

目　　录

第一章　新媒体运营的认识

学习目标

- 了解新媒体的概念及特点
- 掌握新媒体的表现形式
- 了解新媒体运营的概念、必备的素质
- 掌握新媒体运营的思维、流程及策略
- 掌握新媒体运营的九大模块
- 掌握新媒体运营的用户定位、平台定位及内容定位

开篇案例

新媒体带来的新生活

十年前，你肯定没想到，自己将来的生活会这样：

朝阳的光芒还没照进你的房间，智能手机的闹钟已经发出了阵阵铃声。你睁开眼打开手机看了时间，顺便刷新了一下朋友圈，然后从美团外卖下单买了早点，又用微信支付转了账。在上班途中，你用手机看了几篇网文，玩了一会儿游戏。在工作闲暇时，你又开始看朋友圈有什么最新消息与共享资料。中午休息时，你一边月微信聊天，一边浏览京东、淘宝等网上商城，并将几款心仪的新产品装进购物车。一天的工作终于结束了，你在朋友圈里发了一段励志的话，表示自己准备下班。晚上看电视剧时，你还不忘时不时发微博、微信来点评剧情。睡觉前，你在群里抢了几个红包，又在朋友圈发了一句勉励自己继续努力生活的话，才恋恋不舍地合眼入眠。

一位新媒体用户的一天就这样结束了。除了睡眠之外，你几乎没离开过新媒体。在这个时代，上述场景就是无数普通人的生活写照。无论你是否承认，新媒体已经像影子一样跟我们紧密相连。你在工作、学习、社交、生活中都能看到它的影子。

（案例来源：李东临．新媒体运营［M］．天津：天津科学技术出版社，2018.）

案例思考：

1. 新媒体“新”在哪里，与传统媒体有什么区别？
2. 新媒体行业的整体状况及未来发展趋势如何？
3. 新媒体运营人员需要具备哪些基本能力？
4. 新媒体运营如何定位？

第一节　新媒体概述

新媒体为企业提供了多渠道、多模式的运营方式，帮助企业快速建立品牌优势，增强运营效果。新媒体的快速发展，使越来越多的企业加入了新媒体运营的行列。如海尔、小米、星巴克等传统企业通过新媒体进一步提升了品牌知名度，增加了忠实粉丝数量；三只松鼠、江小白等在新媒体环境下诞生的新品牌打响了品牌知名度，树立了品牌形象，获得了广大用户的喜爱。新媒体运营人员要想实现企业和品牌的推广与建设，首先要熟悉新媒体。本节将对新媒体的概念、特点、与传统媒体的区别、产生与发展、分类、表现形式，以及我国新媒体的主要表现形式进行介绍，帮助运营人员全方位认识新媒体。

一、新媒体的概念

新媒体的概念自20世纪60年代被提出以来，一直在不断发展变化。早在1967年，时任美国哥伦比亚广播电视网技术研究所所长的戈尔德马克就提出了与传统媒体相对的“新媒体”概念。

美国《连线》杂志认为，新媒体是“所有人对所有人的传播”。

联合国教科文组织则把新媒体定义为“以数字技术为基础，以网络为载体进行信息传播的媒介”。

清华大学熊澄宇教授认为，新媒体的内涵和外延在不断延伸，在传统互联网和移动互联网之外还出现了其他新的媒体形态，凡是跟计算机相关的都可以被视为新媒体。

实际上，早期人们对新媒体概念的认识还是比较模糊的，直到近几年新媒体才有了相对明确的概念和完整的体系。对于新媒体，可以从狭义和广义两方面进行解释。

狭义的新媒体是指与报纸、广播、电视和楼宇广告等传统媒体不同的一种新的媒体形态，包括互联网媒体、移动互联网媒体、数字电视、手机媒体、博客、微博、微信等形态。

广义的新媒体是指在各种数字技术与互联网技术的支持下，通过互联网、无线通信网、宽带局域网等渠道，以及电脑、手机、数字电视等一切互联网终端向用户提供信息或服务的新的媒体形态，具有媒体形态数字化的特点。

本书所定义的新媒体是指依托新的技术支撑体系出现的媒体形态，是利用数字技术，通过计算机网络、无线通信网、卫星等渠道，以及电脑、手机、数字电视等终端，向用户提供信息和服务的传播形态。从空间上看，“新媒体”特指当下与“传统媒体”相对应，以数字压缩和无线网络技术为支撑，利用其大容量、实时性和交互性的特点，可以跨越地理界限最终实现信息和服务全球化的媒体。

二、新媒体的特点

新媒体的本质是一种媒体，与传统媒体相比，关键在于一个“新”字，而新媒体的“新”主要体现在以下几个方面。

（一）实现了信息的双向传播

传统媒体的信息传播方式是单向的、线性的、不可选择的，表现为在特定的时间内由信息的发布者向受众发布信息，受众被动接受信息，缺少信息的反馈。这种静态的传播使得信息流畅性弱，传播效果不佳。而新媒体的信息传播方式是双向的，每个受众既是信息的接收者，同时也是信息的传播者，互动性强，传播效果明显。

（二）信息传播不再局限于固定场所

移动互联网的出现让新媒体的传播变得更加无孔不入。只要有智能手机，人们就可以浏览网页、看电视等，上网时间比过去大大增加，信息覆盖水平远超以往。手机媒体成了人们接收信息的主要方式，人们可以不受场地和距离的限制而随时接收信息，这种方式具有很明显的移动化特点，不再局限于固定场所。

（三）传播行为更加个性化

新媒体通过微博、微信、博客、播客等新的传播方式使得每一个人都成为信息的发布者，人们能够个性化地表达自己的观点，而且传播自己关注的信息，传播内容与传播形式完全都由自己掌控。同时，信息的受众更加细分，每个人都可以通过微博、微信等新媒体平台，变成一个内容制作中心和信息传播中心，定制自己所需的信息内容，使得信息的接收更加主动和个性化。

（四）传播速度实时化

传统媒体要派出记者进行采访，然后由记者写报道，相关部门审核报道，最后再发表出来。除了一句话的新闻快讯外，传统媒体发布的信息总有一定的滞后性。而新媒体的信息传播速度则在数字技术与网络技术的支持下变得更加迅速，只要新媒体人员发布了信息，用户就可以实时接收信息，及时做出相应反馈。同时，很多新媒体平台还提供了“推送”功能，一旦发送信息，即会主动告知用户，方便用户实时查看。

（五）传播内容多元化且充满原创性

从传统媒体到新媒体，最大的变化就体现在传播内容的多元化和融合化上。传统纸质媒体通过平面展示文字和图片信息。而如今，借助新媒体传播的内容可能集文字、图片、声音等于一身，新媒体有效提升了信息的承载力和广度。

传统媒体基本不报道没有新闻价值的内容，而新媒体的内容多种多样，且拥有大量原创内容，这使得新媒体成为人们展示自我的有力平台。

（六）便于企业宣传

以往的企业宣传仅仅是录制企业宣传片或制作宣传页上传到官网，不利于小型企业的发展，而如今在新媒体的平台协助下，小型企业也可以简单、便捷地实现公司的自我宣传目的。

三、新媒体与传统媒体的区别

（一）传播内容的区别

新媒体不仅有着丰富的文本、图像和视频，还有互动媒体、社交媒体和虚拟现实等多种多样的形式，传播内容丰富、多元；传统媒体以文字、图像和视频为主要形式，侧重于新闻、资讯、广告等内容的传播，内容相对单一，传播的方式也相对简单。

（二）传播形式的区别

新媒体的信息源更加多元化，信息的传播速度较快，更加注重用户的参与性和互动性；传统媒体将内容推送给用户之前通常需要对内容进行编辑、筛选、加工，具有一定的权威性和可信度。

（三）消费行为的区别

新媒体更注重用户的参与性和互动性，可以根据用户的需求和兴趣进行个性化推荐；传统媒体通常是与观众或读者锁死的，观众或读者的参与度不高，主要是单向传播。

总的来说，新媒体与传统媒体在传播内容和形式上有着不同之处，但在某些方面又有着相互融合的趋势，在一定程度上存在互补关系。

四、新媒体的产生与发展

（一）新媒体的产生

互联网的普及和网络传输速度的提升为新媒体的产生与发展提供了基础条件，人们可以通过互联网获取各种信息，并与他人进行实时互动。随着智能手机和平板电脑的普及，移动互联网成为人们进行信息交流和社交活动的主要方式，移动应用程序和社交媒体的兴起，推动了新媒体的发展。

1967 年，美国哥伦比亚广播电视网技术研究所所长戈尔德马克在其发表的一份关于开发电子录像器（EVR）的报告中率先提出“新媒体”这一概念。

1969年，美国传播政策总统特别委员会主席罗斯托在向尼克松提交的报告书中，多次使用“新媒体”一词。从此，“新媒体”一词开始在美国社会流行并延展到全世界。

（二）新媒体的发展

1. 起步阶段（1993年—2000年）

新闻门户网站是最早的新媒体。1993年12月，《杭州日报·下午报》通过该市的联机服务网络——展望咨询网进行了传输，自此拉开了中国报纸电子化的序幕。《人民日报》主办的人民网于1997年元旦上线，成为中国开通的第一家中央重点新闻宣传网站。此后，各种新闻网站如雨后春笋般涌现，社会上出现了新闻网站建设的浪潮。新浪、搜狐、网易凭借得天独厚的优势和优质的内容编辑体系，被称为“中国三大门户网站”。

2. 发展阶段（2001年—2008年）

在此阶段，电子邮件得到了极大的普及。随着门户网站电子公告板社区、各独立网络论坛的出现，人们不再是被动的信息接收者，而是成为能够体验网络时代所带来便捷的信息发布者。此时，博客也逐渐兴起，写博客成为一种大规模的群体行为，人们纷纷在博客上发表自己对事物的见解和看法，争相做博主。

3. 高潮阶段（2009年至今）

2009年至今是新媒体的蓬勃发展时期。此阶段多种多样的新媒体不断涌现，其中比较具有代表性的是微博，微博至今仍是很多人了解身边新鲜事物及时事新闻的主要途径。2011年，腾讯公司推出一款通信服务应用程序——微信，由于腾讯用户的基数较大且微信的用户体验良好，微信推出不久就家喻户晓。在此阶段，视频网站和音乐网站也开始流行起来，主要包括优酷、土豆、爱奇艺、腾讯视频、搜狐视频、酷狗音乐、网易云音乐等。

随着智能手机及4G、5G网络的普及，新媒体的传播形态也在不断创新发展。各种App、小程序方兴未艾，各类直播网站、短视频站点、知识社区、新闻资讯App等成为当下人们获取信息的主要渠道，抖音、今日头条、知乎等在各自的领域不断抢占市场份额，新媒体的发展进入高潮阶段。

（三）我国新媒体产业的发展趋势

2013年6月25日，中国社会科学院新闻与传播研究所、社会科学文献出版社在北京联合发布了新媒体蓝皮书《中国新媒体发展报告（2013）》。该书概括了当前中国新媒体发展的六大态势，盘点了移动互联网、微信、微博客、大数据与云计算、社交媒体、三网融合、宽带中国、智慧城市与物联网、移动应用App、OTT TV十大热点，全面解析了中国新媒体的传播社会影响，提出自2012年以来，移动化和融合化成为中国新媒体发展与变革的主旋律。在移动互联网和网络融合大势的助推下，中国新媒体用户持续增长，新媒体普及程度进一步提高，新媒体应用不断推陈出新，产业日趋活跃，新媒体的社会化水平日益提升，频频引发热点。

2016 年 6 月 21 日，《中国新媒体发展报告（2016）》在北京发布，该蓝皮书指出，我国新媒体产业从 2015 年开始就取得了长足的进步，其中互联网广告、网络游戏、电影、大数据、VR（虚拟现实技术）的发展尤为迅速。以 BAT（百度、阿里巴巴、腾讯三大集团的汉语拼音首字母缩写）等互联网巨头为主体而构成的新媒体生态系统正在逐步完善，传统产业与新媒体产业将在“互联网＋”与“大数据＋”等政策的推动下进一步融合。

国内互联网企业采取“资本＋媒体”等形式在传媒领域投资和布局，促成了多类型传播渠道的发展，同时也有力地促进了媒体行业的转型升级。从 2015 年开始，中国新媒体产业出现了合并潮，不少同行业的竞争对手都采取了战略合并方针。比如，滴滴打车与快的打车合并，美团网与大众点评网合并。这些同类型企业的合并减少了新媒体产业的恶性竞争，优化了整个产业的生态布局。

此外，移动化、智能化媒体产业将逐渐成为新媒体产业的主流。智能化媒体产业以初露头角的 VR 产业为代表。VR 被认为是下一代互联网及移动计算平台，标志着人类从 PC 端互联网、移动互联网进入新的发展阶段。2015 年被称为“VR 元年”，据《中国新媒体发展报告（2016）》估计，VR 在中国拥有 2.86 亿潜在用户，市场潜力相当惊人。

总体来看，国家对新媒体产业发展依然采取大力扶持的政策，新媒体生态圈在碰撞与融合中逐渐成形。智能技术的发展让新媒体的跨行业整合进程进一步提速，甚至有机器人参与到新闻生产流程之中。自媒体的价值变现能力更加突出，内容提供者将成为新媒体产业未来的重点培育对象。“新媒体＋电商”等多元化经营方式也成为各行各业的重要营销手段。

可见，在现代科技影响下，当代媒体产业结构面临深刻的调整，主要趋向是新媒体产业将引领媒体产业潮流，部分传统的媒体行业将逐步走向衰微，适应市场需求的媒体行业将继续保持活力，同时文化内容将成为媒体产业核心竞争力，新媒体的发展将是未来媒体发展的新趋势。

五、新媒体的分类

所谓媒体，就是指传播信息的介质，通俗地说就是宣传的载体或平台，能为信息传播提供平台的就可以称为媒体。值得注意的是，媒体的定义应该根据国家现行的有关政策，结合广告市场的实际需求，不断更新，以确保其可行性、适宜性和有效性。

（一）传统媒体

传统的四大媒体分别为电视、广播、报纸、网站，此外还有户外媒体，如路牌、灯箱的广告位等。随着科学技术的发展，新的媒体逐渐衍生，如IPTV、电子杂志等，它们在传统媒体的基础上发展起来，但又与传统媒体有着质的区别。传统媒体按出现的先后顺序可以划分为如下几类。

1. 第一媒体

如报纸、杂志、图书、宣传单、海报、手册等，其特征是均为纸质媒体，依赖纸张和油墨。

2. 第二媒体

如广播、收音机、电台、留声机等，其特征是具有收音机终端和模拟音频信号。

3. 第三媒体

如电视、高清电视等，其特征是具有电视终端和模拟图像信号。

（二）新媒体

1. 第四媒体

其是在网络技术体系支撑下出现的媒体形态，如数字电视、数字电影、数字动画、互联网、IPTV、网络视频、博客、宽带、电子杂志，其特征是依靠计算机终端，是基于交互性、数字化网络的媒体。

2. 第五媒体

如智能手机、电子书、阅读器、移动电视、网络桌面视窗、触摸媒体等，其特征是移动、便携，是基于无线宽带的数字化网络媒体。

六、新媒体的表现形式

新媒体的表现形式多种多样，包括网络新闻、微博、微信公众号、视频直播、网络论坛、网络直播、网络电台、网络小说、网络音乐和网络电影等。这些新媒体形式通过互联网传播信息，为用户提供了丰富多样的内容和交流平台。随着科技的不断进步和创新，新媒体的表现形式还将不断拓展和更新，为人们的生活带来更多的便利和乐趣。为帮助新媒体运营人员更好地了解新媒体，下面将介绍几种具体表现形式。

（一）网络新闻

网络新闻是指通过互联网发布的新闻信息。它具有即时性、全球性和互动性的特点，用户可以随时随地获取最新的新闻资讯。网络新闻的形式多样，包括文字、图片、视频等多种媒体形式，能够满足不同受众的需求。

（二）微博

微博是一种基于网络平台的短文本信息发布工具，用户可以通过微博发布文字、图片、视频等内容，并与其他用户进行互动。微博具有简洁、快速、便捷的特点，方便用户随时随地分享自己的生活和观点。

（三）微信公众号

微信公众号是一种基于微信平台的内容发布和传播工具，用户可以通过关注微信号公众号获取最新的资讯和信息。微信公众号可以发布文字、图片、音频、视频等多种形式的内容，用户可以通过阅读、点赞、评论等方式与微信公众号互动。

（四）视频直播

视频直播是指通过互联网将实时的视频内容传输给观众的一种传播方式。视频直播具有真实、直观、互动的特点，能够让观众身临其境地参与其中。视频直播的内容丰富多样，包括新闻、娱乐、体育等各个领域。

（五）网络论坛

网络论坛是一种以特定主题为核心的在线交流平台，用户可以在论坛上发布问题、分享观点、参与讨论。网络论坛能够汇集大量的信息和意见，为用户提供了一个广泛的交流和学习的平台。

（六）网络直播

网络直播是指通过互联网将实时的音频、视频内容传输给观众的一种传播方式。网络直播包括游戏直播、音乐直播、美食直播等各种形式，观众可以通过弹幕、点赞等方式与主播进行互动。

（七）网络电台

网络电台是一种通过互联网传播音频内容的媒体形式。网络电台可以播放音乐、电台节目等内容，用户可以随时随地收听自己喜欢的节目。

（八）网络小说

网络小说是指通过互联网发布的小说或故事。网络小说作者通过网络平台向读者提供免费或付费的阅读服务，读者可以通过手机、电脑等设备随时随地阅读小说。

（九）网络音乐

网络音乐是指通过互联网传播的音乐作品。用户可以通过在线音乐平台或社交媒体平台收听和分享自己喜欢的音乐。

（十）网络电影

网络电影是指通过互联网提供的在线电影观看服务。用户可以通过网络平台观看最新的电影作品，其具有便捷、低成本的特点。

七、我国新媒体的主要表现形式

随着科技的不断进步和互联网的普及，新媒体逐渐在我国崛起。新媒体以其便捷、实时和互动的特点，迅速改变了人们获取信息、交流、娱乐和参与社会的方式。我国新媒体的主要表现形式及其主要特征包括以下几个方面。

（一）社交媒体

社交媒体是新媒体的重要组成部分，它以用户之间的互动和信息共享为核心。我国的社交媒体平台包括微信、微博、QQ空间等。这些平台通过建立个人主页、发布动态、评论互动等功能，让用户能够快速、便捷地与朋友、家人和其他用户进行交流和信息分享。社交媒体的主要特征是信息的实时更新和广泛传播，用户通过社交媒体可以及时获取最新的资讯和热点话题。

（二）数字新闻媒体

数字新闻媒体是传统媒体与网络技术相结合的产物，它以提供多种形式的新闻信息为主要特点。我国的数字新闻媒体主要包括新闻App、新闻网站等。这些媒体平台通过实时更新新闻内容、提供多媒体资讯和个性化推荐等功能，让用户能够方便地获取多样化和个性化的新闻服务。数字新闻媒体的主要特征是信息的即时性和全面性，用户可以通过手机或电脑随时随地获取最新的新闻资讯。

（三）短视频平台

短视频平台是近年来兴起的一种新媒体形式，它以短视频内容的制作和分享为主要特点。我国的短视频平台主要包括抖音、快手等。这些平台提供了用户可以录制、编辑和分享短视频的功能，用户可以通过浏览短视频来获取娱乐和信息。短视频平台的主要特征是内容的碎片化和娱乐性，用户可以通过短视频的形式快速浏览和参与各种有趣的内容。

（四）直播平台

直播平台是新媒体的又一重要形式，它以实时在线直播为主要特点。我国的直播平台主要包括斗鱼、虎牙等。这些平台提供了用户可以实时录制和分享自己的生活、技能表演等内容的功能，同时也提供了用户可以观看其他用户直播的功能。直播平台的主要特征是即时性和互动性，用户可以通过直播平台与主播进行实时互动，获得更加真实、直观的体验。

新媒体的主要特征包括信息的实时性、互动性和个性化。新媒体以高效的传播方式和多元化的内容形式，在满足用户获取实时信息及其他个性化需求的同时，也改变了传统媒体的商业模式和用户体验。在新媒体的浪潮下，人们的生活方式和社交方式都发生了巨大的改变，新媒体已经成为人们获取信息、参与社交和获取娱乐的重要渠道。

总而言之，我国出现的新媒体形式包括社交媒体、数字新闻媒体、短视频平台和直播平台。这些新媒体以其便利的信息传播方式和丰富多样的内容形式，迅速赢得了广大用户的喜爱和追捧。新媒体不仅改变了人们获取信息的方式，也对传统媒体的发展和传媒行业的商业模式提出了全新的挑战。随着科技的不断进步和互联网的不断发展，新媒体在我国的发展前景将更加广阔。

第二节　新媒体运营概述

一、新媒体运营的概念

（一）运营的概念

运营是指通过制订计划、组织活动等将商品信息提供给用户，同时收集用户反馈信息，促进商品改良的一种经营手段。例如，某公司员工小林向老板汇报工作，小林说："老板，我们本月的工作是小王负责微信公众号文章的撰写，小李负责抖音短视频的制作，小刘负责招商，已谈妥的广告有 3 个，其他所有的工作都已准备就绪。"小林的汇报就包含了运营的实践操作。

（二）新媒体运营的概念

新媒体运营是指通过现代互联网技术手段，利用微信、微博、今日头条等新媒体平台与工具，策划优质、具有高度传播性的内容和线上活动，向客户进行产品宣传、推广，扩大用户参与度，提高品牌知名度，充分利用粉丝经济，达到品牌宣传、产品推广曝光、产品营销等相应营销目的的商业活动。

新媒体运营作为一项系统性工作，可以从战略角度、职能角度、操作角度对其进行全面解读。

1. 战略角度

从战略角度看，新媒体运营可以定义为借助新媒体工具，实现对产品研发、产品推广、用户反馈、产品优化的闭环与精细化管理。

2. 职能角度

从职能角度看，新媒体运营可以定义为利用新媒体工具进行产品、用户、内容及活动四大运营模块的统筹与运作。

3. 操作角度

从操作角度看，新媒体运营可以定义为负责新媒体工作或平台具体的工作，是一个基于运营数据而不断优化改进的过程。

因此，新媒体运营并不是一个简单的概念，而是一项涉及战略到操作、企业全局到细节执行的系统工作。

二、新媒体运营的发展历史

新媒体运营是连接网民与互联网产品的桥梁。新媒体运营发展的不同阶段虽然都涉及内容、用户、产品及活动，但每个阶段的侧重点却各有不同。

（一）用户运营主导期（2000 年以前）

2000 年以前，我国互联网行业尚处于萌芽阶段，网民数量极少，此时互联网企业处于野蛮生长阶段，哪家企业能够挖掘到用户需求、“抢”到用户，就能获得更快的成长。在这一阶段，第一批满足用户需求的企业包括新浪、网易、阿里巴巴、腾讯、百度等。

（二）产品运营主导期（2000 年—2005 年）

此阶段，各大互联网企业的工作重点都是在原有产品的基础上“修炼内功”，进行产品的优化与延展。例如，阿里巴巴在外贸网站的基础上推出了阿里旺旺、支付宝等产品模块；腾讯在 QQ 的基础上推出了 QQ 秀、QQ 游戏、QQ 空间等产品模块；百度在文字搜索的基础上增加了 MP3 搜索、图片搜索、百度贴吧等产品模块。在这一阶段，新媒体运营的工作重点都是围绕产品展开的，如新产品研发、需求反馈、产品优化等。

（三）活动运营主导期（2005 年—2012 年）

2005 年起，国内互联网企业同质化竞争开始激烈化。所以，很多网站必须尝试通过形式多样的活动进行品牌推广及用户激活，与竞争对手拉开距离。例如，2011 年 8 月，国内团购网站数量达到最高峰的 5058 家，为了更快地从“千团大战”中胜出，各家团购网站的运营团队分别进行了不同形式、不同创意的线上线下活动。在这一阶段，新媒体运营的重点工作就是设计创意活动、确保活动执行、监督活动效果，通过活动获取用户并激活网站流量。

（四）内容运营主导期（2012 年—2018 年）

随着智能手机的逐步普及，网民开始进入移动互联网时代，看今日头条和用微信聊天成为网民日常必做的事情。由于网民浏览手机时间有限，抓住用户吸引力、吸引用户持续停留成为新媒体运营人员的头等大事。因此，内容运营成为这一阶段新媒体运营的重点工作。例如，2018 年元旦，支付宝推出了“2017 支付宝年账单”功能，以图文结合的形式总结用户的全年账单数据，将枯燥无味的账单数据转换为“每次出发，都是为了更好的回来”，以及“你，就是更好世界的希望”等走心的文字、全彩绘制的生活场景图，支付宝年度账单的内容呈现形式获得了用户的点赞与主动传播。

三、新媒体运营的必备素质

随着互联网的快速发展和普及，新媒体运营成为许多企业和组织进行推广的重要手段，而企业运营是围绕商品管理展开的一系列计划、组织、实施和控制活动，是与产品生产和服务密切相关的各项管理工作的总称。作为一名新媒体运营人员，要想在激烈的竞争中脱颖而出，需要具备一定的基本素养和能力。

（一）产品理解能力

产品是运营的基础，脱离产品的运营等于零。一名合格的新媒体运营人员对产品要有自己的思考，需要熟悉产品的历史、每一个功能点，深刻理解产品的卖点，清晰地进行产品定位，理解用户的使用场景，分析产品对用户的吸引力，找到用户的行为模式，解决用户提出的所有问题。

（二）网感和灵感

网感是指新媒体运营人员对网络敏感的感知和理解能力的简称，就是指其能从每天的海量信息中捕捉到网络舆论的发展方向，找出会引发全民热议的信息，然后主动引导话题，具体表现为感知、理解、创造网络热点话题、网络热点词汇、网络热点表情包等网络元素。无论是纯媒体，还是新媒体，其运营人员都应具有对网络流行热点的创造能力和快速反应能力。“网感”往往能给新媒体运营人员带来创作的灵感，将企业产品或品牌与网络热点结合起来，形成具有吸引力的营销内容，抢占营销先机。

（三）资源整合能力

新媒体运营人员需具备整合素材、资料的能力。在不同的营销平台中存在多个同质化的内容，导致营销内容的原创性与质量降低，给用户带来不佳的感观。有时候你得到的就是几句话，你要做的是把这几句话写成一篇文章，甚至是一个小爆料，这就要求运营人员具有从素材中发觉关联的能力。

（四）策划与写作能力

新媒体运营人员需要具备良好的内容策划和写作能力。内容策划包括对营销内容和方式的定位、对营销渠道的确定、对目标用户人群的分析等，同时，面对瞬息万变的互联网环境，新媒体运营人员要不断通过实践提高自己的策划能力，保证营销计划能够顺利开展。写作能力则是要求新媒体运营人员能够用简练、生动的语言表达自己的观点和想法，同时要善于挖掘和创作有价值的内容，吸引用户的关注和参与。

（五）良好的沟通能力与团队合作精神

作为新媒体运营人员要具备与用户、粉丝、合作伙伴等沟通的能力。良好的沟通可以帮助人们建立良好的互动关系，获取用户的反馈和意见，及时做出调整和改进。同时，新媒体运营往往需要与多个部门和团队合作，包括编辑、设计、技术等，新媒体运营人员应具备团队合作精神，能够有效地与他人沟通协作，共同完成工作任务。

（六）数据分析能力

新媒体运营人员需要具备一定的数据分析能力，能够对数据进行有效的收集和分析，了解用户的需求和行为，从而优化内容和推广策略，提高运营效果。

总之，新媒体运营的必备素质包括产品理解能力、网感和灵感、资源整合能力、策划与写作能力、良好的沟通能力与团队合作精神，以及数据分析能力。只有具备了这些必备的素质，新媒体运营人员才能更好地开展工作，取得良好的运营效果。

四、新媒体运营思维

新媒体运营是一种全新的经营思维模式，它将新兴媒体平台与传统营销策略相结合，借助互联网、手机 App、社交媒体等各种渠道，有效地传达企业品牌和产品信息，提升企业品牌形象和产品销售额。但是，新媒体平台的复杂性和不断变化的特点，需要运营人员拥有一系列的思维方式和能力来应对挑战。一名合格的新媒体运营人员必须掌握以下几种思维方式。

（一）产品思维

新媒体运营所涉及的内容和服务最终都是向用户提供产品。产品是指能够供给市场，被人们使用和消费，并能满足人们某种需求的任何东西，包括有形的物品及无形的服务、组织、观念或它们的组合。产品的好坏不仅与其质量有重要关系，还取决于它满足用户需求的程度。而且在满足用户需求的同时，运营人员还需要考虑产品收益、产品的社会效益和社会责任。

（二）用户思维

用户思维是指将用户的需求和体验放在首位，把企业的利益放在次要地位的一种思维方式。新媒体用户也叫粉丝，粉丝在互联网中以社群的形态聚集，通过社群有效连接产品和用户是运营工作的重点。而社群的建立和粉丝维护需要长期的规划并结合运营推广需求来进行，定位不清晰、功能不明确的社群可能会起到反作用。所以，新媒体运营人员需要深度了解用户的需求，调研用户群体，了解他们的喜好、行为、价值观等方面内容，以建立用户画像，制定精准的营销策略，提升用户口碑和满意度。

（三）数据思维

新媒体运营离不开数据的分析和应用。数据思维是指通过各种方法收集用户数据，了解用户需求，改进运营决策，推动产品不断迭代升级。数据思维的核心是数据分析，要将落脚点与具体的业务需求相结合，而数据分析的目的是了解数据背后的人。所以，数据思维将数据作为决策的基础，运营人员要善于通过数据分析、挖掘和应用，发掘潜在商机，提升市场占有率。新媒体运营人员需要对数据保持敏感并能够发现其中的规律，结合用户画像和市场情况进行数据分析，从而优化营销策略和运营效率。

（四）互联网思维

互联网思维是相对于工业化思维而言的，既是一种商业民主化的思维，也是一种用户至上的思维，是在互联网对生活和商业影响力不断增大的背景下，对用户、产品、营销和创新，乃至对整个价值链和生态系统重新审视的思维方式。其三要义是颠覆性创新、开放中博弈、合作中共赢。

（五）敏捷思维

敏捷思维是指在不断变化的市场环境中，灵活地应对各种挑战和变化，及时解决问题的一种思维能力。新媒体运营人员需要具备快速响应的能力，在快速变化的市场环境中，及时调整营销策略和方向，进行迭代式的试错和调整，实现持续创新和优化。

（六）创意思维

创意思维是指不断探索和寻找新的想法与思路，开发新的产品、服务和营销策略的一种思维能力。新媒体运营人员需要具备良好的创意能力，不断推陈出新，用创新的想法和方式打动用户，提升品牌影响力和市场竞争力。

（七）合作思维

新媒体运营人员需要协同工作，与企业内外各部门进行高效的协作，共同实现企业发展的目标。运营人员需要具备良好的沟通能力和团队协作精神，积极协调内外部资源，促进企业的发展和创新。

总之，新媒体运营思维的关键是聚焦用户，运用数据，灵活应变，充满创意，注重合作，将最先进的技术和思维模式运用到企业品牌传播和获取客户上，从而推动企业的发展和变革。

五、新媒体运营的流程

新媒体运营是一项系统性的工作，按照工作职能可将其工作流程划分为策划与战略思考、数据分析与合作、日常内容生产、线上与线下活动策划和社群组织与运营等阶段，每个阶段的工作内容也不一样，具体流程图如图 1－1 所示。

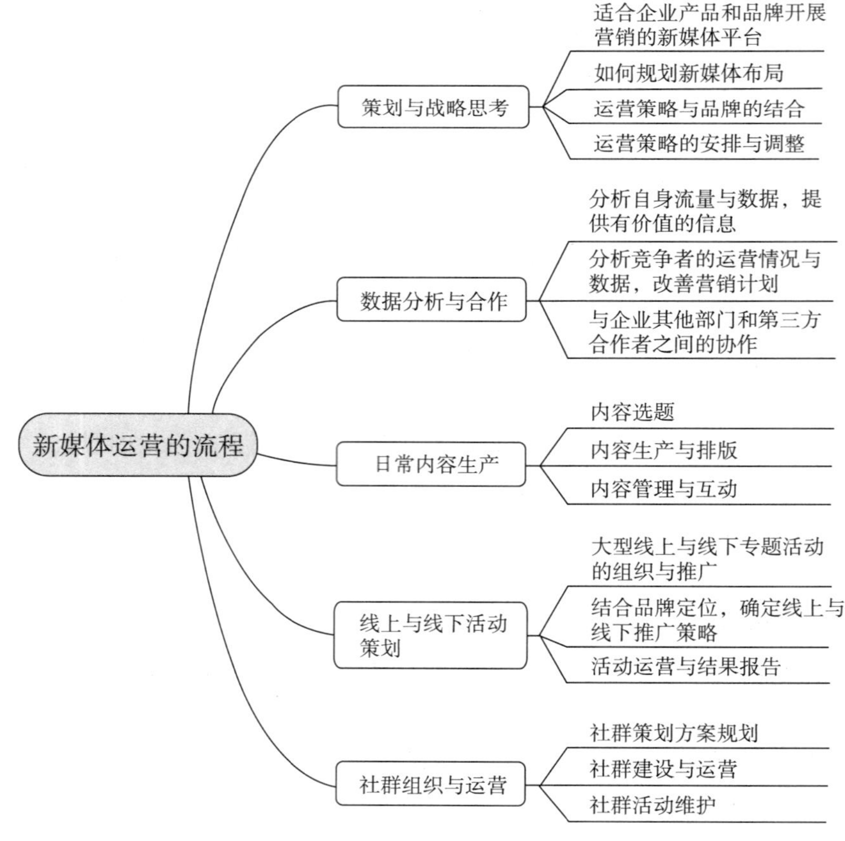

图 1－1　新媒体运营的流程图

六、新媒体运营的策略

新媒体运营的三大主要方向是用户运营、内容运营、活动运营，掌握好每个方向的运营策略，可以为运营人员提升营销效果提供帮助。

（一）用户运营策略

用户运营是指以用户为中心，在用户需求的基础上制定贴近用户、团结用户、引导用户的运营战略与运营目标。用户运营策略的核心目标有三点：一是拉新，即吸引新用户；二是留存，即留住老用户；三是促活，即促进用户活跃度。运营人员可以从以下五个方面完成用户运营目标。

（1）做好用户需求分析与调研，找到用户的兴趣点。

（2）在可以接受的成本范围内开展运营活动，让用户使用自己的产品。

（3）通过一系列活动让用户成为忠实用户，持续使用自己的产品。

（4）与用户保持密切的互动，提升用户的活跃度，使用户成为产品和品牌的传播者，提升产品价值。

（5）进行沉默用户的维护，如召回、反馈或与其他产品合作等。

在用户运营的过程中，还要进行用户细分，明确不同用户所处的等级，可以更有针对性地制定用户运营策略，形成差异化对待，如普通用户与会员、会员与忠实用户之间的运营策略是不同的，应该花费更多的精力在能够提供价值的用户身上。

（二）内容运营策略

随着新媒体环境下流量成本越来越高，内容作为一种免费吸引用户的途径越来越受到重视。内容运营策略是运营人员首先要考虑的，内容运营策略主要包括内容审核、内容价值判断、内容包装、专题合集内容策划四个部分。

1. 内容审核

在众多的新媒体运营平台中，每个平台的规则和要求都不尽相同，同一项内容可能无法在所有的新媒体平台中发布，此时内容的审核就显得相当重要。内容审核包括对内容质量的审核，内容表达不清晰、质量较低的文章，要尽量避免推送给目标用户，以提升用户的阅读体验。内容审核主要通过运营人员在后台先审核后发布的方式进行，从而有效提高内容的质量。

2. 内容价值判断

内容审核只是对内容是否违规、合理而进行的一个粗略判断，不能对内容是否为好内容、是否对用户有价值、是否具有足够的爆发力和传播力等进行判断。作为运营人员，要从内容与产品的调性和用户的喜好等方面进行判断，使内容不仅值得一读，更有吸引用户自主传播的潜力。

3. 内容包装

“人靠衣装，佛靠金装”，充分说明了包装对内容的重要性。对于用户比较关注的标题、配图、摘要等信息，更要进行包装，从用户需求和产品组相结合的角度入手，打造出让用户感兴趣的内容是制胜的关键。以微信公众号为例，在进行微信公众号平台的内容写作时，可以先通过标题吸引用户点击，再通过文章内容进行转化，最后通过互动进行粉丝维护。

4. 专题合集内容策划

将用户关注的内容以话题的形式集中展示，可以加深对内容的阐述并吸引用户发表不同的观点和讨论。如微信公众号中的多图文信息就可以采用专题合集的方式进行策划，通过首篇文章体现专题话题，再依次列出与该话题相关的不同主题内容，引发不同需求的用户点击查看；也可以在同一个页面中制作专题内容，将所有主题都呈现在专题页面中并依次延伸，以体现内容的集中并营造一定的氛围。

（三）活动运营策略

活动是用户了解企业产品和品牌的一个非常重要的途径，是企业快速吸引用户并提升品牌知名度的重要方法。活动运营策略包括活动背景、活动目标、活动规则和活动结果。

1. 活动背景

活动背景是指开展活动的基础和缘由，即为什么要开展活动，以及在什么环境和条件下开展活动。

2. 活动目标

不同的活动目标需要设计不同的活动内容，在策划活动时要明确该活动的最终目标，是拉新、促销，还是品牌推广等。根据活动目标设计活动内容，让用户按照活动的指示进行操作。如拉新，可设置首次注册领取一张 30 元无门槛的优惠券，但限定订单金额满 100 元可用。

3. 活动规则

活动规则即活动的说明，要明确活动的开始与结束时间、活动的参与方式、活动的进行方式等信息。

4. 活动结果

活动结束后要对活动数据进行统计与分析，明确活动是否达到预期效果，以及是否还需要对活动进行改进。

新媒体环境下的活动运营方式有很多，如签到、游戏、有奖转发、抢红包等，在明确以上内容的基础上，还要注重互动内容的趣味性、便捷性、易懂性。

七、新媒体运营的九大模块

从事新媒体运营工作，必须关注三大问题：第一，本企业的新媒体运营都有哪些模块；第二，自己属于企业新媒体运营中的哪个模块；第三，这个模块需要哪些能力。

以上三大问题都围绕“模块”展开，而新媒体运营共有九大模块，包括四大经典模块和五类衍生模块。企业的新媒体运营部门通常会根据实际情况选择其中一个或几个模块进行组合。

（一）四大经典模块

经典的新媒体运营分为用户运营、产品运营、内容运营、活动运营四大模块，每个模块在新媒体运营过程中都发挥着不同的作用。

1. 用户运营——新媒体运营的核心

无论是研发、策划活动，还是推送内容，都需要围绕用户有针对性地展开。在用户运营工作中，用户画像是工作的起点。只有进行了清晰的用户画像，后续的用户分类、拉新、促活与留存等工作才有意义，否则，用户运营的效果会大打折扣，甚至会出现南辕北辙、越努力越无效的结果。

2. 产品运营——新媒体运营的根基

狭义的产品运营指的是企业的互联网产品运营，包括企业手机软件设计与开发、企业网站运营与调试等。广义的产品运营可以把新媒体运营过程中涉及的账号、平台、活动等项目都看作产品，从而进行策划、运营与调试。例如，一个今日头条账号可以看成一件产品。在账号开通后，需要进行产品调研（搜索相关账号、了解日常内容）、前期设计（头像、简介、选题设计）、上线调试（撰写文章并测试阅读数据）、正式发布（度过新手期后正式撰写）等产品运营工作。

产品运营的关键点是类型分析与周期判断。一方面，产品运营人员必须准确识别产品的类别，针对不同产品采用差异化的运营模式；另一方面，产品运营人员必须清晰地判断出产品的生命周期，根据生命周期调整运营策略。

3. 内容运营——新媒体运营的纽带

内容连接产品与用户，运营人员需要重点关注内容定位、设计与传播，找到差异化的内容定位，创作走心的内容形式，辅以较好的内容传播。

内容运营的关键点是设计传播模式，力争获得更多的传播，这是因为内容运营并不是简单地写一篇文章、录一段视频、做一张图片，而是要让更多的用户打开、完整浏览内容并转发到朋友圈或转发给好友。

4. 活动运营——新媒体运营的手段

新媒体活动运营需要关注策划与执行。在开展活动前需要进行详细策划，明确活动目的、内容、时间、计划等；活动完成后，需要运营人员进行任务跟进与活动复盘。

活动运营的效果体现在活动参与度上，但是持续提升用户参与度却又相当困难。一方面，现阶段网民的可选择性变大，通常不会对同一家企业、同一个账号或同一类活动保持浓厚兴趣；另一方面，活动运营团队很容易在策划几次活动后陷入思路枯竭、创意失效的状态，没有新的灵感，自然无法激发用户的参与。

活动运营的关键点是跨界与整合，即与其他的企业举办联合活动，同时整合各方面传播资源，以确保活动效果。

（二）五类衍生模块

在企业新媒体运营的实际应用中，四大经典模块会进行重新组合，衍生出五类模块，包括社群运营、网站运营、流量运营、平台运营及店铺运营。

1. 社群运营

将运营重心从微信公众号、微博等内容平台转移至QQ群、微信群等社群平台，因此对用户的运营与管理随之迁移至聊天群管理。

2. 网站运营

网站运营由产品运营、内容运营、用户运营三大模块衍生而成。

第一，网站作为企业的互联网产品之一，需要按照产品管理的流程进行开发、调试、上线测试、改版等。

第二，网站新闻、产品信息等内容，需要进行日常更新。

第三，网站的注册用户需要进行分类管理，网站的日常浏览用户也需要进行点击跟踪，从而充分挖掘用户需求。

3. 流量运营

流量运营也称为推广运营。为了提升企业微信公众号文章的阅读量、企业微博的粉丝量及曝光量、企业网站的访问量，新媒体运营团队需要进行专门的流量统计与管理。一方面，运营人员需要提供优质内容，因为推广需要通过优质内容承载；另一方面，运营人员需要策划活动，从而阶段性地提升流量效果。

4. 平台运营

内容平台的注册、发布、推送等工作一般被归类到平台运营中。实际上，平台运营也可以看作是将内容运营的一部分工作进行了放大与细化。如内容运营的工作之一是微信公众号的编辑与推送，通常只操作微信公众号的素材管理、留言管理等内容相关功能，而在此基础上，平台运营需要继续围绕微信公众号进行细化管理，对自动回复、自定义菜单、消息管理、统计、设置等功能进行日常管理与维护。

5. 店铺运营

对天猫店、京东店、微店等互联网店铺的管理，需要综合产品运营、用户运营、内容运营、活动运营四大模块的运营能力。

第一，对店铺销售的产品，需要利用产品运营思维对其进行调试与优化。

第二，对购买店铺产品的消费者，需要借助用户运营的思路对其进行分类与管理。

第三，对店铺页面、店铺推广文案等，需要利用内容运营的知识进行设计。

第四，在元旦购物节、“双11”狂欢节等线上购物节日，可以借鉴活动运营的方式策划活动。

第三节 新媒体运营的定位

一、新媒体运营的用户定位

用户定位是新媒体运营首先要考虑的重要环节，运营人员在开展新媒体运营之前必须做好用户定位，只有了解目标用户的需求与想要得到的服务，才能更好地制订和实施营销计划，达到最佳的营销效果。我们可以从用户属性和用户行为两方面理解用户定位的内容：一是了解目标用户有哪些；二是目标用户的主要特征是什么。

（一）用户属性与行为

1. 用户属性

用户属性是指包括性别、年龄、身高、职业、住址等基本信息的用户自身分类属性。用户属性信息的不同可能会导致用户的收入水平、生活习惯和兴趣爱好不同，从而影响用户的消费行为。新媒体运营人员只有在开展营销计划前做好用户属性分析，找到符合自己产品和品牌定位的用户群体，才能针对这些用户群体更好地制订销售计划，刺激他们产生消费行为。新媒体运营人员可以通过调查问卷、有奖问答、实地探访等方法，收集相关用户的信息，对大规模消费人群的地理位置、消费水平、消费行为、年龄、收入等属性进行分析，将具有类似消费行为的群体筛选出来，与企业的产品和目标进行匹配，得到最终的目标用户群体，进而了解用户群体的实际想法，并有针对性地根据用户群体的行为调整产品定位。

2. 用户行为

用户行为是指用户为了获得、使用或处理某事物而采取的各种行动或决定实施该行动的决策过程，也可简单地理解为用户的购买行为及实际消费。用户行为受用户意向的影响，用户意向是指用户选择某种事物的主观倾向，表示用户愿意接受某种事物的可能性，是用户行为的一种潜在心理表现。一般来说，影响用户意向的因素主要有环境因素、商品因素和用户个人及心理因素。

（二）用户画像的构建

用户画像是用户行为、动机和个人喜好的一种图形表示，它能够将用户的各种数据信息以图形化的直观形式展示出来，帮助运营人员更好地进行用户定位。用户画像展现的是具有相同特征的一群目标用户的共同数据信息，运营人员通过这种画像的方式为这些具有共同特征的用户贴上一个标签，从而实现数据的分类统计。

通过对用户属性与用户行为的分析，可以建立基本的用户画像模型，然后再将收集和分析的数据按照相近性原则进行整理，将用户的重要特征提炼出来形成用户画像框架，并按照重要程度进行先后排序，最后再进行信息的丰富与完善，即可完成用户画像的构建。

二、新媒体运营的平台定位

新媒体为企业运营推广提供了广阔的空间，现阶段涌现出很多新媒体运营平台，如微信、微博、短视频平台等。不同新媒体平台的特点与目标用户不同，新媒体运营人员应该根据平台特点选择最适合企业自身的运营平台，做好平台定位。

（一）微信

微信是基于智能移动设备而产生的主流即时通信软件，是一个可以及时与用户建立互动的交流平台。微信具有界面简洁、操作便捷、互动及时等特点，其用户渗透率和覆盖率较高，目前已积累了较多的活跃用户，是企业开展新媒体运营的必备平台。微信为个人和企业提供了不同的运营方式，即微信个人运营和微信企业运营。不论是微信个人运营，还是微信企业运营，运营人员在开展运营之前都必须做好定位。微信定位是一个在分析企业产品和竞争对手产品的基础上，对用户需求进行深入调查后，确定展示给用户的内容，并传递给用户的过程。微信定位有利于梳理清晰的微信账号形象，有助于发展精准用户，从而更好地实现转化。

（二）微博

微博是指通过关注机制分享简短实时信息的广播式的社交网络平台。微博的用户数量较大，发布信息和传播信息的速度非常快，微博博主通过每天更新微博内容，发布粉丝感兴趣的话题，与粉丝保持良好的交流互动，培养坚实的粉丝基础。如果微博博主拥有数量庞大的粉丝群，则发布的信息可以在短时间内传达给更多用户。因此，不论是企业还是个人，都选择将微博作为主要运营平台之一。微博运营的方式十分多样化，个人可以通过个人微博进行运营，企业可以通过企业微博开展运营，运营人员应根据不同的微博类型进行定位。

（三）问答平台

知识问答是新媒体运营的常见表现形式，其对应的运营平台有百度知道、搜搜问问、知乎、在行等。问答平台运营是一种以内容质量获取粉丝的方式，优质的内容可以在搜索引擎中获得较高的权重，使问答平台能够据此获得较好的排名，具有较为精准的运营效果。同时，问答平台注重知识和经验的分享与传播，可以帮助个人和企业获得良好的口碑。问答平台具有互动性、针对性的特点。

（四）社区论坛

社区论坛聚集了大量的潜在用户，在其中进行运营可以引流、聚集人气，是产品或品牌推广的不错选择，如百度贴吧、豆瓣等论坛都是较为常见的社区论坛。其中，百度贴吧基于百度搜索引擎拥有的庞大用户数量，使用人数众多，运营价值较大，适合进行产品引流与推广；豆瓣则以提供图书、电影、音乐、唱片的推荐、评论和价格比较，以及城市独特的文化生活为主，内容的可信度较高，更适合进行品牌口碑的累积与建设。

（五）音频、视频和直播平台

1. 音频平台

音频平台如喜马拉雅 FM、荔枝 FM、豆瓣 FM 等是目前较为常见的音频运营平台。音频平台的用户主要有传统媒体的电台主播、专业的声音玩家或自媒体用户，他们所产出的内容主要是细分领域的专业性内容、基于兴趣的用户原创内容等。企业要在音频平台开展运营，如投放广告、自建音频自媒体等，需要投入大量的资金，同时还要注重流量的积累。

2. 视频平台

视频平台既可以直观地向用户传达产品或品牌信息，也可以较好地进行内容的融合。同时，运营人员还可以通过视频平台中的弹幕与用户进行互动，更加方便地获得用户的反馈信息。腾讯视频、哔哩哔哩等都是目前较为典型的视频网站。视频平台根据视频的长短和智能终端可分为网络视频平台和短视频平台。视频平台具有目标精准、传播灵活、效果可预测、视觉效果好的特点。

3. 直播平台

映客、虎牙、斗鱼和花椒等是目前国内比较知名的网络直播平台。与视频相比，直播更加直观，可以更好地实现与用户之间的交流互动，使运营更加方便。直播平台具有运营成本低、运营覆盖广、销售效果好、运营反馈有效等特点。

三、新媒体运营的内容定位

在进行新媒体运营的用户定位和平台定位后，需要进一步确定内容。新媒体运营以“内容”为主，内容的质量、表现形式、传播方式都会影响运营的最终效果。运营人员只有对内容进行定位后，才能打造符合用户需求、可以帮助用户解决实际问题的内容，从而培养用户对企业和品牌的信任感，最终引导用户购买产品。

（一）内容的表现形式

新媒体运营的内容表现形式非常丰富与多样化，文字、图片、音频、视频等元素都是常见的内容表现形式，可以充分满足新媒体运营内容的呈现。

1. 文字

文字是内容信息最直观的表达，可以准确传递内容的核心价值，不会造成用户的理解错误。同时，文字的表现手法多样，不同的文字写作方法可以带来不同的运营效果，从而快速吸引用户的注意，引起用户的共鸣。标题、短微博、长文章等形式的新媒体运营内容常采用纯文字的形式进行展示。

以文字形式表达长内容时，要注意文字描述准确，用语简洁，注意每个段落的文字不要太长，要以用户方便阅读为宜。大篇幅的文字容易造成用户的阅读疲劳及反感，因此除了专业性较强或需要提供较多文字说明的内容外，一般不建议采用大段的文字说明。

2. 图片

图片比文字具有更强的视觉冲击力，可在展示内容的同时给予用户一定的想象空间。新媒体运营中的图片内容展示可以全部是图片，也可以将文字作为图片的一部分融合到图片中，使图片既能更鲜明地表达主题，又能快速提升用户的阅读体验。但要注意文字在图片中的比例及文字的大小要适宜，以保证在查看图片时文字内容能清晰展示且不遮挡图片的效果。

3. 音频

除文字、图片外，音频也是新媒体运营中常用的内容表现形式。音频具有的亲和力能够快速拉近与用户的距离，让用户感到亲切且加强与用户之间的互动。在以音频方式进行新媒体运营时，要保证录音环境没有噪声，要吐字清晰、语速适中、用语简明，以方便用户理解和接受；要避免由于外界的干扰，使信息收录不完整，影响用户对信息的接收，导致错失重要的内容。

4. 视频

与音频相比，视频是目前较为主流的新媒体内容表现形式，它能更加生动、形象地展现内容，具有很强的既视感和吸引力，能增强用户对运营内容的信任。在使用视频作为新媒体内容的表现形式时，运营人员可以直接拍摄视频，并对视频内容进行编辑，但要保证视频内容的真实性，不能为了运营效果而拼接虚假视频片段。

（二）内容定位的原则

1. 内容风格要统一

内容要与企业产品或品牌的定位相符合，既保持内容风格、用语等的统一，又提升内容的专业性，增强用户的阅读体验。

2. 内容输出频率要高

内容输出频率是指内容的持续生产能力，即内容从构思到成品所花费的时间、精力、成本等是否可以支持将其在某一个频率内持续展现给用户。

3. 内容要满足用户需求

内容定位要从用户需求的角度进行考虑。运营人员要从用户的需求中挖掘痛点，再将相关内容展示给用户，以打动用户。

4. 内容要符合运营目的

运营的目的不同，内容创作的重点与呈现的效果就不同。如以销售产品为目的，那么内容就要注重引流和转化，运营人员要选择能够直接引导至产品链接页面的运营平台，并在内容中突出目标用户的痛点或可以获得的好处。

5. 内容要贴合运营人员的能力

内容创作与运营人员的能力密切相关，如果没有对内容的策划、写作和整合能力，那么即使有再好的创意也无法呈现出来。同时，运营人员也要明确自己所具备的运营优势，如资源优势、协作能力等，尽量利用自己的优势进行内容定位，这样才能更好地创作内容。

（三）内容定位的过程

1. 圈定目标人群

圈定目标人群是指圈定具有重点价值的用户群体。原则上，一个产品的目标用户范围通常会比较广，在这个大范围的用户群体中，并不是每一位用户都会购买产品。用户对产品的接受度、了解度都会影响产品的最终销售效果，企业不可能在每一位可能的用户身上都投入成本，因此需要圈定核心目标用户，尽可能缩小投入范围，进而解析核心目标用户的消费方式、消费习惯和消费心理，挖掘他们的痛点，针对核心目标用户部署运营策略，提高运营的精确度。

2. 找到合适的运营方式

不同的产品和品牌、不同的运营目的、不同的运营渠道，通常都会有适合各自的运营方式。例如，有很多知识型自媒体喜欢通过出书、发布热门文章的方式进行推广；一些知名的“达人”、名人喜欢通过演讲、直播的方式进行宣传；很多网络红人喜欢通过拍视频的方式进行运营等。

3. 寻找合适的媒介

好内容必须依靠好媒介和好渠道进行推广和传播，让更多用户发现和关注，才能真正实现运营价值。新媒体为内容运营提供了非常广阔的平台，每一个平台都有其特点和优势，运营人员可以根据企业的运营策略选择合适的平台进行推广。

4. 策划与包装内容

策划和包装内容是内容运营中非常重要的一环，好内容需要宣传，懂得适当地在不同时间段反复宣传和包装内容，可以有效拓展内容传播的宽度和广度，同时保持内容在目标用户中的曝光度。

5. 打造内容亮点

内容运营的核心是打造亮点，创造更多的品牌或产品价值。运营人员在进行内容运营的过程中，往往难以保证每一个内容推广的亮点都会产生效果，但依然要将亮点作为内容运营的重点。内容亮点一般围绕关键词、价值、品牌、用户四个因素进行打造。

6. 设计便携的转换入口

不管是文字、图片、音频还是视频，任何优质的内容在推出时都需要一个方便用户行动的入口。如快速关注、直接购买、了解更多、收藏、转发等，可以让用户及时通过简单便捷的入口对所接收的信息进行关注、购买、收藏等。一般来说，用户刚接收信息的时候是转换的最佳时刻，时间间隔越长，入口操作越复杂，实现用户转换的可能性就越低。

由于内容的发布渠道很多，每个渠道都有不同的入口功能，所以运营人员可以选择合适的渠道进行内容的营销发布，也可以自己制作方便用户转换的二维码或导向连接。

7. 追踪和反馈效果

一般来说，衡量内容的质量与效果可以参考内容制作效率、内容传播广度、内容传播次数、内容转化率等指标，根据各项指标的实际数值对内容的质量与效果进行评价和判断，可以对表现不佳的指标进行优化、改善，从而获取更大的运营价值。

本章小结

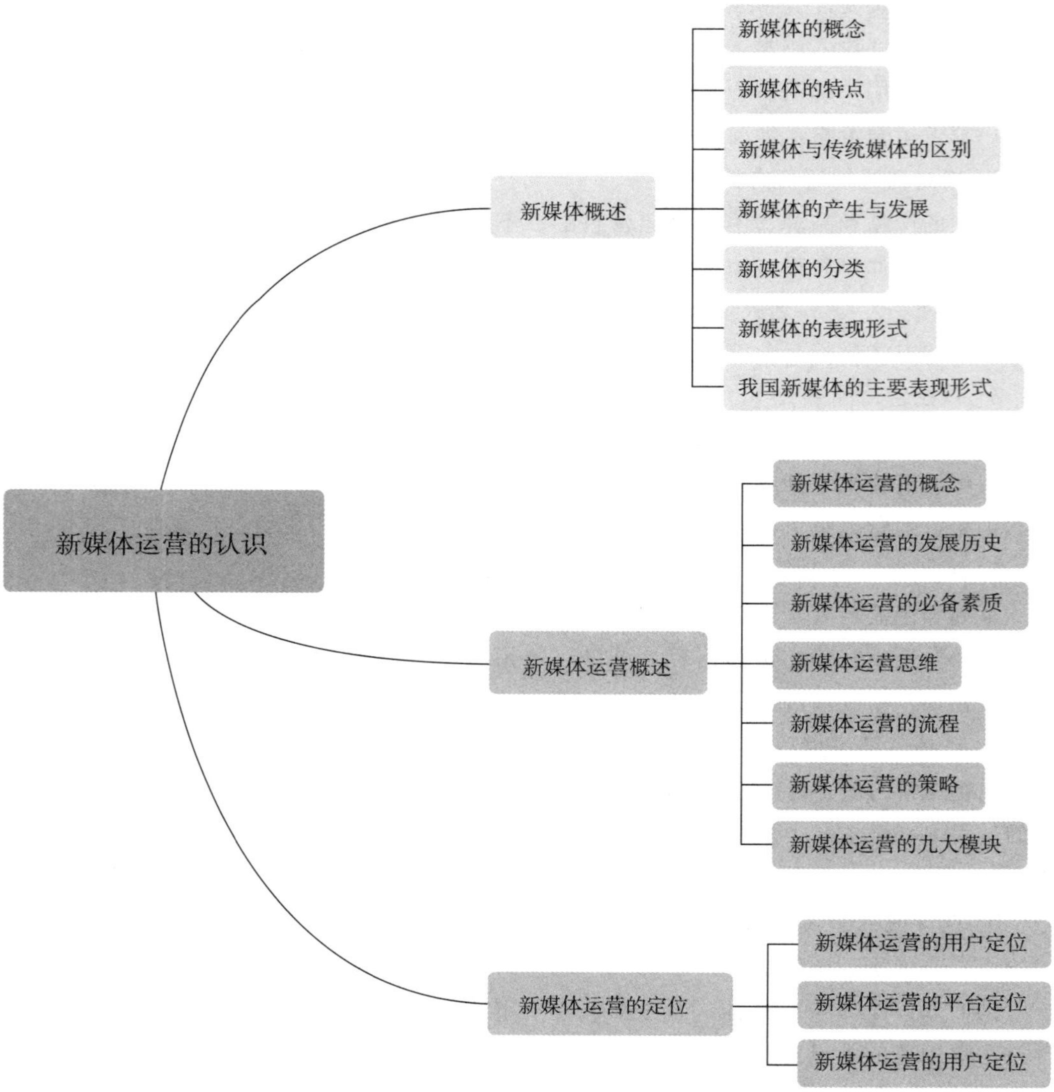

- 新媒体运营的认识
  - 新媒体概述
    - 新媒体的概念
    - 新媒体的特点
    - 新媒体与传统媒体的区别
    - 新媒体的产生与发展
    - 新媒体的分类
    - 新媒体的表现形式
    - 我国新媒体的主要表现形式
  - 新媒体运营概述
    - 新媒体运营的概念
    - 新媒体运营的发展历史
    - 新媒体运营的必备素质
    - 新媒体运营思维
    - 新媒体运营的流程
    - 新媒体运营的策略
    - 新媒体运营的九大模块
  - 新媒体运营的定位
    - 新媒体运营的用户定位
    - 新媒体运营的平台定位
    - 新媒体运营的用户定位

复习思考题

1. 什么是新媒体？新媒体有哪些特点？
2. 新媒体与传统媒体有什么区别？
3. 什么是新媒体运营？
4. 新媒体运营思维有哪些？
5. 新媒体运营的策略体现在哪些方面？
6. 新媒体运营的九大模块是如何划分的？
7. 如何理解新媒体运营的定位？

第二章　微信运营

学习目标

- 认识微信，熟悉微信的概念及特点
- 掌握微信运营的内容及优劣势
- 掌握微信个人号运营、微信公众号运营、微信小程序运营、企业微信运营及微信视频号运营的相关内容
- 能够开展个人微信及企业微信运营

开篇案例

喜茶的微信营销

喜茶，作为新茶饮行业的开创者，是深圳美西西餐饮管理有限公司创立的品牌，其公司总部位于广东深圳。2018年，“喜茶GO”小程序研发上线，实现线上点餐，推动行业数字化发展；喜茶持续传递喜悦，将新茶饮推进到品牌化阶段。喜茶看似简单的发展历程，背后却有着复杂的试错过程。比如，在选择“消灭排队”的工具上，喜茶做了许多考察。“我们的目的是提升用户体验，所以小程序的价值就体现出来了。”员工陈霈霖说。试想一下，如果喜茶门店的玻璃上贴的是其他二维码，需要用户做更多操作才能下单，依然需要用户等待。而小程序无须下载，唾手可得，用户没有任何的上手门槛。就这样，喜茶内部在探讨“工具”的选择上，一致通过使用小程序来完成这个使命，同时制定了两个战略：

1. 线上商品与线下门店商品一致，保证线上有好的用户体验。
2. 喜茶小程序支持“点单外卖”，让用户获得好的体验。

虽然公司一致认可小程序，但“喜茶GO”却在2018年4月才上线。“因为我们一共尝试了三个版本的小程序，但前两次都失败了。”陈霈霖说。

第一个版本：优化排队，但店员依然忙碌

喜茶在2017年底就正视“排队”这件事了，当时的目的是“优化排队”，消费者可在小程序上看菜单选好茶，再交给店员快速录入。最终发现，消费者的确不用全挤到柜台前选品，但店员的工作量还是没有减轻。小程序能否同时减轻店员的工作量呢？

第二个版本：优化收银，但线下设备不支持

喜茶吸取了上个版本的教训，在第二个版本中，用户依然采取扫码点单，然后再让收银员扫码确认收款，在减轻收银员工作量的同时杜绝收银失误。但问题是，要对线下收银系统进行改造。因此，喜茶需要一个更“轻”的方案，既要减少两端（用户和店员）的操作量，还不做硬件改造，那就必须要在软件（产品设计）上下功夫了。

第三个版本：从优化排队到“消灭”排队

第三个版本在原先点单购买的基础上，增加了预约服务。喜茶发现，这种线上“一站式”的购买体验，基本能解决用户的排队痛点。同时，用户直接在线上下单付款，不但减轻了收银员的负担，还避免了收错钱、收假钱的问题。

第三个版本果然收获了非常多的好评，其核心原因在于，“喜茶 GO”的所有产品设计，都紧紧围绕着“提升用户体验”。“喜茶 GO”小程序的优势主要体现在以下两个方面。

1. 扫码直达“点单”，减少排队隐患。

很多小程序的首页需要用户选择“外卖”或“堂食”，但“喜茶 GO”的核心目的在于消灭排队，所以就要把用户都引到线上（外卖），以减少线下（堂食）排队的压力。所以，“喜茶 GO”首页只显示“菜单”页面，让用户诉求更快地得到解决。

2. 让用户随时掌握茶品情况，提升服务质量。

用户下单后，店员就开始制作茶品，做完茶会给用户推送服务通知，用户点击进去获取取茶号，到店直接展示取茶号即可取茶。除此之外，用户还可以随时进入小程序，查看茶品的制作情况和等待人数。

（案例来源：顺企网）

案例思考：

试分析“喜茶 GO”是如何俘获人心的？

第一节 认识微信

微信（WeChat）是腾讯公司于 2011 年 1 月 21 日推出的一款在智能终端上为用户提供即时通信服务的免费应用程序。微信是目前的主流社交平台，其月活跃用户数量巨大。微信提供了公众平台、朋友圈、消息推送等功能，用户可以通过“摇一摇”“搜索号码”“附近的人”“扫二维码”等方式添加好友和关注公众平台，同时微信支持将内容分享给好友及将用户看到的精彩内容分享到微信朋友圈。借助微信，个人和企业都可以实现社会化营销。

一、微信的功能

在与陌生人交往时，大家通常会先去了解这个人的性格、品行，看看对方和自己的三观是否相符，然后再决定是否要和对方继续往来，这个过程就是一个熟悉对方的过程，这一过程很重要也很必要。同样，想要做好微信运营，了解清楚微信的功能也是很重要的。

微信的主界面有“微信”“通讯录”“发现”“我”四个模块，通过右上角的“加号”按钮可进行快捷添加好友等常用操作。

（1）微信：在“微信”中会显示接收到的信息。

（2）通讯录：在“通讯录”中可以使用“添加朋友”功能，并可以搜索已添加的好友、公众号、群聊等。

（3）发现：在“发现”中主要有朋友圈、扫一扫、摇一摇、附近的人、漂流瓶、购物、游戏等社交、网购、娱乐功能。

（4）我：在“我”中主要有账号信息、相册、收藏、钱包、卡包、表情、设置等个人账号管理功能。在“设置”里还可以从“通用”栏目下查看“功能”选项，添加或停用系统配置的基本功能。

二、微信营销

（一）微信营销的概念

微信营销一般指在以 Android 和 iPhone 系统为主的移动客户端中进行的区域定位营销。在微信及其公众平台上，商家通过产品展示、微会员、微推送、微支付、微活动等内容构建了移动社交媒体时代最流行的营销方式。

（二）微信营销的特点

1. 实时推送

微信是实时在线的，通过微信推送的消息到达移动设备后，用户会第一时间得到设备的提醒，保证了信息的时效性。

2. 点对点精准营销

微信对信息的实时推送就像朋友间的信息沟通，对方发过来一条信息，客户查看他的信息，并且一次只能查看他一个人的信息，保证了客户在查看信息时的专注度，而且这种点对点的营销方式保证每位用户都能看到营销信息，从而实现了较高的到达率。

3. 形式灵活多样

借助微信平台进行营销活动，其可利用的营销方式非常多样。

（1）朋友圈：用户可以通过朋友圈发表图文或视频广告，也可以通过其他软件将软文或网络广告分享到朋友圈，由于是熟人之间的信息传递，信息传播类似口碑营销。

（2）漂流瓶：用户可以将发布的语音或者文字投入“海洋”，如果有其他用户“捞”起这条信息则可以展开对话，逐步实现营销的转化。

（3）位置签名：企业可以利用“用户签名档”这个免费的广告位为自身做宣传，方便附近的微信用户查看企业的信息。

（4）二维码：用户可以通过扫描、识别二维码来添加朋友、关注企业账号。企业可以利用这一特点，设定自己品牌的二维码，用折扣和优惠来吸引用户关注，将营销活动放在线上实施，而把实际成交和转化放到线下。

（5）开放平台：通过微信开发平台，应用开发者可以介入第三方应用，还可以将应用的 Logo 放入微信附件栏中，方便用户在会话中调用第三方应用进行内容选择与分享。

（6）公众平台：在微信公众平台上，每位用户都可以打造一个属于自身的微信公众号，并在微信公众平台上实现与特定群体的文字、图片、语音等全方位的沟通和互动。

4. 强关系的机遇

微信的点对点产品形态使其能够通过互动的形式将普通关系发展成为强关系，从而产生更大的价值。企业可以通过互动的形式与用户建立联系，互动方式可以是聊天、解答疑惑，也可以是讲故事，甚至可以是“卖萌”。通过这种“物尽其用”的方式让企业与消费者形成朋友关系，创造出较大的营销价值。

三、微信运营

（一）微信运营的内容

为了挖掘微信中蕴含的庞大用户和流量，各行各业越来越重视微信运营。微信运营是指负责微信的运营，包括个人微信和微信公众平台的建立，然后通过微信与用户进行沟通的运营过程。微信运营包括个人运营和企业运营两类，个人运营主要是指个人借助朋友圈、微信群、订阅号等开展运营，企业运营主要是指企业借助微信公众号、小程序、微信社群等开展运营。微信运营的内容主要包括以下几个方面：

（1）内容运营：包括微信公众号的内容定位、选题、标题、内容、风格、排版等。

（2）活动运营：包括基于微信公众号的各种活动，如各种投票、评选等。

（3）推广运营：通过各种方式对微信公众号等进行推广，获取粉丝。

（4）数据运营：分析微信公众号等的后台数据，根据数据情况对内容和策略进行调整。

（5）粉丝运营：及时与粉丝进行互动，了解粉丝需求，然后在具体运营中做出应对。

这些内容涵盖了微信公众号的各个方面，需要专业的运营人员来管理和维护。

（二）微信运营的优势

1. 用户群体庞大

微信作为中国最受欢迎的社交媒体平台之一，拥有庞大的用户群体，这为企业提供了巨大的潜在客户基础。

2. 传播速度快

微信是一种即时通信工具，信息传播速度快，能够将信息快速传达给目标客户，提高品牌曝光度和信息传播效率。

3. 营销成本低

相较于传统营销方式，微信营销的成本相对较低，企业可以通过微信公众号、朋友圈等渠道免费发布广告和宣传信息。

4. 定位精准

通过微信公众号、朋友圈等渠道，企业可以精准地定位目标客户群体，实现精准营销。

5. 互动性强

微信是一个社交媒体平台，具有互动性强的特点，企业可以通过微信公众号、朋友圈等渠道与用户进行互动，提高用户黏性和品牌忠诚度。

6. 数据统计与分析

微信提供了数据统计和分析功能，企业可以通过数据分析，了解用户行为和需求，优化营销策略，提高营销效果。

总之，微信运营具有用户群体庞大、传播速度快、营销成本低、定位精准、互动性强、数据统计与分析等优势，有助于企业提高品牌曝光度、吸引潜在客户、优化营销策略、提高营销效果。

（三）微信运营的劣势

1. 封号风险

由于微信官方对违规行为的监管越来越严格，企业或个人在微信上运营不当就会面临封号的危险，而一旦被封号就会造成企业品牌形象受损，甚至失去原有客户。

2. 监管力度加大

许多企业为了提高微信营销的效果，会使用一些微信营销辅助软件。然而，微信官方对于这类辅助软件的打击力度很大，而且监管越来越严格，这使得企业需要更加谨慎地使用这些软件。

3. 需要投入大量时间和精力

微信运营涉及策划、制作、发布、维护等多个环节，需要投入大量的时间和精力，这就需要企业或个人具备专业的运营能力和经验。

4. 用户隐私和信息安全问题

微信作为一个社交媒体平台，涉及用户的隐私和信息安全问题，如果企业或个人在微信上运营不当，可能会泄露用户的隐私或造成信息安全问题。

5. 竞争激烈

微信作为中国最受欢迎的社交媒体平台之一，企业或个人在微信上运营时会面对来自其他品牌或个人的激烈竞争，因而需要不断提高自身的竞争力和品牌影响力。

总之，微信运营虽然具有许多优势，但也存在封号风险、监管力度加大、需要投入大量时间和精力、用户隐私和信息安全问题及竞争激烈等劣势。企业或个人在选择微信运营时需要全面考虑这些因素，制定合理的运营策略，提高自身的竞争力和品牌影响力。

（四）微信运营中常见的错误

1. 缺乏明确的定位和目标

在开展微信运营之前，没有明确自己的定位和目标，导致内容输出和运营策略的混乱。

2. 内容质量差

推送的内容质量不高，缺乏深度和吸引力，无法引起用户的兴趣。

3. 缺乏互动

没有及时回复用户的评论和消息，或者回复的内容不够真诚和有效，导致用户流失。

4. 缺乏数据分析

没有对微信公众号等的后台数据进行深入分析，无法了解用户的需求和行为，导致运营效果不佳。

5. 过度营销

频繁推送广告或推销信息，让用户感到厌烦。

6. 缺乏创新

内容缺乏创新，长期重复相同的内容，无法吸引新用户。

7. 忽视用户体验

推送的信息对用户没有实际帮助，或者影响用户的正常使用体验。

为了避免这些错误，微信运营人员需要注重以下几点：

（1）明确自己的定位和目标，制定合适的运营策略。

（2）提高内容质量，注重内容的深度和吸引力。

（3）加强与用户的互动，及时回复用户的评论和消息。

（4）对后台数据进行深入分析，了解用户需求和行为。

（5）适度营销，避免过度打扰用户。

（6）注重创新，不断尝试新的内容和形式。

（7）关注用户体验，推送对用户有用的信息。

（五）微信运营的商业价值及意义

微信有着传播快、交互性强、成本低等特性，这些特性使微信在与众多同类产品的激烈竞争中异军突起，许多企业都意识到了微信中存在的商机，而微信运营则是其中不可不提的一项。了解微信平台的商业价值及意义，能够更好地助力微信运营。

1. 营销平台、移动电商

在微信运营中，微信可以引导销售，及时将产品或服务信息推送给订阅用户，还可以宣传自身的品牌形象，让用户接受品牌信息，使其更方便地与企业互动，参与企业的活动。通过宣传、推送，微信可以实现促销活动的最大曝光，微信向订阅用户推送消息相当于群发短信，能以极低的成本即时有效地将企业最新的优惠活动告知用户，吸引订阅用户的参与。

在互联网高度普及且广泛运用的今天，方便、快捷的网络购物已经成为人们的一种生活方式。消费者的需求让电子商务的迅速发展不可避免，未来的电子商务会利用各种渠道给用户提供更快捷的服务，因此微信平台可以成为企业开展移动电商的渠道之一，订阅用户可以一边查看商品推送信息，一边下单购物，甚至完成物流查询、客户服务等“一条龙”操作。

2. 客户关系管理

客户关系管理的核心目的是对企业的市场营销、销售和客户资源管理提供有效的支持。简单来说，客户关系管理是一个加强与客户交流、及时了解客户需求，然后根据客户的需求不断改善相关产品与服务的连续过程。

订阅用户能够以极低的成本完成与企业的即时沟通，将微信与企业的客户关系管理系统结合，能够提高客户服务在客户心中的满意度，从而吸引新客户、留住老客户，并且沉淀忠实客户。两者的结合也能使一些服务更便捷，例如，企业通过潜在用户的关注即可收集其信息，相比线下填写表格等方式更方便、有效，还可以将市场营销活动、新品信息在第一时间推送出去。

3. 形成闭环 O2O：线上线下融合

O2O 即 Online To Offline，也就是将线下的商务与互联网结合在一起，让互联网成为线上交易的前台。O2O 让线下服务能够在线上招揽顾客，而消费者可以在线下体验，在线上筛选，并且完成在线支付。在微信中，商家通过用户扫描二维码的方式向其提供虚拟会员卡，最后与支付相通，形成闭环销售；微信还提供了运营人员直接与用户对话的便利渠道。

4. 服务型营销平台价值

服务也是一种营销，并且服务本身也是产品的一部分。微信运营中的服务号与订阅号，包括微信本身都具有服务的性质，服务型营销平台的价值也体现在此。消费者总是想用最省钱、最简单、最容易的方式与企业沟通，完成投诉或意见反馈，一般情况下不会选择使用电话、短信的方式，而是使用微信这样便捷、免费的通信工具。

在微信运营中，服务型营销更具有明显的便捷性。以招商银行信用卡中心微信公众平台为例，在关注并绑定银行卡之后，查询余额、办理信用卡等业务就不用再去柜台、打电话或者登录PC端网站办理，只需要手机即可办理。这些服务都是为了满足用户“懒”的心理，通过给用户提供便利为用户提供服务。因此，通过微信公众平台办理酒店预订、订餐，以及用户信息查询等服务都将成为商业趋势。

第二节 微信个人号运营

微信个人号作为微信营销的重要组成部分之一，一直拥有较高的营销热度。对于需要建立个人品牌的运营人员来说，微信个人号就是自己非常直观的一张名片，掌握微信个人号的运营方法可以为运营人员带来不错的营销效果。同时，很多企业也是以公众号＋个人号的形式进行运营的。而要通过微信个人号为企业或个人带来良好的营销效果，就必须依赖合理的管理和运营。本节将具体介绍如何通过微信个人号的昵称、头像、个性签名、朋友圈、地区等信息的设置建立好友对企业或个人的基本印象，从而做好微信个人号的营销。

一、微信个人号设置

使用微信的用户都知道，微信个人资料中有几个比较重要的组成部分，分别是昵称、头像、微信号和个性签名。对于微信个人号而言，微信个人资料中的这几个部分都具有重要意义。

（一）昵称设置

从营销的角度来看，微信昵称是与他人沟通的第一个阶段。在使用微信聊天时，人们往往最先注意昵称和头像，一个好的昵称，可以快速建立起他人的第一印象，节约沟通成本。因此，建议在设置微信个人号昵称时遵循下面三个基本原则。

（1）简单明确：简单明确是昵称设置最基本的要求。一般要求昵称字数不能太多，避免昵称显示不完整；拼写简单，不使用繁体字、生僻字、外国文字等不容易让用户记忆的文字。

（2）品牌一致：运营人员如果在多个新媒体平台中都开展了营销，最好在不同新媒体平台中使用相同的昵称。特别是当一个人已经具有一定知名度和影响力时，此时的昵称就相当于一个鲜明的个人品牌，设置相同的昵称可以进一步扩大个人品牌的推广效果。

（3）标签识别：在昵称后添加标签可以方便用户“对号入座”，微信好友在看到该昵称时可以快速产生记忆或联想，使昵称得到有效的曝光。标签可以是代表个人某个特征的重点信息，如个人定位、个人职业等，通常都比较精简，不宜过长，常以“实名＋个人特征”的结构呈现，如“张桥－理财顾问”。设置好微信个人号的昵称后，注意不要频繁更改昵称，以免用户记错或忘记。

（二）头像设置

微信头像代表用户的形象，与昵称一样，可以快速建立起他人的第一印象，节约沟通成本。微信个人号的头像设置，需要遵循下面两个原则。

（1）清晰自然：用于运营的微信个人号，一般以个人照片、特色标志、公司 Logo 等作为头像，但不管使用哪种头像，最基本的要求都是清晰自然。如果使用个人照片作头像，应保证背景干净、人物突出，有明显的色彩对比。真实清晰的图片有助于凸显专业性，给用户带来安全感和信任感。如果使用具有代表性的图片或公司标志作为头像，则应保证图片裁剪合理、比例适宜。

（2）专业匹配：用于运营的微信个人号头像不仅直接影响用户的第一印象，还与个人的专业度、品牌形象挂钩，因此建议选择与自己的专业或职业贴近的风格。如某微信个人号的标签是情感咨询、心理健康等，那么头像风格最好是温和轻松的，用头像传达出自己对生活和情感的态度，让用户第一眼看到就能自我放松；某微信个人号的标签是理财、职场等，那么风格应该是职业和严谨的，这样能够给用户带来信任感。

（三）个性签名设置

微信个性签名主要用于展示个人的个性特点、情感态度等，风格设置上并没有严格的要求，可以专业严谨，也可以轻松幽默，原则上不直接粘贴僵硬直白的广告，否则不仅容易影响好友申请通过率，还会给人留下不好的第一印象。

（四）微信号设置

微信号是指微信 ID，通常是一组字母、数字和符号的组合。微信号设置与微信昵称一样，应该坚持方便记忆、识别和输入的原则。一般来说，微信号可以设置为有关联性的拼音、字母组合，比如与自己的名字、公司、职业相关的“拼音＋简单数字”的组合。

二、微信好友添加

微信是用户生活中不可缺少的应用，大部分用户都对微信有较强的依赖性，喜欢习惯性地打开微信查看信息，这些现象为微信营销奠定了基础。除此之外，微信好友的数量也是微信个人号营销的基础，微信好友直接影响微信营销的最终效果和范围，因此，要想更好地运营微信个人号，微信好友的添加必不可少。

（一）通过手机通讯录添加好友

微信是建立于智能移动终端中的通信工具，直接与手机通讯录相连接，可以将手机通讯录中的联系人添加成微信好友。一般来说，手机联系人都是运营人员的原始人脉，已经有过基础接触和交流，将其添加为微信好友将更方便管理和维护。

（二）通过扫描二维码添加好友

每一位微信用户都有一个专属于自己的二维码，通过扫描该二维码即可添加好友，个人二维码可以通过个人信息中的“我的二维码”查看。二维码并非必须在微信中进行扫描，为了便于好友的添加，名片、图片、网页等任何有条件的地方都可以放置个人二维码，方便其他用户扫描。

（三）通过微信发现添加好友

作为一款社交通信工具，微信为用户提供了多种添加好友的方式，如“发现”中的“摇一摇”“附近的人”等，通过该功能可以随机添加陌生人为微信好友，点击“附近的人”页面右上角的“…”按钮，还可以对陌生人进行筛选。

（四）通过社群添加好友

社群是非常流行且活跃度非常高的一种社交和沟通方式。一般来说，每个社群都有自己的表现形式，有其内在的社交关系链，群成员基于共同的需求或爱好聚合在一起，有着比较类似的兴趣或特征，因此可以快速挖掘大量目标用户。也就是说，如果找到一个与自己产品定位相符的社群，那么将该社群中的用户作为目标用户会更加精准。微信群一般通过好友邀请或扫描群名片加入。需要注意的是，加入群之后，不要立即添加微信好友，最好在群成员认识、了解自己，且有了一定信任基础的时候再进行好友的添加，此时添加好友通过率更高，好友质量也更高，甚至能吸引群成员主动添加。微信对于社群的管理相对严格，但运营人员可以通过 QQ 等相关平台间接进入社群，在其中寻找对应的微信群入口。比如，一个销售运动产品的人加入运动爱好者社群，该社群中的成员将更容易成为他的潜在用户。

通过社群添加好友的前提是寻找相关社群，可以直接在微信中搜索相关关键词查找目标社群，也可以通过微信的“附近的群”“兴趣部落”等功能进行检索，此外，还可以利用搜索引擎搜索目标社群，甚至在微博、论坛、贴吧等媒体平台也可以找到相关社群。

（五）通过其他社交平台引流

在多元化营销时代，仅仅凭借某一个营销平台进行推广，有时候很难达到预期的营销效果，运营人员通常会结合不同的营销平台，运用一系列营销方式进行组合营销，相互促进和补充，形成一个完整的营销圈。在不同的社交平台进行营销，可以将其他平台的朋友引流到微信上来，比如在微博、QQ、知乎、美拍等平台留下自己的微信号，这些平台上的用户如果被所发布的内容吸引，就会产生进一步认识的想法，进而主动搜索并添加微信好友。

（六）通过口碑推广添加好友

口碑营销是粉丝经济时代非常有效的营销方式之一，一位有名气、有影响力、有粉丝的人去介绍或赞扬另一个人，那个人通常会收到非常不错的推广效果。需要注意的是，被推广人必须拥有一定的实力，比如在某方面比较专业或具有内涵和价值，这样才能留住粉丝，同时不损坏推广人的信誉。

（七）通过软文添加好友

软文推广即写文章推广，通过在分享的文章中添加二维码，以吸引用户扫描关注。可供软文发布的平台有很多，如博客、论坛、贴吧，甚至微信公众平台，它们都拥有较大的用户基数，能产生不错的推广效果。

三、微信好友互动

转发、评论、点赞、活动等都是与微信好友展开互动的好方法，合理掌握与微信好友之间的互动能够提高营销的效果。

（一）转发、评论和点赞

转发、评论和点赞是消息本身所赋予的自然交流状态，好友能对运营人员发布的信息进行转发、评论和点赞，运营人员也可以对好友的日常信息进行转发、评论和点赞。这是一种双向的信息交流方式，可以加深与好友之间的关系，但要注意互动的内容，特别是评论（转发和点赞相对简单，只需轻轻一点即可）要以真实、有趣的内容或回复为主。但对于运营人员来说，好友的数量是相当多的，怎样从庞大的朋友圈信息中找到值得自己互动的好友信息呢？一般可以在微信信息页面中进行搜索，在搜索页面点击“朋友圈”选项，然后输入需要搜索的关键字进行搜索，即可在搜索结果中筛选出需要进行互动的信息。

（二）活动策划

朋友圈活动的目的是让微信好友参与互动，并将活动信息传播到自己的朋友圈，扩大活动影响力。活动的形式一般通过转发、点赞、试用、互动等进行，多表现为微信或图片转发、集赞，获得奖品、优惠券、现金福利等，比如“转发图片至朋友圈参与活动，即有机会免费获得价值××元的丰厚礼品”“转发并集齐××个点赞，即可获得××现金红包，截图有效哦”等。

试用是指免费试用产品，提交试用报告后即可返还邮费和产品费用等。互动也是一种比较常用的推广形式，一般表现为游戏互动，比如“第××个点赞的人可以获得××”“这条微信如果点赞达到××，就抽取两名朋友免费赠送××，截止时间为××，截图为证”等。如果技术允许，还可以在朋友圈发布一些有意思的小游戏，吸引用户参与和转发。在设计朋友圈活动时，可以通过配图的形式说明活动的相关信息，比如活动时间、参与条件、参加流程等。需要注意的是，在活动开始之前，可以提前在微信朋友圈进行预告和预热，提醒微信好友准时参加，也可以适当保持一定的神秘感，引起用户的兴趣。

四、朋友圈内容营销

朋友圈从本质上看是熟人之间的一种社交，是一个人展示自我的窗口。在社交网络时代，朋友圈也是营销窗口和社交电商阵地。尤其是随着微商的发展，朋友圈逐渐变成了“广告圈”。

微信朋友圈是展示自己形象的常用窗口，也是微信个人号营销的重要途径。要想发挥好朋友圈的作用，获得最大的营销价值，首先必须设计好朋友圈的内容。开展朋友圈营销不要急于求成，不能频繁地发广告，否则会影响用户体验。每天在朋友圈发布的内容建议不要超过十条，主要内容可以包括以下几个方面。

（一）趣味性的内容

有趣的内容人人都爱看，工作中的趣事、同事之间相处的趣事，只要是与行业相关的有趣内容，都可以在朋友圈中发布出来。

（二）专业性的内容

运营人员在编写或转发专业性的内容时可以附带自己的观点，这相当于给文章做备注，可以让微信好友对其更加信任或产生好奇。

（三）社会热点

社会热点是用户关注的内容，也最能吸引用户。新媒体运营人员结合热点推荐某些产品或服务，往往更容易被用户接受。如果针对热点话题阐述自己的观点，而用户又认同这些观点，则很容易获得用户的好感，进而促成产品的销售。

（四）用户见证

运营人员开展朋友圈运营时，可以在成交时与用户拍张合影，写上简短的说明发到朋友圈，或是写一篇文章，介绍这一单是如何谈成的，解决了用户的什么问题，这会让其他用户对其产生很大的信任感。

（五）自己的成长故事

运营人员在写自己的成长故事时，可以重点说明自己经历困难并坚持面对困难的成长过程，这样会让用户产生认同感，从而促成产品的销售。

（六）用户的反馈

运营的重点在于用户的反馈，也就是用户使用产品后产生了怎样的效果。展示用户好的反馈是展示产品实力的一种方式。

第三节 微信公众号运营

微信公众号是在微信公众平台上申请的应用账号。微信公众平台是腾讯公司在微信基础上开发的功能模块，是当今新媒体营销宣传的常用平台。通过微信公众平台，企业或个人都可以打造专属自己的特色公众号，在公众号上通过文字、图片、语音、视频等形式，与特定群体进行全方位的沟通和互动。

微信公众号为营销提供了方式，但是优质的营销效果离不开公众号的运营，只有在某一行业中有热度、有影响力的公众号才具有真正的营销价值。本节将对微信公众号定位、微信公众号内容策划、微信公众号粉丝维护等知识进行介绍，说明提升微信公众号推广能力和营销价值的方法，帮助运营人员打造更有影响力的公众号。

一、微信公众号定位

微信公众号有服务号、订阅号、小程序和企业微信四种类型，如图 2－1 所示。每一种类型的使用方式、功能、特点均不相同，用于营销的公众号一定要选择最适合自己的公众号类型，才能达到预期的营销推广效果。

图 2－1　微信公众号的类型

（1）服务号：具有用户管理和提供业务服务的能力，服务效率较高，主要侧重于服务交互，比如银行、114 等提供服务查询的类型适合选择服务号，用户服务需求高的企业也可以开通服务号。服务号认证后每个月可群发四条消息，还可开通微信支付功能。

（2）订阅号：具有信息发布和传播的能力，可以展示自己的个性、特色和理念，树立自己的品牌文化。订阅号主要侧重于为用户传达资讯（类似报纸、杂志），认证后每天可以群发一条消息，具有较大的传播空间，如果想以简单地发送消息来达到宣传的目的，建议选择订阅号。

（3）小程序：其是一种开放功能，具有出色的使用体验，可以被便捷地获取与传播，适合有服务内容的企业和组织注册。

(4) 企业微信：主要用于企业内部通信使用，具有实现企业内部沟通与内部协同管理的能力，需要先验证身份才可以关注企业号。

二、微信公众号设置

申请并开通微信公众号之后，需要对公众号的基本信息进行设置，包括名称、头像、二维码、功能介绍等，其中部分设置原则与微信个人号类似。

（一）名称设置

微信公众号的名称是用户识别公众号的重要标志之一，也是直接与公众号搜索相关联的关键部分。从某种角度来说，微信公众号的名称就是品牌标签，因此名称的设置与营销效果息息相关。其设置方法与微信个人号类似，要求统一、简洁、便于搜索、注明功能等。

知识拓展

新申请的没有知名度的微信公众号应该怎样设置名称

新申请的微信公众号在设置名称时，可以结合以下几种方法取名，以达到个性化、易辨识的目的。

1. 根据微信公众号所定位的目标用户的需求取名，如面向爱猫人士的公众号可以取名为“猫来了”“猫宠物”等；一个提供趣味段子的公众号可以取名为“幽默段子”“搞笑段子”等。

2. 根据地域设置公众号名称，即介绍本地内容的公众号，如“成都生活”“上海美食攻略”等。除了直接使用地域名称之外，著名景点、著名食物、特色方言等也是地域名称的设置方式之一。

3. 根据某个事件或场景设置公众号名称，如“枕边音乐”“十点读书”等，这样可以定时将用户带入一个生活习惯或生活场景中，能够增加用户黏性，也方便用户根据自己的需求进行搜索。

4. 在某个领域中继续细分，用细分领域的内容设置公众号名称，如服装搭配领域细分的“裤装搭配指南”“裙子搭配技巧”等，细分领域的优点是目标定位更精准。一般来说，名称范围越大，重复性就越高，竞争也会越激烈。在一些热门领域中，细分领域反而能独辟蹊径，吸引更精准、更优质的用户。

（二）头像设置

头像也是微信公众号的重要标志之一，代表了公众号的个性和风格，展现了公众号的品牌形象，同时还能方便用户对公众号进行认知和识别。公众号头像主要有Logo、个人头像、文字、卡通形象、知名角色等几种类型。

（1）Logo：Logo一般指品牌Logo，拥有品牌的企业或个人可以将Logo作为公众号头像，如宝马中国、星巴克中国、麦当劳的公众号均使用的是品牌Logo。

（2）个人头像：很多自媒体、明星、名人等都会将自己的照片作为公众号头像。

（3）卡通形象：很多自媒体、创意公司、行业名人，甚至政府、学校等官方组织，都会为自己设计一个专属的卡通头像，这类头像通常具有极高的辨识度。

（4）知名角色：知名角色是指著名的电影、电视剧、动画、历史中的形象，这种角色具有极高知名度和辨识度，容易引起用户注意，也能更好地表达公众号的定位。

（三）二维码设置

与微信一样，每一个公众号都有一个专属的二维码，通过对二维码进行分享和推广，可以让更多人关注自己的公众号。微信公众平台提供了二维码尺寸设置和下载功能，用户根据自己的推广需要，可以设置合适尺寸的二维码，还可以对二维码图片的效果进行美化。二维码的重新设计可以结合自己的产品特色，添加一些能够展示产品特性的元素，使其更具个性化。比如地产类型公众号的二维码可以设计一些建筑，娱乐类型公众号的二维码可以设计一些卡通形象等。

（四）功能介绍

微信公众号的功能介绍主要用于描述公众号的作用，其会在用户搜索公众号时显示，因此需要重点设置。一般来说，功能介绍必须突出重点、便于理解，让用户可以通过该介绍快速了解公众号提供的服务和公众号的价值等，比如直白地展示卖点，快速打动目标消费人群。除了说明功能和作用外，功能介绍也可以用来表达情感、展现特色，通过个性化吸引用户。大部分品牌的公众号通常会在功能介绍中进行品牌介绍，或者放入一些文案标语，以便进一步进行品牌推广。

三、微信文章的写作与推送

（一）微信文章的写作

写作微信文章前要先做好微信公众号的用户定位，根据用户的需求进行内容的策划与定位，从不同角度挑选出最适合的选题，比如行业热门消息、有深度的干货、名人的视角、群众的视角、有内涵的企业文化、生活实用技巧、生活感悟、产品福利活动等，以此吸引同质粉丝，使粉丝自行在圈子内分享和传播文章内容，从而为公众号吸引更多属性相同的高质量用户。若公众号想要通过文章内容建立影响力，可以通过文章标题的设计表达公众号的个性特色，打造系列样式的文章，让用户在看到文章标题时可以快速分辨出这是哪一个公众号，分享的是什么内容，从而进一步加深用户对公众号的印象。

在强化品牌形象时，也可以在标题中加入个人、企业的品牌名称或具有强烈品牌辨识度的词语，如公众号“罗辑思维”推送文章标题中的“罗胖 60 秒”即为辨识度极高的个人品牌名。

（二）微信文章的推送

首先，常规来看，用户查看推送文章内容的时间一般在 7 点至 9 点的上班途中、11 点至 13 点的午休时间、17 点至 19 点的下班途中及 21 点至 23 点的睡前时间。在这些时间段中用户会对查看的文章内容进行反馈，因此容易出现文章反馈的高峰期。

其次，由于微信公众号文章内容的定位不同，用户查看内容的时间也会不同。一般来说，励志类微信公众号文章建议在 8 点前推送，这样可以充分利用用户上班途中的时间激发用户的工作热情；趣味类微信公众号文章建议在 19 点后推送，通过内容的趣味性缓解用户的疲惫，博用户一笑，从而增加流量与转发量；消费类微信公众号文章建议在晚上推送，因为用户挑选、购买产品需要花费较多的时间，用户可以在较为充足的晚间休息时间充分地挑选；情感类微信公众号文章建议在 22 点后发布，夜晚人的感情会更加丰富，此时发布更容易触动用户并获得用户的认同与共鸣。总的来说，要以用户需求为出发点，选择合适的推送时间方便用户查看才能达到最佳的营销效果。

当然，这并不意味着必须在推送时间前才写作微信文章内容，运营人员要提前写好微信文章，然后根据实际需要进行定时推送，以避免在深夜写文或在节假日期间没有文章推送的情况发生。同时，充足的文章内容创作时间也可以提高文章的质量，使文章内容更加吸引用户，从而提高用户的阅读量和转发量。设置微信文章定时推送的方法很简单，编辑好需要推送的文章后先将其保存但不发送，然后返回微信首页选择“素材管理”选项，在其中选择需要推送的文章，点击页面下方的“群发”按钮右侧的下拉按钮，在打开的下拉列表中选择“定时群发”选项，再在打开的页面中设置发布的时间即可。

知识拓展

微信公众号如何获取粉丝

公众号获取粉丝的方法有很多，不同类型的运营人员通常会使用不同的手段，下面介绍几种比较常用的获取粉丝的方法。

1. 邀请已有用户关注：邀请已有的用户关注公众号，如对于有过交易的、互动的用户，可以通过微信、短信等方式邀请其关注公众号。

2. 线下用户：不管是线下的店铺、展会，还是其他线下活动，都可以制作一个二维码邀请潜在用户进行关注。为了增加关注率，还可以附赠一些小礼品。

3. 其他媒体平台引流：通过在各种网络平台上分享有价值的内容，吸引用户关注。

可以引流的平台有很多，如微博、QQ 等社交平台，新闻、博客等门户类平台，论坛、贴吧等 BBS 类平台，知乎、百度知道等问答平台，美拍、秒拍等短视频分享平台，以及文库、网盘等资源分享平台等。

第四节　微信小程序运营

微信小程序是一种无需下载即可使用 App 部分功能的应用程序，它可以在微信内被快速获取和传播。小程序可以提供更加丰富和多样化的服务，满足用户的需求。小程序的开发和运营需要考虑用户的使用场景、服务内容和功能定位，以及营销策略和数据分析等方面。它体现了“用完即走”的理念，用户不用担心安装太多应用而导致内存空间不足的问题。小程序的优势主要包括以下几个方面：

(1) 便捷性：小程序无需下载即可快速使用，无需安装即可快速启动，让用户可以更方便地使用各种应用功能。

(2) 轻量化：小程序占用存储空间小，无需下载即可快速使用 App 部分功能，对于需要快速使用 App 部分功能的人来说，省去了下载时间，提高了使用效率。

(3) 跨平台：小程序可以在不同的平台运行，如微信、支付宝等，降低了开发成本，提高了开发效率。

(4) 无需占用存储空间：小程序不需要占用用户的手机存储空间，不会影响手机性能和用户体验。

(5) 快速响应：小程序具有快速响应的特点，可以快速响应用户的操作和请求。

(6) 多样化的服务：小程序可以提供多种服务，如支付、扫码、位置等，为用户提供更加丰富和多样化的服务体验。

(7) 丰富的营销策略：小程序可以通过多种营销策略进行推广和宣传，如优惠券、抽奖、拼团等，提高用户的使用率和忠诚度。

总之，小程序的优势在于便捷性、轻量化、跨平台、无需占用存储空间、快速响应、多样化的服务和丰富的营销策略等方面，这些优势使得小程序在移动互联网时代具有广泛的应用前景和商业价值。

一、微信小程序的应用场景

微信小程序的商业应用场景有很多，如小程序商城、小程序分销商城、点餐小程序等，它们都以轻便、丰富、强大、新潮的营销功能为企业或品牌营造消费新生态。目前，微信小程序的商业应用场景主要有以下几种。

(一) 企业名片

微信小程序可以作为企业咨询、品牌宣传的入口，用于帮助企业打造高端的品牌形象，可以让用户更便捷地了解企业，是企业对外展示的窗口。

（二）在线服务小程序

很多企业利用小程序为用户提供某些线上服务，以提升用户体验。例如，微信发票助手小程序可以帮助用户快速登记发票信息；全民K歌小程序可以帮助用户点歌、唱歌、配音等；微软听听文档小程序支持用户转发和分享带语音内容的文档。

（三）电商企业小程序

很多电商企业开发了小程序，利用微信公众号将用户带到小程序中进行消费。有线下门店的电商企业可以给小程序添加门店地点信息，向附近的用户展示。

（四）餐饮服务小程序

餐饮服务小程序多是餐饮连锁企业打造的在线订餐与提供外卖服务的平台，以便直接为用户服务。

（五）游戏直播小程序

游戏直播小程序能满足用户交互娱乐、获得良好视觉体验的需求，可以营造新的商业模式和应用场景，将更多的线上服务与线下场景相结合。

（六）社区生活小程序

很多社区服务企业也开发了小程序，提供团购、生鲜、上门服务等业务，方便企业获取用户信息、开发新用户、深度维系与留存用户。

二、微信小程序的筹备和上线

（一）设计小程序名称

（1）小程序的名称要明确。用户的需求点往往很明确，越明确的小程序名称吸引的用户越精准。例如，小程序“递名片”可以帮助用户制作和分享自己的电子名片；小程序“图片文字识别”可以帮助用户提取图片中的文字。

（2）小程序名称一定要足够垂直，表明其能够解决细分领域中的常见问题。例如，如果做程序员技能培训，小程序的名字最好别叫“技术培训”，不妨将“技术培训”拆分成“PHP培训”“Python培训”“Swift培训”等，即通过关键词拆分形成小程序矩阵。

（3）新媒体运营人员可以根据百度指数选择用户搜索频次较高的热词，并将其放入小程序名称中。

（二）注册小程序

小程序的注册主体是企业或个体工商户，其需要提供营业执照及管理员的邮箱、姓名和身份证号码等相关信息。注册审核一般需要1—5天。

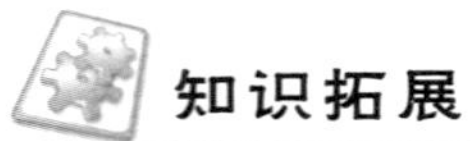

知识拓展

小程序注册申请

微信小程序继承了微信开放、克制的特点，开放战略能够帮助企业完美地承接社交生态体系，克制文化又能很好地抑制企业在其社交生态体系中可能存在的盲目扩张，保持稳健发展。企业在搭建小程序时，要从小程序整个接入和申请注册流程开始规范每个细节，为后期运营打下坚实基础。

小程序整个接入流程很简单，只需四个步骤，分别是申请注册、信息完善、开发小程序、提交审核与发布。

第一步，申请注册。小程序是个新生事物，建议企业安排易于接受新生事物的运营人员来申请注册小程序，从而提高工作效率。另外，小程序的注册邮箱最好是企业邮箱，如果企业还没有开通企业邮箱，那就建议用核心管理层或很忠诚的老员工的邮箱。

第二步，信息完善。这一步中最关键的就是取一个好的名称，好的名称有三个衡量指标：自然搜索量、用户记忆度、勾起好奇心，要做到这三点并不是件容易的事情，因此要避免“拍脑袋式”的感性起名方式。

第三步，开发小程序。小程序是开放的，企业虽然可以按照自己的想法、需求进行个性化开发，但不建议一开始就投入巨资进行个性化定制开发，最好的办法是先购买一个第三方小程序平台，比如有赞、微盟等，它们经过了大量的商业验证，包含了大多数企业小程序所需的核心功能。笔者为不少企业提供过小程序咨询服务，其中相当一部分企业花了少则几十万、多则上千万的资金，耗费了一两年的时间去开发小程序，而最终却是挥泪斩“小程序”，令人惋惜。出现这个问题的最核心原因就是期望值与对小程序的了解度不成正比，企业很多的想法过于主观，没有被验证。因此，笔者强烈建议先用市面上已有的第三方小程序平台来验证企业的商业想法，验证达标后再昂首阔步地大举进行小程序布局，开发满足企业商业需求的小程序。

第四步，提交审核与发布。这一步对于传统企业的运营人员来说，猛然一听很复杂，导致企业往往喜欢委托其他服务公司来操作，这是一大误区。小程序对企业未来战略至关重要，因此一定要从一开始就让团队深入学习、操作，因此建议企业培养内部员工操作代码提交审核与发布，边学习边操作，慢慢上手。如果实在捉摸不透，可以到“微信开放社区”寻求指导，那里会有很多经验丰富的高手为企业答疑解惑。

（三）添加项目组成员

在微信小程序后台，新媒体运营人员可以添加项目组成员，并赋予不同的项目组成员登录、数据分析等权限。

（四）设置服务通知消息模板

服务通知类似于App中的消息通知，统一在微信聊天页的“服务通知”模块中展示。在开发过程中，开发者可以为每个小程序添加25个消息模板，消息模板可以从现成的模板库中选用；如果没有现成的消息模板，开发者可以申请模板。如果选用的模板库中没有自己需要的字段，也可以申请添加字段。

（五）开通微信支付

小程序中的支付接入工具主要有小程序支付、代金券和立减优惠、现金红包、企业付款。不同类别的商户，微信支付所收取的手续费也有所差异。

三、微信小程序的流量入口

小程序中没有“粉丝”概念，缺乏有效的用户留存机制，也缺乏用户唤醒手段，导致小程序很难像微信公众号一样有稳定的流量。小程序的流量入口主要有以下几个。

（一）附近的小程序

新媒体运营人员在小程序后台添加地点之后，用户可以在小程序界面中通过“附近的小程序”查找小程序。

（二）服务通知

服务通知主要是给用户推送小程序通知，所有的微信小程序入口都在微信聊天页的“服务通知”模块中，用户点击“服务通知”可以进入小程序主页或需要跳转的界面，这是小程序重要的入口。

（三）小程序码分享

小程序的推广离不开分享。新媒体运营人员可以将小程序码分享到朋友圈，或印在小礼品、商品的外包装上。只要小程序有足够的吸引力，裂变方法得当，推广效果往往很不错。

（四）与微信公众号关联

如果企业有微信公众号，可以在小程序后台将小程序与微信公众号相关联，这样就可以把微信公众号中的用户精准地导流到小程序中。

（五）社群转发

新媒体运营人员可以找到一些包括目标用户的微信群（或自建微信群），把小程序推荐给他们，同时配合现金红包和立减优惠，鼓励用户二次转发。

（六）社交“立减金”

用户在小程序内完成支付后，新媒体运营人员可向用户赠送购物“立减金”，用户只有分享给好友后才能领取，好友领取之后可进行新一轮的消费，从而获取流量。

（七）卡券+小程序

新媒体运营人员将卡券与小程序相结合，可以通过“送礼”这个功能，达到较好的裂变效果。例如，星巴克的“用星说”，用户在小程序中购买星享卡后，可以赠送给好友，吸引其打开小程序。

（八）营销工具实现裂变

新媒体运营人员可以通过第三方提供的分销、拼团、砍价、秒杀等营销工具来刺激用户消费，激励用户邀请其他用户，实现快速裂变，并给予其相关的优惠和奖励。

知识拓展

开发微信小程序

开发者在微信上开发一个小程序需要经过以下步骤：

1. 注册开发者账号：首先需要在微信公众平台上注册一个开发者账号，并登录到小程序后台。

2. 创建小程序：在微信小程序后台中，选择“开发”→“开发设置”，按照指导进行小程序的创建。需要填写小程序的名称、描述、图标等信息，并选择小程序的开发者。

3. 下载开发工具：微信提供了专门的小程序开发工具，需要从官网下载并安装该工具。安装完成后，打开开发工具就可以开始开发了。

4. 页面与组件的编写：小程序的页面使用 WXML 来描述结构、WXSS 来描述样式、JavaScript 来描述交互逻辑。可以使用微信小程序提供的组件库和 API 来实现各种功能和交互效果。

5. API 的使用：微信小程序提供了一系列的 API 来实现网络请求、数据存储、地图定位等功能。可以根据需求调用相应的 API 来扩展小程序的功能。

6. 调试与测试：在开发过程中，可以使用微信开发者工具进行调试和测试，还可以模拟用户操作和查看小程序的各种数据和状态。

7. 上传发布：完成开发后，需要将小程序上传到微信公众平台上进行审核和发布。在上传前需要填写小程序的简介、描述、图标等信息，并提交审核。审核通过后，就可以在微信上搜索并使用该小程序了。

需要注意的是，小程序的开发需要一定的技术能力和经验，建议在开发前仔细阅读微信小程序官方文档和教程，并参考其他开发者的经验和案例。

四、微信小程序的运营

小程序长线运营制胜的终极武器就是经营用户关系，企业管理人员需要学会与用户有效高频互动，快速建立用户强关系。建立小程序高频互动需要借助内容、工具、数据，从用户认同感、存在感、参与感、新鲜感、炫耀感五个要点精雕细琢，使用户对企业的小程序“上瘾”，每天情不自禁地进入小程序逛一逛，与客服聊聊天，顺便完成购物。

（一）认同感——实现价值观同化

认同感很重要，许多人能走在一起，是因为他们互相认同。对于小程序来说，认同感建立的过程就是从精彩故事、专业知识两个重要维度实现价值同化的过程。

1. 精彩故事引发认同感

故事不仅是一种艺术创造形式，更是一种异于逻辑和数据的思维模式，这种模式可以塑造一种具有亲和力、深层次的认同感，让用户对小程序高度认可。例如，褚酒酒业小程序，在众多用户心里“褚酒＝褚时健”，褚老传奇的一生就是一部精彩的励志故事，他的一生起起落落，无论多曲折从不抱怨。一位70多岁的老人竟然带病创业，仍然迈着沉重的步伐奔向梦想，为社会创造更高的价值，带给现代人积极的正能量，褚酒所代表的创业精神、永不言弃的使命感，引发了用户的共鸣，塑造了极强的认同感。褚老的故事与其所代表的精神远远超出了产品本身的价值，为小程序赢得了极高的关注。

2. 专业知识引发认同感

通过一系列专业知识的输出，强化小程序在用户心里的专业度。企业可以在某个细分领域深耕细作，并以一个个的产品、作品凸显专业度，实现用户价值同化，建立对小程序的强认同感。

（二）存在感——无时不在的证明

现如今，很多人一旦离开手机就会感到孤独、寂寞，甚至莫名的恐惧，这是缺乏存在感导致的安全缺失。建立用户存在感，让他们像离不开手机一样依赖小程序，每天没事的时候就想逛一逛小程序。企业可以通过以下两种实用方法建立用户存在感。

1. 坚持每天打卡

打卡看起来已经司空见惯，实则依然有效，目的是培养用户的习惯，引发用户的互动，让用户找到存在感。用户是否愿意坚持打卡，取决于打卡的奖励机制，常见的是奖励积分。

2. 每日励志海报

无论是在工作还是生活中，都存在着很多挫折，用户在每天早起上班的路上分享一张满满正能量的励志小程序海报，可以给自己补充“营养”，让自己保持昂扬斗志。

用每日打卡、励志海报让用户找到存在感，在形式上很简单，难在需要不停地优化激励措施，让用户持久地坚持下去。

（三）参与感——找到持续参与的动力

为了让用户在小程序中保持高频互动，“会来事”是妙计。通过不停地制造有价值的话题性活动，让用户一次又一次地参与其中，可以让用户对小程序的情感从陌生感尽快上升到归属感。打造用户极致的参与感有以下两种做法。

1. 让用户分享他们的精彩事件

通过设计事件的参与节点、互动形式、及时反馈、邀约好友、分享收获，让用户生产内容，积极互动，邀请好友一起参与。

2. 设计全年度的节日活动清单

对于小程序互动营销而言，传统专攻低价的促销型营销方式已经越来越难满足日渐挑剔的消费者。消费者的购买动机越来越难以捉摸，尤其是日渐年轻化的消费群体。用节日拔高互动价值，加之中国是人情社会，节日活动开始成为一条提升互动营销的光明大道。

（四）新鲜感——总能给你制造惊喜

如果一味地去做商品促销，时间久了，用户就会麻木，企业需要从其他方面制造新鲜感，唤醒用户的互动意识，激发互动的动力。企业可以用以下三种方式尝试制造用户新鲜感。

1. 改变销售形态

以下罗列了几种改变销售形态的方向，供企业管理人员借鉴。

（1）从纯电商到线上线下一体化。

（2）从销售商品到提供解决方案。

（3）从社交电商到搭建直播体系。

（4）从单一品类到相关多元矩阵。

（5）从用户自选到个性化的推荐。

（6）从随机订购到按月的周期购。

改变销售形态的方式方法有多种，这里仅罗列了六种，期望能够引导企业管理人员进行思考，促进他们发散思维，找到最合适自己的小程序。

2. 改变营销玩法

虽然小程序营销已经很成熟了，但企业仍可以开发或引用第三方营销工具，定期地改变营销玩法，比如拼团、秒杀、摇一摇、降价拍、找人代付、裂变红包、礼品卡、优惠券、代金券、积分换购、加价购、周期购、订阅会员、大转盘、零元购、限时折扣、特权购、指定赠品、团购返现、单笔返现、分销员、店中店、抢任务、生肖有礼、星座福利、有奖问答等数不胜数的玩法，如何用好它们，让用户有新鲜感，仍需要仔细斟酌。建议每种玩法间隔至少半个月，让每种营销玩法的“新鲜度”保持久一点。

3. 改变用户关系

通过改变用户关系也会给用户带来新鲜感。当用户仅仅是因产品才对小程序产生兴趣时，互动频次会明显降低，因为没有更多值得用户投入时间交流的价值点；当通过一系列运营及产品迭代，使用户升级为会员后，他因获得了更优质的服务特权，更容易产生些许新鲜感，会急迫地想感受下会员专属特权；当用户升级到嘉宾级别时，可以邀请他们到小程序直播间分享与产品有关的感人故事，让他们享受舞台带来的鲜花与掌声，新鲜感与成就感会急速升级；当用户在小程序上反复浏览、消费、互动时，会与客服人员产生友情，此时就可以跳出产品，交流一些朋友之间的话题，如工作、生活、梦想等，用户每当闲来无事就会想去与客服聊会天，心中有着一种期待感与新鲜感；当用户关系升级到伙伴关系时，用户与企业就会有直接或间接的利益关系，从而产生一种更强的新鲜感，利益关系会让彼此之间产生更多的交流话题；当用户晋级到股东级别时，这是价值同化的最高级别了，用户把自己的梦想寄托于企业，希望通过小程序获得更大的成就，对此满怀憧憬，新鲜感也能再次被点燃。

（五）炫耀感——你才是电影的主角

如果把人生比作一部电影，每个用户都有一个英雄梦，都希望把自己优秀、厉害的“绝世武功”亮剑于外界，成为主角。用户的这种心理恰好是提升小程序互动可利用的杠杆，“撬动”他们的高频互动。一种做法是设计一个个与用户具有强关联的“闯关式”活动，就像玩游戏一样，让他们获得一个个可以炫耀的证书、勋章、代号等。另一种做法是大量采集用户真实、精彩的故事做成短片，然后在小程序首页开发一个“我是主角”“讲出你的故事”等入口，定期更新，让它与用户息息相关，让用户激动、感动、感恩，从而产生高频互动。

第五节 企业微信运营

企业微信是腾讯公司打造的一款企业办公和连接微信客户的协同管理二具，在客户体验上与微信一致，上手门槛较低，企业使用其培训员工成本也较低。早在企业微信之前，腾讯就推出了一款名为微信插件（原企业号）的产品，该产品依托微信生态，无须下载企业微信客户端即可实现企业内部协同沟通，员工在关注微信插件后即可接收消息、回复消息、使用自建应用等。

从 2016 年 4 月到 2019 年 12 月，经过近四年的优化升级，企业微信已经从原来只面向企业内部的 OA（Office Automation，办公自动化）系统，升级为连接企业内部和外部的高效 OA＋SCRM（Social Customer Relationship Management，社会化客户关系管理）系统。

2016 年 4 月 18 日，企业微信推出 1.0 版本。该版本支持连接企业内部系统，并提供公告、请假、考勤、报销等免费 OA 工具，帮助企业提高内部沟通效率。与传统的 OA 软件相比，企业微信简单易用、上手门槛低、移动办公方便，而且可以免费使用，因此受到大多数中小型企业的青睐。

2020 年 5 月 18 日，企业号全面升级为企业微信，原企业号的数据会完整地迁移到企业微信中，从此企业号与企业微信合二为一。

那么企业微信与微信相比有哪些优势呢？下面从账号体系、功能优势、违规工具被封杀带来的新机会三个层面进行阐述。

一、企业微信的优势

（一）账号体系

1. 企业微信打通个人微信，实现消息互联互通

客户无须下载企业微信 App 或其他 App 即可在微信中与企业微信员工沟通交流，与其他工具相比，企业微信的使用门槛更低、沟通效率更高。企业微信支持与个人微信一对一单聊、向企业微信客户发起一对多群聊，甚至直播、会议等也可以邀请个人微信客户参与。从原来服务号在 48 小时后无法触达客户的单向沟通，变为可以在任意时段与客户进行多媒体互动，与客户做朋友。

2. 企业微信可以免费加 V 认证

在企业微信中，人即服务。企业微信的所有员工账号、发表的客户朋友圈、与客户的沟通、微信群内的互动，都可免费自带企业名称。

员工名片页面也会展示实名认证信息，可以附加企业官网、产品信息、会员入口、支付购买入口等。企业的认证绿标和员工的实名蓝标可以有效地帮助客户辨别真伪，提升客户对品牌的信任度和忠诚度。同时，一线员工将代表企业为客户提供个性化的产品和服务。员工的行为是塑造品牌形象的最前线，企业微信通过加 V 认证倒逼企业加大员工培训力度，提高服务质量和水平，使客户对企业和品牌更加认同，进一步促成客户转化。这样就形成了良性循环，企业和客户实现了双赢。

3. 员工账号属于企业资产，若员工离职则客户一键转移

以往，企业员工可能会在业余时间做微商（如卖面膜和食品等），一旦出现质量问题，这些与企业毫无关联的产品也会严重损害企业的形象，造成恶劣影响。除此之外，一些大客户一般由专门的员工跟进，这些员工一旦离职，可能会带着大客户一起流失，甚至将其带到竞争对手那边。为此，很多企业不得不购买大量的工作手机，为员工注册大量的微信号，极大地增加了企业的管理成本。而企业微信提供了一键分配离职员工的客户的功能，该功能在员工离职后可以将其客户分配给在职员工继续跟进，并保留上一个员工与客户的聊天记录，保证服务不中断、客户不流失。在员工离职 24 小时后，其客户会被默认切换给新分配的员工，这一过程无须客户手动确认同意，较好地避免了客户流失。

4. 添加好友基本没有数量上的限制

微信规定，个人微信最多只能添加 5000 名朋友圈互为可见的好友，超出 5000 名后的好友权限只能设置为“仅聊天”，对方无法查看你发表的朋友圈消息。对于注册并通过认证的企业微信，每位企业员工的初始好友上限直接提升到 5 万人。如果需要添

加更多好友，可以一键申请免费扩容，好友数量几乎没有上限，而且添加的所有好友都能在朋友圈信息流中看到你发表的朋友圈消息，极大地提高了企业的影响力。

（二）功能优势

个人微信的产品设计不是为营销而生的。过去有些企业借助违规破解微信通信协议的工具，用个人微信做营销，最明显的特征是必须单独安装一个浏览器插件、桌面软件或安卓 App 来获取微信的数据。这样做不仅会使企业的客户隐私毫无保障、聊天记录被截取，还会使企业面临被微信团队封号的风险。企业微信的产品设计是围绕“以人作为企业服务的窗口”展开的，企业微信为企业服务场景而生。企业微信提供了大量的数据分析、客户联系、企业办公工具等原生功能和 API。例如，如果你不会写代码，那么可以使用企业微信的原生功能和服务商应用；如果你会写代码，那么可以用 API 对接企业研发的 CRM 系统和业务场景；更聪明的做法是，你可以用服务商应用满足部分业务场景，在这个基础上再把数据对接到企业的 CRM 系统中，这样既可以满足通用需求、节省开发资源，又可以满足独有业务场景的个性化需求。下面将从三个方面介绍企业微信具有的客户联系功能。

1. 企业认证名片提高可信度

个人微信的二维码名片包含头像、昵称、性别、地址和二维码，二维码名片还可以更换样式。企业微信的二维码名片则不同，它可以显示企业简称、员工昵称、员工职务、员工手机号等信息，还可以生成二维码立牌，二维码立牌可用于打印，看上去更加专业；企业微信还可以自由添加企业官网、会员中心、商城小程序等多种入口。

2. 活码自动通过好友个人

微信扫描二维码需要手动通过或单向自动通过，企业微信二维码也是如此，但企业微信管理后台可以生成员工活码，客户扫码即可双向通过好友。

另外，个人微信在添加好友后只能获取对方的昵称、性别、微信号，不能获取对方是从哪里来的、是做什么的等信息。企业微信在添加好友后，可以通过客户自动打上的标签追踪客户来源，还可以自动向客户发送欢迎语，这些功能在个人微信中是无法实现的。

3. 自带认证标识的企业朋友圈

朋友圈对企业营销有着重要的作用。个人微信每天可以发表多条朋友圈消息，但一些企业的营销行为无所顾忌，导致朋友圈充斥过多广告，影响客户体验。为了净化朋友圈消息，微信推出了“折叠相似朋友圈消息”的机制，只要是复制粘贴的朋友圈消息就会被折叠为一行，从而提高客户体验。

企业微信在朋友圈方面设立了诸多限制。例如，同一个客户每天最多只能看到 3 条员工发表的朋友圈消息，每月最多只能看到 4 条企业发表的朋友圈消息。员工或企业发表的朋友圈消息自带企业认证标识，会使消息内容显得更加专业。朋友圈消息自带企业认证标识的员工或企业发表的每条客户朋友圈消息都代表着企业的形象，如果客户不感兴趣，那么可以点击“我不感兴趣”按钮。对于同一个员工，客户在第一次点击该按钮后，对其发表的朋友圈消息 7 天内不可见；客户在第二次点击该按钮后，对其发表的朋友圈消息 30 天内不可见；客户在第三次点击该按钮后，对其发表的朋友圈消息 1 年（自然年）内不可见。

同时，企业微信提供的客户朋友圈功能的优势也不容小觑，包括企业发表朋友圈消息不被折叠、企业可以发表统一的朋友圈消息并由员工确认后发送给客户，以及朋友圈消息数据可查看、可跟踪等，满足了企业统一发表、统一管理朋友圈消息的需求。

4. 丰富的社群管理功能

社群管理是私域流量运营不可或缺的重要组成部分。以往，个人微信的社群管理只提供群待办、转让群主、修改群名称、设置管理员等功能，很多企业冒着被封号的风险，借助违规工具实现社群签到、积分打卡、自动群发消息、群消息自动回复等功能。现在，企业微信提供了大量的社群管理工具，除了个人微信已经具备的功能，还具备群活码、群欢迎语、群机器人、群成员去重、防骚扰自动踢人功能。

5. 聊天记录合规存档

在微信中备份聊天记录是需要员工手动完成的，而且聊天记录只是一个加密的备份包，无法分析聊天内容。如果借助违规工具进行分析，那么企业不仅有被封号的风险，还可能导致聊天记录在未经授权的情况下被截取和泄露，给企业的信息安全造成极大的隐患。企业微信为了满足企业内部的合规审查、客服人员外部的沟通质量检测等场景需求，在员工和客户同意的情况下，允许企业通过官方提供的 API 合法合规地获取这部分聊天记录。对于这部分聊天记录，企业可以用于关键词分析，如对“回扣”“飞单”等关键词的监控；也可以用于自动分析客户偏好，如客户咨询并购买了婴幼儿奶粉，可以自动对其打上“0—1 岁”“宝妈/奶爸”的标签；还可以用于话题互动、客户活跃度分析等非常丰富的场景。总之，企业微信是微信提供的官方、合规的私域流量运营工具。企业通过企业微信连接微信客户，借助多款高效的客户联系工具，可以为客户提供更好的个性化服务。

（三）违规工具被封杀带来的新机会

如果企业微信连接微信的种种功能和优势为企业的客户运营打下了基础，那么频频发生的违规工具被微信封停的现象，则加速了企业向企业微信转移客户运营的进程。2020 年 5 月 26 日，微信发生“大事件”——社群运营外挂软件被微信全面封停，一旦使用外挂软件登录微信，账号就会被立刻封停。

随着违规工具被封杀，企业纷纷停用了第三方外挂工具，随之而来的是微信中的客户运营难度变大、效率变低。企业原本通过外挂工具可以群发消息、定时公告、自动拉群、自动添加好友、自动通过关键词回复等，现在只能一个个手动操作，完全靠人工处理，这使企业不得不寻找新的解决方案。由于微信封号的现象，很多企业一听到“第三方”就会有顾虑。其实“第三方≠违规”，某工具被封停主要是因为它使用了很多违规的接口，扰乱了微信生态，其他按照企业微信、微信官方提供的正规接口开发，而非破解接口开发的工具则没有问题。企业微信作为官方提供的私域流量运营工具，拥有很多合规的第三方工具，可以满足企业高效管理客户的需求。

二、企业微信的作用

（一）企业微信 OA：内部协同管理工具

1. 专业的企业通信工具

企业微信作为一款 OA 工具，也提供专业的企业通信服务，包括长期有效的企业通讯录和企业公费电话。以往，无论是纸质通讯录还是电子通讯录，都存在手机号更新、维护不及时的问题。但使用企业微信，管理员将员工通讯录导入企业微信管理后台，所有通讯录信息的更新都会同步给全体企业员工，实现一次导入全员同步、一次更新全员更新。与个人微信相比，员工在使用企业微信时无须互为好友，即可在企业微信通讯录中与其他同事对话，大大提高了沟通效率。

2. 功能丰富的基础 OA 办公工具

很多人对企业微信的认知可能还停留在消息沟通阶段，实际上企业微信已经发展为一个功能丰富的基础 OA 办公工具了。过去，企业想实现内部办公沟通，需要购买 OA 系统。大部分 OA 系统在电脑端才能使用，有些 OA 系统不仅价格昂贵，使用起来也不方便。现在，企业使用企业微信就能实现基础的 OA 办公功能，如公告、打卡、审批、会议、公费电话等，可以满足大部分企业的办公需求。

企业微信会议功能支持最多 300 人同步在线开会，还可以邀请微信联系人或客户参会，会议支持文档演示、屏幕共享等，满足了企业外部协作的需求。即使不是互为好友关系，企业员工也可以将会议发到群里邀请其他人参会，非常方便。除此之外，企业微信还提供了很多基础的 OA 办公功能，如汇报、日程、微盘、微文档等。

（二）企业微信 SCRM：高效连接客户的“神器”

如果企业微信只是一个简单的通信工具或基础办公工具，那么大多数企业完全可以选择微信或钉钉。但在 2019 年 12 月 21 日，企业微信推出了 3.0 版本，全面实现了与微信的互通，为企业带来了更完善的“人即服务”的工具和能力，包括客户联系、客户群和客户朋友圈。

现如今，企业员工使用企业微信就可以连接微信客户，也就是说，客户无须下载企业微信 App，用微信即可添加企业员工的企业微信为好友，实现企业微信和微信的消息互通。“客户在哪里，营销就在哪里。”以前，企业更多选择微信作为营销载体，因为微信可以连接大部分潜在客户，且从微信超过 12 亿人的用户数量来看，几乎人人都有微信并使用微信。现在，腾讯推出了比微信通讯录容量更大、功能更开放的企业微信。对于使用企业微信积累私域流量的企业来说，虽然一开始有一定的门槛，但一旦上手，其使用方法其实与微信相似度很高，且更加便捷。而对于客户来说也没有任何沟通工具的迁移成本，只需要添加企业员工的企业微信账号为好友，就可以和对方在微信中沟通，非常方便。以某企业为例，客户想添加该企业的员工，只需要通过微信“扫一扫”员工的企业微信二维码即可互为好友，客户通过微信就可以与企业微信员工账号进行沟通互动。

三、企业微信的推广策略

企业微信的推广策略有很多种，以下是一些常见的推广策略：

（1）精准营销：通过对客户信息的收集和分析，建立客户画像，根据不同客户的需求和偏好，提供个性化的产品和服务，实现精准营销。

（2）引流推广：通过企业微信的朋友圈、社群群聊、公众号等多个渠道，发布优惠活动、新品信息、品牌故事等内容，吸引客户的关注和参与，增加流量和曝光度。

（3）建立信任：利用社群与客户保持高频率的沟通和互动，建立比较深入的信任关系，提高客户满意度和忠诚度。

（4）增强客户黏性：通过企业微信的客户运营和互动，增加客户的黏性和忠诚度，提高客户的复购率和口碑传播效果。

（5）线下活动推广：通过企业微信开展员工活动，比如下发活动通知、征集活动意见、下发奖励等，培养员工使用习惯。

（6）办公应用接入：到了推广中后期，关注的重点应该是更有针对性的办公应用推广。

总之，企业微信的推广策略需要根据实际情况和目标进行选择和制定，需要注重内容质量、推广策略、数据分析和服务质量等方面，以吸引更多的用户并提高企业的品牌价值和市场竞争力。

第六节　微信视频号运营

微信视频号是微信平台上的一种短视频功能，微信视频号不同于订阅号、服务号，它是一个全新的内容记录与创作平台，也是一个了解他人、了解世界的窗口。微信视频号的内容以图片和视频为主，它允许用户发布长度不超过 1 分钟的视频，或者不超过 9 张的图片，还能带上文字和公众号文章链接，而且不需要 PC 端后台，可以直接在手机上发布。

用户可以分享自己的生活、工作、学习等内容，同时也可以观看其他用户的视频。

微信视频号的位置在微信的发现页内，就在朋友圈入口的下方。视频号支持点赞、评论进行互动，也可以将内容转发到朋友圈、聊天场景，与好友分享。

此外，微信视频号还支持直播功能，用户可以通过直播与观众进行互动。在直播过程中，用户可以与观众进行聊天、回答问题、展示产品等。同时，直播功能也支持带货销售，用户可以在直播中推广自己的产品或服务，并与观众进行购买互动。

总之，微信视频号是一种方便快捷的短视频功能，它可以帮助用户记录生活、分享经验、推广产品或服务。

一、微信视频号设置

（一）微信视频号的打开

1. 视频号入口

一般来讲，如果用户没有改动过微信的设置，那么在微信的“发现”界面就可以看到视频号的入口，但部分用户因为误操作将其关闭，不能在“发现”界面看到视频号入口，那么就可以通过以下步骤打开视频号的入口。

第一步：打开手机，点击微信图标，运行微信。

第二步：运行微信以后，点击微信主界面右下角的“我”，在弹出的界面里找到“设置”选项。

第三步：点击进入“设置”选项，在弹出的界面里找到“通用”选项。

第四步：点击进入“通用”选项，在弹出的界面里找到“发现页管理”选项。

第五步：点击进入“发现页管理”选项，找到视频号，将开关打开。

2. 打开视频号

打开视频号的入口以后，回到微信的主界面，点击微信主界面下方的“发现”，在弹出的界面里就可以看到视频号的入口。点击“视频号”选项，就会打开（公共）视频号的展示界面。如果用户想要进入个人视频号界面，可以点击（公共）视频号右上角的“半身像”标识，就会进入用户的个人视频号界面。

（二）微信视频号的设置

微信视频号的设置有下面几个步骤。

第一步：在微信首页点击“发现”，然后点击“视频号”选项并进入。

第二步：点击右上角的“小人”图标，在弹出的菜单中选择“我的视频号”选项。

第三步：在“我的视频号”选项中，点击“发表视频”，会出现“创建视频号”的界面。

第四步：根据界面要求，填写个人信息，可以设置头像、名称、性别、地区等信息。

第五步：设置完成后，点击“创建”按钮即可完成视频号的创建。

第六步：制作视频。在“创作中心”页面，通过拍摄或上传视频的方式制作视频。视频的时长需要控制在1分钟以内。

第七步：发布视频。在视频编辑完成后，可以选择发布到个人主页、频道页或者群聊中。

需要注意的是，微信视频号的开通需要遵循微信的规定和政策，确保内容的合规性和合法性。同时，需要保持稳定的更新频率，发布高质量、有价值的内容，吸引用户的关注和转发。

在进行微信视频号的设置时，还需要注意以下几点：

（1）微信视频号必须绑定实名认证的微信账号，否则无法开通。

（2）微信视频号的内容需要符合国家相关法律法规，不得发布违法违规的内容。

（3）视频内容需要有创意，能够吸引用户的关注，并且需要与自己的个人风格相符合。

总之，开通微信视频号需要经过一系列的步骤和审核，同时需要注意内容的质量和合规性。如果做好了这些准备工作，相信微信视频号会成为一个很好的展示自己的平台。

二、微信视频号的优劣势

（一）微信视频号的优势

（1）流量巨大：微信作为社交巨头，拥有庞大的用户群体，微信视频号依托微信平台，也拥有了巨大的流量来源，并且微信视频号并不要单独下载软件就可以使用。基于微信天然的社交能力，视频号的引流更加便捷。

（2）与微信多种功能关联：微信视频号可以与微信公众号相关联，“大号带小号，共同引流”，公众号发文章的时候可以附上视频号的视频，这样可以通过公众号为视频号进行引流。这是视频号独有的功能，其他平台并不具备。

（3）社交属性强：微信视频号支持点赞、评论等功能，也可以转发到朋友圈、聊天场景，与好友分享。微信视频号的作品还可以自由分享给好友或者转发到朋友圈，不需要跳转平台，朋友圈下面还会显示视频来源。微信视频号与微信好友、微信群等社交功能深度结合，方便用户分享和传播，从而增加曝光度。

（4）内容形式多样：微信视频号创作形式多样，支持短视频、直播等多种形式，可以满足不同用户的多样化需求。

（5）算法推荐精准：微信视频号有强大的算法推荐系统，能够根据用户的兴趣和行为，推荐相应的内容。

（二）微信视频号的劣势

（1）竞争激烈：随着短视频市场的不断发展，其竞争也日益激烈。微信视频号虽然入驻者众多，但缺少优秀的创作者，部分内容多为视频号用户的随手拍摄视频，不能有效吸引观看用户，需要不断提高内容质量和创意水平才能脱颖而出。

（2）审核严格：微信对视频内容的审核比较严格，需要遵守相关规定，否则可能会被限制或删除。

（3）用户黏性不足：虽然微信视频号可以与社交功能深度结合，依托微信平台，具有较强的社交属性，但微信视频号没有明确定位和针对人群，大多数的用户在想看视频时不会想到视频号，导致用户黏性仍然不强。

（4）数据分析难度大：微信视频号的数据分析相对比较复杂，需要投入较多的时间和精力进行数据分析和优化。

总之，微信视频号具有流量巨大、社交属性强、内容形式多样、算法推荐精准等优势，但也存在竞争激烈、审核严格、用户黏性不足、数据分析难度大等劣势。

三、微信视频号的运营

（一）微信视频号的运营技巧和策略

（1）确定运营方向：在开始运营微信视频号之前，需要明确自己的运营方向和目标，比如是想做个人品牌还是推广产品或服务。

（2）明确目标受众：在开始运营微信视频号之前，需要明确自己的目标受众，了解他们的兴趣爱好、需求和行为习惯，以便更好地制定内容策略和推广计划。

（3）制作优质内容：微信视频号的内容需要有趣、有吸引力，同时也要与自己的运营方向相关。在策划内容时，需要考虑受众群体、内容形式、表现方式等因素，制作出高质量的视频。

（4）定期发布内容：微信视频号需要定期发布内容，保持用户的关注度。建议每周至少发布一条视频，并在节假日或重要节点发布相关内容。

（5）加强互动：通过回复评论、私信等方式与用户进行互动，增加用户的黏性和忠诚度。同时也可以通过互动了解用户的需求和反馈，不断优化自己的内容。

（6）合理使用标签和关键词：在发布视频时，合理使用标签和关键词可以提高视频的曝光率和点击率。同时也要注意不要过度使用标签和关键词，以免影响用户体验。

（7）合作与推广：可以通过与其他微信视频号或相关品牌合作，共同推广内容，增加曝光度和用户关注度；也可以通过付费推广等方式提高视频的曝光率和点击率。

（8）分析数据：定期分析微信视频号的数据，包括观看量、点赞量、评论量等，了解用户的喜好和行为习惯，不断优化自己的内容。

微信视频号的运营需要注意内容策划、定期发布、互动交流、合理使用标签和关键词等方面，同时也可以通过合作与推广等方式提高曝光度和用户关注度。

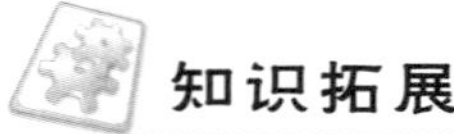

知识拓展

怎样才能快速涨粉

想要快速涨粉，可以尝试以下方法：

1. 优质内容：发布高质量、有价值的内容，能够吸引用户的关注和转发。

2. 定期更新：保持稳定的更新频率，让用户知道你的内容是持续更新的，从而增加关注度。

3. 互动交流：积极回复用户的评论和私信，增加与用户的互动，提高用户的黏性和忠诚度。

4. 合作推广：与其他相关领域的自媒体人进行合作，互相推广，扩大影响力。

5. 社交媒体推广：在社交媒体上分享你的内容，吸引更多的用户关注。

6. 举办活动：举办一些有趣的活动或者比赛，吸引用户的参与和关注。

需要注意的是，涨粉不是一蹴而就的，需要持续的努力和耐心。同时，要保持真实和诚信，不要为了涨粉而发布不真实或者低质量的内容。

（二）微信视频号的推广运营

在微信视频号平台上，运营人员要具备短视频创作能力。作为一种核心能力，短视频创作能力在很大程度上也决定着运营人员圈层营销的最终成果。除了这一能力外，运营人员还需要考虑成本投入和效果回报等问题，如果营销投入成本过高，效果又不太好，就要重新评估选定的运营方式是否妥当。

1. 圈层营销是基础逻辑

在营销活动中，圈层营销是一种重要而基础的营销逻辑。在大多数营销活动中，圈层营销往往是最先开展的。在微信视频号平台上做圈层营销，与在其他新媒体平台上做圈层营销相似，战略上是大同小异的，其主要差别体现在具体的营销方式上。首先，在做圈层营销之前，运营人员要先对圈层进行定位。具体来说，运营人员需要先评估自己能够进入的圈子，总结这些圈子及其成员的特征，从而了解不同的圈层成员能够为自己带来的价值有多少，这样做是为了筛选出真正有价值的圈子。在微信视频号平台中，不同的圈层投入同样的成本，为运营人员带来的价值是不同的。其次，在评估完圈层之后，运营人员还需要对自己的能力进行评估。找到了优质的圈子，也明白了这些圈子中的成员能够为自己提供较高的价值，如果自己不具备吸引这些圈层成员的能力，贸然展开营销活动，只会白白浪费成本。运营人员在进行圈层营销前，需要全面评估自己的核心能力。最后，圈层营销战略的制定是圈层营销成功与否的关键。圈层营销战略需要根据圈层及其成员的特征去制定。一些运营人员认为圈层营销的效果主要表现在传播上，其核心在于人际关系。实际上，在大多数新媒体平台上，圈层营销战略的核心更多的在于运营人员所树立的“个人品牌”。圈层营销做得好的运营人员，能让自己的粉丝圈子越来越大；而圈层营销做得不好的运营人员，则会让自己的粉丝圈子越来越小。

2. 情感运营是关键所在

伴随着微信视频号平台用户规模的不断扩大，在激烈的竞争中吸引粉丝的注意力越来越不容易。在互联网时代，层出不穷的新鲜事物瓜分着用户的注意，各行各业的运营人员都需要想尽办法去吸引粉丝的关注。但从具体效果来看，真正能够牢牢抓住粉丝注意力的运营人员越来越少。在众多营销策略中，情感运营成了获取粉丝关注的一出奇招。相比于平静寡淡的说教，着力调动粉丝情感，晓之以理、动之以情地打动粉丝，更能够帮助运营人员获得成功。情感运营是一种“走心”的营销方式，这种情感并不是表面上的寒暄关怀，而是从粉丝的情感需要出发，唤起粉丝的情感需求，使粉丝和运营人员之间产生情感上的共鸣。将情感融入推广运营可以让运营人员与粉丝的关系更加温暖、更加融洽。

企业品牌大多会优先选择通过情感运营来做营销。他们想与粉丝在情感上建立稳固的连接，只有这样才能保证粉丝的忠诚度，才能进一步让粉丝将这种线上的忠诚度转化成线下的购买力。在众多营销方式中，能够较好地做到这一点的，大概也只有情感运营了。除了企业品牌，不仅平台上的一些个人运营人员在尝试使用情感运营，一些细分的垂直领域运营人员也会选择以情感运营来吸引并留住粉丝。在很多时候，这种情感运营贯穿于运营人员营销过程的始终。

3. 参与感是激活粉丝的重点

对于新媒体运营来说，吸引粉丝、积累粉丝是一个重要方面，留住粉丝、激活粉丝则是另一个重要方面。圈层营销和情感运营的目的在于吸引并留住粉丝，而在激活粉丝这一方面，打造粉丝的参与感是最为重要的一种营销手段。在提升粉丝参与感的过程中，运营人员要从粉丝的角度出发去制订计划，要多考虑粉丝的实际体验。

知识拓展

推广、运营必备的四大心法

1. 打持久战

罗马不是一天建起来的，巨量粉丝也不是一天增加的。推广、运营微信视频号，一定要有打持久战的准备。没有一个人是随便发几条视频，或者更新十天八天就有百万粉丝的。粉丝一定是日积月累、积少成多的，粉丝从 0 到 1000 是最艰难的，这是每个运营人员必须要有的认识。

2. 警惕“幸存者偏差”

“别人家的视频号的爆款都有10万+观看了，我的还没有，好焦虑啦！”经常有人这样诉苦。这是典型的“幸存者偏差”。所谓“幸存者偏差”，就是运营人员只看到经过某种筛选而产生的结果，而忽略了被筛选掉的大多数，即“沉默的数据”“死人不说话”。确实，有的人的视频号出了爆款，有了10万+的观看，于是他发布视频或者朋友圈各种“晒”，然后有些运营人员就觉得全世界都爆款、10万+了，就焦虑、睡不着觉。这其实是没有必要的。

3. 戒虚荣，求真粉

在推广、运营过程中，运营人员可能会发现很多人的视频，或因为搬运、抄袭，或因为低俗，甚至打擦边球，而获得不少的点赞数和播放量，于是自己也按捺不住去效仿，从而偏离自己的垂直领域。有时候运营人员的跟风，可能会让自己视频的数据变得“好看”，甚至会吸引一些粉丝关注，但这些粉丝未必是运营人员垂直领域的精准受众。这样造成的结果是，运营人员的账号慢慢变得“四不像”，最后连运营人员都不知道自己到底是做什么的了。这样的账号，虽然粉丝数上去了，但这些粉丝都是一些没有价值的假粉丝。他们对账号是没有黏性和忠诚度的，更谈不上信任度。运营人员要实现商业价值，要推广产品、服务，是十分困难的。一句话，做微信视频号必须耐得住寂寞和不忘初心。

4. 不断复盘和优化视频

在推广、运营过程中，运营人员必须不停地反思、复盘和优化视频。做微信视频号一定要有一种开放的心态，而不是低头认准自己的做法世界第一。出了爆款要思考这条视频为什么会成爆款，而在数据始终一般的情况下，也要问问自己，问题究竟出在哪里。同时，要对比同行优质账号和爆款作品，自查自纠，每天反思、复盘和优化，让自己获得改变和进步。做微信视频号，进步才是唯一的正途。

实训任务

微信朋友圈的发布运营

［实训目标］

掌握朋友圈、微信公众号、微信小程序等的运营方法，深入了解微信运营中的内容建设、微信“加粉”、社交推广等工作，加强对微信运营的理解和应用。

［实训任务］

1. 教师介绍企业项目（案例）。

2. 根据企业项目编辑1—3篇朋友圈图文消息，并且使用所学的营销策略。

本章小结

微信运营
认识微信
微信的功能
微信营销
微信运营
微信个人号运营
微信个人号设置
微信好友添加
微信好友互动
朋友圈内容营销
微信公众号运营
微信公众号定位
微信公众号设置
微信文章的写作与推送
微信小程序运营
微信小程序的应用场景
微信小程序的筹备与上线
微信小程序的流量入口
微信小程序的运营
企业微信运营
企业微信的优势
企业微信的作用
企业微信的推广策略
微信视频号运营
微信视频号设置
微信视频号的优劣势
微信视频号的运营

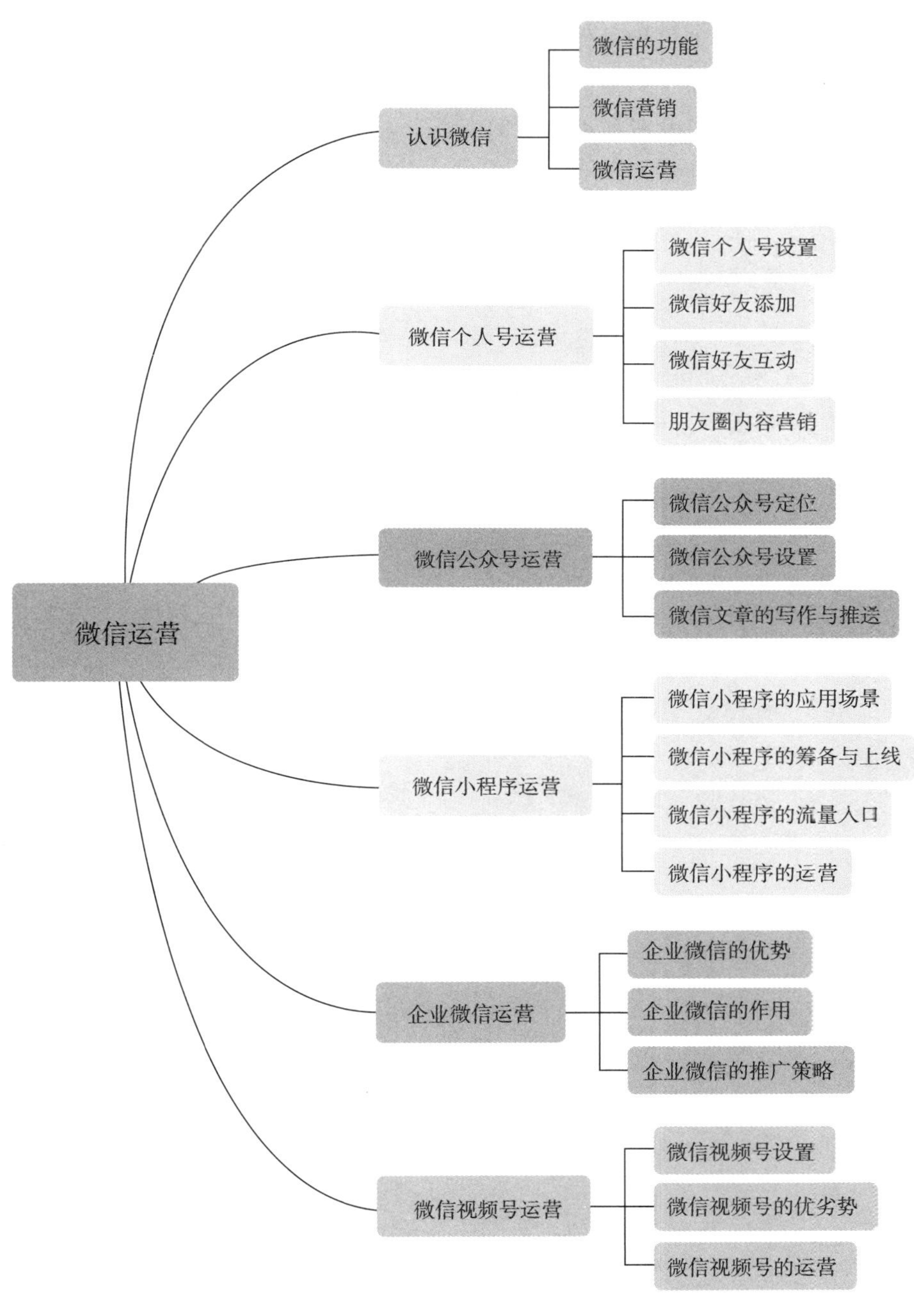

复习思考题

1. 各种微信公众号的区别是什么?
2. 微信公众号“加粉”的方法有哪些?
3. 请介绍几种微信公众号活动策划的方案。
4. 简述企业微信的作用。

第三章　微博运营

学习目标

- 认识微博，熟悉微博的概念、特点及营销价值
- 熟悉微博平台的主要功能
- 掌握微博账号的创建流程，学会创建微博账号
- 能够制定明确的微博运营推广目标及计划
- 掌握微博数据分析相关知识，监测和评估微博营销策略

开篇案例

微博美食“大V”——“李子柒”的成长之路

图3-1　李子柒微博首页

随着网络技术的发展，互联网出现了越来越多的“网红”，如“奶茶妹妹”“大衣哥”等。各类网店店主、美食主播、美妆主播、搞笑主播逐渐走红于网络，但是在2017年微博最火的美食博主非李子柒莫属！李子柒微博首页如图3-1所示。

2016 年，微博在互联网领域表现得非常出色。通过使用话题榜和引入短视频、直播等新的内容形式，微博的用户数量和用户的活跃度都得到了超出预期的增长，这使得微博的市值超过了许多平台。此外，微博在这一年里还制订了一项旨在支持内容原创者的计划，尤其关注了正在迅速崛起的视频内容。李子柒使用微博账号“李子柒”不断发布原创农村田园生活美食制作视频，与其他的“美食博主”不同，她将农村生活通过网络呈现出来，拍摄的时间跨度较大，更加接近生活的本质。她以精湛的构图和舒缓的生活节奏，呈现了一部描绘农村田园生活的纪录片，吸引了无数人的向往和关注。与一般人拍摄视频的方式相比，她的拍摄方式更具独特性和吸引力。以酱油为例，一般人拍视频都是从已经有了酱油开始拍起，而她则是从如何种植酱油的原料“黄豆”开始拍起，用自己的双手制作出鲜香味俱全的酱油，不仅给人以美感更给人以安全感。

凭借有特色的“古香古食”的视频，李子柒在微博收获了超过两千万的粉丝，每发布一条视频更是引发上万次的评论。“古风田园”“东方的美食家”等关键词成了李子柒微博账号的标签。2018 年，她的天猫旗舰店开始试运营，她的团队通过在微博营销将她的粉丝导流至天猫旗舰店购买产品并获得了巨大的成功。

（案例来源：搜狐网、新浪网）

案例思考：

在移动互联网深度发展的背景下，如何才能在微博营销中脱颖而出？

第一节　认识微博

一、微博的起源

微博，全称“微型博客”，是一款基于用户关系的信息共享社交媒体平台。借助关注机制，用户得以实时分享简短的信息，这些信息的展示形式多样，可以包含文字、图片、视频等。这种平台实现了信息的快速分享、传播和获取，构建了一个互动性强、内容丰富的社交网络。微博用户可以通过手机、电脑等多种终端进行操作，实现信息的即时分享与传播互动。

二、微博的成长

微博在中国的发展大致经历了三个阶段。

第一阶段是引入期（2007 年—2008 年），这个阶段的代表网站主要包括饭否、海内、叽歪和做啥等。饭否是中国最早出现的微博产品，而腾讯公司则推出了“腾讯滔滔”，但是由于缺乏相应的运营经验，这些微博产品的用户数量一直较少，产品价值无法体现，在 2009 年饭否等微博产品陆续没有再运营下去了。饭否的首页如图 3－2

所示。

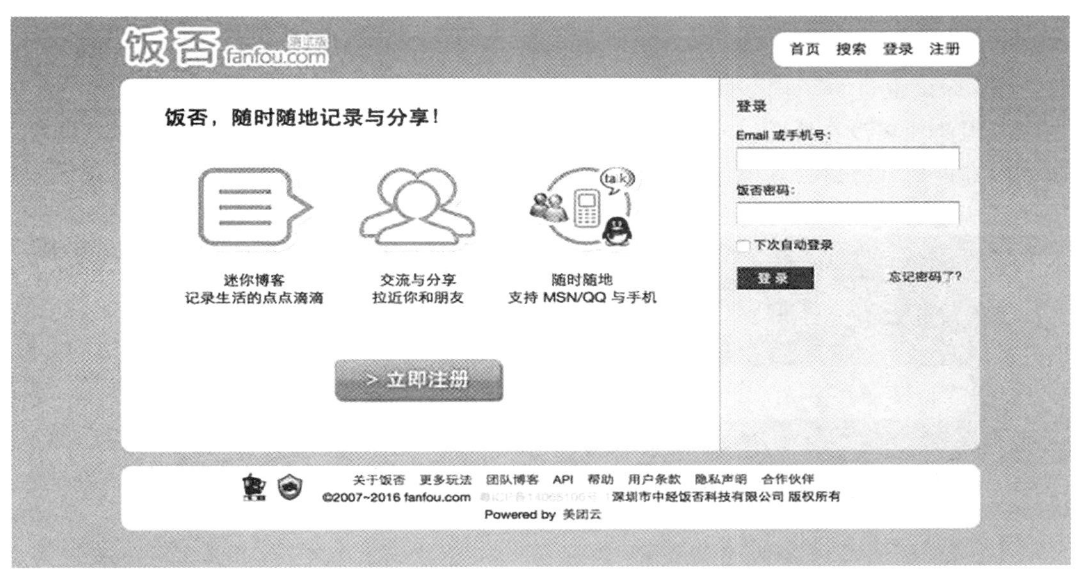

图 3-2　饭否的首页

第二阶段是探索期（2009 年—2010 年），这个阶段的代表网站主要有嘀咕、Follow5、新浪微博、搜狐微博等。在 2009 年我国推出的微博产品多达 20 多种。在微博突出的社交属性吸引之下，大量涌现的微博产品使用户量不断增加，越来越多的人开始使用微博。Follow5 的首页如图 3-3 所示。

图 3-3　Follow5 的首页

第三阶段是成熟期（2010 年—2014 年），这个阶段的代表网站主要有新浪微博、腾讯微博等。其中，新浪微博凭借明星入驻策略使大量用户注册微博账号，在众多微博竞品中脱颖而出，在 2014 年，新浪微博将“新浪”二字去掉直接更名为“微博”，将 Logo 标识也进行了同步更换。不仅如此，新浪微博还申请了“围脖”和“weibo”商标，因此如果没有特殊说明，大家通常所说的微博就是新浪微博。至此，微博群雄争霸的局面落下帷幕，新浪微博成为最后的赢家。新浪微博的首页如图 3-4 所示。

图 3-4 新浪微博的首页

目前微博的活跃用户不断增加，截至 2023 年 6 月，月活跃用户数为 5.99 亿，微博平台也从最早支持用户发布 140 字以内的文字内容到支持长文章、多图片、长图文、长短视频等各种形式的内容，用户体验感不断上升。微博现已融入人们的日常生活，已经成为我国使用人数较多的社交媒体平台之一。

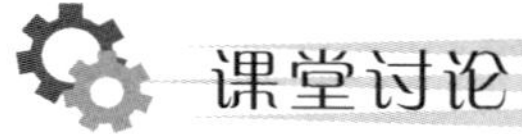

课堂讨论

生活中，你获得什么样的信息或遇到什么事，会主动分享到社交媒体上吗？

三、微博的传播特征

微博已经融入了普通大众的生活，它能让人们获悉最新的时事新闻、掌握社会热点话题及追踪娱乐八卦等信息。微博不仅用户量大、活跃程度高，而且作为一种新型的网络传播媒介形式，有着独特的传播形式和特征，具体表现为传播主体大众化、内容扩散传播高效化、热点话题聚合化、内容互动多元化等特征。

（一）微博传播主体大众化

微博具有强大的草根性和广泛性，可以在多个平台（如桌面、浏览器和移动终端）上使用。微博作为一种“草根媒体”，其门槛极低，任何人都可以轻松加入。此外，微博有多种商业模式并存，并有可能形成多个垂直细分领域。遵循公共性逻辑的微博以免费浏览为主，更加注重微博的内容和影响力。因此，在信源的选择、关注的话题和个人叙事框架的构建方面，用户都可以保持一定的独立性，从而改变了媒体发展的动力模式。

在微博上，用户具有较高的信息获取自主性和选择性，这意味着用户可以根据自己的兴趣和偏好来决定关注哪些用户。他们会考虑对方发布内容的质量和类别，如果内容符合自己的兴趣或者有很高的质量，他们可能会选择关注这个用户。这种选择性使得用户能够根据自己的喜好定制自己的信息流，获取自己感兴趣的内容。同时，微博用户可以对关注的所有用户进行分类，这使得他们能够更方便地管理自己的关注列表。微博的影响力具有很大的弹性，与内容质量高度相关。如果用户发布的信息内容具有很强的吸引力或新闻性，那么关注该用户的人数也会越多，从而提高了该用户的影响力。此外，微博信息共享非常便捷迅速。用户可以通过各种网络平台，在任何时间、任何地点即时发布信息。这种信息发布的速度远远超过了传统纸媒和网络媒体，使得信息传播更加快速和广泛。因此，微博成了一个非常有影响力的社交媒体平台，它不仅使信息获取具有自主性和选择性，还使得信息发布和共享更加便捷和迅速。

传统媒体如电视和报纸主要是单向传播，用户只能被动地接受信息。然而，随着微博的出现，这一局面发生了改变。微博降低了普通人发布信息的门槛，使得用户可以在微博平台上直接发布简短的文字、有趣的图片等内容。因此，微博平台已经成为普通用户发布信息的一个平台，使得信息的传播主体更加大众化。每个用户发布的信息都有可能通过粉丝、话题等方式得到传播，并通过不断的转发扩大其影响力，形成信息的去中心化传播。用户通过小小的内容发布文本框，就可以发布一条让成千上万人看到的内容。微博平台还通过设置各种产品机制、组织各类活动，不断鼓励用户创作，进一步激发了用户的表达欲望，让他们从“旁观者”转变为“当事人”，形成了“人人都是媒体”的传播格局。这种去中心化的传播方式使得信息传播更加快速、广泛，也使得每个人都有可能成为信息的传播者和影响者。这为人们提供了一个更加便捷、自由的表达平台，也使得信息的传播更加民主化和多样化。

（二）微博内容扩散传播高效化

微博是一个多功能平台，允许用户以观众的身份浏览感兴趣的信息，同时也可以作为发布者，分享内容、图片和视频等。该平台最显著的特点是信息传播迅速且广泛，例如，拥有 200 万粉丝的用户可以在瞬间让其信息传达给这么多人。此外，微博的多种 API 接口使其用户能够通过手机和网络等方式实时更新个人信息，其实时通信功能非常强大。

这意味着，只要有网络覆盖，用户就能利用手机随时随地更新内容，即便身处事件现场也能做到。在一些重大突发事件或全球关注的大事发生时，如果有微博用户在场，他们可以通过各种手段在微博上即时发布信息，其实时性、现场感和快捷性甚至可能超过所有其他媒体。微博平台的低门槛特性使用户可以随时随地发布内容，从而增强了微博的时效性和现场感。因此，在众多热门事件的发生和发展过程中，微博成为一个让用户实时播报信息、发表观点的“微媒体”。由于用户在微博上发布的内容具有实时性，所以在突发新闻或社会热点事件出现时，微博就成了信息传播的主战场。

现如今，众多传统媒体也纷纷开通微博账号，筹备新媒体的内容发布与运营，如图 3-5 所示为人民日报的官方微博（以下简称“官微”）页面。传统媒体的官微借助微博的新媒体优势，实现了文字、图片、视频的立体化、实时性传播，既弥补了自身传播方式的不足，又实现了信息的高效扩散，同时实现了传统媒体信息发布的多渠道覆盖。

图 3-5 人民日报官微页面

（三）微博热点话题聚合化

微博群体聚合现象是指微博用户针对某些特定话题或事件，通过围观、评论、点赞、转发和讨论等群体性行为，形成了一种共同的关注和讨论氛围。这种现象是近年来随着微博平台的普及和发展而逐渐凸显出来的。首先，微博群体聚合现象的背后是互联网时代人们信息获取和社交方式的变化。在传统媒体时代，人们获取信息的方式比较单一，主要是通过报纸、电视、广播等渠道。而在互联网时代，人们可以通过微博、微信等社交媒体平台，更加便捷地获取和分享信息，同时也可以与其他用户进行互动和交流。这种变化使得人们更加容易形成共同的关注和讨论氛围。其次，微博群体聚合现象还与微博平台的特性有关。微博平台具有信息发布快速、传播广泛的特点，同时用户也可以通过关注、转发等功能，形成自己的社交网络。这种特性使得微博平台成为一个非常适合群体聚合的场所。最后，微博群体聚合现象也反映了社会现实中的一些问题。一些社会事件或公共话题，如明星恋情、幼儿园虐童事件等，会因为其涉及广泛的社会群体而引发大量的关注和讨论。这种关注和讨论不仅有助于事件的解决，也有助于推动社会进步和发展。综上所述，当前微博群体聚合现象愈加明显，话题更加多样化，聚合速度也更快。这种现象对信息传播、舆论形成和社会问题解决等方面产生了深远的影响。

热点话题的背后有一类人群——关键意见领袖（Key Opinion Leader，KOL），某关键意见领袖微博首页如图 3－6 所示。基于用户关注机制，微博“大 V”这些具有一定粉丝基数的 KOL，已成为话题传播中的关键人物。他们可以迅速扩大信息传播范围，促成信息的二级传播。

图 3－6　某关键意见领袖微博首页

在信息传播过程中，这些 KOL 承担了信息过滤和聚合的工作。原本零散的信息，经由他们的转发被更多用户看到。同时，KOL 参与讨论或二次创作，也提升了话题热度。热搜话题和 KOL 作用的叠加，使热点事件被“引爆”，对信息的扩散传播起到了重要的推动作用。

（四）微博内容互动多元化

与传统媒体一对多的线性传播模式不同，微博平台的传播模式呈网状，可以实现一对一、一对多、多对一、多对多的信息传播。作为社交媒体的微博具有强裂变这一传播特征。当对某条微博内容产生兴趣时，用户便会自发对其进行转发或评论，微博内容就会随着不同用户的转发、评论和分享，不断裂变并扩散至更广泛的社交圈，让信息实现基于网络社交的“多对多”裂变式传播。

微博信息的传播模式非常独特，遵循“信息聚合—临界点—信息裂变”的模式。这种模式的核心在于，信息一旦被发布到微博上，可以通过用户的转发和关注，迅速传播到更广泛的受众群体中。首先，微博上的信息聚合是指用户可以将各种来源的信息聚合在一起，形成一个内容丰富的信息库。这种聚合方式使得用户可以快速获取到各种感兴趣的信息，同时也为信息的传播提供了基础。其次，临界点是指信息在微博上被大量转发和关注时，会形成一个临界点，即信息的传播速度会突然加快。这是因为信息被更多的人关注和转发时，会吸引更多的用户加入传播的行列中，形成一个几何级数的增长。最后，信息裂变是指信息经过多次转发和关注后，它的传播范围会迅速扩大。例如，如果一个微博被10％的用户转发，那么它的传播范围就会扩大10倍；如果这个微博再被第二轮、第三轮转发，那么它的传播范围就会迅速扩大至百倍、万倍。此外，微博中发文、转帖、关注的围观力量也是其传播模式的重要组成部分。这些因素使得微博成了一种非常高效的传播工具，可以迅速将信息传播到更广泛的受众群体中。在某个突发事件的现场，用户可以即时将所看所闻以短信或彩信的形式发布出来，这也是微博传播模式的一个重要特点。这种即时性使得用户可以在第一时间获取最新的信息，同时也为信息的传播提供了更多的可能性。微博在重大新闻事件和突发事件的信息传播中扮演着越来越重要的角色。微博平台的开放性使得公众可以获取多样化的信息，不再完全依赖主流媒体。

根据一项调查结果可知，大部分微博用户在获取突发事件信息时，不再仅仅依赖传统媒体报道和主要观点，还会主动搜索相关人员的个人声音，如当事人、见证人、亲历者等，从不同角度了解事件的发展，突发事件信息页面如图3－7所示。此外，超过半数的被访者更愿意相信这些亲历者的真实经历和感受。同时，由于微博信息的裂变式传播特性，对突发事件信息的控制难度也随之增加。因此，相关机构和媒体需要更加注重信息的审核和传播管理，以防止虚假信息的传播，确保信息的真实性和可信度。

四、微博的营销价值

微博是当今社会非常流行的新媒体社交平台之一，具有传播内容简短、受众广泛的特性，能够产生迅速而广泛的传播效果，因此微博具有巨大的商业价值和市场潜力。微博营销是指个人或企业利用微博这一社交媒体平台，通过发布内容、策划活动、与粉丝互动等方式，传递信息、提升品牌影响力，以树立良好的品牌形象为目标的一种营销策略。相较于个人用户，企业用户更加注重微博平台营销价值的应用，他们能够更深入地了解并掌握微博营销的技巧和策略，以更高效地推广产品和服务，提升品牌知名度和美誉度。

图 3－7　突发事件信息页面

（一）扩大企业的知名度和影响力

展示企业自身的品牌风格和个性需要从多个方面入手，包括品牌定位、视觉形象、语言风格、营销活动和企业文化等，通过全方位的营销策略来打造独特的品牌形象和个性风格，让更多的人倾听和了解品牌。企业微博是维护和提升企业品牌形象的重要渠道。通过微博运营，企业可以快速传递宣传信息、曝光新产品或服务，从而汇聚用户的关注，提升品牌的知名度，并与用户产生情感上的共鸣，提升用户对品牌的好感度。品牌传播是微博为企业实现的最基本、最广泛也是最有效的营销价值。微博的开放式社交属性能够让企业进行便利的创作和传播。用户的自发分享能够帮助企业提升品牌影响力，同时，微博官方推出的广告服务及各个领域的知名博主的帮助，为企业提供了有效的营销支持，使得企业能够实现精准投放。通过微博平台进行营销，企业可以将品牌声量从自身微博扩散到整个微博平台。以支付宝的中国锦鲤活动为例，该活动实现了170多万次转发，充分证明了微博平台营销的有效性和影响力，完成了品牌曝光。在微博上发布有吸引力的内容和广告，可以帮助企业增加品牌曝光度，利用用户经常浏览微博，使得品牌信息得以广泛传播。

微博平台中的KOL可以较大程度地影响普通用户的态度和行为。所以，企业利用自己的官微开展营销，可以有效提升信息传播的速度与效果，并且扩大信息传播的范围。例如，百事可乐的官微就充分利用微博平台的明星资源，通过定向推广，快速吸引了很多用户的关注，利用明星的强大号召力，将明星的粉丝转化为百事可乐的消费者，成功使产品走进大众视野，并顺势将其推向市场、吸引广大用户，推广页面如图3－8所示。

图 3－8　百事可乐官微

（二）维护与管理客户关系

微博作为一个营销平台不仅能够拉近人与人之间的距离，而且也能够拉近企业与客户之间的距离。在微博平台上，企业可以随时掌握客户的状态与需求，根据客户的要求一对一地对客户进行分类与管理，从而进一步提升客户的满意度。现在，越来越多的企业会有意识地在用户购买、产品包装、物流、体验等各个环节中，引导用户“晒单”，鼓励他们在体验或使用完企业的产品或服务后，通过微博平台拍照分享使用感受。在用户发布相关内容后，企业还会通过官微与用户进行一对一互动，用这种方式给用户带去更好的体验，同时增强用户黏性。

通过提供优质的内容和服务，企业能够与用户进行深度互动，从而逐渐将普通用户转化为品牌的忠实拥趸，这已成为当下众多企业的重要营销目标。同时，企业也可以通过微博平台获取用户对产品的使用反馈，为客户解决使用过程中出现的问题，提供优质服务以维系与客户之间的关系。微博是连接企业和用户的桥梁，企业能通过微博评论、私信等功能与用户沟通，解决产品使用等问题。用户在微博平台上发布的与产品有关的信息，企业能通过搜索回复等方式进行获取，进而实现客服工作的主动出击。胖东来投诉建议平台通过官微向用户征集投诉建议，开通处理通道的微博内容如图 3－9 所示。如果企业能及时发现产品存在的一些问题，并通过微博平台提前与用户沟通，就可以快速消除影响，避免负面信息大量传播并形成于己不利的舆论导向。

微博正文

胖东来投诉建议平台
2019-6-3 来自 HUAWEI nova 3

尊敬的顾客：您好。2019年06月份投诉建议请您在下方填写，我们会按照公司的流程及标准调查处理。公司周二闭店休息，请广大顾客朋友合理安排好购物时间，以免造成不必要的麻烦。如果您有什么问题可以拨打公司客服电话：13937433535，我们很乐意为您服务。祝您生活愉快，全家幸福，谢谢。许昌·鼎鑫滨河花园

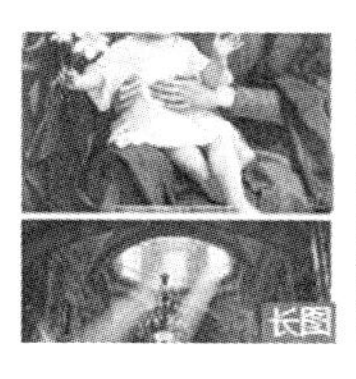

图 3－9 胖东来投诉处理微博

（三）企业危机公关的得力助手

除了作为社交工具，微博的开放式传播特点还使其具备了媒体的天然属性，即微博不仅可以作为企业发布官方信息的平台，还能充当企业的“新闻发言人”，成为企业进行核心宣传的关键途径。因为微博的传播方式透明且高效，能降低信息在传播中受到干扰的风险，所以很多企业都把微博看作是重要的宣传途径，重要事项首选在微博平台发布。同时，微博平台信息实时传播的特征，也使它可以作为危机公关的理想渠道，为企业预防和处理危机提供助力。企业可以在微博平台上公开发布官方声明，及时向用户告知官方信息与立场，避免因为与用户之间的信息不对称造成误解和危机。另外，企业可以从微博话题中了解用户对企业危机事件的评价和意见，了解危机发生的原因和经过，并据此迅速做出更有针对性的应对方案。例如，网传使用 Kindle 作为泡面盖子，泡面会散发出一股令人陶醉的墨香。不过之前都是江湖传说，而现在已经得到了官方实锤了。生活中一个价格几百甚至上千的电子阅读器，在消费者对其失去新鲜感后，大多数会被束之高阁。由于 Kindle 的尺寸与泡面盖的尺寸差不多，因此一些消费者将其用作压泡面盖的工具，这是一个众所周知的事实，然而 Kindle 没有遮掩这样的尴尬场景，而是另辟蹊径，通过官方认可的方式，将“压泡面盖”这个话题打造成为一个热点话题，引起无数消费者的热议，增加了产品的曝光度，继而让更多的消费者去了解这款产品。Kindle 官方对“压泡面盖”功能的自嘲式表达引发了网友们的欢笑，Kindle 在微博上创建的＃Kindle 官方盖章泡面盖子＃话题迅速成为热门话题，一周内，该话题的阅读量便超过了 2 亿，讨论量近 4 万，网友也纷纷晒出自己的 Kindle 进行互动，形成产品的二次传播。通过快速而高效的微博危机公关，企业能够将危机影响降至最低，甚至可以将危机转化为重塑企业形象的一个机会。Kindle 官方盖章泡面盖子微博如图 3－10 所示。

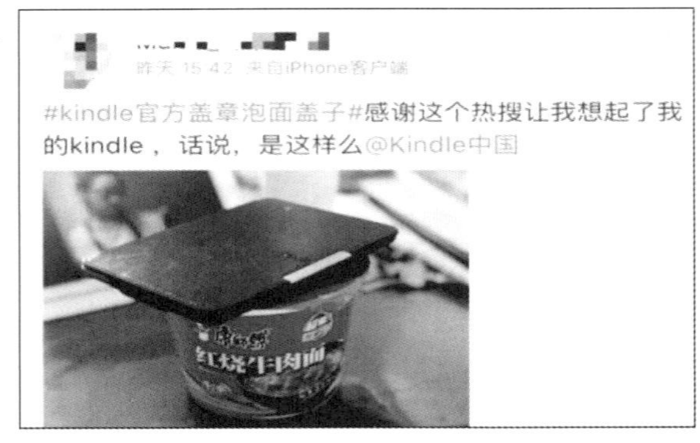

图 3-10　Kindle 官方盖章泡面盖子微博

（四）实现有效的产品推广

微博是一个有效的产品推广平台，可以通过发布产品信息、特惠活动、新品发布等形式吸引用户，增加销售和业绩。企业通过官微发布用户感兴趣的内容，不仅能有效触达目标用户，还能直接引导流量并获取销售收益。许多企业在发布产品推广内容时，会在推文中嵌入产品购买链接，以便用户直接点击购买。企业进行营销的最终目的是实现销售转化。微博不仅能让企业在品牌传播中获取流量，在关注者经营中获取潜在消费者，更能够通过微博橱窗、链接到淘宝等方式便捷地完成销售转化。OPPO 官微发布的微博内容可以实现产品的有效引流与推广，具体微博内容如图 3-11 所示。

图 3-11　OPPO 官微

第二节　微博平台的主要功能

一、微博首页

（一）快速找到微博发布入口

微博的发布入口包括一个文本框用于输入内容，同时可以添加表情、图片、视频、话题和头条文章等内容。单击“头条文章”右侧的“…”，即可弹出下拉菜单，下拉菜单中包含“直播”“点评”“定时发”等多种功能，PC端微博发布入口如图3－12所示。

图3－12　PC端微博发布入口

（二）利用“高级搜索”功能查找微博内容

在微博的PC端首页，运营人员可以关注自己感兴趣的微博账号，查看他们发布的内容，并且可以根据自己的需求选择查看不同类型的微博内容。此外，运营人员还可以使用“高级搜索”功能，通过搜索关键词、标签等方式，快速找到自己感兴趣的微博内容。这样可以帮助运营人员更高效地管理自己的微博账号，提高运营效率，吸引更多的粉丝关注和互动。微博“高级搜索”功能的操作方法如图3－13所示。

图3－13　微博“高级搜索”功能

在移动端的微博首页，运营人员可以通过点击“关注”选项，对关注的微博账号进行分类和分组，具体选项界面如图 3－14 所示。分类和分组可以帮助运营人员更好地管理自己的关注列表，将不同类型的微博账号进行归类，以便更快速地找到并查看他们发布的微博内容。这种分类和分组的方式可以使运营人员的关注列表更加清晰有序，提高浏览微博的效率和体验。运营人员还可以通过搜索框搜索关键词或话题，浏览相关的微博内容。同时，运营人员也可以通过点击右上角的“扫一扫”按钮，扫描二维码，快速关注其他微博账号。

图 3－14　移动端微博“关注”选项

（三）进入热门微博页面的方法

1. PC 端

在微博首页，用户可以通过点击页面左侧的“热门”选项，直接进入热门微博页面，如图 3－15 所示。

图 3－15　PC 端微博“热门”选项

2. 移动端

启动微博应用，轻触首页顶部的“推荐”选项，随后弹出的页面将默认展示微博的内容，如图 3－16 所示。

图 3－16　移动端微博首页“推荐”选项

（四）微博首页其他展示区域功能的解读

在 PC 端的微博首页，运营人员可以发现一些日常常用的功能，如图 3 - 17 所示。

图 3 - 17　微博首页其他展示区域功能

1. 微博关注分组

对关注的微博账号进行分组，是微博平台提供的一项方便用户管理关注列表的功能。通过分组，用户可以将关注的账号按照不同的类别或者主题进行划分，比如将娱乐类账号放在一个组里，将新闻类账号放在另一个组里。这样，用户可以更方便地查找和浏览自己感兴趣的微博内容。要进行分组，用户可以在微博首页的关注列表中找到“分组”选项，然后选择“新建分组”或者“编辑分组”。在弹出的界面中，用户可以给分组起一个名字，并选择要分组的账号。分组的数量和名称都可以自由修改，非常灵活。通过分组功能，用户可以更好地定制自己的微博浏览体验。比如，当用户想要查看娱乐类账号的最新动态时，可以直接进入对应的分组，避免在关注列表中逐个查找。同时，分组也使得用户的关注列表更加清晰有序，有助于提高微博的使用效率和阅读体验。

2. 微博热搜

微博的实时热搜榜每 10 分钟更新一次，根据搜索量进行排名。在短时间内，如果某个关键词或话题的搜索量迅速上升，就有可能进入热搜榜。此外，发布的内容质量越高，该内容出现在热搜榜上的可能性越大，越能吸引用户的兴趣和参与讨论，越容易上热搜榜。

3. banner 广告

banner 广告是指微博的广告位展示，有利于增加各类活动的曝光量。在微博中，banner 广告位主要位于以下几个地方。

（1）正文下方：在阅读完动态或文章后，有时可以看到一条明显的广告。

（2）找人页面：搜索框下方有一个 banner 广告位。

（3）热搜栏下方：此外也有一个类似的 banner 广告位。

这些板块都是用户在浏览微博时容易注意到的地方，特点是直白，并且能借助用户在这些板块的停留时间，提高传达信息的成功率。只要用户进入这些板块，就能轻易发现 banner 广告。

二、微博视频

（一）平台视频社区

微博视频是目前微博平台非常推荐用户使用的一种内容发布形式，而且微博平台上也活跃着大量的视频类账号。在 PC 端的微博首页，单击顶部菜单栏中的“视频”选项，可以进入视频页面，即可进入视频社区，PC 端微博首页“视频”选项如图 3－18 所示。

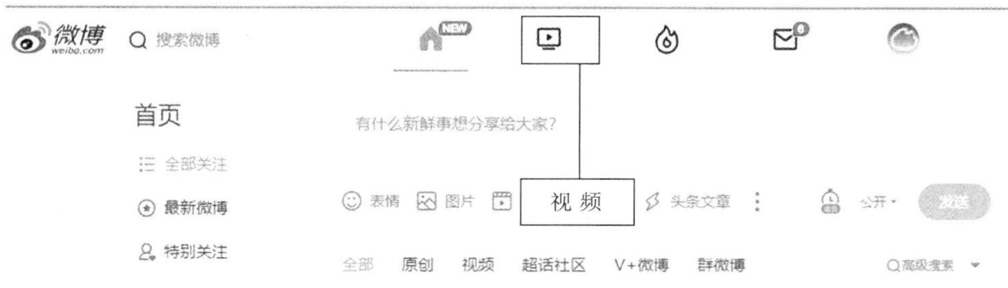

图 3－18 PC 端微博首页“视频”选项

在移动端微博首页，在微博的底部菜单栏中点击“视频”选项，即可进入视频社区，页面会显示推荐、热门及小视频。运营人员可以将视频投递到视频社区，增加账号的曝光量，强化与其他用户的互动。以 PC 端为例，运营人员可以按以下步骤将视频投稿至视频社区，具体步骤如图 3－19 所示。

图 3－19 PC 端投稿到视频社区的步骤

第一步：进入 PC 端微博首页，单击内容发布文本框下方的“视频”选项。

第二步：在视频页面中，点击“本地视频上传”按钮，进入本地视频上传页面。

第三步：根据视频内容，选择合适的频道，按系统提示填写关键信息，单击内容发布文本框右下方的“发布”按钮，即可完成投稿。

运营人员可以根据所发布视频的内容，准确地选择一级和二级频道分类，以便将视频投稿到相应的频道，例如“生活”—“日常”。通过更准确地设置标签，运营人员可以帮助视频获得更精准的分发，从而更好地吸引目标观众。

（二）微博视频号计划

2020 年 7 月，微博视频号项目在微博平台推出，以进一步拓展视频领域，微博视频号页面如图 3－20 所示。微博视频号计划是微博为优质视频创作者提供的一项重要计划，该计划包括一系列的服务支持和权益，旨在帮助创作者在微博平台上更好地成长、获得更多的关注及实现商业价值，用于吸引平台内部和外部的优秀短视频创作者。根据这项计划，平台将拿出 5 亿元的广告分成，给予加入微博视频号的运营人员。同时，平台将通过“超级粉丝通”“粉丝头条”等平台资源对加入的微博视频号进行精准投放和品牌曝光，扶持 1 万个拥有百万粉丝的优质微博视频号。

运营人员只需成功发布一条视频内容，即可满足加入微博视频号的条件。运营人员成功发布视频内容后，“微博小秘书”会自动发出邀请运营人员加入微博视频号计划的私信，运营人员点击私信链接即可加入该计划，邀请加入视频号的私信内容如图 3－21 所示。

图 3－20 微博视频号

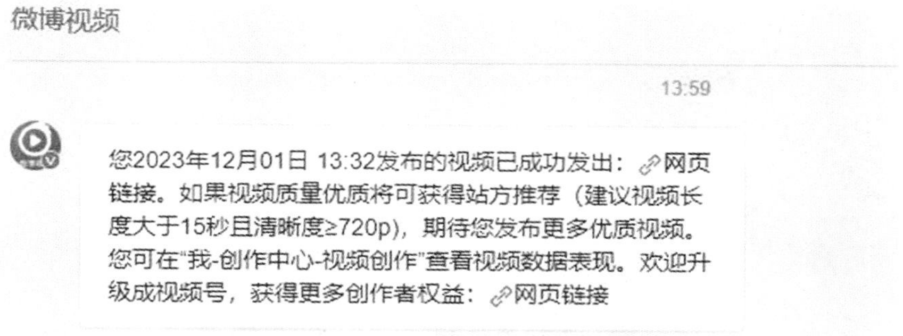

图 3-21 “微博小秘书”发出邀请加入视频号计划的私信

微博视频号计划的推出，顺应了当下视频行业飞速发展的趋势，其也成为微博平台吸引优质内容创作者的新渠道。微博平台对自制视频进行了如下定义：

(1) 原创视频，包括个人或机构拍摄的视频。

(2) 经过二次创作的视频涵盖了解说类、译制类、混剪类等多种类型。这些视频在创作过程中对原始素材进行了加工、剪辑、配音、配乐等处理，以呈现出新的内容和风格。

(3) 版权视频，包括但不限于视频网站、电视台、制片方等版权视频。

运营人员想要提高视频投稿的通过率，还需要注意以下事项：

(1) 视频应包含完整的标题：标题字数在 30 字以内，10～20 字为佳，好的标题会吸引更多用户。

(2) 选择视频专辑：开启时长及高清权限，带来系列化的消费。

(3) 精良的视频封面：优秀的视频封面能够吸引用户点击观看，让视频更容易被更多用户浏览。

三、微博发现页

(一) 发现热门话题

在 PC 端的微博首页，点击页面上方菜单栏的“发现”选项，可以进入微博的发现页面。在这个页面中，用户可以浏览最新的微博热搜、热门话题、推荐文章等内容。同时，用户还可以通过搜索框搜索自己感兴趣的话题或关键词，查找相关的微博内容。用户点击页面上方“发现”选项即可跳转至发现页，发现页以热门微博内容信息流为主，页面左侧展示了系统预设的几个热门微博分类，如“明星”“搞笑”“社会”“科技”等，用户也可以通过页面右侧浏览更详细的热门微博分类，如图 3-22 所示。

发现页的默认内容即“热门”的微博内容。用户单击发现页左侧菜单栏最方的“更多”选项，在弹出的选项中，单击“话题”选项，即可进入微博热门话题榜单，如图 3-23 所示。

图 3 - 22　PC 端微博发现页

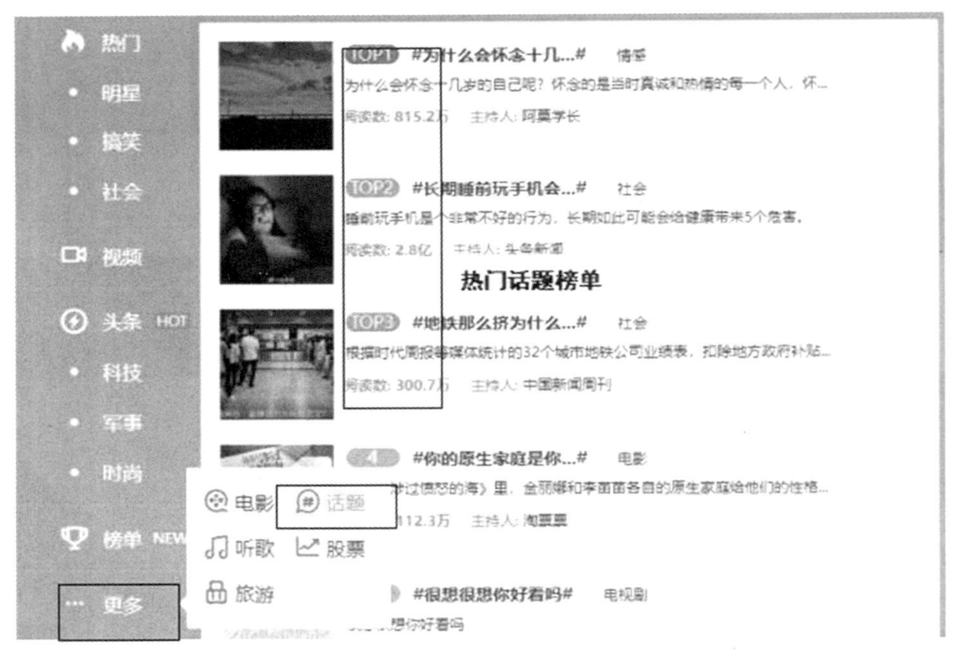

图 3 - 23　微博热门话题榜单

打开移动端微博首页，点击页面底部菜单栏正中央的“发现”选项，进入发现页，在发现页的最上方，用户可以看到“微博热搜”的相关内容，继续点击“微博热搜”下方的“更多热搜”这个选项，即可进入到“微博热搜”的页面，如图 3 - 24 所示。

图 3-24　微博热搜页面

无论是通过 PC 端微博热门话题的排行榜，还是通过移动端的微博热搜榜，运营人员都可以看到最新的时事热点及微博平台用户实时讨论热度最高的事件。微博热搜榜更新非常快，平均每一分钟就会更新一次，榜单的排序是依据短时间内的搜索量来确定的。

（二）超级话题社区

超级话题（简称超话）社区是一种基于某个可以持续讨论的主题建立的兴趣社区，是微博平台上聚合粉丝的社区。以移动端微博为例，运营人员可以参照以下步骤进入超话社区，查看相关内容并申请创建超话，具体操作方法如图 3-25 所示。

第一步：在移动端微博上登录账号，然后点击页面底部菜单栏正中央的“超话”选项。

第二步：进入“超话社区”页面。点击最上方左侧的“创建”即可创建超话；点击页面上方的“广场”选项，即可查看不同类目下的多个超话社区。

第三步：点击“超话分类”右侧的“更多”选项，即可查看不同类目下的多个超话社区。

超话社区是以粉丝共同的兴趣为基础构建的社区，旨在帮助“大 V”聚合和管理粉丝。在这个社区中，粉丝们可以基于共同的兴趣或需求进行交流和分享，获取信息，发表观点，参与活动并享受福利。此外，粉丝们还有更多机会与“大 V”进行互动，增加了粉丝与“大 V”之间的互动和交流。它拓展了普通话题的功能和玩法，且具有长期性，也有利于不断增强粉丝黏性，获得品牌效应。

图 3-25　进入超话社区的步骤

四、微博消息页

（一）微博粉丝群

1. 粉丝群的创建

在移动端微博的“消息”页面，点击页面右上方的⊛图标—“发起聊天”—“新建一个群”，即可进行粉丝群的创建。选择群成员后，点击“聊天”即可创建群，群创建成功后再对群头像、名称、简介、规模、管理员、群主和其他功能进行设置。微博粉丝群的创建如图 3-26 所示。

2. 保持粉丝群的活跃度

创建了粉丝群后，保持群活跃度则成了运营人员进行群管理的重要任务。具有一定活跃度的群，能够让群成员更有归属感，可使其更重视群内发布的信息。运营人员

图 3－26　微博粉丝群的创建

可采取以下几种方法保持群活跃度。

(1) 在健身群、读书群和背英文单词群等兴趣社群中，粉丝们有一个日常习惯就是参与签到活动。为了保证大家不会错过签到，运营人员需要实施监督并提供帮助，以帮助他们养成良好习惯。

(2) 微博群为成员提供了一个平台，粉丝们可以在这里分享照片和热门话题，并与其他成员进行互动和评论。此外，一些读书群还会在微博群中举办书评交流活动，为粉丝们提供一个学习和交流的场所。

(3) 为了满足不同维度粉丝的需求，可以建立不同类型的粉丝群。例如，针对付费阅读的核心粉丝，可以建立一个特殊的粉丝社群，称之为“铁杆粉丝俱乐部”或“铁粉团”，也可以为有疑问或需要解答的粉丝建立答疑解惑粉丝群等。

(二) 常见的消息提醒类型

1. 微博@消息

运营人员可以在发布微博内容的时候，@对方的微博昵称或备注名称，这样对方在登录微博账号的时候就可以收到有@自己的消息的提醒并进行查看。运营人员也可能收到其他用户@自己的消息，包括@自己的微博账号及@自己的评论，也可以筛选原创的@内容。PC 端微博“消息”如图 3－27 所示。

图 3－27 PC 端微博“消息”

2. 微博评论

（1）设置评论权限和评论提醒

在 PC 端微博中设置评论权限和评论提醒的操作步骤如下：

单击“设置”—“账号设置”—“消息设置”，运营人员可设置“所有人”“我关注的人”“仅粉丝”三种不同的权限，限制用户对自己的微博内容进行评论；同时也可以设置指定用户的评论提醒，即指定用户对运营人员发布的内容进行评论后，系统将向运营人员发送提醒消息。

在移动端微博中设置评论提醒和评论权限的操作步骤如下：

点击“我”—“设置”—“推送通知设置”，设置是否接收评论提醒；在“我”—“设置”—“隐私设置”中，设置可以评论微博内容的用户权限。

（2）删除发出的评论

在 PC 端微博中，用户删除自己发出的评论的操作步骤如下：

点击微博首页右上角菜单栏中的信封图标，并在弹出的下拉菜单中选择“评论”选项，选择“发出的评论”选项，在下拉评论内容中找到想要删除的内容，点击页面右上角的按钮，就可以删除已经发送的评论。

在移动端微博中，用户删除自己发出的评论的操作步骤如下：

点击“进入消息”—“评论”—“我发出的”，然后单击“进入该条评论”，点击“该条评论”，点击“删除”即可删除自己发出的评论。

（3）删除收到的评论

在 PC 端微博中，用户如果想删除收到的评论，应先找到“评论”选项，单击“发出的评论”左侧的“收到的评论”，在下拉评论内容中找到想要删除的内容，点击页面右上角的“信封”图标，在弹出的选项中选择“删除”即可删除收到的评论，具体操作页面如图 3－28 所示。

在移动端微博中，用户想删除收到的评论应先点击“评论列表”—“所有评论”，点击“进入该条评论”，选中该条评论，点击“删除”即可。

图 3－28　PC 端微博“评论”功能

3. 微博点赞

（1）查看点赞的微博

在 PC 端微博中，运营人员在首页左侧菜单栏单击“我的赞”选项，即可查看用户赞过的全部微博内容；点击页面右侧的“赞过的兴趣主页”选项，查看用户赞过的微博内容。

在移动端微博中，运营人员点击屏幕右下角的“我”选项，然后选择“我的赞”选项，就可以查看用户赞过的全部微博内容。

（2）取消点赞的内容

以移动端微博为例，通过上述方法找到点赞过的内容，点击内容右下方已经标黄的点赞图标，即可取消点赞。

五、微博个人主页

（一）微博个人主页的常用功能

微博个人主页涵盖了微博的常用功能和入口，主要包括了以下内容。

（1）我的相册：存放运营人员的微博图片合集，系统默认以地点、原创和头像进行相册分类。

（2）赞/收藏：收录运营人员点赞或收藏的微博内容。

（3）浏览记录：查询运营人员的浏览记录。

（4）草稿箱：编辑微博内容时点击“取消”—“保存草稿”，即可保存已经编辑的内容到草稿箱；发送失败的微博消息会自动保存到草稿箱。

（5）我的钱包：用于查看微博钱包余额，以及参与微博理财和购物活动。

（6）创作中心：致力于为运营人员构建更出色的创作平台，助力运营人员打造独具特色的个人品牌。

（7）粉丝头条：粉丝服务功能的入口，运营人员可以在此选择以付费的形式将微博内容推广给更多用户。

（8）专属服务：这项功能是微博会员用户的专属服务，内含更细致、周到的服务选项；非会员用户此处的功能项目名称为“客服”。

（二）查看微博数据日报

在日常的微博运营中，作为普通用户的运营人员没有查看微博数据的相关权限，付费成为微博会员用户后，运营人员就可以通过微博个人主页的“数据日报”查看账号数据的运营情况。

1. 数据概览

数据概览首先呈现的是该微博账号昨日发布的微博数量和评论数量，同时展示近30天内发布的微博内容在昨日获得的阅读数增量，以及当日的互动数和新增粉丝数概况。

2. 互动数据

互动数据的展示主要采用与前一日进行对比的形式来呈现，以便更清晰地了解数据的变化情况，以及测算互动人数和获取用户互动方式明细。同时，根据互动的类型对互动数据进行分类，如根据评论、点赞、转发等进行区分，以便更好地了解用户与微博账号的互动情况，从而帮助运营人员更好地了解用户互动方式和互动用户的类型。

3. 粉丝数据

粉丝数据主要展示该微博账号与前日、昨日相比的新增粉丝数量，并揭示粉丝增长的主要来源，具体展示界面如图3-29所示。

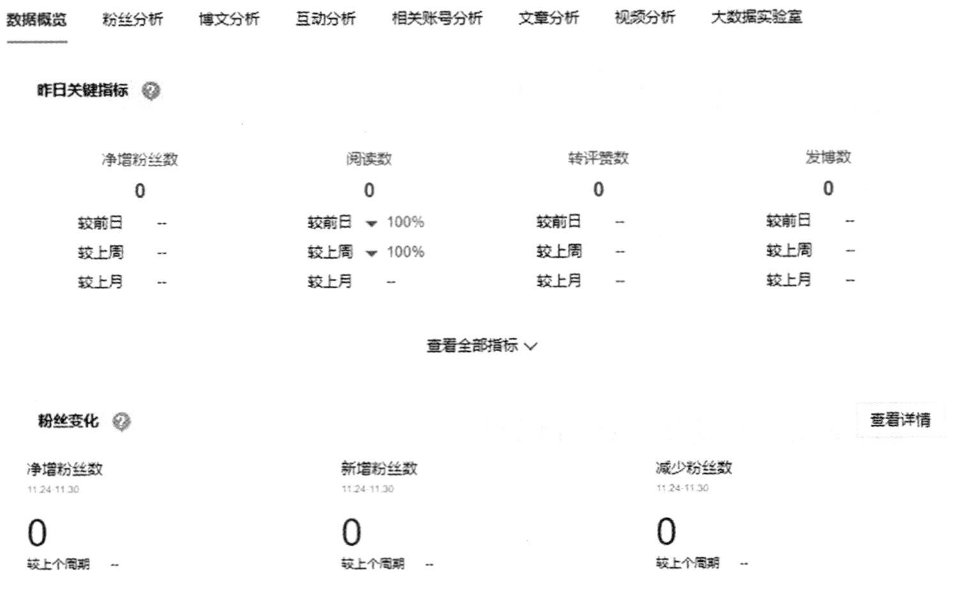

图3-29 微博粉丝数据

（三）微博个人主页的其他实用功能

除了上述提到的功能外，微博个人主页还具备其他一些实用的功能。

1. 创作中心首页

在移动端微博个人主页的功能区板块，有一个“创作者中心”板块。“创作者中心”的“首页”涵盖了用于创作微博内容的诸多功能，包括热点内容创作、视频创作、内容管理、粉丝服务等，具体界面如图 3－30 所示。

2. 视频创作中心

“创作者中心”的“视频创作”栏可以显示运营人员创作的视频的“昨日数据”，如播放、转发、评论、点赞、弹幕情况，以及一些视频权益，如视频管理、数据中心、收益管理等。

图 3－30　微博个人主页的“创作者中心”

实战训练

请尝试发布一则微博视频内容，加入微博视频号计划，并熟悉本章介绍的微博平台的基本功能，看看自己是否已经掌握了微博基本功能的操作方法。

第三节　微博账号的创建

一、注册微博账号

新浪微博和新浪网的用户可以使用相同的账号进行登录。对于已经拥有新浪博客或新浪邮箱账号的用户，他们也可以直接使用这些账号登录新浪微博，无需另外开通微博账号。如果用户没有新浪博客或新浪邮箱账号，可以使用手机号码或电子邮件地址注册一个新的微博账号。

（一）识别微博账号类型

微博账号的注册分为个人注册和官方注册，微博账号的类型则分为个人微博账号和官方微博账号。用户在注册微博账号之前，需要了解两种注册方式的应用场景和区别。个人注册适用于个人或自媒体用户，而官方注册则适用于政府、企业、媒体、网站、应用、公益组织、校园组织等。从运营的角度来看，个人微博账号和官方微博账号在功能和属性上存在明显差异，个人与官方微博账号的区别见表 3－1 所列。

表 3－1　个人与官方微博账号的区别

	个人微博账号	官方微博账号
账号名称	唯一、不可重复	唯一、不可重复
认证费用	免费，认证类型多样	支持所有组织公众账号的申请，认证的基础权益费用为 300 元/年
账号功能和权益	有官方达人资源扶持	一般无官方达人资源扶持，有个性化主页展示（首页轮播图）
营销价值	个人品牌打造，记录和分享生活	宣传组织形象，开展品牌推广，进行公关

如果用户有品牌宣传、形象塑造或市场公关的需求，可以选择注册官方微博账号，并由单位员工负责运营。微博是一个非常出色的媒体平台，可以帮助企业快速传播正面信息，提升品牌形象，加强与公众的沟通和互动，并有效应对谣言和负面报道。此外，微博还可以为企业建立销售渠道，拓展更多的业务机会，并增加品牌曝光度。总之，官方微博账号是企业进行品牌宣传、形象塑造和市场公关的重要工具之一。

如果用户想要成为自媒体领域的佼佼者，或者只是想要记录生活点滴并与他人分享，那么注册个人微博账号是一个不错的选择。

（二）注册微博账号的注意事项

用户可以根据自己的具体需求来选择适合的账号类型进行注册。无论是选择进行“个人注册”还是“官方注册”，在注册过程中，用户都需要提供一个全新的手机号码或者电子邮件地址来进行注册，从而确保每个账号的独立性和唯一性。进行“个人注册”时，用户按照系统提供的指导，逐步填写个人资料并完成验证过程，就可以成功创建一个个人微博账号，在填写资料时，用户应确保所提供的信息真实、准确并符合微博的相关规定。而在进行“官方注册”时，用户需要谨慎确保所设置的账号昵称与其营业执照上的登记名称一致，这样可以防止在后续的官方认证过程中产生不必要的麻烦或额外的操作步骤。另外，用户还需要完成官方微博账号的认证过程。这个过程通常需要用户提供相关的证明文件，并经过审核，以确保所注册的官方账号的真实性和合法性。

需要注意的是，不同的账号类型在注册过程中可能存在不同的要求和限制。因此，在选择注册账号类型时，用户应根据自身需求和实际情况进行选择，并仔细阅读相关条款和条件。完成注册后，用户应遵循微博的相关规定和操作指南，维护账号的安全和稳定运行。

通过网络搜索并了解官方认证的条件及需要提供的相关资料，尝试帮助你身边符合官方认证条件的机构进行微博账号的注册及认证。

二、设置微博账号信息

（一）昵称：打造个人标志

在浏览微博账号时，首先引起用户注意的是该账号的昵称和头像。从营销视角来看，一个醒目且充满个性的微博昵称能给其他用户留下深刻的印象，有助于加强他们的记忆。所以，在注册微博账号时，运营人员首要任务就是选择一个合适的微博昵称。

一般来说，一个优秀的微博昵称应该遵循四个原则：（1）简单易记，易于传播；（2）拼写方便，易于搜索；（3）平台一致，形象统一；（4）避免重复，便于搜索。

总之，选择一个好的微博昵称是运营微博账号的重要一步。通过遵循以上四个原则，运营人员可以创建一个简洁、相关且具有特色的微博昵称，吸引其他用户的关注并提升用户的记忆度。创建微博昵称的方法见表 3－2 所列。

表 3－2　创建微博昵称的方法

根据需求寻找方法	设置昵称的方法	案例
做个人品牌或自媒体品牌	本名或常用昵称	@秋叶、@李子柒
	兴趣领域＋昵称或本名	@美食作家王刚、 @绘本妈妈海桐
	专业岗位＋昵称或本名	@皮肤科医生林小清、 @考研政治徐涛
“带货”“种草” 或品牌宣传	产品或品牌名＋昵称或本名	@小米洪锋

当运营人员在注册微博账号时遇到系统提示账号昵称已被注册的情况，他们可以与已经拥有该昵称的用户进行协商，以寻求解决方案。如果协商没有达成一致，运营人员将不得不选择一个尚未被其他用户注册的昵称来进行注册。这样可以确保每个账号的昵称都是独一无二的，避免了重复注册造成的困扰。

（二）头像：加深用户印象

在设置微博账号信息时，一个清晰、有特色的头像对于吸引用户的关注和增强品牌形象至关重要。头像不仅代表了账号的形象，还能够吸引其他用户的关注。设置微博头像时需要遵循以下几个原则。

（1）确保清晰度：在选择头像时，要确保头像在三种显示方式（大、中、小）下都足够清晰。清晰的头像能够让用户更好地辨认和记忆账号。

（2）个性化或专业性：如果运营人员希望打造个人品牌，在选择微博账号头像时，可以选择自己的真人照片或以自己照片为蓝本绘制的卡通形象作为头像；如果运营者希望塑造专业、权威的形象，头像应该避免过于娱乐化，以免对个人品牌形象造成负面影响。

（3）避免使用他人照片：有些运营人员倾向于使用他人的照片作为自己的头像，这种策略或许在短期内能吸引一些粉丝，然而一旦粉丝发现照片与实际情况不符，便会对运营人员及其账号产生负面印象，从而降低对其个人品牌的好感度。因此，建议运营人员使用自己的照片或与个人品牌相关的图像作为头像。

（4）象征意义：对于企业、政府机构和高校，微博头像具有重要的象征意义，因此建议使用官方统一标志作为账号头像，可以增强机构的权威性和可信赖度。

总之，选择一个合适的微博头像需要考虑多方面的因素，包括清晰度、个性化或专业性、避免使用他人照片，以及对于企业、政府机构和高校的象征意义。通过遵循以上原则，运营人员可以打造一个吸引人、符合个人或机构品牌需求的微博头像。

（三）简介：强调关键信息

简介是用户获取微博账号信息的关键途径，应该言简意赅、具有鲜明个性，能通过简短描述传递出账号的重要信息。例如，在个人微博账号“秋叶”的简介中，他明确标注了自己作为秋叶 PPT 创始人、和秋叶一起学品牌创始人、秋叶商学院创始人、多部畅销书作者及武汉工程大学副教授等关键身份，如图 3－31 所示。

图 3－31　和秋叶一起学 PPT 简介

简介对于企业、政府机构和高校而言同样具有重要意义，因为用户会通过简介来了解这些机构的基本信息和背景，如企业是做什么业务的、政府机构是负责什么领域的、高校的教学和研究重点是什么等。因此，这些机构需要用简洁明了的语言描述出自己的核心业务或领域，以便让用户更好地了解和认知自己。

总之，无论是个人还是机构，都需要在简介中简明扼要地展示出账号的关键信息，以便让用户更好地了解和认知自己。同时，简介也需要有个性化色彩，以便在众多账号中脱颖而出。

（四）个性域名：开通快速入口

运营人员可以为自己的微博账号设置一个独特的个性域名，以便用户能够快速访问账号主页并轻松记住该微博地址。个性域名常用于电子邮件签名等场合，以展示自己的身份和联系方式。例如，个人微博账号“秋叶”设置了一个个性域名“QIUYEPPT”，这样用户只需要在浏览器中输入这个个性域名，就能快速进入“秋叶”的微博主页。设置个性域名不仅为用户提供了一个便捷的入口，同时也强调了该账号与某些关键词之间的联系。在这个例子中，通过个性域名“QIUYEPPT”可以清晰地看出“秋叶”与“PPT”之间的紧密关联。

要设置个性域名，首先需要登录微博官网。接着，将鼠标指针移至页面右上方的图标上，在弹出的下拉菜单中选择“账号设置”。然后，在“我的信息”中找到“个性域名”设置框，按照页面上的提示进行设置即可完成个性域名的设置，设置方法如图3－32所示。

图 3－32　个性域名的设置

三、微博认证

在掌握了微博账号的注册和信息设置等基本操作之后，运营人员还需要对微博平台的认证功能进行深入了解。微博认证能够帮助运营人员明确自己账号的角色定位，并提高账号的真实性和公信力。要进行微博认证，微博账号需要满足一定的条件和要求，如拥有一定数量的粉丝、发布一定数量的原创微博等。

在申请认证时，需要提交一些证明材料和身份信息，如身份证照片、工作证明等。运营人员需要认真填写申请资料，并确保所提交的信息真实、准确、完整。

通过微博认证后，微博账号可以获得更多的曝光机会和粉丝关注，同时也可以提高账号的权重和信誉度。

（一）微博认证的分类

微博认证包括企业认证和个人认证两种，运营人员可以根据自身账号的实际情况选择合适的认证类型。微博上的企业认证有五种不同的细分类别，各类别的归属范围见表 3－3 所列。

表 3-3　微博企业认证分类

认证类别	归属范围
企业认证	营利性组织、企业、个体工商户等
机构团体	公立行政机构及体育、粉丝、社会团体等组织
媒体认证	电视台、报纸、杂志、媒体网站、新媒体等机构
校园认证	校园官方机构及学生组织等相关团体
公益认证	社会公益组织、公益性机构等

值得注意的是，媒体认证是特别为官方媒体账号提供的一种认证方法，如“人民日报”“央视新闻”等。校园内的宣传账号不符合媒体认证的要求，不能进行媒体认证。“人民日报”作为一家官方媒体，其微博账号经过媒体认证后，头像右下方会显示“官方微博”的“蓝 V”认证标志，增加了该账号的真实性和可信度，如图 3-33 所示。其他未经认证的账号则不会有这个标志。

图 3-33　微博“蓝 V”标志

微博个人认证细分了多种类型。在 PC 端，认证体系首页展示了身份认证、兴趣认证、超话认证、“金 V”认证、视频认证、文章/问答认证等六大类别；而在移动端，除了上述类别外，还增加了“新鲜事作者认证”。此外，微博还有与官方平台功能相对应的多种其他认证体系，如微博自媒体认证和故事红人认证等。微博个人认证的类型根据认证的难易程度有所划分，具体细节见表 3-4 所列。

表 3-4 微博个人认证类型

认证类型	认证类别	具体认证名称	备注
个人认证	新手级	身份认证	通过持续输出垂直内容，满足条件后即可认证
		兴趣认证	
	进阶级	微博自媒体认证	有一定的阅读数据要求，每月阅读量高于 1000 万
		“金 V” 认证	
	专业级	超话认证	主要针对在微博单一产品上具有持续创新输出能力的账号
		故事红人认证	
		微博 VLOG 博主认证	

（二）微博认证的申请流程

微博账号，无论是个人还是企业的，都可通过 PC 端和移动端进行认证，认证申请流程如图 3-34 所示。

图 3-34 微博认证申请流程

在 PC 端，将鼠标移至微博主页右上角的图标处，点击下拉菜单中的“V 认证”选项，即可跳转到“微博认证体系”页面。在此页面，您可以选择申请个人认证或企业认证。

在移动端，点击底部菜单栏的“我”，然后在页面中部找到并点击“客服”或“专属客服”，再点击“申请加 V”选项，即可跳转到移动端的“微博认证”页面。在此页面，可根据系统提示填写相应资料申请微博认证或官方认证。需留意，不同的认证类型对粉丝数量、发布内容、阅读量及发布频率等有不同的要求。只有满足所有这些条件，才能完成账号的认证。运营人员需要根据自己的实际情况选择相应的认证类型，并认真填写申请资料，确保所提交的信息真实、准确、完整，移动端微博认证界面如图 3-15 所示。

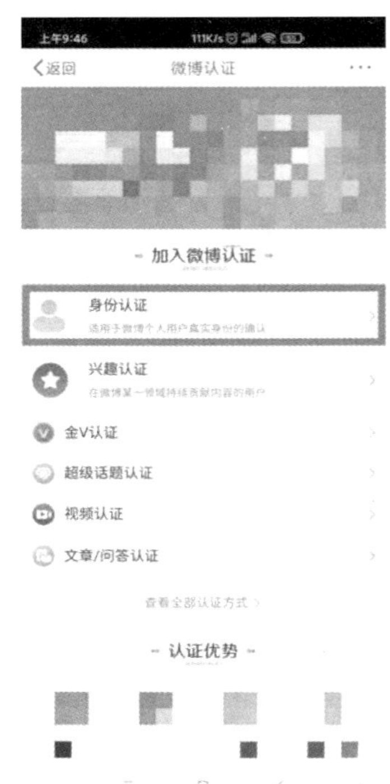

图 3-35 移动端微博认证界面

在运营人员提交认证申请后，认证通常会在一周内进行审核。不论审核结果如何，系统都会向运营人员发送审核结果的通知。如果运营人员没有收到通知，那么意味着审核过程尚未完成。

如果现在需要你来运营一个微博账号并使其实现商业变现，你会选择什么领域并如何运营？说说你的想法。

第四节　微博运营推广

微博兴起后，因其所具有的社交性和开放性特点，迅速得到了各类企业、品牌、个人的认可，通过微博所进行的运营活动可以让更多的人了解企业的品牌和产品，提升品牌的知名度和曝光度，增强用户的参与感和忠诚度。微博运营已成为新媒体运营的主流方式之一。

一、微博运营的概念及特点

微博运营是指通过微博平台进行品牌推广、内容传播、用户互动等活动的过程。它是企业或个人利用微博这一社交媒体平台，进行一系列管理和运营活动的过程，旨在吸引和维持粉丝，提高品牌知名度，以及增加销售额等。微博运营的特点主要体现在以下几个方面。

（1）快速传播：微博平台具有高效的传播能力，企业或个人可以通过发布简短的消息、图片、视频等内容，迅速将自己的品牌和产品传播出去。

（2）互动性强：微博平台具有很强的互动性，企业或个人可以通过回复、转发、点赞等方式与粉丝进行互动，及时了解粉丝的需求和反馈，提高用户黏性和忠诚度。

（3）多样化内容形式：微博平台支持多种形式的内容发布，如文字、图片、视频、直播等，企业或个人可以根据自己的需求和目标受众，选择合适的内容形式进行发布。

（4）个性化推荐：微博平台可以根据用户的兴趣和行为习惯，进行个性化推荐，企业或个人可以通过发布符合用户需求的内容，吸引更多的目标受众。

（5）数据驱动运营：微博平台提供了丰富的数据分析和挖掘工具，企业或个人可以通过对数据的分析和挖掘，了解目标受众的行为和偏好，制定更加精准的运营策略。

二、微博运营的内外系统

起初，某些企业认为微博运营不太重要，只是随便让某个员工兼顾微博运营的工作。同时，员工的工作积极性也不高，并没有很好地将微博运营起来，缺乏认真做好新媒体品牌的主动性，甚至会做出损坏企业公众形象的行为。但是，微博运营不只是让专人使用一个账号发布信息就完事了，需要明确的是，微博运营是一项系统的工程，投入多少心血，微博才会回报多少价值。如果想让微博很好地运营起来就离不开内外两个系统的配合，微博运营的内外系统是指企业内部的新媒体运营团队和外部的新媒体环境。

（一）微博运营的内系统

微博运营的内系统主要指微博自身的运营体系，即微博运营团队。他们负责的工作包括以下几个方面，如图3-36所示。

（1）功能定位：确定微博的功能和特点，以及在市场中的定位。

（2）内容制作：根据微博的主题和定位，进行内容策划、撰写、编辑和发布。

（3）活动策划：设计各种线上活动，如抽奖、投票、话题讨论等，以增加粉丝互动和扩大品牌影响力。

（4）粉丝互动：通过回复评论、私信、点赞等方式，与粉丝进行互动，增强用户黏性和忠诚度。

（5）团队管理：负责团队成员的分工、协作和管理，确保微博运营的顺利进行。

（6）宣传推广：运用各种手段，如投放广告、邀请网红、与其他品牌合作等，对微博进行宣传推广，吸引更多粉丝关注。

（7）商务合作：与其他企业或机构进行合作，共同推广品牌或产品，扩大影响力。

（8）数据分析：通过数据分析工具，对微博的运营效果进行评估和优化，提高运营效率。

（9）舆情监控：对微博上的舆论情况进行监控和分析，及时处理负面信息和进行危机公关。

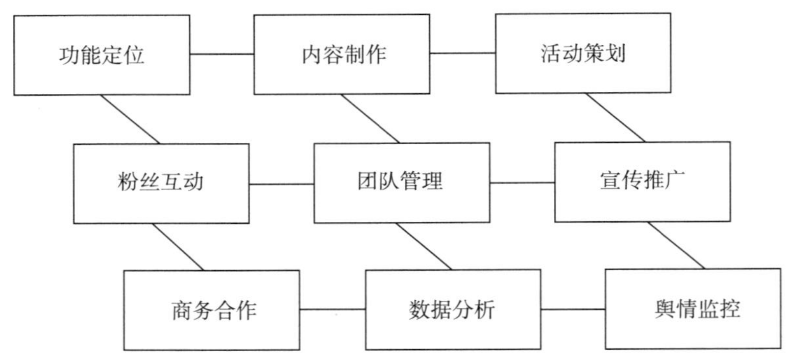

图3-36　微博运营的内系统

这九个方面的工作量较大，而且复杂程度也较高，如果全部交给一个人，完成起来会十分困难，因此，有些公司起初会让员工兼任微博运营来应应急，但随着后续组织规模的不断发展，成立专门的微博运营团队是必不可少的。紧密的团队分工协作可以减少微博运营的失误，提高工作效率，运营人员轮流值班也可以实现无死角宣传，只有做好这些工作，才能让微博运营实现良性循环，达到好的营销效果。没有相对完善的内系统，微博运营永远无法达到专业化水平。

（二）微博运营的外系统

微博运营的外系统指的是除去新媒体运营团队以外公司的其他部门，它们是影响微博运营效果的外部因素，这些部门通常包括市场、销售、产品、研发等，它们在微博运营中扮演着重要的角色。

微博运营团队需要积极获取公司其他部门的资源支持，以此来提升微博运营的效果。假如微博运营团队无法获得公司资源的支持，是没办法充分开展工作的，有一些公司经常犯的一个错误就是把微博运营团队视为一个打下手的被动执行者，在开展营销活动过程中没有及时与运营团队沟通商量，而是把拟定的营销计划直接抛给他们；而微博运营团队把收集到的用户反馈数据传递给客服等部门时，其他部门也不积极配合工作。结果就会导致粉丝天天在微博评论区里发帖抱怨、骂人，不明情况的高层领导就会认为是微博运营团队没有做好相应的工作，对粉丝安抚不力，其实这是整个微博运营外系统的问题。

如果微博运营的外系统运转良好，微博运营的内系统将获得足够的资源、人力、技术支持，这样就能更高效处理用户的反馈意见。为此，企业应当加强内外两个系统的建设，让微博运营真正实现良性循环。内系统建设需要解决的是运营团队自身的问题，外系统建设重在寻找资源支持。这两个系统是共同发生作用的，就像鸟之双翼、车之两轮，缺少任何一个都无法实现良好的运营效果。因此，在微博平台进行新媒体运营时，新媒体运营团队不仅需要管理好内部系统，还需要积极应对外部系统的挑战，新媒体运营是创意和资源的深度整合，成功与否取决于内外系统的兼容程度。

三、微博运营工具

（一）微博内容库工具

“内容为王”是自媒体运营人员熟知的准则，因为内容是微博生存的关键基础。无论是初入微博运营的新手，还是经验丰富的老手，都可能面临如何选择和发布合适内容的问题。为了满足这一需求，微博内容库这个工具应运而生。它的主要作用是为需要微博维护的商家和个人提供关键词内容和图片。

如今，许多淘宝网店、企业和网站都使用这个工具。目前，比较常用的内容库工具有皮皮时光机、月光宝盒等。这些工具不仅具备关键词搜索功能，还能配以相关文字图片，对微博运营人员来说非常实用。

（二）粉丝分析工具

粉丝分析是微博运营的重要部分，微博有“微数据”这一权威的粉丝管理工具，也有许多第三方平台的微博粉丝分析工具，如微博分析家、知微、绿佛罗等。

知微传播可分析消息的曝光量、用户总评、情感值、内容四个维度，同时进行消息的各项传播指标分析，包括用户质量、水军比例、链接点击数等的总体概述，最终获得已发消息的传播深度、广度及参与用户各项指标加权后得出的微博影响力的总体评价。

（三）微博综合管理工具

时趣是其中一个比较受欢迎的综合管理工具。时趣的主要业务包括社交商业战略、社交体验管理、社交品牌和流量管理、忠诚度运营管理等，这些业务涵盖了微博运营的各个方面。

此外，周博通微博管家新浪版也是一个不错的综合管理工具，它基于新浪微博开发，可以共享新浪微博数据，支持新浪微博同步更新，具有一键操作、界面简洁清爽、功能完备、博友互动更轻松等特点。

（四）定时发布与多平台发布

定时发布是指预先设定发布时间，自动发布微博内容。通过使用定时发布工具，可以更好地规划和管理微博发布，提高微博的传播效果和影响力。享拍微博通是一款比较流行的定时发布微博工具，支持多个微博平台和社交网络平台的同步更新，功能比较全面，操作也比较简单。除了享拍微博通之外，还有一些其他的定时发布微博工具，如皮皮时光机、定时 V、新浪定时微博等，用户可以根据自己的需求和偏好选择适合自己的工具。

四、微博运营的主要内容

（一）明确运营目的

企业可以选择注册和认证官方账号来宣传品牌、塑造形象或进行市场公关，个人用户可以选择注册个人账号来成为自媒体“达人”，打造个人在某一垂直领域的影响力，但两者并不冲突。在发展初期，许多企业以创始人及其他核心成员的个人微博账号为主要运营账号，打造他们的个人品牌影响力；当创始人及其他核心成员个人账号有一定的影响力且粉丝累积至一定规模后，企业会开始重点打造公司品牌账号矩阵，由专业团队接手并重新设计个人微博账号的运营策略。企业进入成熟阶段后需要进行多平台和多维度的账号运营，这样做可以在一定程度上降低宣传的成本。

例如，用户在微博平台搜索关键词“华为”，即可看到华为公司打造的相关微博矩阵。华为公司不仅有官方账号，还有多个与华为品牌相关的个人账号，这些账号共同构成了华为的微博矩阵。通过这些账号的运营，华为公司可以多角度地宣传其品牌形象，吸引更多用户的关注和认可，华为公司微博矩阵如图 3-37 所示。

目前，个人微博账号的运营方向主要分为影响力账号和电商“达人”账号两类。

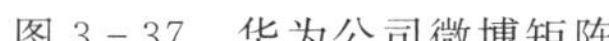

图 3-37 华为公司微博矩阵

这两类账号重点输出的内容和广告主重点考核的内容是不同的，具体区别见表 3-5 所列。

表 3-5 影响力账号和电商“达人”账号的区别

账号类型	重点输出的内容	重点考核的内容
影响力账号	通常以热点、权威、带有“干货”的信息为主	粉丝量和影响力
电商“达人”账号	通常以产品使用教程、测评及“种草”的信息为主。	转化率和粉丝黏性

影响力账号通常由行业领军人物、意见领袖等拥有，以发布带有“干货”、热点和权威信息为主，广告主在投放广告时更看中账号的粉丝量及其在垂直领域的影响力。而电商“达人”账号通常由具有“带货”属性的美妆达人、美食达人等拥有，以产品测评、“种草”、产品教程、日常生活分享为主，广告主在投放广告时更看中这类账号的转化率和粉丝黏性。

这两类账号的属性并不能完全分离，可以同时存在于一个账号中。例如，优质的电商“达人”账号拥有较多粉丝和较强的粉丝黏性，也就意味着其具备一定的影响力，但这种影响力和行业专家的影响力有所不同。因此，企业在选择投放广告时需要根据自己的需求和目标来选择合适的账号类型和投放方式，以确保广告投放的效果最大化。

一般而言，企业开展微博运营主要是为了实现提升用户关注、扩大营销传播、增强用户黏性和增加产品销售。

1. 用户关注

用户关注一般体现在微博账号的粉丝关注量上。企业往往希望通过运营人员设计优质的传播内容和“圈粉”策略，增加微博账号的粉丝量并提升关注度，进而从粉丝身上获得直接或间接的商业回报。

2. 营销传播

营销传播一般体现在微博账号发布内容的阅读量、转发量（曝光数）上。企业往往希望通过运营人员策划和发布的高质量选题内容及营销活动，增加品牌或产品的曝光量，维护企业良好的公关形象。

3. 用户黏性

用户黏性通常体现在互动数据、转发、评论、点赞、收藏量等方面。运营人员可以根据账号的人设特征，设计优质的互动内容，拉近企业与潜在用户的距离，提升账号的用户黏性及潜在用户对企业品牌的好感度、信任度。

4. 产品销售

产品销售一般体现在微博内容带来的产品转化效果上。运营人员通过运营微博账号输出优质内容及设计各类促销活动，引导潜在用户购买产品或服务，为企业带来收益。

企业只有明确了微博运营的最终目的，才能更有效地制定运营目标，并在后续的运营规划中抓住核心、有的放矢。以海尔官微为例，其运营定位及目的是追求企业品牌形象的塑造及增强用户黏性，而不是追求销售转化率。尽管发布的微博中很少出现与产品销售相关的内容，但通过经常给用户发放福利等手段，海尔官微的互动指数非常高，这表明其成功地拉近了与用户的距离，增强了用户黏性。海尔官微的微博内容如图 3－38 所示。

（二）明确目标用户需求

微博内容吸引目标用户关注的关键因素是抓住目标用户的需求，为他们提供价值。无论是企业账号还是个人账号，运营人员都需要了解目标用户群体、分析用户属性、找到用户的喜好，并让运营策略紧贴用户需求。为了吸引目标用户关注，运营人员需要从多个维度对用户进行分析，包括用户的年龄段、职业、收入水平等。通过了解这些属性，运营人员可以设计专属话题栏目和微博内容的展现形式、表现风格等，以更好地吸引目标用户。例如，如果目标用户是年轻白领，那么运营人员可以在微博内容中加入一些与职场、生活相关的元素，以及一些有趣、轻松的话题，以吸引他们的关

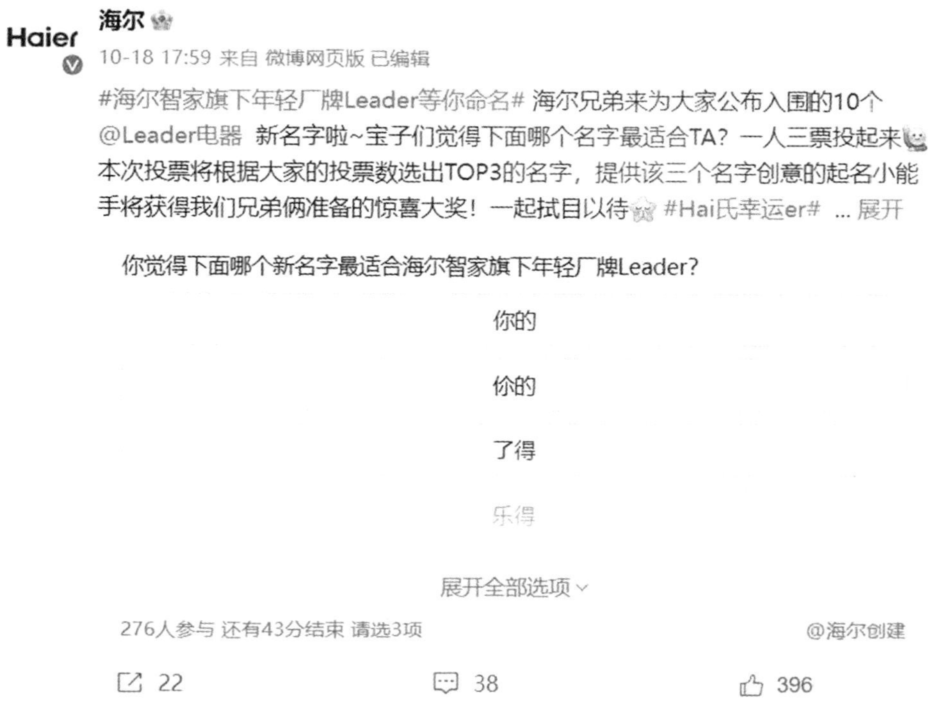

图 3－38 海尔官微的微博内容

注和兴趣。同时，在表现风格上，可以尝试一些轻松、幽默的语言风格，以更好地与目标用户进行互动和交流。

运营人员可以从以下六个角度进行目标用户的分析。

1. 地域

地域指目标用户所在的地理位置。不同的地域有不同的文化、语言、生活方式，同时也有着不一样的生活需求。

2. 性别

目标用户的性别占比对微博运营的影响非常大。男性目标用户与女性目标用户喜爱的风格、关注点都存在差异，因而，目标用户的性别占比对后期文案、图片风格设计都有着重要的参考价值。

3. 收入

目标用户的收入水平对运营人员开展微博营销策划有着重要的影响。如果目标用户无法承受商品或服务的价格，那么再好的文案也很难产生较好的转化效果。目标用户的收入水平、消费水平，是运营人员进行账号运营和内容策划时不可忽视的参考依据。

4. 年龄

不同年龄段的用户喜爱的文化、关心的话题、沟通的方式、语言风格也不尽相同。运营人员要明确目标用户的年龄段，用他们最喜爱的表达方式设计微博内容。

5. 受教育程度

目标用户受教育程度的不同，可能会影响其文化偏好、消费习惯、表达方式等。

6. 爱好标签

许多微博用户会为自己的兴趣爱好设置标签，运营人员可以通过微博后台统计用户设置的爱好标签及关键词，从而进行深度分析，以便了解关注自己微博账号的受众喜欢的内容，并在以后的微博内容策划中加以体现。以 PC 端微博为例，查看方法如下：登录微博账号后，点击首页右上方的账号昵称进入“个人主页”，再单击“个人主页”右侧的“创作者中心”—“数据中心”—“粉丝分析”选项，就可以查看账号的“粉丝趋势”“活跃分布”“粉丝画像”等相关数据统计，如图 3－39 所示。

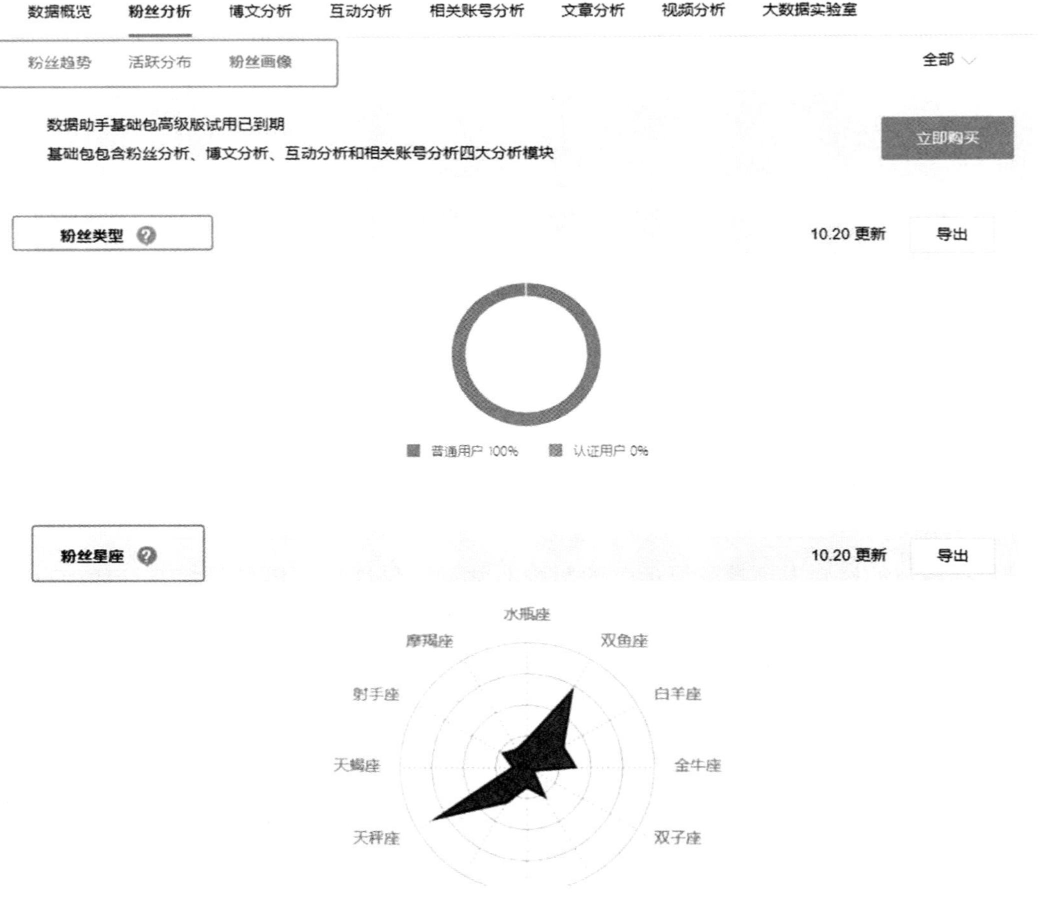

图 3－39　粉丝标签

（三）明确自身特色

首先，明确微博运营目的和目标用户需求是进行微博运营的基础。通过深入了解目标用户群体，分析用户属性，找到用户的喜好，并让运营策略紧贴用户需求，运营人员可以更好地吸引目标用户的关注和兴趣。其次，为了让目标用户识别、认可运营的微博账号，并愿意为账号的营销产品或服务付费，运营人员需要让微博账号具有明确的个人特色。这需要明确账号的定位、属性及输出内容的风格，再配合不同的运营手段，这些都是建立自身特色的重要步骤。最后，寻找特色定位需要不断地摸索与改进。这需要运营人员对微博平台的特点和用户需求有深入的了解，同时也需要不断地尝试和调整，不断优化运营策略和内容设计，以打造出具有个人特色的微博账号。

总之，为了成功地进行微博运营，运营人员需要综合考虑微博平台的特点、目标用户的需求及自身的实际情况，制定出合适的运营策略和内容设计，以吸引目标用户的关注和兴趣，实现营销目标。

1. 寻找竞品账号的渠道

（1）通过关键词搜索

以 PC 端微博为例，运营人员可以通过微博搜索窗口，输入自己账号涉足的领域和相关内容的关键词进行搜索。在搜索结果页面，单击“用户”选项，查看拥有相同关键词的竞品账号信息，如图 3－40 所示。

图 3－40　关键词搜索竞品账号

（2）通过热门微博分类搜索

通过 PC 端登录微博账号，“热门微博分类”中罗列了不同的热门微博分类，运营人员可以在这些分类中找到自己想要涉足的领域及该领域里最热门的微博内容，据此寻找感兴趣的账号或优质的竞品账号，如图 3-41 所示。

图 3-41 热门微博分类搜索竞品账号

（3）通过微博“找人”功能搜索

通过移动端登录微博账号，点击底部菜单栏中的“发现”—“找人”选项，进入“微博找人”页面，点击搜索栏下方的“兴趣找人”选项，运营人员可以根据需求查找相关领域的优质账号排行榜。

2. 制作竞品分析表

竞品账号分析表的具体内容见表 3-6 所列。

表 3-6 竞品账号分析表

项目分类	子项目	竞品	启发
基本信息	账号昵称		
	账号简介		
	账号头像		
	个人标签		
	认证信息		
视觉信息	封面图		
	背景图		
	卡片背景		

（续表）

项目分类	子项目	竞品	启发
内容规划	发布频率		
	原创和非原创内容的比例		
内容特点	栏目种类和发布时间		
	发布形式		
	风格和语气		
	文案特点		
互动情况	微博平均转发量		
	微博平均评论量		
	每日平均阅读量		
	粉丝互动情况		
变现情况	广告变现		
	内容变现		
	电商“带货”		

3. 做好竞品账号的内容规划调查

运营人员可以从模仿优秀的微博内容规划开始，逐步形成关于自己账号定位的独特想法。一般来说，运营人员需要调查以下几个方面。

（1）发布频率：发布频率是评估账号活跃度的重要指标。例如，每天发布多少条微博内容，是否保持每日更新等。

（2）原创和非原创内容的比例：原创和非原创内容的比例也会影响账号的属性、平台认证和其他权益。目前，微博平台更倾向于支持拥有优质原创内容的创作者。

（3）栏目种类和发布时间：栏目种类和发布时间也是值得关注的方面。运营人员可以研究竞争对手的账号是否设置了专辑栏目，以及通常在什么时间发布，从而总结出较受欢迎的发布时间。通过这些调查和分析，运营人员可以更好地规划自己的微博内容，提高账号的吸引力和影响力。

4. 做好竞品账号内容特点的分析

运营人员通过对竞品账号内容特点的深入分析，可以更快地掌握发布优质微博内容的技巧和规律，分析内容主要包括以下几个方面。

（1）发布形式：发布形式是值得关注的重要方面。运营人员需要分析竞品账号在发布不同类型的微博内容时，运用了哪些发布形式，如图片、文字、符号、表情、视频、音频等。这些不同的形式可以带来多样的视觉和听觉效果，满足用户多样化的需求。

（2）风格和语气：风格和语气也是吸引用户关注的重要特性。运营人员需要了解目标用户喜爱的风格和熟悉的表达方法，从而调整自己账号的内容特点，更好地迎合用户的喜好。

（3）文案特点：文案特点是拆解受欢迎微博内容的关键。通过分析竞品账号的文案特点，运营人员可以总结出受用户欢迎的微博内容的写作方法和技巧，为自己账号的文案写作提供有益的参考和借鉴。

5. 做好竞品账号互动情况的分析

运营人员可以通过分析竞品账号的互动情况，了解什么样的内容更受竞品账号粉丝的喜爱。通过查看竞品账号的数据，包括但不限于微博的转发、评论、点赞等互动数据，可以分析出该账号的粉丝黏性程度。这些数据可以作为运营人员策划自己账号内容的重要参考，帮助运营人员更好地了解受众的需求和喜好，从而制定更加精准的内容策略，提高账号的关注度和影响力。竞品账号互动如图 3 - 42 所示。

图 3 - 42　竞品账号互动

6. 做好竞品账号变现情况的分析

运营人员可以通过分析优质竞品账号的变现价值，逐步构建自己的变现渠道。关于账号的变现情况，运营人员可以通过竞品微博账号的发布内容和网站报价来识别，主要有以下几种常见的变现形式。

（1）内容变现

付费查看内容是内容变现的主要形式。用户可以通过微博“V＋”、微博问答、微博打赏等多个渠道实现内容变现。运营人员可以通过查看竞品账号的付费区间、发布变现内容的频率等，了解竞品账号的内容变现情况。

（2）电商“带货”

个人或企业用户都可以开通微博小店，上架自己或合作方的相关商品，在发布微博内容时带上商品链接，方便其他用户阅读内容并“一键购买”。运营人员可以查看竞品账号微博小店内的商品种类、价格、销量等，了解竞品账号的电商“带货”情况。

（3）广告变现

广告主可以根据微博账号的发布内容和粉丝互动量决定是否与该账号合作，但具体的合作形式及广告投放价格，还需参考微博的广告官方平台“微任务”中显示的各账号的广告报价情况。运营人员可以查看竞品账号在“微任务”中的广告报价及价格排名等，了解竞品账号的广告变现情况。

通过对竞品账号分析表上的各个具体项目的拆解和分析，运营人员可以更加高效地完成自己账号的初步定位。通过对竞品的调查，运营者可以加深对竞品账号及目标用户的了解，从而制定自己的运营规划。

知识拓展

写好营销“微”故事

现在无论是个人还是企业，从小的个体微商到大的知名企业，想要成功，都离不开营销，而“讲故事”就是最好的营销方式，因为其成本低，影响力和传播力又大。

东航空姐集体入驻新浪微博，在真实名称前面冠以“凌燕”，但并不是所有东航的空姐微博都可以冠以“凌燕”，只有能够代表东航形象和服务质量的空姐才可以。“统一的形象，能够帮助企业将品牌知名度和美誉度传播出去。”

新浪微博作为国内最具影响力的社交媒体平台，在2020年跨年再创新纪录：2020年第一分钟，新浪微博的发布量以808298条再次刷新纪录，第一秒微博发布量相较去年提升55％。网友们的巨大热情反映出新浪微博依然是网友发声的首选平台。

2014年春节期间，新浪微博推出＃让红包飞＃的大型互动活动。让红包飞到千家万户、飞到每个人的手里，让更多的人关注、使用、喜爱微博，让新浪微博在社交网络的竞争中，取得了更大优势。

五、微博运营的误区

（一）高转发就有高影响力

首先，转发的目的是扩大影响力，让更多的人看到自己微博的文字或图片。然而，如果只是无目的地转发，或者片面地追求高转发率，就会陷入误区。这种做法并不利于微博账号的长期发展，因为只有真正有价值和吸引力的内容才能获得更好的传播效果。

其次，一些公关公司会通过拜托的方式强化带有商业广告信息的微博的影响力。然而，这种方式并不一定能够获得更好的传播效果。如果拜托的层次较高，并且内容对受众真正有吸引力，才能获得更为广泛的二次传播。如果内容空洞乏味，就算拜托再多的名人，传播效果也不会很好。

最后，无论是微博、博客还是其他的网络传播方式，其核心目的是扩大影响力。只有真正让人对你的微博有感觉，有了表达欲求或希望分享给更多的人看时，转发微博才算成功。片面地依靠人为的手段追求高转发率是虚假的繁荣，只有真正有价值的内容才能获得更好的传播效果。

（二）粉丝量大，影响力就大

粉丝数量并不等同于影响力，而有影响力的微博账号不仅仅取决于粉丝数量，更重要的是内容和言论的质量，以及与粉丝的互动程度。一个好的微博账号需要用心经营，提供有价值、有深度的内容，并且与粉丝进行积极的互动，才能真正获得广大用户的认可和关注。

一些获取大量粉丝的策略可以帮助账号在短时间内提高关注度，如通过某些技术手段来增加粉丝数量。然而，这些方法往往并不能带来持久和真正的影响力，因为粉丝数量的增加并不代表粉丝对账号的真正关注和认可。因此，运营一个有影响力的微博账号，需要注重内容质量、互动程度及粉丝质量，而非仅仅追求粉丝数量的增加。

（三）微博是缩小版博客

简单来说，微博运营与博客运营的本质区别在于博客可以依靠个人的力量，而微博则要依赖社会网络资源，具体差别包括以下几个方面。

1. 信息表现形式的差异

博客运营依赖于博客文章的价值，主要以表述个人观点为主要模式，每篇博客文章都是一个独立的网页，因此对内容的数量和质量有一定的要求，这也是博客运营的瓶颈之一。相比之下，微博内容则更加简短、精练，重点在于表达现在发生了什么有趣（有价值）的事情，而不是系统、严谨的企业新闻或产品介绍。这种差异使得博客运营更注重内容的深度和广度，而微博运营更注重时效性和信息传递的快速性。

2. 信息传播模式的差异

由于微博的发布内容通常只包含短小的文字和图片，而且每条微博都是实时更新的，所以微博运营需要不断地发布新的内容来吸引用户的关注。如果一条信息在发布后的短时间内没有得到足够的反馈或者转发，那么它就很容易被埋没在海量的信息中，难以被用户发现。因此，微博运营需要保持高度的时效性，以发布新鲜、有趣、有用的内容来吸引用户的注意力。微博的传播渠道多样，不仅可以通过相互关注的好友（粉丝）直接浏览，还可以通过好友的转发和评论来传播给更多的用户。这种传播方式使得微博能够快速地将信息传递给广泛的受众，而且可以通过互动和分享来扩大影响范围。

博客运营更依赖于搜索引擎的优化和多渠道的传播。博客文章通常比较长，包含更多的细节和深度内容，而且不需要实时更新。因此，博客运营可以通过搜索引擎的优化来提高文章的搜索排名，吸引更多的用户访问。此外，博客运营也可以通过其他网站、社交媒体等渠道来传播文章，吸引更多的读者。博客运营的长尾效应明显。由于博客文章具有较高的价值和深度，所以即使在发布后的一段时间内，也仍然会有读者通过搜索引擎或其他渠道来访问和阅读。这种长尾效应使得博客能够获得更多的长期关注和流量，从而为网站带来更多的收益。

知识拓展

打造微博的爆点

1. 草根大号渠道：现在比较常用的是草根大号的渠道，这是最有效且成本最低的。

2. 名人明星渠道："搭上"明星、名人，不通过付费和代言，获得他们的转发。而获得明星、名人转发的方法包括：了解明星、名人爱好；了解明星、名人最近的关注；发内容时可@明星、名人。

3. 朋友、伙伴渠道：通过你的朋友、伙伴，来推动爆点，也可以借用其他平台。

第五节　微博运营的数据分析

通过微博运营的数据分析，运营人员可以了解用户在微博上的行为习惯、兴趣爱好及需求，从而为运营策略的制定提供有力支持；也可以发现运营中的不足之处，及时调整和优化运营策略，提高运营效果，扩大品牌知名度和影响力。本节将详细介绍微博运营数据分析与应用方面的知识。

一、数据概览

微博账号管理中心提供了丰富的数据分析工具，帮助运营人员更好地了解自己微博账号的运营情况和目标受众的需求。通过这些数据，运营人员可以制定更有效的策略来提升账号的影响力和变现能力。除了数据概览，管理中心还提供了其他更详细的数据分析模块，如粉丝分析、博文分析、互动分析、相关账号分析、文章分析和视频分析等。进入个人微博主页，单击"管理中心"—"数据助手"—"数据概览"选项卡，运营人员即可查看微博账号数据概览，如图 3-43 所示。数据概览内容见表 3-7 所列。

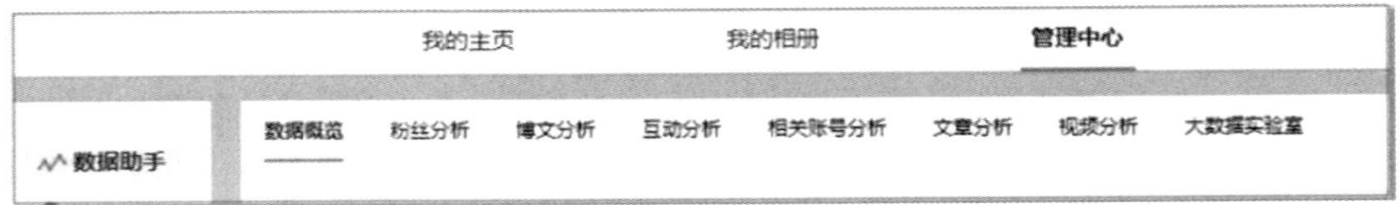

图 3-43 数据概览首页

表 3-7 数据概览内容

微博基本数据分析	说明
昨日关键指标	统计净增粉丝数、阅读数、转评赞数、发博数、文章发布数、文章阅读数、视频发布数、视频播放量等数据，并展示各指标数据与前日、上周和上月的对比情况
粉丝变化	主要有净增粉丝数、新增粉丝数、减少粉丝数（包含粉丝主动取消对账号的关注和账号主动移除粉丝的关注），以及这些数据在最近一周内每天的变化及其与上周数据的对比情况
博文	展示微博阅读数、转评赞数、点击数，以及这些数据在最近一周内每天的变化趋势及其与上周数据的对比情况
我发布的内容	展示发博数、发出评论数、原创微博数，以及这些数据在最近一周内每天的变化趋势及其与上周数据的对比情况
视频	展示视频发布数、播放量和视频转评赞数，以及这些数据在最近一周内每天的变化趋势及其与上周数据的对比情况
文章	展示文章发布数（账号发出头条文章的篇数）、文章阅读数、文章转评赞数，以及这些数据在最近一周内每天的变化趋势及其与上周数据的对比情况

（一）昨日关键指标数据分析

进入“数据概览”界面，在菜单栏下方可以看到账号的“昨日关键指标”。在“昨日关键指标”中，可以查看账号的“净增粉丝数”“阅读数”“转评赞数”“发博数”“文章发布数”“文章阅读数”“视频发布数”和“视频播放量”，以及这些数据“较前日”“较上周”和“较上月”的变化情况。

某微博账号的“昨日关键指标”数据如图 3-44 所示。该账号“昨日”的“净增粉丝数”“阅读数”“转评赞数”“发博数”“视频发布数”“视频播放量”都比较小，但是账号“昨日”的“阅读数”“转评赞数”和“视频播放量”却是前一日的数倍。由此判断，该账号平时的活跃度可能不是很高或者说该账号应该刚注册不久，否则基本不太可能出现数据基数不大，但增长快速的情况。

数据概览　粉丝分析　博文分析　互动分析　相关账号分析　文章分析　视频分析　大数据实验室

昨日关键指标

净增粉丝数		阅读数		转评赞数		发博数	
1		351		8		2	
较前日	--	较前日	▲ 1110.3%	较前日	▲ 700%	较前日	0%
较上周	--	较上周	--	较上周	--	较上周	--
较上月	--	较上月	--	较上月	--	较上月	--

文章发布数		文章阅读数		视频发布数		视频播放量	
0		0		1		26	
较前日	--	较前日	--	较前日	0%	较前日	▲ 2500%
较上周	--	较上周	--	较上周	--	较上周	--
较上月	--	较上月	--	较上月	--	较上月	--

查看全部指标 ^

图 3－44　某微博账号的“昨日关键指标”数据

（二）粉丝变化数据分析

在“昨日关键指标”的下方是“粉丝变化”板块。在“粉丝变化”板块，可以观察账号的粉丝数量变化情况，包括“净增粉丝数”“新增粉丝数”“减少粉丝数”等指标。这些数据可以帮助运营人员了解账号的粉丝增长趋势和活跃度。

某微博账号“近一周”的“粉丝变化”数据如图 3－45 所示。该微博账号在近一周内的“净增粉丝数”和“新增粉丝数”都为 1，而“新增粉丝数”较上个周期并没有显示变化。这可能说明该账号在这段时间内发布的内容对用户的吸引力不足，导致粉丝增长缓慢或者没有增长。

图 3－45　某微博账号“近一周”的“粉丝变化”数据

（三）博文数据分析

在“粉丝变化”的下方是“博文”板块。在“博文”板块，可以观察账号发布的“微博阅读数”“转评赞数”“点击数”等指标，这些数据可以反映账号的内容质量和用户关注度。

某微博账号“近一周”的“博文”数据如图 4－46 所示。该微博账号在近一周内的“微博阅读数”为 380 次，“转评赞数”为 9 次，“点击数”为 1 次。这些数据相对较少，可能说明该账号在这段时间内发布的博文数量较少或者博文内容对用户的吸引力不足。如果“较上个周期”的数据没有显示出来，可能说明该账号在上个周期内没有发布博文，这也进一步印证了该账号在这段时间内发布的内容对用户的吸引力不足。

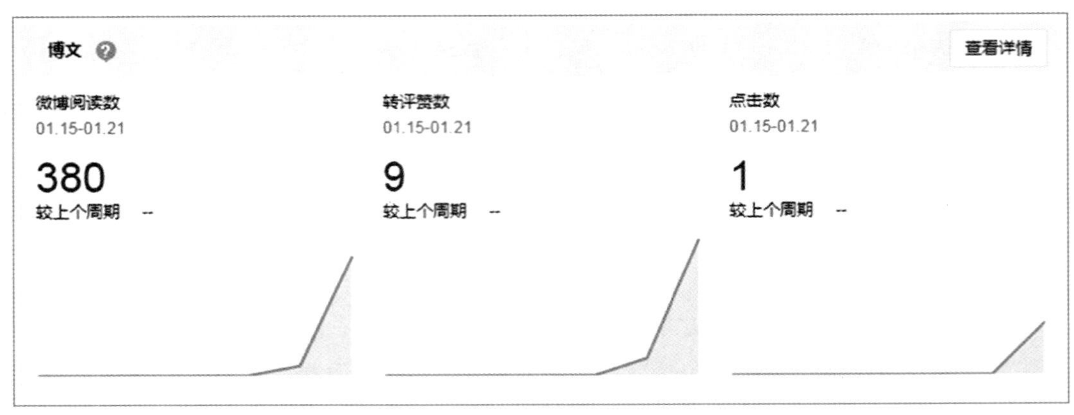

图 3－46　某微博账号“近一周”的“博文”数据

（四）我发布的内容数据分析

在“博文”的下方是“我发布的内容”板块。在“我发布的内容”板块，可以观察账号在近一周内的“发博数”“发出评论数”“原创微博数”等指标，这些数据可以反映账号的活跃度和内容产出情况。

某微博账号“近一周”的“我发布的内容”数据如图 4－47 所示。该微博账号在近一周内的“发博数”为 4 次，“发出评论数”为 3 次，“原创微博数”为 4 条。这些数据相对较少，可能说明该账号在这段时间内的活跃度不是很高，发布的内容也不是很多。如果“较上个周期”的数据没有显示出来，可能说明该账号在上个周期内的活跃度和内容产出也不高，这也进一步印证了该账号的近期活跃度不高和内容产出情况不佳。

（五）视频数据分析

在“我发布的内容”的下方是“视频”板块。在“视频”板块，可以观察账号在

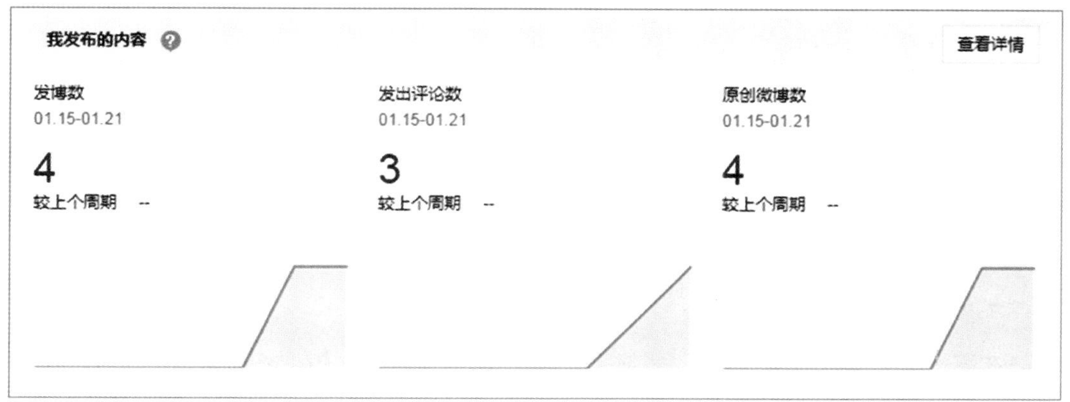

图 3-47　某微博账号“近一周”的“我发布的内容”数据

近一周内发布的视频数据，包括“视频发布数”“播放量”“视频转评赞数”等指标，这些数据可以反映账号的视频发布情况和视频内容的吸引力。

某微博账号“近一周”的“视频”数据如图 4-48 所示。该微博账号在近一周内的“视频发布数”为 2 次，“播放量”为 27 次，“视频转评赞数”为 3 次。这些数据相对较少，可能说明该账号在这段时间内发布的视频比较少，同时这些视频对用户的吸引力也不大。如果“较上个周期”的数据没有显示出来，可能说明该账号在上个周期内发布的视频数量和内容质量与近期相比没有太大的变化，这也进一步印证了该账号的视频发布较少和内容吸引力不佳。

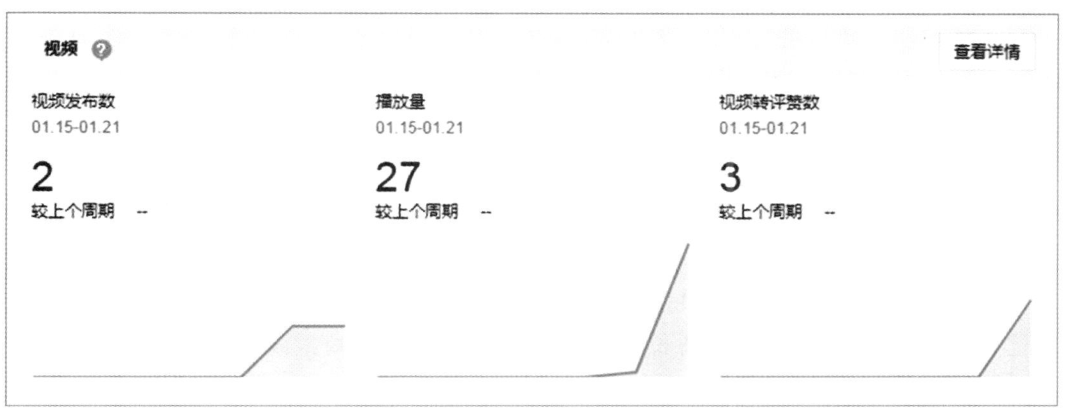

图 3-48　某微博账号“近一周”的“视频”数据

（六）文章数据分析

在“视频”的下方是“文章”板块。在“文章”板块，可以观察账号在近一周内发布的文章数据，包括“文章发布数”“文章阅读数”“文章转评赞数”等指标，这些数据可以反映账号的文章发布情况和文章内容的吸引力。

某微博账号“近一周”的“文章”数据如图 3－49 所示。该微博账号在近一周内的“文章发布数”“文章阅读数”和“文章转评赞数”皆为 0，这可能说明该账号在这段时间内没有在微博发布过文章。如果“较上个周期”的数据没有显示出来，可能说明该账号在上个周期内也没有发布过文章，这也进一步印证了该账号在近期没有进行文章发布。

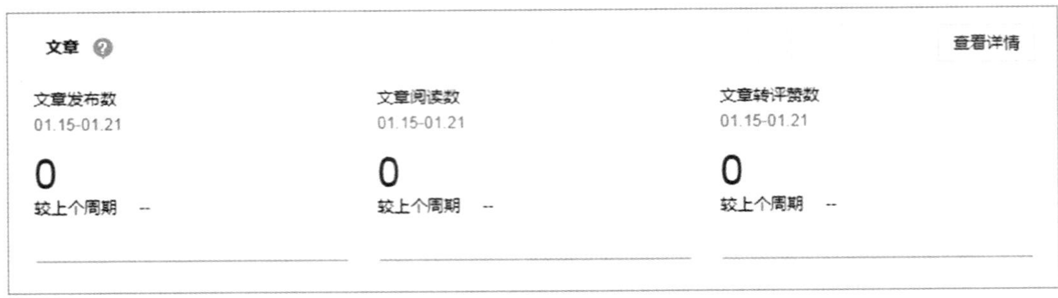

图 3－49　某微博账号“近一周”的“文章”数据

二、粉丝分析

点击“数据概览”界面中的“粉丝分析”按钮，即可进入“粉丝分析”界面，此时可以查看账号的“粉丝趋势”“粉丝活跃分布”及“粉丝画像”等信息。

(一) 粉丝趋势分析

在“粉丝分析”界面，用户可以查看账号的“粉丝趋势分析”和“近 7 日取关粉丝列表”。在“粉丝趋势分析”板块，详细列举了账号的“当前粉丝数”“粉丝增加总数”“粉丝减少总数”“粉丝净增总数”“主动取关粉丝总数”和“平均粉丝增长率”，同时提供了这些数据的变化趋势图表，使用户能够更直观地了解账号的粉丝情况。

某微博账号的“粉丝趋势分析”如图 3－50 所示。该账号的“当前粉丝数”为 379，“粉丝增加总数”为 1，“粉丝减少总数”为 0，“粉丝净增总数”为 1，“主动取关粉丝总数”为 0，“平均粉丝增长率”为 0.03%。由此可知，该账号的粉丝量不是很多，同时其近期的粉丝变化幅度比较小。

在“近 7 日取关粉丝列表”板块，可以查看“近 7 日”取消关注账号的用户。但如果“近 7 日”没有用户取消关注，该板块则不会显示任何取消关注账号的用户。某微博账号的“近 7 日取关粉丝列表”如图 3－51 所示。从该图中可以看出，该账号在“近 7 日”没有用户取消关注。

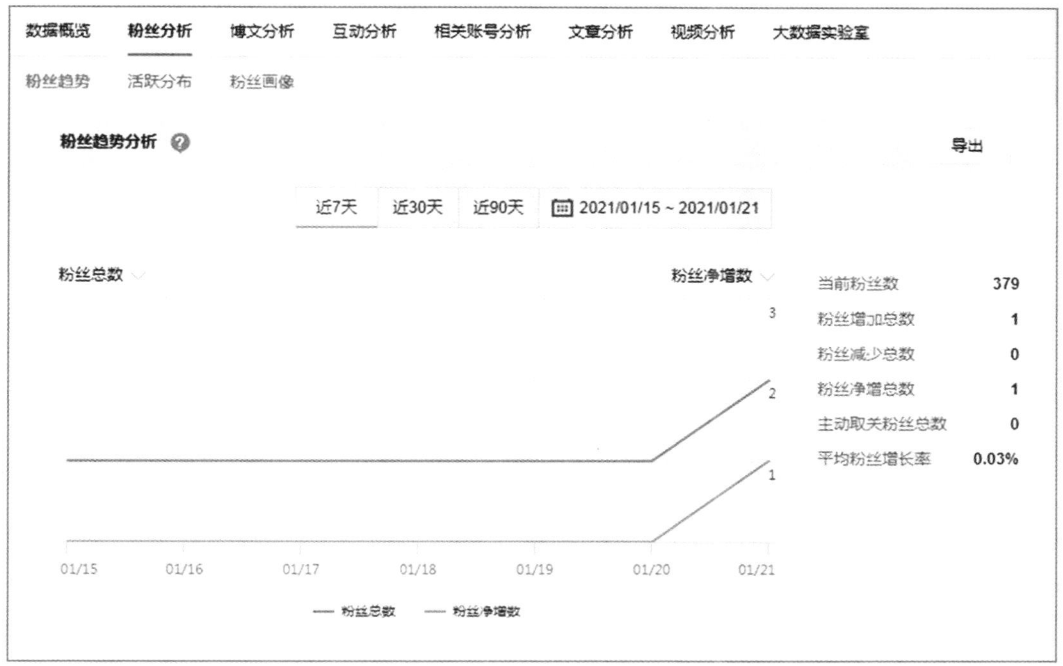

图 3－50　某微博账号的“粉丝趋势分析”

图 3－51　某微博账号的“近 7 日取关粉丝列表”

（二）活跃粉丝分布分析

单击“粉丝分析”界面中的“活跃分布”按钮，进入“活跃分布”界面，可查看“近 7 日粉丝活跃分布”的相关数据。通过查看“粉丝按天分布”或“粉丝按小时分布”，可以更详细地了解粉丝活跃时间的分布情况。某微博账号的“粉丝按天分布”如图 3－52 所示。该微博账号在 2021 年 1 月 7 日至 13 日，活跃粉丝数的差别不是很大，这 7 天的活跃粉丝数都在 20 至 30 人，这意味着每天都有相对稳定的粉丝数量在关注和互动该账号的内容。

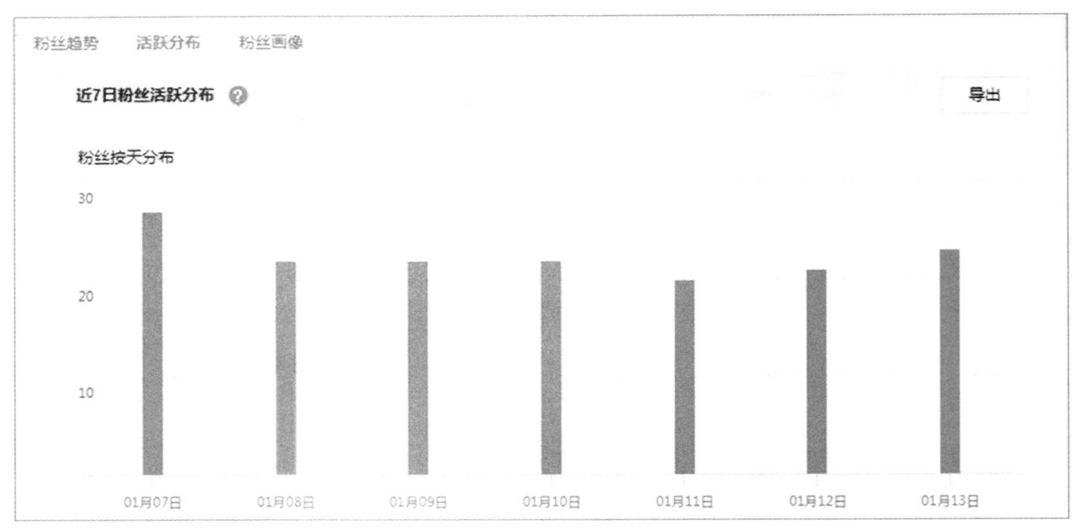

图 3－52　某微博账号的“粉丝按天分布”

某微博账号的“粉丝按小时分布”如图 3－53 所示。从该图可知，该微博账号粉丝在 9 点至 15 点的活跃度相对较高。

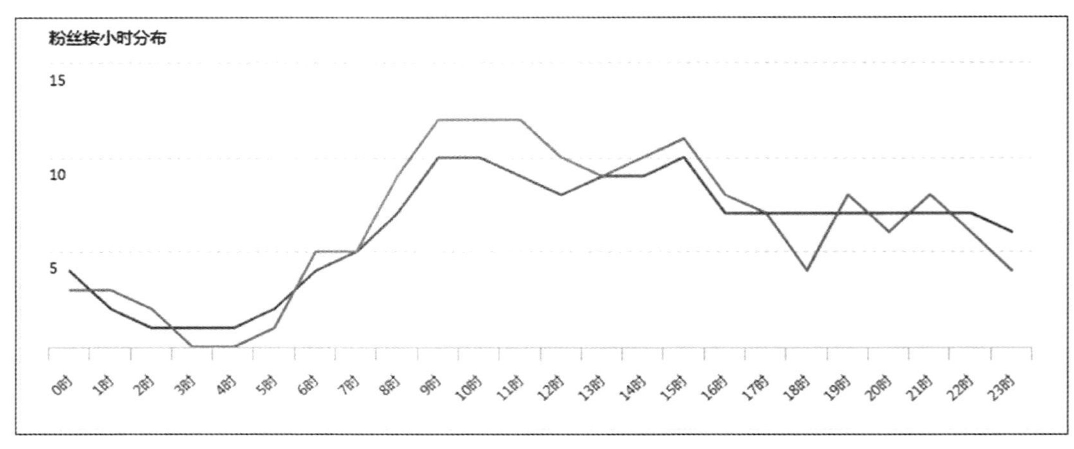

图 3－53　某微博账号的“粉丝按小时分布”情况

（三）粉丝画像分析

单击“粉丝分析”界面中的“粉丝画像”按钮，可以进入“粉丝画像”界面，可查看账号的“粉丝来源”“粉丝性别年龄”“粉丝地区分布”“关注我的人的粉丝量级”“粉丝兴趣标签”“粉丝类型”和“粉丝星座”等数据。

在“粉丝来源”板块，可以查看粉丝的来源占比情况。某微博账号的“粉丝来源”

如图 3－54 所示。从该图中可以看出，该账号的粉丝绝大部分来自“微博推荐”，该部分的粉丝占比高达 99.5%。该数据可以提供有关该账号粉丝来源的重要信息，从而帮助账号运营人员更好地了解其粉丝群体和制定有针对性的内容策略。通过查看不同来源的粉丝占比，可以了解哪些渠道和平台是吸引粉丝的主要来源，同时也可以评估账号在各个平台的推广效果和知名度。

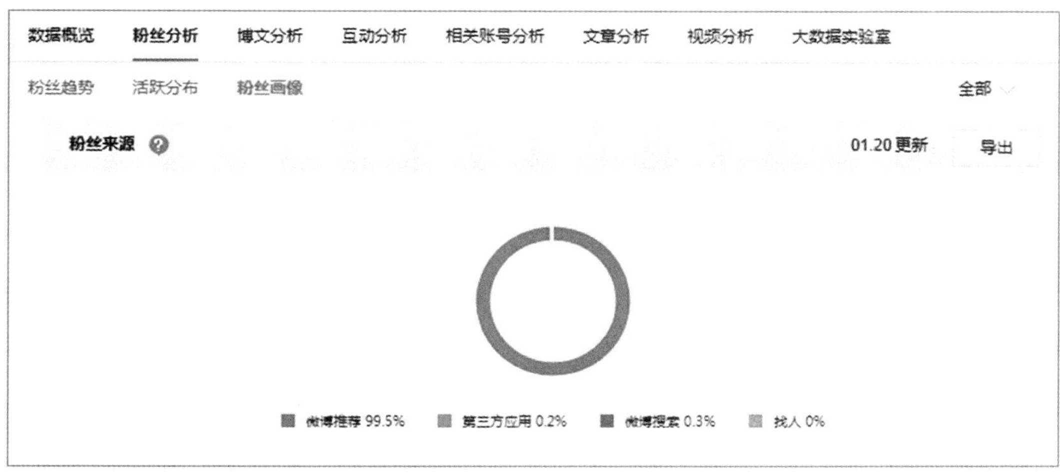

图 3－54　某微博账号的“粉丝来源”

在“粉丝性别年龄”板块，可以查看各年龄段粉丝的男女性别占比情况。某微博账号的“粉丝性别年龄”如图 3－55 所示。从该图可知，该账号 18—24 岁的粉丝

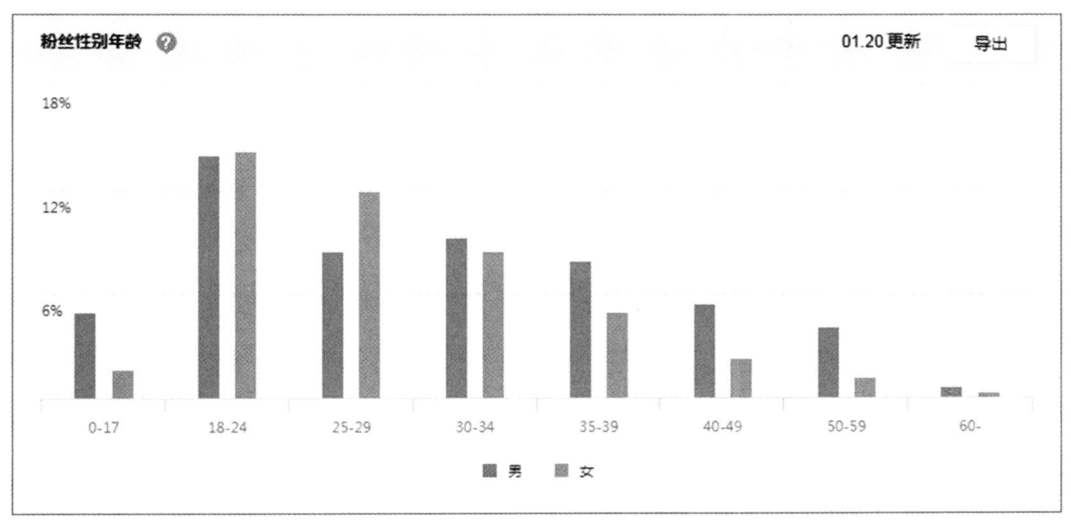

图 3－55　某微博账号的“粉丝性别年龄”

相对较多，该年龄段的男性和女性粉丝占比都超过了12%。“粉丝地区分布”板块包含两个方面的信息：一是一张呈现各省份粉丝占比的地图；二是各地区粉丝占比排行表。某微博账号的各地区粉丝占比排行表见表3-8所列。从该表可知，该账号来自北京市、上海市、广东省、河南省、湖北省、山东省、辽宁省、吉林省、浙江省和江苏省的粉丝比较多，其中北京市的粉丝的占比更是高达18.9%。通过查看“粉丝性别年龄”和“粉丝地区分布”板块的数据，可以更全面地了解账号的粉丝群体和分布情况。这些数据可以帮助账号运营者更好地了解不同地区和年龄段粉丝的需求和兴趣，从而制定更符合他们口味的内容和活动，进一步提升账号的关注度和影响力。

表3-8　某微博账号的各地区粉丝占比排行表

排序	地区	粉丝数对比（%）
1	北京	18.9
2	上海	12.8
3	广东	12.8
4	河南	4.8
5	湖北	4
6	山东	3.5
7	辽宁	3.5
8	吉林	3.2
9	浙江	3.2
10	江苏	2.7

在“关注我的人的粉丝量级”板块，可以查看粉丝的粉丝量级占比情况。某微博账号的“关注我的人的粉丝量级”如图3-56所示。从该图中可以看出，在关注该账号的粉丝中，粉丝数少于49人的粉丝占比比较高，这表明关注该账号的粉丝中，有很多是小号或者不太活跃的账号。

在“粉丝兴趣标签”板块，可以查看粉丝比较感兴趣的标签的占比情况。某微博账号的“粉丝兴趣标签”如图3-57所示。从该图中可以看出，该账号的粉丝对“网红”“股票”“明星”“汽车”“体育”“时尚”“动漫”“教育”“情感”和“互联网”等标签的内容比较感兴趣。其中，对“网红”这个标签感兴趣的用户占比高达5.9%。通过查看不同兴趣标签的占比，可以了解哪些类型的内容和话题更受粉丝欢迎，从而为后续的内容创作和活动策划提供参考。

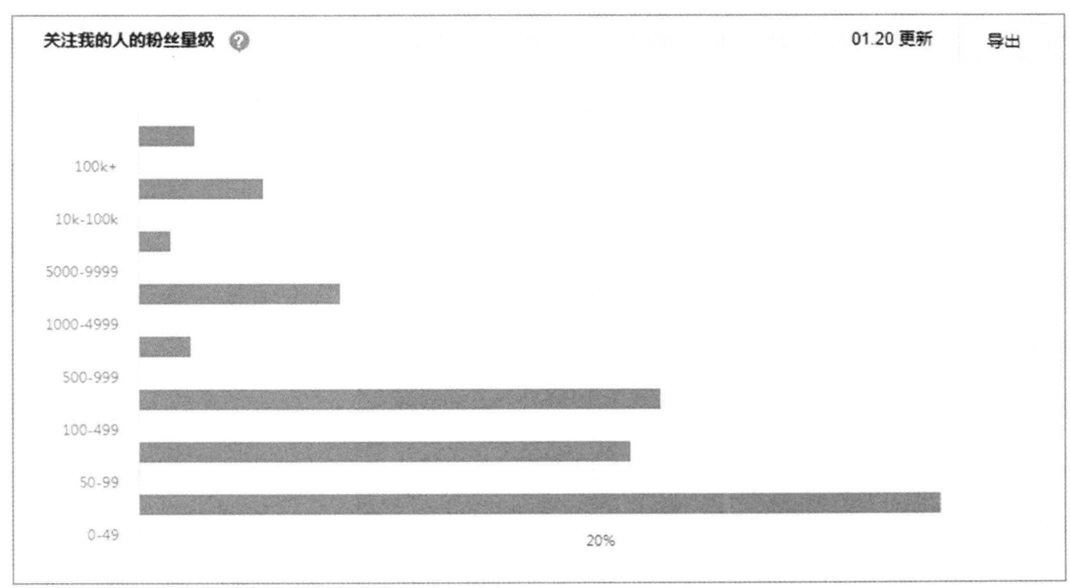

图 3－56　某微博账号的“关注我的人的粉丝量级”

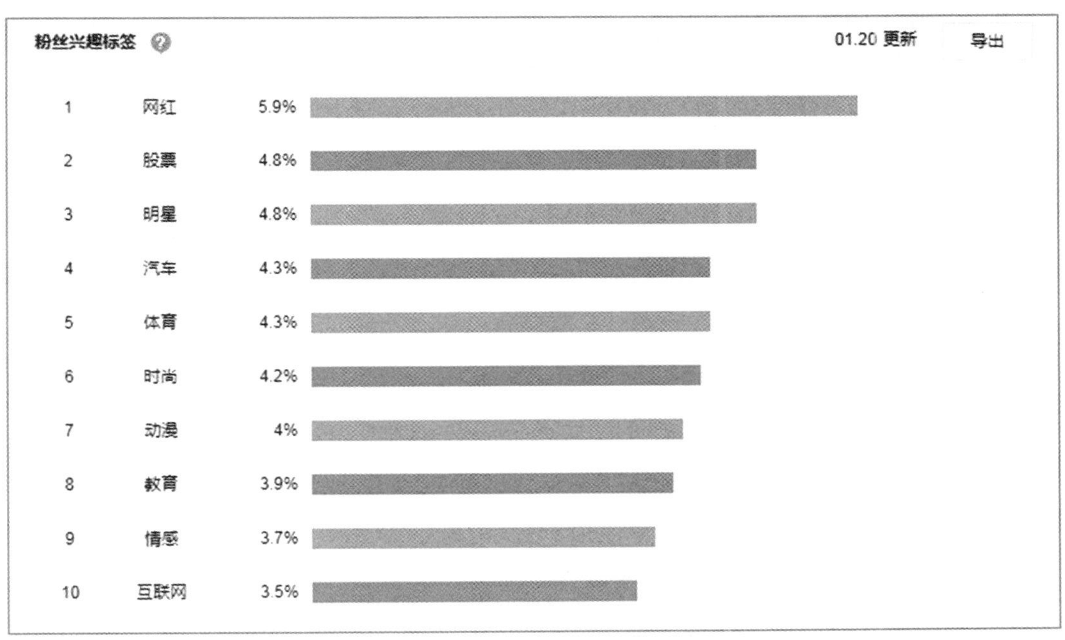

图 3－57　某微博账号的“粉丝兴趣标签”

在“粉丝类型”板块，可以查看账号各类粉丝的占比情况。某微博账号的“粉丝类型”如图 3－58 所示。从该图中可以看出，该账号的粉丝中，91.9%为“普通用户”，

8.1%为“认证用户”。“普通用户”是指没有经过官方认证的用户，而“认证用户”则是指通过官方认证的用户，通常包括企业、机构、媒体、名人等。

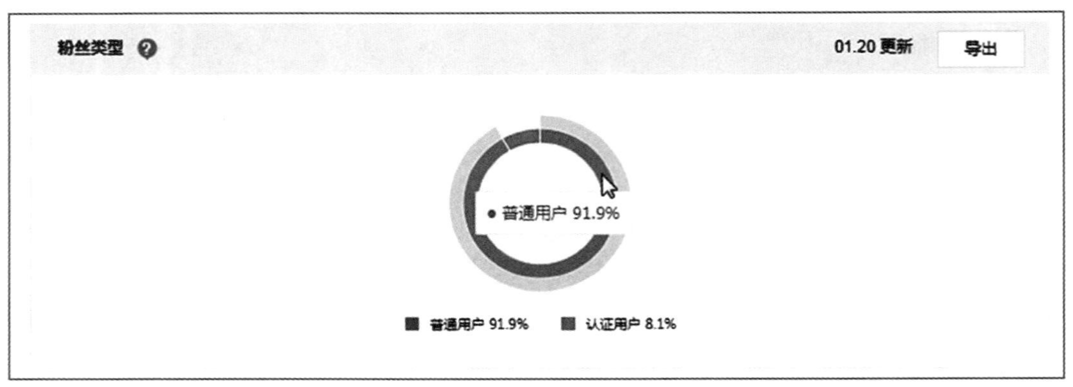

图 3-58　某微博账号的“粉丝类型”

在“粉丝星座”板块，可以查看账号粉丝的星座分布情况。某微博账号的“粉丝星座”如图 3-59 所示。从该图中可以看出，该账号中粉丝属于双子座、天蝎座和摩羯座的相对比较多。不同星座的人具有不同的性格特点和情感倾向，因此他们的喜好和需求也会有所不同。

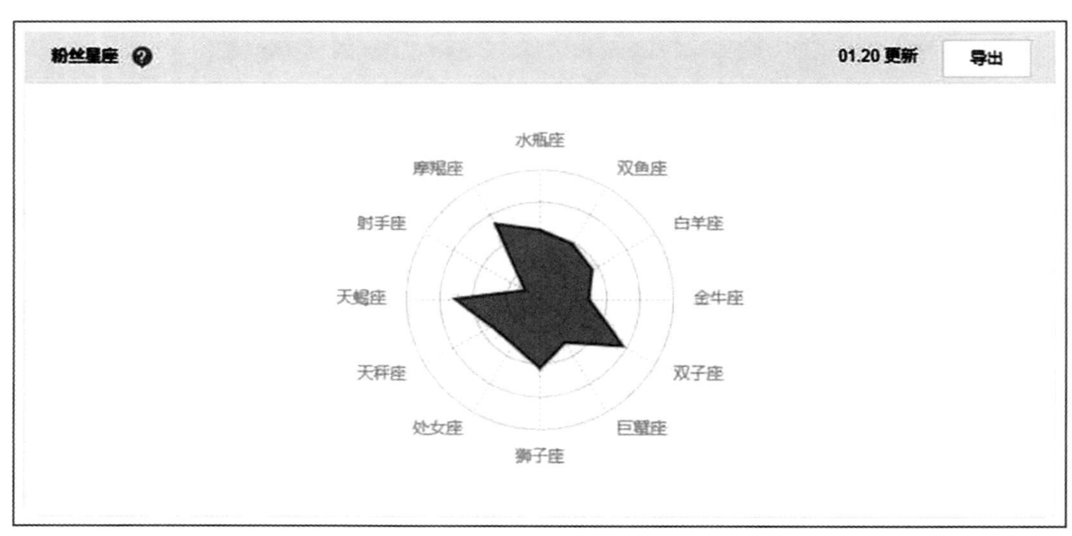

图 3-59　某微博账号的“粉丝星座”

三、博文分析

在“粉丝分析”界面中，点击“博文分析”按钮，即可进入“博文分析”界面。在这个界面中，可查看有关账号的“微博阅读趋势”，以及“微博转发、评论和赞”与

“单条微博分析”的相关内容。

（一）微博阅读趋势分析

在“微博阅读趋势”板块中，可以获取账号在近7天、近30天或近90天内的微博阅读总数和发博总数。某微博账号的“微博阅读趋势”如图3-60所示。该账号在2021年1月15日至21日，微博阅读总数为380次，发博总数为4次。

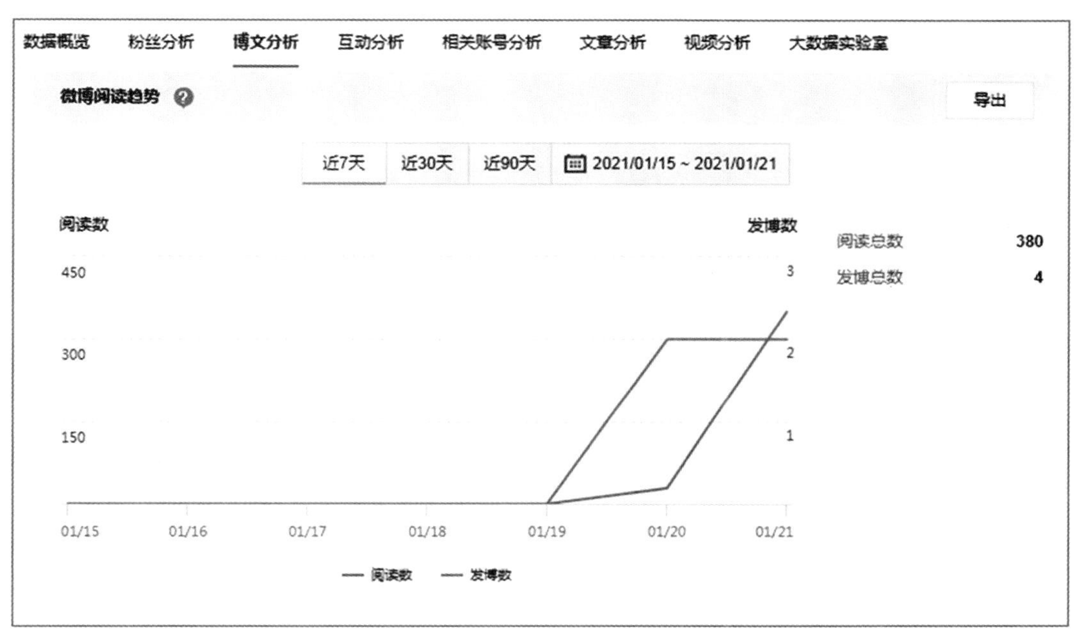

图3-60　某微博账号的“微博阅读趋势”

（二）微博转发、评论和赞分析

在“微博转发、评论和赞”板块中，可查看账号在近7天、近30天或近90天内的转评赞总数、转发总数、评论总数和赞总数。某微博账号的“微博转发、评论和赞”情况如图3-61所示。该账号在2021年1月15日至21日，转评赞总数为9次，转发总数为0次，评论总数为3次，赞总数为6次。

（三）单条微博分析

在“单条微博分析”板块中，可以查看单条微博的阅读数、转评赞数和点击数等数据。某微博账号的“单条微博分析”如图3-62所示。该账号的某条微博获得了313次阅读、3次转评赞和0次点击。

此外，通过单击“单条微博分析”后方的“查看详情分析”按钮，可以查看更多关于单条微博的信息，包括“单条微博阅读趋势”“单条微博转发、评论和赞”和“单条微博点击趋势”。

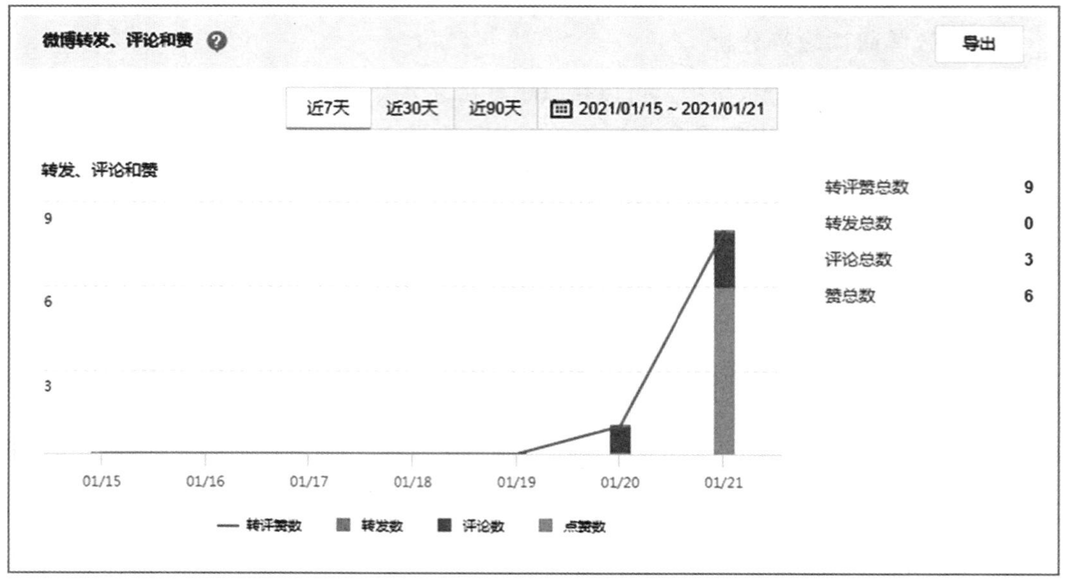

图 3-61　某微博账号的“微博转发、评论和赞”

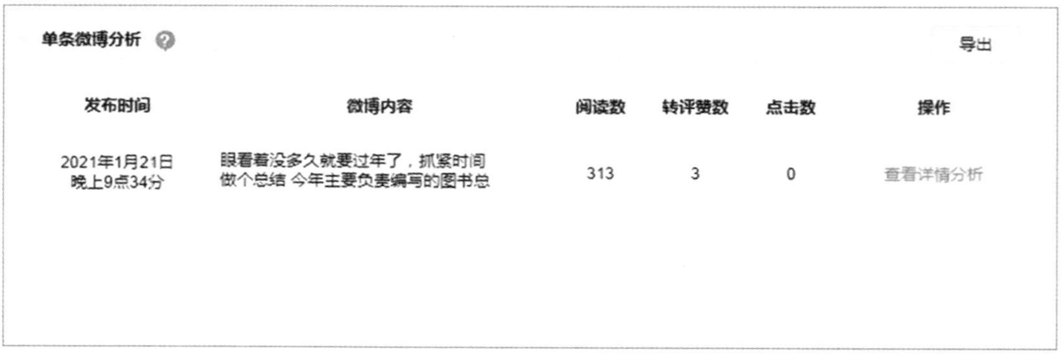

单条微博分析　导出

发布时间	微博内容	阅读数	转评赞数	点击数	操作
2021年1月21日 晚上9点34分	眼看着没多久就要过年了，抓紧时间 做个总结 今年主要负责编写的图书总	313	3	0	查看详情分析

图 3-62　某微博账号的“单条微博分析”

在“单条微博阅读趋势”板块中，可以查看单条微博的“阅读总数”和“阅读总人数”，以及“阅读数”和“阅读人数”的变化情况。某微博账号的“单条微博阅读趋势”如图 3-63 所示。该条微博的“阅读总数”为 513 次，“阅读总人数”为 348 人。另外，该微博在 2021 年 1 月 21 日的“阅读数”为 313 次，“阅读人数”为 196 人。

在“单条微博转发、评论和赞”板块中，可以查看到单条微博的“转发总数”“评论总数”和“点赞总数”，以及这些数据的变化情况。某微博账号的“单条微博转发、评论和赞”情况如图 3-64 所示。该条微博的“转发总数”为 0 次，“评论总数”为 1 次，“点赞总数”为 2 次，这些数据都产生于 2021 年 1 月 21 日。

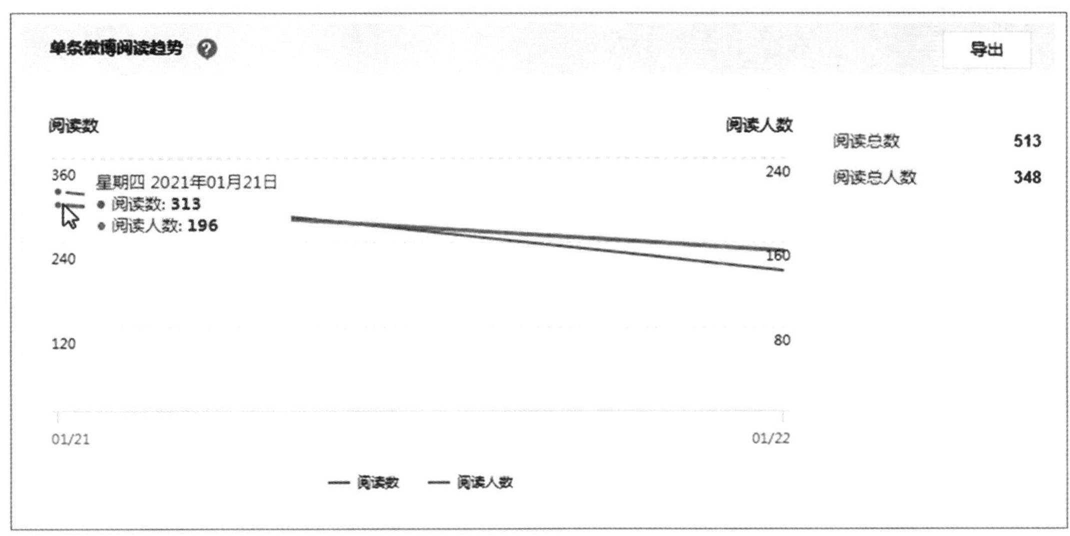

图 3-63 某微博账号的“单条微博阅读趋势”

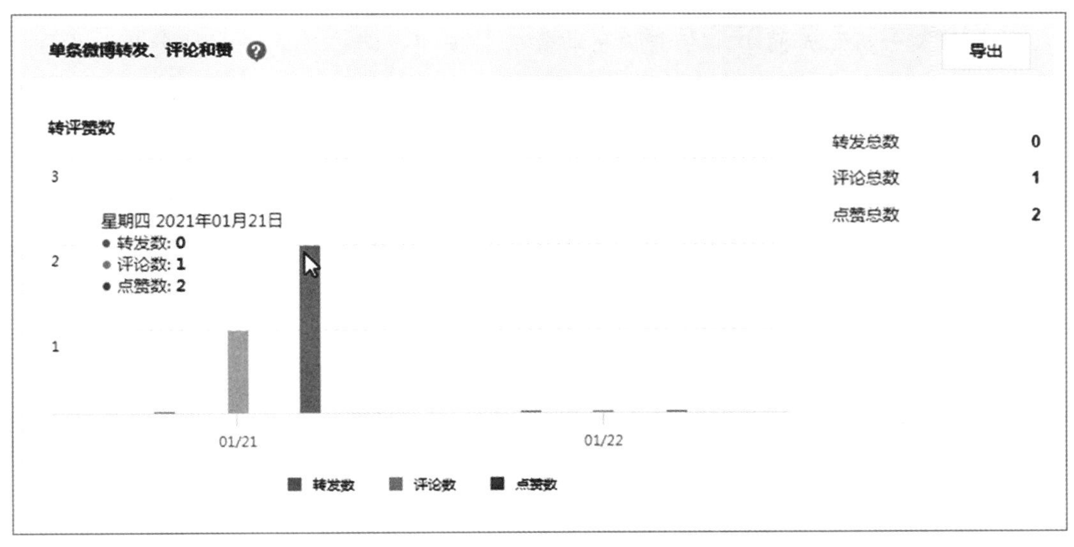

图 3-64 微博账号的“单条微博转发、评论和赞”

在“单条微博点击趋势”板块，可以查看单条微博的“图片点击总数”“短链点击总数”，以及“点击数”“图片点击数”和“短链点击数”的变化情况。某微博账号的“单条微博点击趋势”如图 3-65 所示。该条微博的相关点击数据皆为 0。

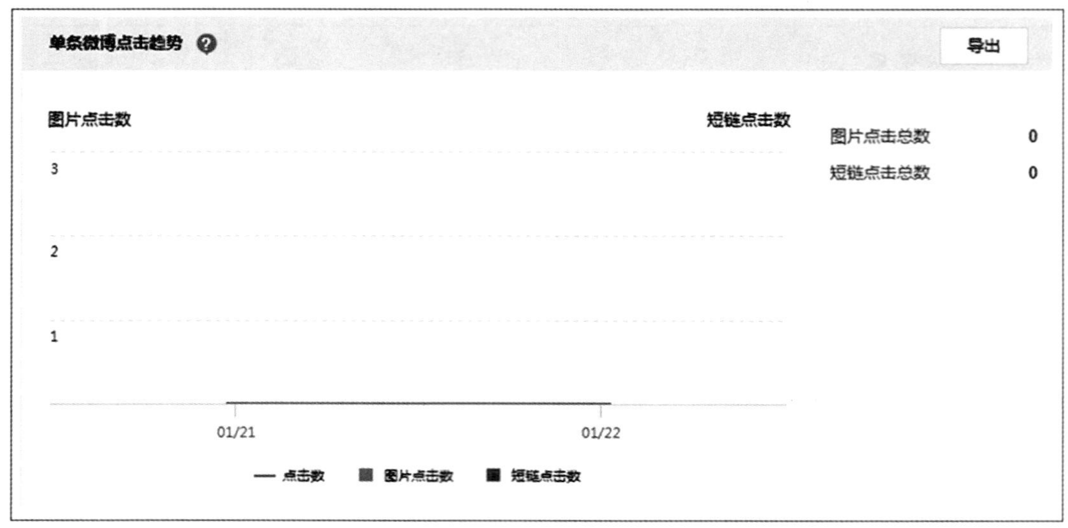

图 3－65　某微博账号的“单条微博点击趋势”

四、互动分析

在“博文分析”界面中，点击“互动分析”按钮，即可进入“互动分析”界面。在这个界面中，可以查看以下三个方面的信息：“近 7 天账号互动 top10”“我的影响力”和“我发出的评论”。

（一）近 7 天账号互动分析

“近 7 天账号互动 top10”展示了最近 7 天内，与该账号互动最频繁的 10 个账号。互动可以包括转发、评论和点赞等行为。通过查看这个列表，可以了解哪些账号与该账号互动最频繁，以及它们与该账号互动的方式。某微博账号的“近 7 天账号互动 top10”如图 3－66 所示。该账号“近 7 天”互动过的账号只有 1 个，这个互动过的账号仅有 1 个粉丝（应该是新号），并且其在此期间贡献了 3 次转评赞。

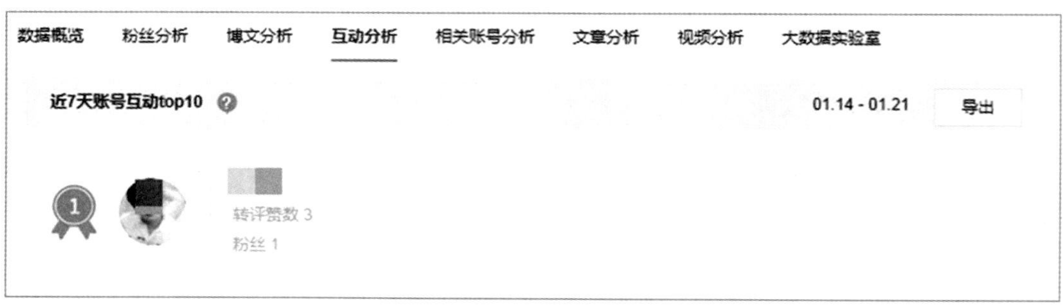

图 3－66　某微博账号的“近 7 天账号互动 top10”

（二）账号影响力分析

“我的影响力”展示账号的影响力指数。影响力指数是根据多个因素综合计算得出的，包括粉丝数量、活跃度、互动率等。通过查看这个指数，可以了解该账号在微博平台上的影响力和活跃程度。某微博账号“近 7 天”的“我的影响力”情况如图 3－67 所示。2021 年 1 月 15 日至 21 日，该账号的“影响力（总值）”为 249.6，其中“活跃度（总值）”为 3.83，“传播力（总值）”为 0.56，“覆盖度（总值）”为 245.21，这表明该账号在这段时间内的影响力主要由其内容覆盖度和粉丝互动情况决定。此外，该账号在 2021 年 1 月 21 日的“影响力”为 38.96，其中“活跃度”为 3.83，“传播力”为 0.56，“覆盖度”为 34.57，这表明该账号在当天的表现与前一周相比，影响力和活跃度有所上升，而传播力和覆盖度则保持稳定。

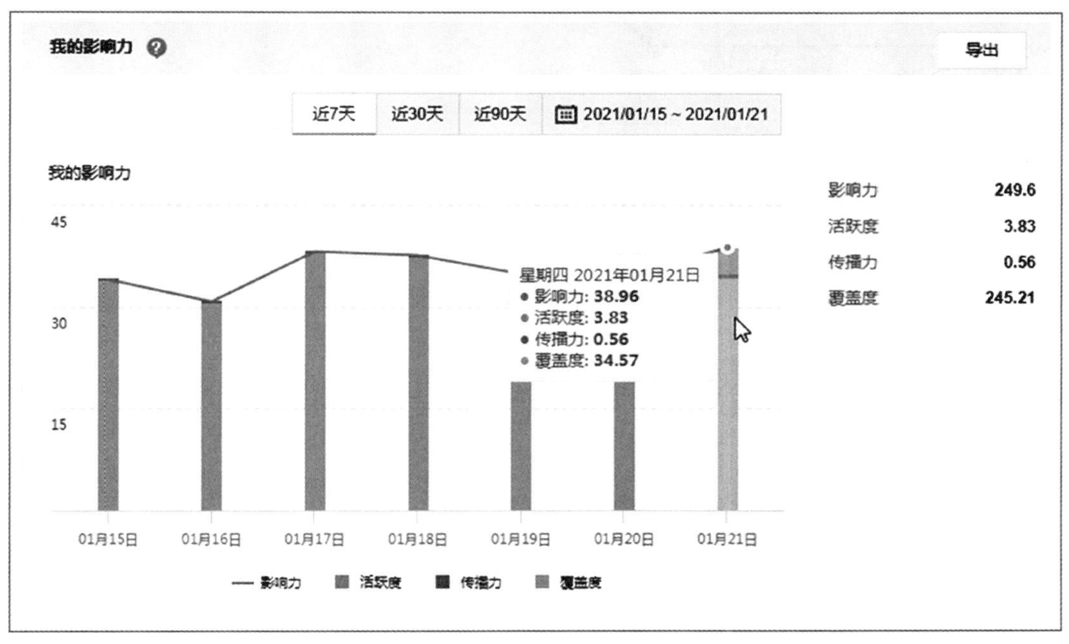

图 3－67 某微博账号“近 7 天”的“我的影响力”

（三）账号发出的评论分析

账号发出的评论展示账号发出的所有评论，以及这些评论的互动情况。某微博账号“近 7 天”的“我发出的评论”情况如图 3－68 所示。从 2021 年 1 月 16 日至 22 日，该账号“发出的总评论数”为 3 条，“日均评论数”为 0.4 条，这表明该账号在这段时间内发出的评论数量较少，平均每天不到一条。此外，该账号在 2021 年 1 月 21 日发出的评论为两条，表明当天该账号的活跃度稍有上升。

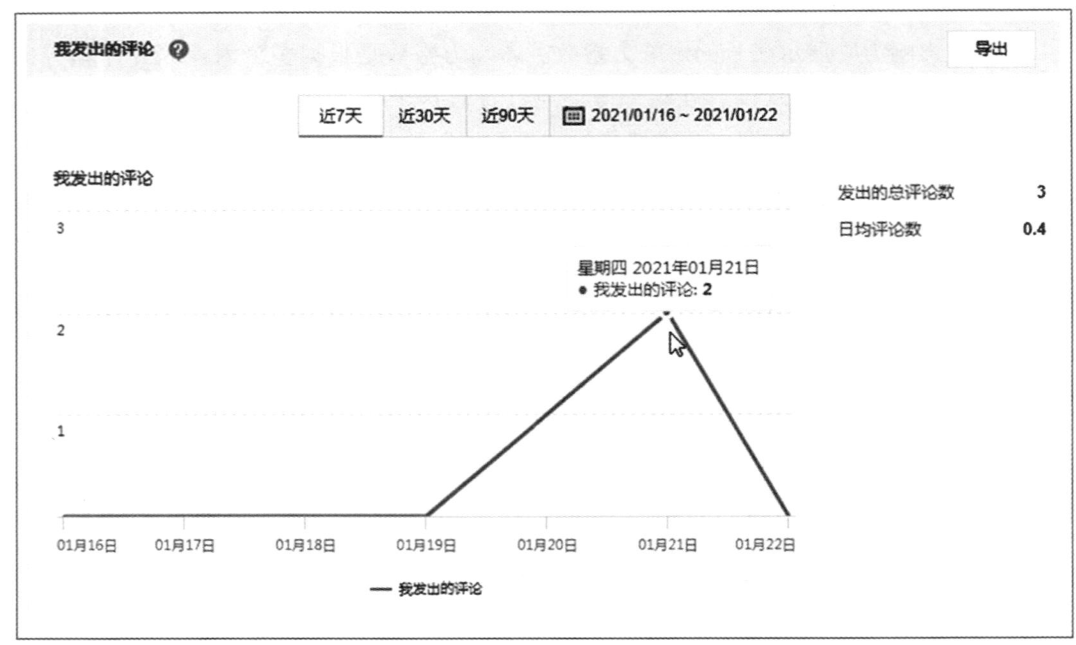

图 3-68　某微博账号“近 7 天”的“我发出的评论”

五、文章分析

在“互动分析”界面中，点击“文章分析”按钮，即可进入“文章分析”界面。在这个界面中，可以查看以下三个方面的信息：“文章阅读趋势”“文章转发、评论和赞”和“单篇文章分析”。

（一）文章阅读趋势分析

在“文章阅读趋势”板块，可以查看账号“近 7 天”“近 30 天”或“近 90 天”内的“文章发布总数”和“文章阅读总数”，以及“文章发布数”和“文章阅读数”的变化情况。

某微博账号“近 7 天”的“文章阅读趋势”如图 3-69 所示。该账号在 2021 年 1 月 16 日至 22 日的“文章发布总数”为 0 篇，“文章阅读总数”为 0 次。这说明该微博账号在这段时间内没有发布过文章或者该账号发布的文章对用户没有吸引力，因此没有产生阅读量。

（二）文章转发、评论和赞分析

在“文章转发、评论和赞”板块，可以查看账号“近 7 天”“近 30 天”或“近 90 天”内文章的“转评赞总数”“转发总数”“评论总数”和“点赞总数”，以及“转发数”“评论数”和“点赞数”的变化情况。

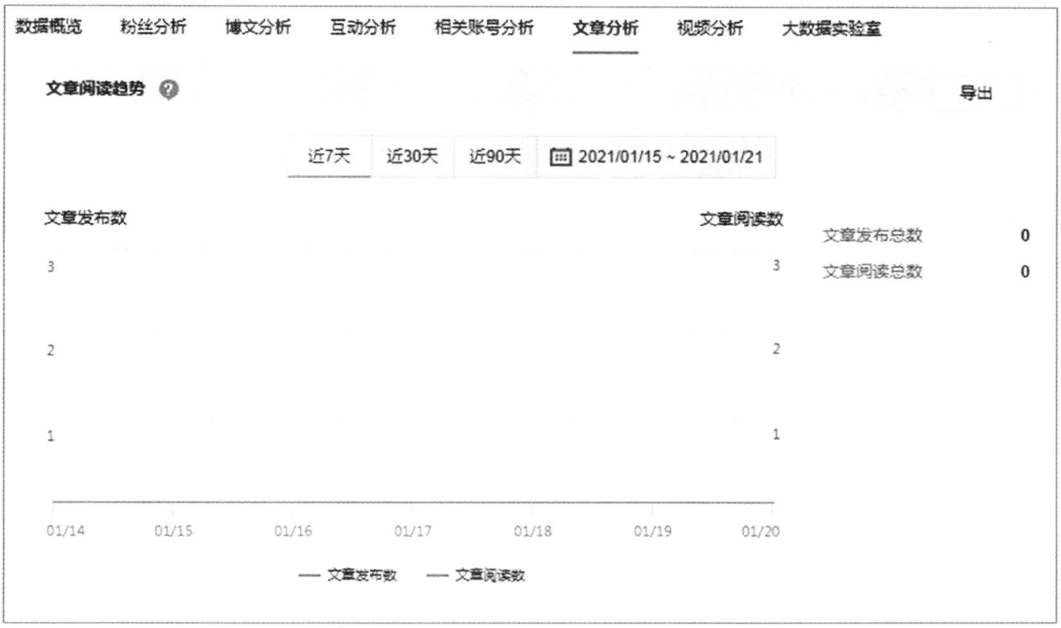

数据概览
粉丝分析
博文分析
互动分析
相关账号分析
文章分析
视频分析
大数据实验室
文章阅读趋势
导出
近7天
近30天
近90天
2021/01/15 ~ 2021/01/21
文章发布数
文章阅读数
文章发布总数 0
文章阅读总数 0
3
2
1
01/14
01/15
01/16
01/17
01/18
01/19
01/20
文章发布数
文章阅读数

图 3－69　某微博账号“近 7 天”的“文章阅读趋势”

某微博账号“近 7 天”的“文章转发、评论和赞”情况如图 3－70 所示。该账号 2021 年 1 月 15 日至 21 日的“文章转发、评论和赞”的相关数据皆为 0。这很可能是因为该账号在此期间没发布过文章。

文章转发、评论和赞
导出
近7天
近30天
近90天
2021/01/15 ~ 2021/01/21
转发、评论和赞
转评赞总数 0
转发总数 0
评论总数 0
点赞总数 0
3
2
1
01/15
01/16
01/17
01/18
01/19
01/20
01/21
转发数
评论数
点赞数

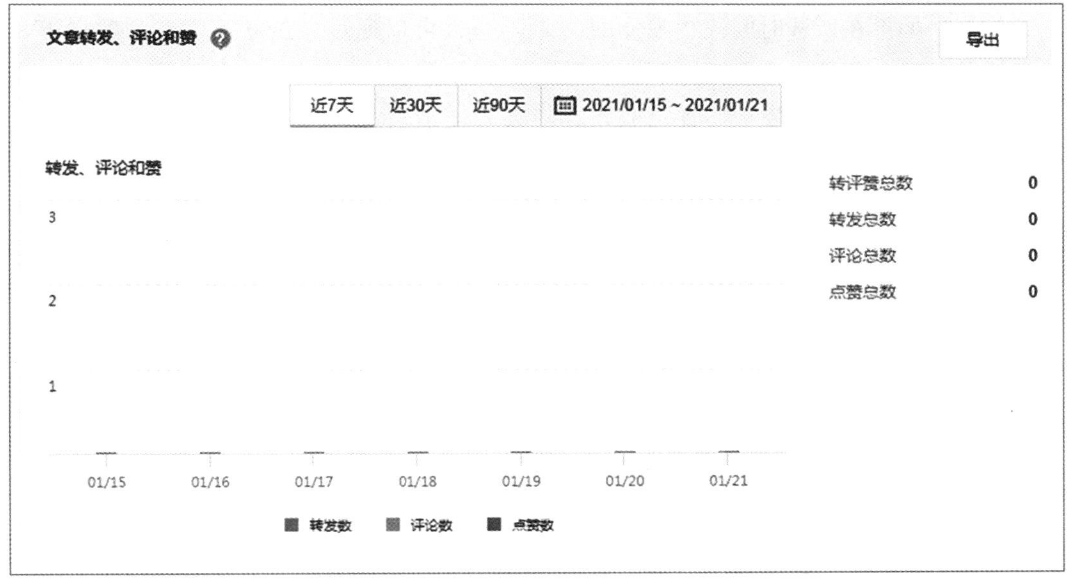

图 3－70　某微博账号“近 7 天”的“文章转发、评论和赞”

（三）单篇文章分析

在“单篇文章分析”板块，可以查看账号“近 7 天”“近 30 天”或“近 90 天”内发布的文章，及文章的相关数据。当然，如果在此期间未发布过文章，那么该板块会显示“所选时间段内无数据”，如图 3－71 所示。

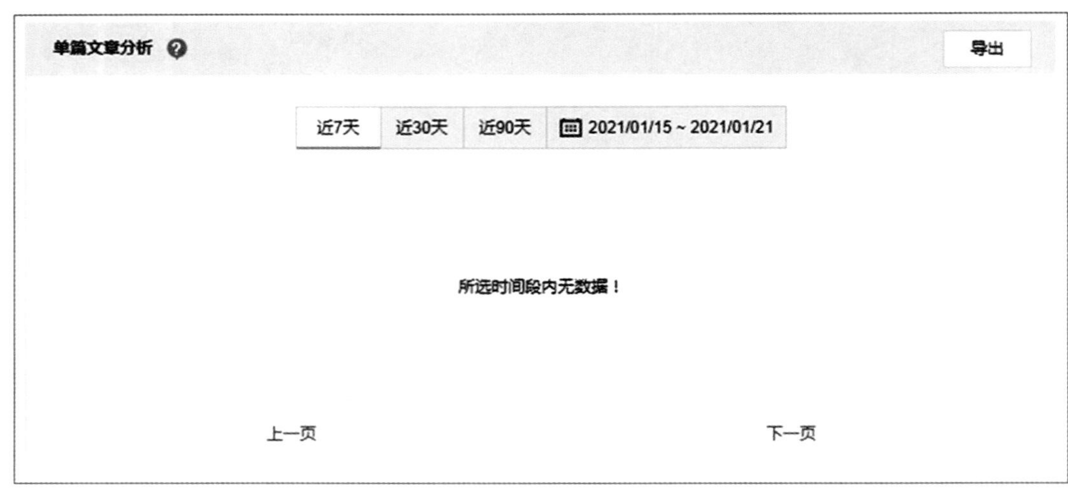

图 3－71　单篇文章分析

对于想要提高文章分享和阅读量的账号来说，需要积极发布高质量、有吸引力的内容，并保持一定的活跃度。同时，也可以通过观察这个板块中的数据波动情况，了解哪些文章会引起读者的共鸣或者争议，从而调整发布策略。

另外，如果在所选时间段内发布过文章，那么可以通过点击某篇文章的数据卡片或者标题，进入单篇文章分析页面，查看该文章的数据详情。在这个页面中，可以查看文章发布的时间、转发数、评论数、点赞数等详细信息，帮助账号运营人员了解文章的传播效果和受众反馈。

六、视频分析

通过点击“文章分析”界面中的“视频分析”按钮，用户可以进入“视频分析”界面，进而查看与“视频播放趋势”“视频播放人数”“视频转发、评论和赞”及“单条视频分析”等相关的信息。这个界面提供了视频的深度分析，有助于用户更好地理解其内容和影响。

（一）视频播放趋势分析

在“视频播放趋势”板块，可以查看账号“近 7 天”“近 30 天”或“近 90 天”内的“视频发布总数”和“视频播放总数”，以及“视频发布数”和“视频播放数”的变化情况。

某微博账号“近 7 天”的“视频播放趋势”如图 3-72 所示。该账号在 2021 年 1 月 16 日至 22 日发布了 2 条视频，总播放次数为 42 次。进一步分析发现，该账号在 2021 年 1 月 21 日发布了一条视频，获得了 26 次的播放量。然而，从 2021 年 1 月 16 日至 19 日的数据中可以看出，该账号在这段时间内并未发布任何视频，用户的播放次数为 0，这表明在这段时间内，用户没有播放过该账号发布的视频。

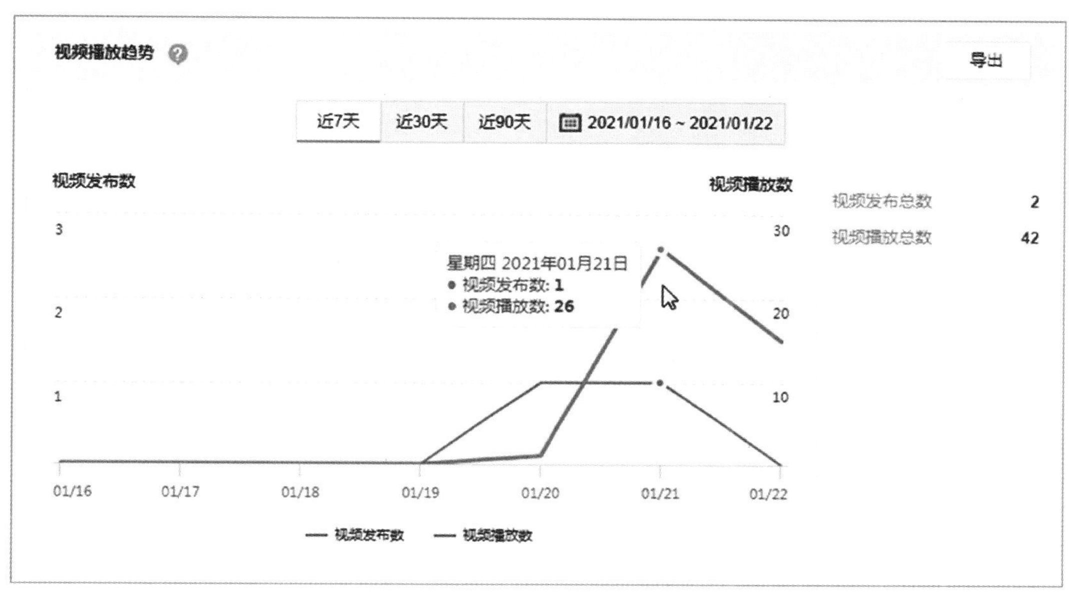

图 3-72 某微博账号“近 7 天”的“视频播放趋势”

（二）视频播放人数分析

在“视频播放人数”板块，可以查看账号“近 7 天”“近 30 天”或“近 90 天”内的“视频播放总人数”和“日均视频播放人数”，以及“视频播放人数”的变化情况。

某微博账号“近 7 天”的“视频播放人数”如图 3-73 所示。该账号“近 7 天”的日均视频播放人数为 1 人，视频播放总人数为 5 人，在 2021 年 1 月 21 日的视频播放人数为 2 人。视频播放总人数和日均视频播放人数较低，可能表明该账号发布的视频对用户的吸引力较弱，需要进一步审视和调整内容策略。

（三）视频转发、评论和赞分析

在“视频转发、评论和赞”板块中，可以查看账号“近 7 天”“近 30 天”或“近 90 天”内的“转评赞总数”“转发总数”“评论总数”和“点赞总数”，以及“转发数”“评论数”和“点赞数”的变化情况。

某微博账号“近 7 天”的“视频转发、评论和赞”情况如图 3-74 所示。该账号 2021 年 1 月 16 日至 22 日的“转评赞总数”为 3 次，“转发总数”为 0 次，“评论总数”为 1 次，“点赞总数”为 2 次，并且这些数据都出现于 2021 年 1 月 21 日。“视频转发、

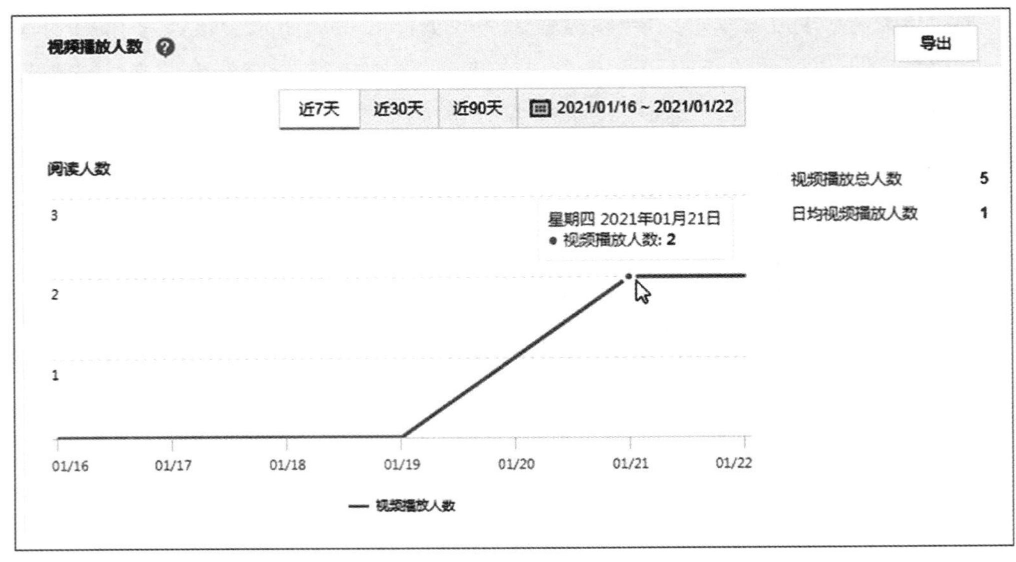

图 3－73 某微博账号“近 7 天”的“视频播放人数”

评论和赞”板块提供了关于账号互动活动和用户参与度的动态信息，有助于运营人员更好地理解和评估账号的内容策略及其效果。

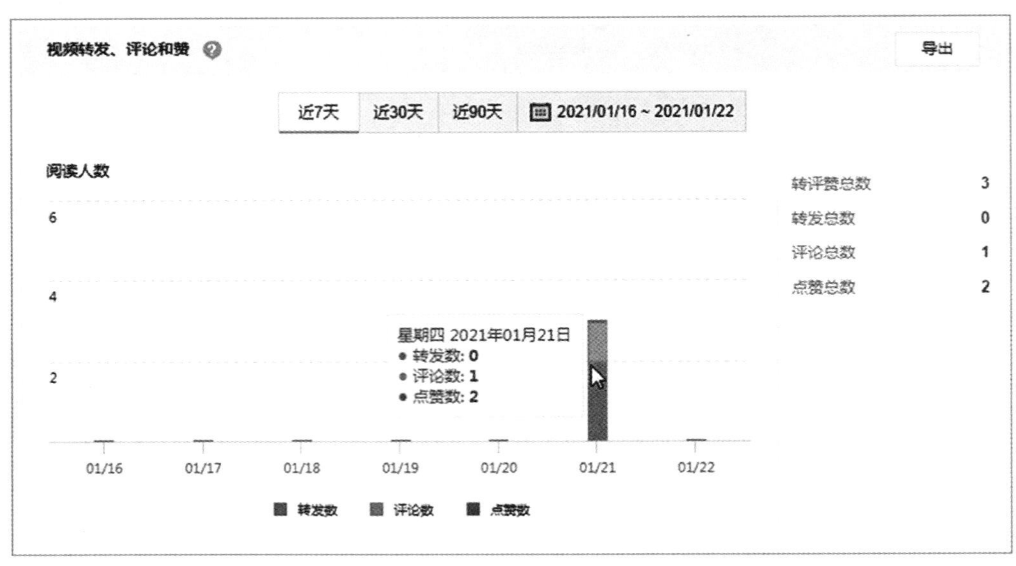

图 3－74 某微博账号“近 7 天”的“转发、评论和赞”

（四）单条视频分析

在“单条视频分析”板块，可以查看账号“近 7 天”“近 30 天”或“近 90 天”内发布的视频的“播放量”和“播放人数”。某微博账号“近 7 天”的“单条视频分析”情况如图 3－75 所示。该账号 2021 年 1 月 16 日至 22 日只发布了一条视频，该视频的

“播放量”为 36 次，“播放人数”为 4 人。

图 3-75 某微博账号“近 7 天”的“单条视频分析”

在“单条视频分析”板块，通过单击对应视频后方的“查看详情分析”按钮，可以进一步查看单条视频的更多信息，包括“单条视频播放趋势”“单条视频转发、评论和赞”和“播放用户性别年龄”等相关信息。

“单条视频播放趋势”板块提供了单条视频的“播放总量”和“播放总人数”，以及“播放量”和“播放人数”的变化情况。某微博账号的“单条视频播放趋势”如图 3-76所示，该账号的某条视频的“播放总量”为 36 次，“播放总人数”为 4 人。此外，该视频在 2021 年 1 月 21 日的“播放量”为 21 次，“播放人数”为 2 人。

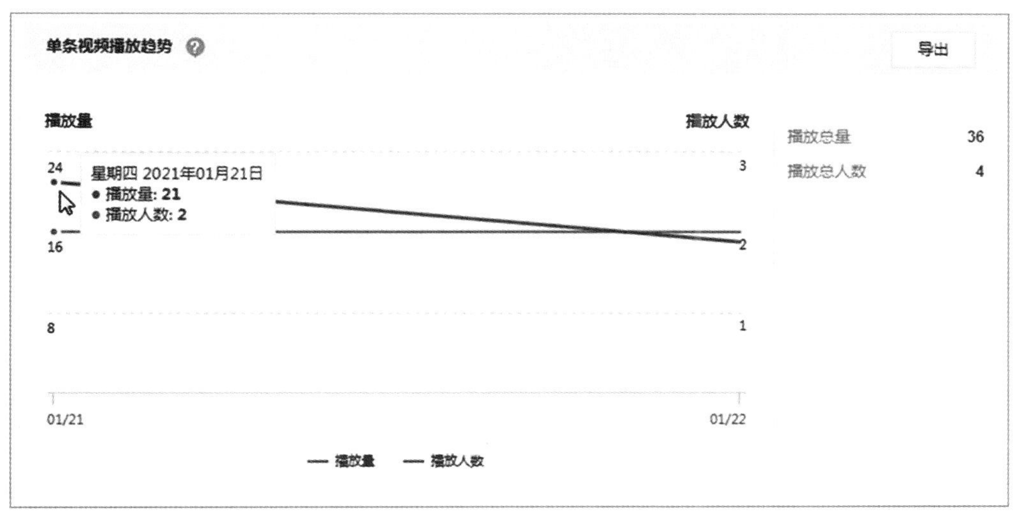

图 3-76 某微博账号的“单条视频播放趋势”

“单条视频转发、评论和赞”板块提供了单条视频的“转发总数”“评论总数”和“点赞总数”，以及“转发数”“评论数”和“点赞数”的变化情况。某微博账号的“单条视频转发、评论和赞”的情况如图3-77所示，该账号的某条视频的“转发总数”为0次，“评论总数”为1次，“点赞总数”为2次，并且这些数据都发生在2021年1月21日。

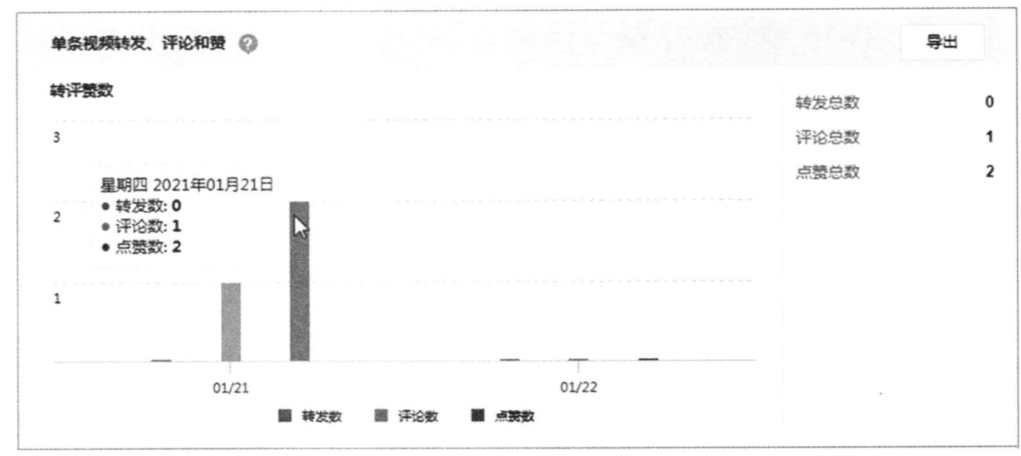

图3-77 某微博账号的“单条视频转发、评论和赞”

“播放用户性别年龄”板块提供了播放该视频的各年龄段用户的男女性别占比情况。某微博账号的某一视频的“播放用户性别年龄”如图3-78所示，播放该条视频的用户主要集中在25—29岁年龄段，且均为男性用户。由此得出，播放该条视频的用户可能比较少，甚至只有个别用户播放了这条视频。

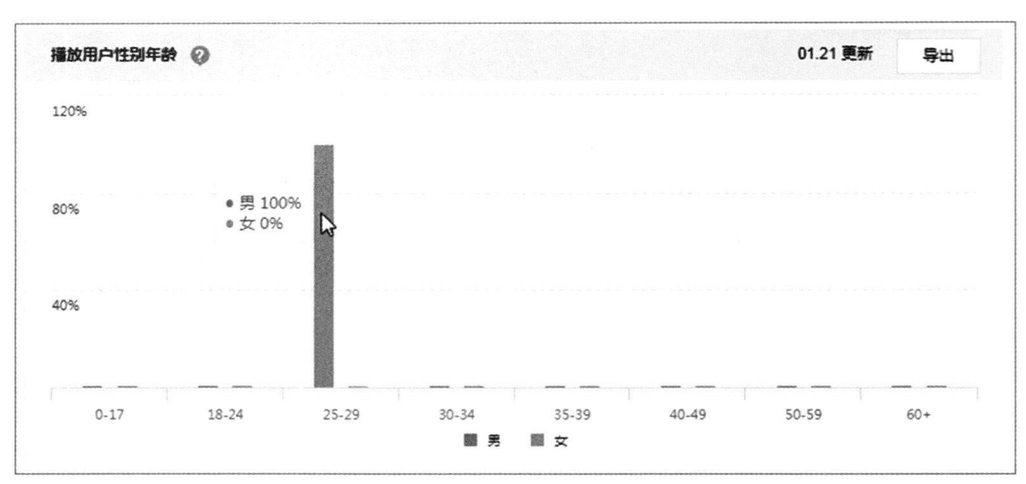

图3-78 某微博账号的某一视频的“播放用户性别年龄”

除了“单条视频播放趋势”、“单条视频转发、评论和赞”和“播放用户性别年龄”之外，视频数据详情界面还提供了其他相关信息的查看和分析功能。比如“播放来源分析”“播放用户地区”“播放用户兴趣标签”和“播放用户星座”的相关信息，还可以对这些数据进行细致的分析。

知识拓展

新媒体环境下的营销体系构建

在处理海量数据时，人们需要相应的方法来进行数据的存储、运算、处理、分析和应用，营销调研对于确保营销理论及其体系的科学性至关重要。然而，当传统的营销调研工具和方法无法适应海量数据的现实，以及达到应有的精准度时，原有的营销体系就会受到影响。从营销领域来看，大数据时代所带来的最直接的影响就是消费者在网络、媒体、终端上的行为信息和语言信息都被转化为数据，这些数据的量级非常惊人。这些数据具有极高的价值，对于研究消费者行为、心理和需求至关重要。然而，传统的数据处理方式无法应对如此庞大的数据量。因此，基于传统媒体环境和数据处理技术所建立起的营销体系已经无法适应当前的发展现实。新的营销理念、工具和方法开始不断涌现，如何构建新媒体环境下的营销体系已成为学界和业界关注的重点。

实训任务一

微博运营的方案策划

［实训目的］

1. 体验微博运营的过程。

2. 具备初级的微博运营推广策划能力。

［实训内容］

1. 为本校的官方微博策划一个运营方案，目标是通过微博树立学校的对外形象；将学校的各种优势、亮点、美好通过微博传递出去；通过微博拉近学校与外界的关系。

2. 方案要包括微博的目标用户定位、内容定位、风格定位、具体的运营计划等。

［实训提醒］

1. 本实训任务建议以小组为单位来进行。

2. 具体的运营计划可参考本章第四节的内容。

3. 微博的语言风格建议不要太死板，要鲜活，具有创新性和趣味性。具体传递什么风格和形象，根据情况自定，但是一定要具有正能量、亲和力和学校特色。

4. 微博的内容，不要一味转载，要充分挖掘学校内的真人、真事。

5. 如果学校已经有官方微博，那先看一下它们目前的运营情况和数据，在此基础上进行改进。

6. 要充分去研究、分析目前比较成功的学校微博，充分借鉴它们的先进经验。

[实训思考]

1. 如果学校出现危机事件，或是在网络上有负面信息，此时学校官方微博应该如何应对？在这个过程中其应该起到什么作用？

2. 如何通过微博与粉丝进行互动？

3. 如何引导粉丝评论微博的内容，甚至转发和传播微博的内容？

4. 如何增加微博的粉丝？

实训任务二

利用创客贴制作一张微博活动创意海报

[实训目的]

创客贴是一款多平台图形编辑和平面设计工具，用户可使用创客贴提供的大量图片、字体、模板等设计元素，通过简单的拖、拉、拽制作自己所需要的设计。本实训任务的目的是学会使用创客贴图形设计工具。

[实训内容]

为某个培训机构即将到来的“双十一”活动制作一张有创意的“购课节”海报，海报内容包括课程内容、招生对象、报名活动、报名时间、公司的电话和地址，具体内容自由组织。

[实训过程]

1. 登录创客贴，通过搜索引擎或者直接输入网址（https://www.chuangkit.com）进入创客贴官方网站。

2. 进入创客贴官网，如图 3-79 所示，首先要进行登录，微信、微博、QQ、钉钉、手机号等都可以注册登录。

图 3-79 创客贴官网页面

3. 新用户可以获得三天免费会员，可以用所有的模板，如图 3－80 所示，用户可以根据不同的需求选择不同的模板，然后进行相应的调整。

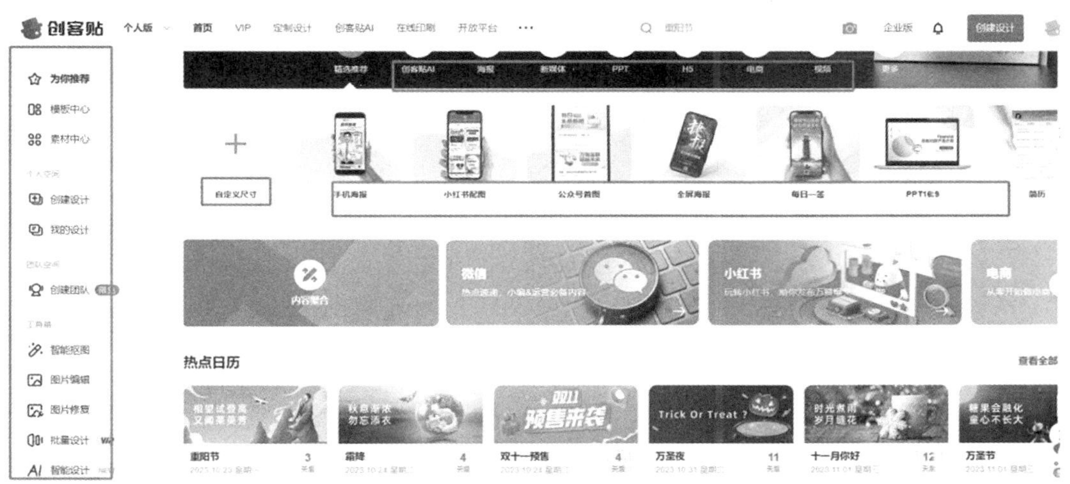

图 3－80 创客贴模板页面

4. 进入模板中心，如图 3－81 所示，用户可根据不同的分类、场景、用途和行业选择相应的海报模板。

图 3－81 创客贴模板中心

5. 点选模板后，进入编辑页面，如图 3－82 所示，用户可以修改文字和图片，编辑元素信息，直接拖拽就可以，非常简单。

6. 用户可根据需要对字体进行一些更改，如图 3－83 所示，当用户觉得图片中缺少一些素材的时候，可以点击素材，寻找相关内容，海量素材应有尽有。

图 3－82　创客贴编辑页面

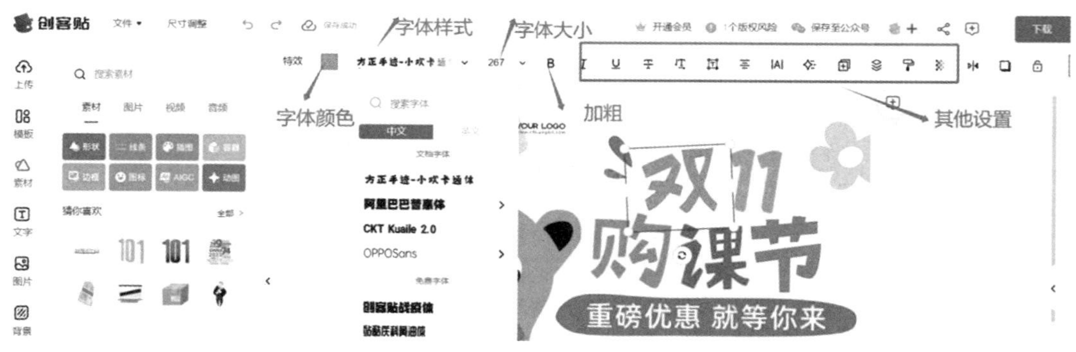

图 3－83　创客贴修改页面

7. 编辑完成后，点击右上角“下载”，设置要下载的格式即可，如图 3－84 所示，用户可以下载 PDF 格式，也可以下载图片格式，直接使用很方便。

图 3-84 创客贴下载页面

［**实训思考**］

1. 创意海报的内容有哪些，如何呈现？

2. 制作海报时需要构图，构图方法有哪些？

3. 海报设计中要突出主题和目的，层级关系要处理好，让人一眼就可以看出本海报的主题，从而吸引浏览者的注意力。那么如何处理海报的层级关系呢？

本章小结

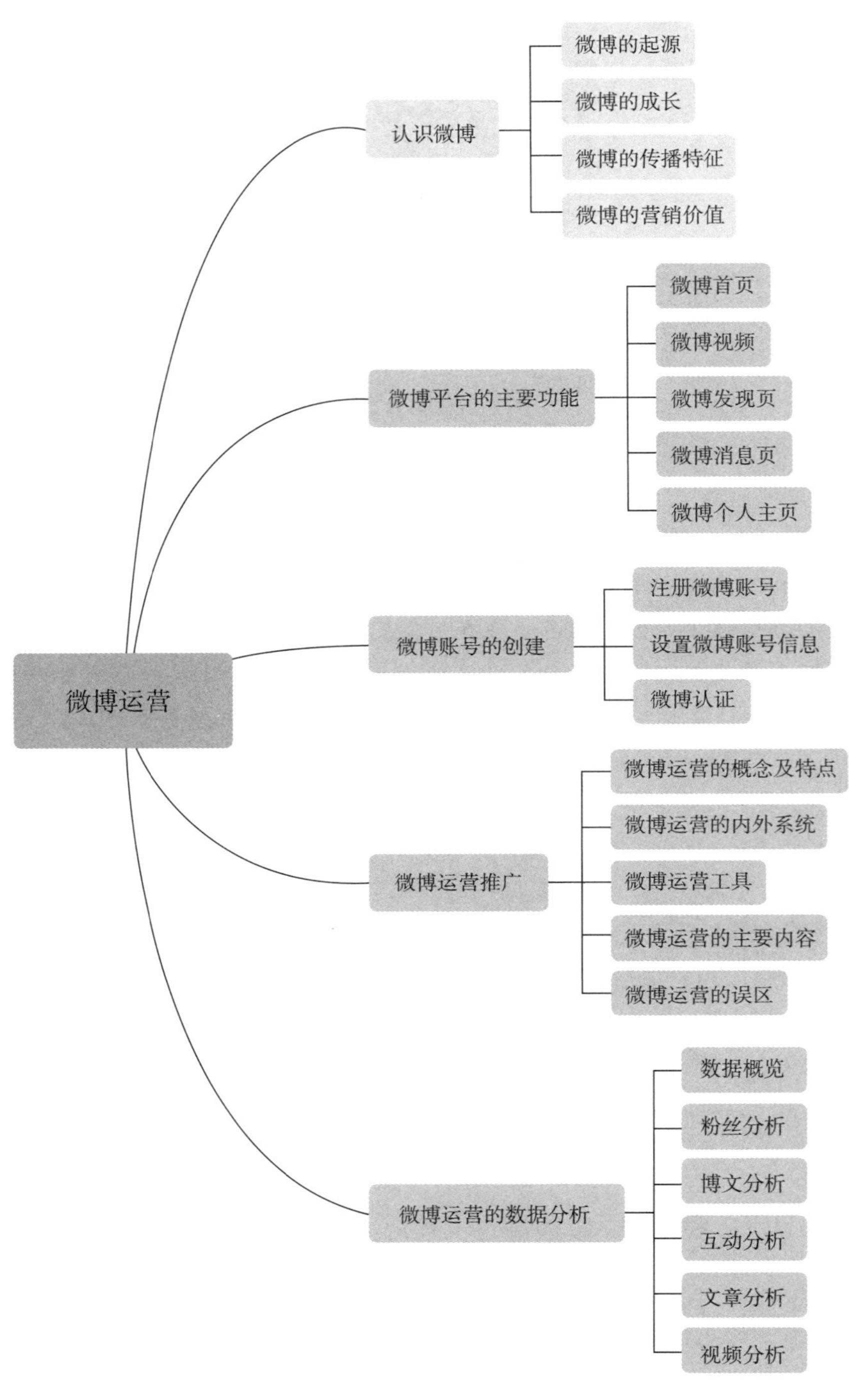
微博运营
认识微博
微博的起源
微博的成长
微博的传播特征
微博的营销价值
微博平台的主要功能
微博首页
微博视频
微博发现页
微博消息页
微博个人主页
微博账号的创建
注册微博账号
设置微博账号信息
微博认证
微博运营推广
微博运营的概念及特点
微博运营的内外系统
微博运营工具
微博运营的主要内容
微博运营的误区
微博运营的数据分析
数据概览
粉丝分析
博文分析
互动分析
文章分析
视频分析

复习思考题

1. 企业微博有哪些特点？
2. 微博运营的主要内容及常见的运营误区有哪些？
3. 我们应该从哪几个方面去构思一条较好的微博内容创意？
4. 如何对微博文章进行分析？

第四章　短视频运营

学习目标

- 了解短视频运营的概念及特点
- 掌握短视频运营的内容及优劣势
- 掌握各平台短视频的创作方式、平台上传步骤

开篇案例

《逃出大英博物馆》短视频爆火

《逃出大英博物馆》将文物拟人化，通过中华缠枝纹薄胎玉壶与海外工作的中国记者的互动，讲述了在大英博物馆中的中国文物出逃寻乡、只为回国传信而后期待“能堂堂正正回家”的故事，引发了#没有一个国人能笑着走出大英博物馆#等热搜词条，如图4-1所示。

没有一个国人能笑着走出大英博物馆？《逃出大英博物馆》“文物拟人化”的情感共振 海外流失文物该如何回家？

大风新闻

“你会让大家逃出来吗？”

“我们不会，我们是泱泱大国，中国人不做那种偷鸡摸狗的事，总有一天我们会风风光光、堂堂正正的回家。”

图4-1　《逃出大英博物馆》引发媒体热议

2023年8月30日第一期一上线，《逃出大英博物馆》就引发了极大的关注，相关热条冲上了微博热搜；8月31日上线第二期，9月5日更新第三期，该系列持续出圈，

并得到央视新闻等主流媒体的采访与肯定。截至2023年11月5日，在抖音上该系列合集已突破了4.2亿次播放。《逃出大英博物馆》引发的热词搜索如图4-2所示。

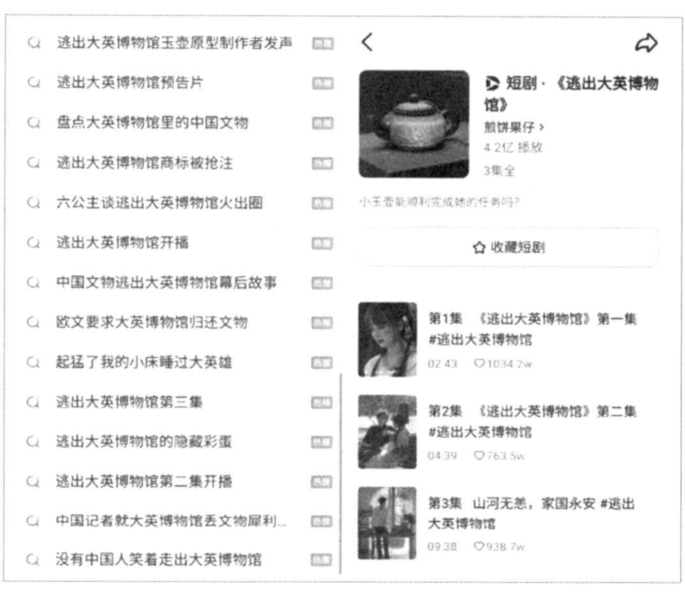

图4-2 《逃出大英博物馆》引发的热词搜索

《逃出大英博物馆》似乎有一种四两拨千斤的能量，从情感追忆、文化传承与文化书写三个视角阐释了一个民族深沉而隐秘的情感。在分析短视频所展现的文化价值之外，人们还可以关注一下它的创新性表达，如注重共情传播引发集体记忆的追溯，通过画面视听的有效结合，让文物自述“文物流动与回归”这一小视角撬动民族情怀这一大主题。

在创作历程中的“网友留言—博主创作”的共创现象，也可以为短视频的素材来源提供参考，这表现了博主生态中粉丝反馈的重要性。整体而言，针对《逃出大英博物馆》系列短视频，无论是在主题、表达方式，还是在创作过程方面都可以开展进一步挖掘，有兴趣的同学可以找找不同视角做进一步的分析。

（案例来源：E旅行网公众号）

案例思考：试分析《逃出大英博物馆》短视频爆火的原因有哪些？

第一节 短视频的兴起

随着时代的发展及科技的进步，特别是在进入5G时代后，短视频在成为人们日常生活中必不可少的一种娱乐休闲方式的同时，也成为人们获取信息的主要途径。随之而来的就是一些短视频平台的兴起，如“抖音”“快手”等。

短视频在当下之所以能火爆，重要的原因是满足了当今大众利用碎片化时间的需求。在社会飞速发展的背景下，诞生了一些工作时间相对不固定的行业，并且随着各行各业工作压力的逐渐加大，相对充裕的休息时间逐渐减少，因此，人们获取信息的途径逐渐从传统的电视、报纸、杂志等媒体转换到网络。同时，随着人们获取信息途径的改变，人们对于信息类型的需求也随之改变。从以前电视、报纸等传统媒介的“展示什么样的内容就看什么样的内容”转变为“只关注自己感兴趣或对自己有用的内容”。人们逐渐形成了有选择的信息获取习惯。

作为短视频的创作者，需要了解短视频平台针对用户及观众的推送方式。以短视频平台“抖音”为例，当用户在抖音平台发布新的视频后，平台会将所发布的视频随机推送给一部分用户进行网络交互行为的测试，若在这一部分的用户中产生了较好的网络交互行为，如点赞、评论、关注、分享等，那么短视频平台将会把作品推送至更大的用户范围，以此类推，这就是去中心化算法。这种去中心化的算法，将用户对创作者的喜好与评价放在首位，依托用户对作品的评价做出综合性的评价。对于用户来说，平台使用去中心化算法的优点在于能够依据用户的喜好，通过对用户点赞、评论、浏览类型的分析，将用户最喜欢的内容类型优先推送给用户，极大地减少了用户浏览相对不喜欢或不关心内容的时间，方便用户直观、精准地找到所喜欢的内容。例如，当用户对短视频创作者“东北人（酱）在洛杉矶”所创作的短视频内容进行多次观看、点赞、评论后，短视频平台会通过算法更多地将“东北人（酱）在洛杉矶”的视频推送给该用户，同时，同类型的短视频创作者如“Jagger介个桔梗”等的短视频也会相应地被优先推送给该用户。短视频“刷”的特点为观众带来了更加新颖的观看体验，观众不断进行的“刷”的动作其实也是对所观看的内容的一种筛选，通过这种筛选，平台可以挖掘观众的“无意识需求”，通过对观众“无意识需求”进行分析，从而对内容进行不断的优化和改良，给用户提供更优质的作品。

短视频平台利用这种方式来降低用户对观看内容的选择时间成本，极大地方便了观众对内容的选择，观众可以在相对碎片化的时间里最直接地观看对自己有用的内容，满足了用户希望在碎片化时间内简单、便捷地获取有用内容的需求，同时时长相对较短、内容相对精悍的短视频更加有利于用户在短时间的观看后获取更多的有用信息。因此，抖音等平台在算法上的更新、内容上的优化极大地迎合了当今观众对观看内容的要求及观看的习惯。

现如今我们正处于一个分享的时代，很多人都乐于将自己的生活方式、生活态度、所见所闻及自己所擅长的某一方面进行分享。而抖音等平台恰好给乐于分享的用户提供了一个很好的分享平台。“抖音”等短视频平台对短视频的发布门槛相对较低，不需要短视频创作者拥有一定的粉丝基础或者社会地位，而是提倡人人参与。正如“抖音”

平台的宣传语“记录美好生活”一样，积极地鼓励用户将自己美好的生活通过视频的形式呈现在大众面前。用户因此拥有了一个快捷地观看自己喜欢的内容的平台，创作者也有了可以随时随地展示自己的机会。这种新型社交方式和创作者与观众之间的密切互动，既加强了用户对平台的依赖性，也极大地增加了平台的用户基础数量，为平台的推广提供了广阔的途径。

短视频平台在关注用户使用过程中的实用性、便捷性的同时，还照顾了观众对感官刺激的需求。在抖音等短视频平台兴起之前，大部分的网络信息传播集中于微信公众号、微博、百度等平台，信息内容的传播也大多以文字和图片的形式进行，烦琐的文字和图片并不能给观众带来最直接的感官刺激，同时一些观众也会对冗长的文字产生消极的态度，从而丧失阅读的兴趣。但是短视频的兴起很好地解决了这种问题，短视频通过最直观的画面、最直接的言语将内容直观地传达给观众。微博、微信时代，图文呈现的方式仅仅刺激了观众的视觉感官，而短视频的兴起，不仅加强了对观众视觉感官的刺激，还刺激了观众的听觉感官，这是之前图文模式所无法做到的。在对视觉感官的刺激上，不单单是由图片、文字转变为视频，而是短视频平台在拍摄的选项中加入了滤镜，使短视频创作者在创作之初就可以自由地选择想要达到的画面效果。在听觉感官方面，网络爆火的音乐可以很好地抓住观众的情绪。音乐抑或简单明快，抑或让人陷入沉思，在音乐的渲染下，作品的情绪被更好地带给观众。视觉与听觉的双重刺激极大地加强了观众对视频内容的感受，短视频也将对观众的感官刺激带入了一个新的高度。同时，短视频平台的音乐具有很强的传播性，也会使得一部分音乐成为“网红”和“爆款”，这些音乐展现了极强的模仿性，相似类型的作品会逐渐增多。在相似类型作品增多的情况下，只有那些内容优化、画面更加精致的作品才会脱颖而出，这样的良性竞争也为短视频平台的内容优化起到了很好的促进作用。

短视频类型种类的优势也是短视频火爆的重要原因。因为各大短视频平台有着很强的开放性与兼容性，所以用户可以在各大短视频平台找到自己所感兴趣的内容。以视频平台“BiliBili”（中文为“哔哩哔哩”）为例，“BiliBili”的网站首页直接地设立了网站内的视频分类，如动画、音乐、舞蹈、生活、知识、时尚、娱乐、番剧等。用户可以通过这些分类直观地找到自己想要观看的类别并进一步搜索，节省了搜索时间和搜索成本。用户利用点赞、投币、收藏等一系列的用户观看行为，可以将感兴趣的视频内容进行记录和储存，极大地方便了观众对视频内容的重复观看和分享。在方便了观众的同时，也催生出了很多专攻某一类别的“UP 主（Uploader，上传视频、音频文件的人）”，如美食区的“孙大爷的小吃部”就通过短视频的手法展现了自己精湛的厨艺，将一道道精美的菜品呈现在观众眼前，如图 4－3 所示。

科技区的“马老师视光工作室”以眼镜科普作为视频内容，通过风趣幽默的语言将一系列眼镜的优劣展现给观众，如图 4－4 所示。

图 4-3　孙大爷的小吃部

图 4-4　马老师视光工作室

科普类的“医视知”通过逻辑严谨的配音与通俗易懂的视频画面，为观众解释了一件件生活中的生理知识，如图 4-5 所示。

图 4-5　医视知

动漫区的“努力的 lorre”作为一名专注于讲述美漫（美国漫画）的短视频创作者，运用风趣幽默的言语将“漫威”和“DC”等美漫大厂的发展历史和旗下作品的相关内容普及给观众，如图 4－6 所示。

图 4－6　努力的 Lorre

短视频平台通过对视频内容的分类，能让观众更容易找到自己想要观看的内容，也能让短视频的创作者明确创作的方向。短视频在给观众带来更强的感官刺激及给创作者带来更多关注度的同时，还会给短视频平台带来相应的收益。对于普通的创作者而言，通过短视频的创作与传播，可以让他们获取相应的人气和经济效益。而对于一些具有一定规模的机构、企业而言，短视频是一个很好的宣传路径，通过短视频的宣传，可以提升企业品牌的知名度、获得更多的关注、树立品牌的形象、提升产品的销量。无论是普通的短视频创作者，还是大型的机构、企业，发布短视频所带来的利益既满足了创作者本身的需求，也成为推动短视频行业发展的一大重要因素。

短视频的火爆是一种文化的体现。当今时代，网络视频在人们生活中的存在感已经超越一般的娱乐项目。短视频凭借其内容的丰富性、观看的便捷性、创作的简便性、互动的参与感，已经逐渐成为一种全民参与的娱乐项目。不同年龄、不同职业、不同身份的观众都可以在短视频平台找到对自己有用或自己感兴趣的视频内容。同时，短视频的创作者也通过短视频平台展现着自己的审美、想法和价值观。从之前单纯地进行内容的收看，到现在可以通过短视频平台足不出户地和全国各地的用户进行交流，这对文化的传播和知识的输出也有着极大的促进作用。通过短视频平台的广泛传播，捧红了很多来自各行各业的“普通人”，如“手工耿”“华农兄弟”“李子柒”等。这些日常生活中的“普通人”将自己普通生活中或恬静美好或风趣幽默的一面展现给观众，这种积极的自我表达、情感宣泄成为当下社会的精神文化、价值追求的重要投射。

短视频之所以能够在短短几年内呈现出如此火爆的趋势，平台针对内容进行的优化功不可没。在短视频平台出现之前，各大互联网内容传播平台没有严格的内容监管及分类制度，导致网络上存在着很多暴力、低俗的视频。而在短视频平台上，不仅有着严格的监管，还设置了青少年模式，让观众看到合适的内容成了短视频平台的第一要求。而且作为内容观赏者的观众，在被平台赋予了极大的权利后，从单纯的观看者变为了拥有举报权利的监督者。在平台和观众的多重监督下，短视频的内容愈发地具有高雅的艺术感。短视频具有的简便性、快捷性也使其成为一些观众的信息来源。权威性的新闻媒体纷纷在短视频平台开通了账号，如在“抖音”平台拥有上亿粉丝量的“人民日报”。作为我国的传统媒体，其通过短视频的形式发布新闻报道，重新获得了广大观众的关注；观众也可以在短时间内通过短视频的方式，从视觉和听觉两方面来接受新鲜时事，并且可以加入与全国各地同胞的讨论中，第一时间发表自己对新闻事件的观点和看法，增加了参与感。

短视频平台除了具有很强的娱乐性质外，还具有较强的教育性质。教程类短视频在各大短视频平台都有展现。教程类短视频的创作者大多是在该行业内做出一定成绩的从业者或是佼佼者，短视频为在某一方面有学习需求的观众提供了最简单、便捷的学习方式。特别是对于学生而言，短视频平台上存在很多关于所学内容的知识补充，利用课余时间进行进一步的学习，在巩固知识的同时，也能对自己的专业知识和专业能力进行提升。而对于文化程度相对较低的观众而言，通过短视频平台接触内容相对高雅、具有艺术美感的作品，对提升观众的审美水平也有很大的帮助。

总之，短视频爆火是时代的需要：科技飞速发展的社会需要有能够填充碎片化时间的娱乐项目；观众精神需求的不断进步需要具有审美并且符合爱好的内容呈现；市场的不断优化需要有能够普及宣传企业、品牌的平台。而短视频平台对内容的严格要求，对市场的准确把握，对类型的精确分类，对不同用户需求的精确捕捉，对用户间自由互动的支持，都使得短视频成为当下最火爆的信息传播形式，“刷”短视频成为人们不可或缺的一种生活方式。

第二节　短视频的特点与优势

一、短视频的特点

不同于电影和电视，短视频制作并没有特定的环境、特定的内容、特定的表现方式和大型团队配置的要求。其不仅具有生产流程较为简单、制作门槛低、参与性强的优势，还比传统媒体更具有传播价值。极短的制作周期和丰富的内容，使得短视频制作团队的工作更偏向于文案和策划。一个优秀的短视频制作团队的诞生依靠的是运营成熟的自媒体，高频而稳定的内容输出，平台对信息分类趋向精细化、垂直化，以及较为强大的粉丝渠道。短视频具有以下几个重要的特点。

（一）内容为王

由于视频时间有限，所以创作者需要花费更多的心思去吸引受众。于是短视频就需要放入大量精彩内容，这便造成了短视频虽然短小，但是内容依旧具有完整性的特点。短视频的出现满足了受众日益多元化的媒介使用需求和碎片式的媒介使用习惯，因此占据了大量的用户市场。短视频时长普遍在 15 秒到 5 分钟。相对于文字和图片而言，短视频可以带给受众更好的视觉体验，且在表达方式上更加生动形象，能够将创作者所要传达的信息更切实、更生动地传达给受众。因此，短视频所展示的内容往往较短，符合受众碎片化的接受习惯，同时还能降低受众接受信息的时间成本。短视频的核心理念就是时间短，如果内容不精致，不能在视频的前 3 秒抓住受众，就不能达到有效的传播效果。传统的长视频的发展方向不同于短视频，依靠长视频吸引受众的可能性比较小，所以短视频吸引受众的方式主要依赖于内容。对于短视频而言，其内容为王，短小精悍尤为重要。

（二）制作简单

在短视频出现之前，大众对制作视频的第一印象普遍为电视剧或电影制作。因为在大众之前的认知中，制作视频需要有专业团队，需要特定的环境，会耗费大量的人力、物力，门槛极高。但随着短视频的兴起，大众发现自己可以通过手机进行拍摄和制作短视频，通过简单的处理就可以上传至网络，收获流量和关注，于是创作者数量大大增加。短视频之所以能逐步发展，主要依靠大众的表达和创作欲望。因此，国内出现了“BiliBili”弹幕网站、优酷视频等早期一些可以上传短视频的平台，平台允许用户将自己的观点或生活片段通过短视频进行分享。而抖音的出现则将大众获取信息的方式从贴吧、微信公众号、微博等文字图片平台转换到短视频平台。复杂制作过程的省略，让短视频作为互联网时代的一种新型媒介形态，以集文字、影像、语音和音乐等传播符号为一体的多元化复合媒体的形式出现。

（三）传播性强

手机作为新媒体时代的传播媒介，其信息的传播真正做到了实时沟通——信息的生产者将信息通过手机发送给接收者，与此同时信息的受众在获得信息后，可以迅速对此信息进行二次加工处理，并且及时进行反馈。新媒体依托于手机，使其在人与手机互动这一方面有着传统媒体无可比拟的优势。

随着互联网技术的发展，手机作为新兴媒体高度介入信息传播之中，成为众多信息传播平台的有力载体。作为新兴传播媒介，手机传播的个性化特征充分体现了新媒体传播性强的特点。在此传播体系中，信息的传播者与接受者地位平等，两者在一定条件下达到了既相互独立又相互融合的状态，传播者与接受者之间没有明确不变的界限，这是传统媒体达不到的传播广度和深度。短视频的制作门槛比较低，又以手机为传播媒介，且短视频的发布渠道多样，因此用户能够轻松实现直接在短视频平台上分享自己制作的视频，很容易促成信息的快速传播。良性的传播渠道和传播方式使短视频传播的力度大、范围广，同时又具有极强的交互性。

（四）社交黏度高

分众性传播是近几年新媒体传播的发展趋向，信息的受众按照特定的标准，通过特定的途径，选择和过滤有效信息，进而屏蔽冗杂信息，这很大程度决定了信息传播者传送信息的意图能否实现。受众在接收信息时的主动性和个人偏好逐渐成为信息传播这一过程实施的方向。在数字化网络时代，新媒体传播活动呈现出信息整合的形态，任何受众都可通过互联网、手机等传播媒介随时进行信息沟通，人际传播的性质得到飞速强化。

在当下，传统的广大受众开始逐渐被分割为趣味相投的“小众”受众群体，如兴起的各种网络社团、论坛群体。在“小众”受众之中，以相同的爱好或者兴趣为表征，他们也许更容易找到志趣相投的伙伴，使传统大众传播固定的信息内容受到冲击，从而扩大了个人的意愿及表达空间，促进了信息时代的多元化发展。

在各种短视频平台和应用中，用户可以对视频进行点赞、评论、转发，还可以私信视频发布者，视频发布者也能及时对评论进行回复，这便是用户黏性中非常重要的重复性。当短视频平台的用户重复使用或多次打开视频应用时，这一高频的使用过程被称为用户黏性高。社交是人类的本性，只要人存在就必然会产生不同类型的社交平台，而短视频平台利用了人们追求性价比、同质化的特点，在创作者和受众的互动过程中，成为创作者和用户之间信息传递的桥梁，在负责对内容进行组织、筛选、分类及提高短视频的内容价值的同时，提供精准的信息扩散、传导和交换服务，进而增强社交黏性。

（五）方便营销

直接消费性是新媒体传播的属性之一，这与新媒体的管理及运营方式密切相关。在可管理的网络及手机支付的收费模式两个方面表现得尤其突出。可管理的网络是手机作为电子智能型媒体的优势，依托于大数据技术，在现有的通信网络开发过程中，新媒体基于传统媒体管理架构，综合其个性特征，不断优化和革新，逐渐形成了极其方便的操作系统。不仅运营商可以在此基础上开展移动通信业务，对于手机用户而言，他们也可以利用这套网络来实现移动商务及电子消费。手机作为信息传播的媒介和载体，可以跳过传统的支付手段直接实现新的消费模式，这是新媒体管理消费中的基本内容。

基于手机媒体的个性化、针对性信息效力的发展趋势才是新媒体直接消费性的关键所在。数字化商业时代的人们已经可以按照自己的需要向网站提交商品的订购信息，再依托微信、支付宝等新兴移动支付方式进行支付。在通过在线支付等功能进行移动电子商务的过程中，相关的金钱支付都可以通过智能网络系统进行账户费用自动扣除。

以上这些支付方式带来的优势都是传统媒体和网络媒体所无法拥有的，因为受多方面因素的影响，传统媒体要完全针对单一个人的信息服务收费是基本无法实现的。而手机媒体所拥有的数据平台足以保证其在当下进一步发展的过程中为用户进行需求分析、信息定制、信息分类、自动分发、用户反馈等在内的一系列完整的信息服务。

伴随着手机移动服务发展诞生的短视频业务相比于其他的营销方式，其借助了短视频平台，在商品的营销过程中可以准确地找到目标用户。大数据时代不同阶层及年龄阶段的用户所观看的视频类型不同，以短视频平台直播的方式或根据想吸引的目标用户群体去精准、垂直地制作营销视频，更便于提高销量。短视频运营平台通过植入的手段，使受众在观看短视频的过程中，刷到基于大数据运算垂直推送的广告。而广告有“硬广”和“软广”之分，一般“硬广”不易被受众所接受，而“软广”的特点在于，既不易被受众第一时间发现，又起到广告的传播作用，即在娱乐受众的同时，起到了宣传的作用。短视频依托于短视频平台，通过插入购物链接，让受众在观看视频的同时可以购买商品，取得了更好的营销效果，实现了商家、短视频平台与作为消费者的受众的三方共赢。

二、短视频的优势

近年来，科技的迅速发展和互联网的逐渐兴起对传统媒体产生巨大冲击。同时当下正值信息化时代到来，电子产品借此飞速发展。大众碎片化的时间逐渐增多，而短视频的形式刚好迎合了大众的信息需求。短视频相对于传统媒体具有以下几个方面的优势。

（一）深度化

在人人可进行视频化表达的信息时代，对内容的进一步精细化处理，事实与观点的结合成为新媒体区别于传统媒体的优势。近年来新媒体的发展方向尤其是新闻类短视频的发展方向，已不再趋向于新闻聚合，而是趋向不同媒体对于同一新闻事件的差异报道，提供具有创造性且新颖的新闻分析，进而形成了核心竞争力。

（二）垂直化

信息容量在短时间内的大幅度提升，必然会导致冗余信息的产生。因此短视频的信息内容分类在垂直化、分众化等方面通过大数据、云计算的算法提高了信息与受众之间在传递过程中的传递速度和获取效率。目前的短视频平台利用算法使得信息可通过过滤、场景匹配等方式扩大传播的范围，具备精确的指向性，使短视频的制作加入了更多维度的考量，在原有横向发展的大趋势下，垂直细分出更多领域。依据不同人群，不同目标受众呈现出不同的主题及表现手法，进一步满足用户的个性化需求。

（三）差异化

短视频与传统媒体的传播平台、接收端与接收状态的不同是两者的本质化区别，尤其是新闻类信息。新闻类消息在传统媒体中具有完整性，基于视听语言的结构较为成熟，适合在特定的时间段通过电视屏幕传输。而新闻类短视频则依托于移动互联网，时效性更强、题材更广，尤其以片段化或泛资讯、泛娱乐类内容见长。在相同题材的内容表达中，叙事方式、视听符号的运用乃至制作流程与传统媒体不尽相同。短视频时代下的新闻类短视频，更多作为重大新闻事件的补充，“Vlog 新闻”便因此诞生。“Vlog 新闻”类短视频更侧重于事件焦点与亮点或聚焦于个体，受众面较广。而传统媒体的长视频侧重信息记录和传递的完整性，力求深度报道，相对而言受众面较窄。

总而言之，新媒体短视频的优势是在信息爆炸的网络时代，大众作为信息受众，接收信息的方式发生了本质的变化，以往整体性、完整性的信息获取方式逐渐碎片化、短暂化。而短视频基于其短小精悍、制作简单、在内容和形式上迎合了大众需求的优势，同时由于其传播性强与用户基于平台而实用度和黏度高等特性，使得短视频站在了新媒体传播类型的风口，在一定程度上刺激了消费和经济，对传统媒体造成了冲击。而传统媒体也在新媒体的发展过程中吸取了经验，在内容上做深度化、在传播的广度上做垂直化、在形式上做差异化，这些是传统媒体在新时代的网络传播中做出的改变，并且已成为传统媒体融入当下社会的主要方式。

第三节　短视频的基本类型

随着短视频的不断发展，现如今短视频已具有时间短、内容丰富、制作过程简单易上手、创意鲜明、主题明确、传播性强、受众群体多、受众面广等特点。同时，其对外开放性、平等互动性等优势可以吸引大量的群众参与其中。目前市场上存在的短视频类型繁多，短视频在选择平台进行推广及投放时，不仅需要对投放平台的长处与短板有清晰的认识，同时也要对短视频投放的基本情况有相关认知。因其自身拥有以上的这些特点与特殊性，所以短视频可以分出以下几种基本类型。

一、剧情类

剧情类短视频包括搞笑型短视频、段子类短视频、恶搞型短视频、天性解放型短视频、剧情故事型短视频等。首先，短视频的统一特点是时间短，因此普通剧情类短视频的时间一般控制在 45 秒到 60 秒。其次，剧情类短视频观众的构成较为复杂。其中“素人”占据总数量的一半，这类人的标签主要是“萌宠”“高颜值的男女”“具有个性及标签性的个人”等；另一半主要由明星、网红、coser（角色扮演爱好者）及部分 KOL（关键意见领袖）等组成。最后，剧情类短视频观看的用户众多。大多数用户会在点赞、评论的同时进行相关内容的转发。此类短视频因其具有广泛性与巨大数量受众群体的特性，在所有短视频内容分类中占据了极大的比重。因为从事短视频的团队背景复杂、专业程度参差不齐，在平台模式和商业逻辑的共同作用下，作品形态呈现出以下几种不同的特征。

（一）内容和风格沿袭“娱乐化”

目前国内各大平台上的剧情类短视频大都以娱乐为主，通过对生活场景的戏剧化重构和演艺，来满足观看者对“爽点”及心理解压等方面的需求。如抖音短视频创作者“我是田姥姥”“耀杨他姥爷”都是用镜头记录家中长辈风趣幽默的老年生活，同时也让观众捧腹大笑。

（二）制作“粗糙化”和表演“陌生化”

根据对抖音和其他平台短视频的分析，可发现大部分剧情类作品在整体制作上，呈现出“业余”或“半专业”的特征。此类短视频虽然较短，但其中所涉及的视听语言一应俱全。然而在这些方面，自媒体的创作水准明显要低于专业的影视摄制团队。

（三）“商业广告”味道浓厚

自媒体短视频作品在追求“变现”逻辑的需求下，会通过多种形式和渠道将短视频产品与商业融合，以实现个人或团队 IP 的“可持续发展”。剧情类短视频的创作者会尝试挖掘自身“硬广”“软广”或“商品橱窗”等方面的变现价值，为后续的拍摄积极寻找“买单方”。以抖音的某账号为例，该团队前期主要以拍摄原创搞笑短剧积累粉丝，之后以类似“广告剧”的形式植入广告，其广告内容与创作搞笑短剧融合起来，让粉丝在得到欢乐的同时也实现了经济价值。

剧情类短视频在发展的过程中也存在着诸如“过度娱乐”与“同质化”的问题需要解决。

二、娱乐类

娱乐类短视频包括歌舞型短视频、明星艺人型短视频、八卦趣闻型短视频、创意搞笑型短视频等。娱乐类短视频的特点主要体现在其互动性强、社交互动性黏度高。视频创作者多为草根大众。这类短视频大多以搞笑创意为主，所以在平台上可以迅速获取大批量的粉丝群体。同时这类短视频因其带有娱乐性和具有轻松幽默的特点，可以在很大程度上缓解人们在现实中的压力，给枯燥的生活带来一丝乐趣。如抖音歌舞类短视频创作者“代古拉 K”便以欢快的舞蹈吸引粉丝，演员陈赫在抖音的账号也相当火爆。

三、影视类

影视类短视频包括影视解说型短视频、影视混剪型短视频、影视片段剪辑推广型短视频、影视盘点型短视频、影视创新型短视频等。这类短视频的最大特点在于其要在有限的时间内讲好电影剧情的同时，加入创作者的主观看法。因为短视频自身具有快、短、新的特点，因而要求创作者能够快速、有效地讲出影片的重点，让粉丝可以在短暂的时间内了解影片的剧情与相关热点话题。如“抖音”的电影解说短视频“毒舌电影”和“BiliBili”的电影混剪 UP 主“Man6on”等。

四、生活科普类

生活科普类短视频包括情感分析型短视频、美食制作型短视频、探店寻访型短视频、衣着服饰穿搭型短视频、美妆评妆型短视频、母婴亲子型短视频、健康医疗型短视频等。生活科普类短视频的特点为：首先，此类短视频在创作内容上生活化。因其内容主要围绕生活中的各类话题展开，所以更容易满足粉丝对其内容实用性上的需要。以“老爸评测”为例，该账号的所属人魏文峰是国际化学品法规专家，拥有十年出入境检验检疫局实验室检测工作经验。他把十年的工作经验运用到了对生活中物品的评测当中，如化妆品、护肤品、食品等与人们生活密切相关的物品。每期评测内容以 1 分钟以内的短视频呈现，既精炼实用，又有实验室检测结果和自身的多年行业经验佐证，因此深受观众喜爱和信赖。其次，观众接受门槛低。生活科普类短视频本质是在做知识的“解释”工作，即把严肃枯燥的专业理论，与观众实际生活中遇到的场景相结合，并转换为更容易让人接受的知识。“解释”知识的方式大大降低了观众的接受门槛，因此受众范围较广。

五、新奇创新类

新奇创新类短视频包括技术特效型短视频（影视特效应用、运镜调度剪辑、极限运动等）、理财投资型短视频、探索新奇型短视频等。首先，此类短视频拥有较高的技术门槛。此类短视频创作者在其自身能力及技术上具有很强的实操性与创新性，如抖音短视频平台的创作者——以画面效果著称的“黑脸 V”和以流畅的运镜为特点的“ahua”等。在普通粉丝看来，这类创作者所制作的内容具有较高的难度，且视觉上具有很强的创新性，所以在此类视频的发布及推广过程中会积攒较多的粉丝量。其次，此类视频具有较强的生活性。随着人们物质条件的不断提高，对于精神文化的需要和新鲜事物的接受度也在不断地提高，在此情况下大众对此类视频的新鲜度及接受程度也会随之提高，让人们在工作学习之余可以接触到新鲜的事物并拓宽自身的眼界。

六、文化教育类

文化教育类短视频包括国学推广型短视频、历史讲解型短视频、国风音乐表演型短视频、二次元文化表演型短视频、普法型短视频等。当下是短视频流行的时代，短视频相比于“微信、微博通过文字讲述、利用图片辅助”的传统形式，拥有音画同步的传播方式，因此短视频在传播过程中的故事性和画面感在传播效果上会比微信、微博更强且更具有说明性，短视频能够更直接地冲击用户的多重感官，通过投稿、话题等互动方式可以让用户拥有更多参与感、群体感、场景感和代入感，短视频在传播过程中实现了更生动、更有情感的互动。随着短视频的大火，这种新型传播方式已成为主流的传播形式，各个短视频平台上有众多的教师及其团队、教育培训机构开设了抖音号，短视频平台已经成为融媒体大环境下网络传播和宣传的标配。截至 2020 年 5 月，已经有 4300 多个教育相关的个人用户及相关公司成功入驻抖音且成为拥有上万粉丝量的账号群体，他们在运用抖音宣传自身的同时，也教授相关知识内容、传授学习方法等，覆盖了考学、语言教学、职业考试、文化传播、思想传达等细分领域。其传播内容可以分为以下几种。

（一）情景剧或 Vlog

采用此种内容展现形式的主要目的是将所要教授、宣传的内容或知识融入模拟的现实生活中，让用户在观看时更加具有代入感和真实感。以这种形式来表现，会更加便于短视频传播，但也会大大提高拍摄成本，如抖音短视频创作账号“人生回答机”便通过剧情引导的方式将人世间的道理讲述给观众。

（二）真人讲解

以半身出镜的形式来拍摄，如讲述逻辑推理的账号“韶华”的作品便使用了这种方式。这种以真人讲解形式进行拍摄的特点在于简单直观，只需要出镜的人在有限的时间内，以轻松生动、简洁易懂的方式表述知识内容。该方式适合较为简单、可以速记的知识内容的传播。

（三）实例教材

以教材上的内容为文字理论载体，以画外音解说的形式来讲述，会让观众更有上课的感觉，讲述的内容也会更加的简单清晰，讲解内容也会较为全面且深入。但是，此类方法会导致传播性被削弱，大部分用户无法做到全身心投入，进而会影响点击量与传播量。

（四）课堂录像

课堂录像处理是对所传播内容及讲解视频素材进行的二次剪辑，如宣讲时的录像、在线课程视频、相关活动记录等，这种方法也是有效传播相关内容的一种重要形式。

（五）思维导论图拍摄

以思维导论图为内容形式进行传播的优点在于用户以第一视角观看，对所要讲述的内容及知识点的表现较为清晰，拍摄成本低，但人设感低，不利于打造热点 IP，在讲述时观众的代入感较差。

（六）记录教学生活

部分机构、学校、公司及个人，都在采用此方法。通过真实的拍摄及后期的剪辑处理来记录现实生活状态，以及有趣的事情等。

七、商业类

商业类短视频包括产品推广型短视频、营销养号型短视频、人文故事解说型短视频等。此类短视频的最大特点就在于推广相关产品或是以发布博眼球的短视频的形式来获取大量的关注与用户群体。商业类短视频在制作时就很明确地以盈利为根本目的，其中最为主要的盈利方式有三种，即广告营销、短视频电商、内容付费。广告营销短视频的广告主要靠传统广告与原生广告。传统广告主要涉及界面弹窗广告、App 开屏广告、积分广告等。此类短视频中的传统广告大多是通过大数据运算来实现精准推送的，以提高客户转化率。原生广告是指一种新的消费者体验形式和一种新型的互动广告，原生广告以消费者平常的使用习惯为切入点，让消费者产生发自内心且自愿的消费体验。而短视频电商需要确立业务主体和发展方向，因为短视频平台对用户来说是一个娱乐社交平台，而电商对用户来说主要是用来满足购物需求的，所以短视频电商可能会透支短视频的流量价值，因而要求此类商业性短视频必须在选择平台及受众群体时做好定位。

八、政务宣传类

随着媒介技术的进步、播放平台的不断扩展和延伸、国家对短视频扶持力度的加大，近几年短视频不断发展，在 2020 年迈入相对成熟的发展阶段。其中，政务类短视频也迎来了新发展，在弘扬社会主义核心价值观、壮大主流舆论方面发挥了重要作用，创作出的主题和作品都呈现出新的特点。政务宣传类短视频创作主题方面的特点包括以下几点。

（一）政策、政务工作宣传

从 2018 年开始，越来越多的政务机构尝试在短视频平台注册并且发布短视频来宣传政务工作、宣讲和解读政策，获得了良好的传播效果。以入驻抖音短视频平台的中国人民解放军新闻传播中心网络部的官方抖音号“中国军网”为例，截至 2024 年 7 月 30 日共计发表作品（短视频）3872 条，最早一条的发布时间为 2018 年 10 月 30 日，发布的内容为官宣入驻抖音平台，仅此一条便获得 168 万的点赞量。目前其账号拥有粉丝 4117.7 万，共计获赞 9 亿。“中国军网”发布的短视频内容不仅展现了人民军队的血脉传承和铁血荣光，而且诠释了新时代革命军人的家国情怀和责任担当。

（二）塑造党政机构、公务人员形象

政务宣传类短视频在塑造党政机构及党政工作人员形象方面有着天然的优势，让网友从以前对其生硬、刻板的印象中跳脱出来，真正地了解党政工作人员的工作生活状态，感知他们的艰辛与奋斗。

（三）弘扬社会主义核心价值观

讲述典型人物的典型故事，弘扬社会主义核心价值观是政务宣传类短视频创作的

重要内容。如在 2018 年 10 月 1 日国庆节这一天，共青团中央正式入驻抖音、快手短视频平台。共青团中央此举更好地结合了时代发展的方向，积极地响应了“青年人在哪里，团的组织和工作就延伸到哪里”的工作纲领，不断迎合青年人的需要。以抖音平台为例，截至 2024 年 7 月 30 日，共青团中央发布作品 2774 条，点赞量约 3 亿，粉丝数量 1035.5 万。其发布内容在重视青年人发展的同时也在不断地推陈出新，在思想上、行为上、三观塑造上对青年人进行正确的导向，将宣传社会主义核心价值观的工作真正地落实到了实处和深处。

第四节　短视频的创作方式

目前短视频发展迅速，抖音短视频平台的日活动用户已经达到了数亿。在这个全民参与制作和观看短视频的时代，如何让创作的短视频能够在众多内容中脱颖而出？这就需要在进行短视频创作时，不能盲目随性而为。在创作短视频时需要讲究方式、方法，要按照一定的流程来进行。在短视频的创作过程中，要面向社会及迎合市场的需要。目前，市场上将短视频创作的主要方式分为以下四个方面。

一、图文展示类短视频

此类短视频是所有短视频里面最简单、便捷的一种。此类短视频创作没什么技术含量，几乎没有对硬件的要求，但是图片本身必须比较特别，才能吸引眼球。对于新手来说，技术门槛不高，上手难度不大。从用户角度来看，此类短视频主题鲜明、内容清晰，拥有一大批以中年用户为主体的核心粉丝。在此类短视频中，书单类短视频极具代表性。此类短视频通常以图片为主体来分享一些名人名言或名言警句、成功学等内容，并通过录制成短视频的形式来引发用户的共鸣。通过对此类短视频内容进行分析，不难看出，此类短视频能够拥有数量不少的点赞量及转发量首先说明了其在文案写作及内容选择上具有能够帮助用户塑造、巩固个人形象的作用。其次，此类短视频在创作的初期能够满足用户想要帮助他人成长、教化他人的心理。比如，用户个人在公众社会面前想树立一个思想健康且博学多才、爱好读书的人物形象，那么短视频平台便会通过后台的大数据计算优先对其推送此类短视频。当用户发现此类短视频符合自身内容设定及需要后便会主动地去转发、传播，用以达到用户思想共通、内容共享的心理预期设定。

另外，此类短视频在其内容文案上的设定和配乐的选择上要能够保证在前三秒便留住用户。根据短视频平台的推荐原理，整个视频的完播率、点赞数很大程度上决定了这个视频是否会继续推荐给更多的人。以抖音短视频平台为例，目前每天都会有上万个新的视频进入历史的视频流中，用户在选择与筛选的过程中，以图片展示为主导的短视频内容会因其内容简单、主题明确的特点，更加容易受到用户的喜爱或被用户选择。

二、Vlog 类短视频

Vlog 中文名为微录，是博客的一种类型，全称是 video blog 或 video log，意思是视频记录、视频博客、视频网络日志，源于 blog 的变体，强调时效性。Vlog 类短视频作者以影像代替文字或图片，以写个人网志的形式上传影像并与网友分享。Vlog 类短视频因其自身具有快节奏的剪辑思维，所以在观众的兴奋点还没有消散前便会及时填充新的内容。以这种剪辑思维为主体来进行创作的 Vlog 类短视频通常会配合长镜头和碎片化镜头的穿插使用，以此来维持观众的观看兴趣。Vlog 类短视频的画面质量较高，在清晰度、灯光及调色上表现得尤为明显。Vlog 类短视频的特点也特别鲜明，主要包括以下几点。

（一）以记录生活为主要内容

Vlog 类短视频中记录的内容可以是一次旅行、一次聚会、一次游戏等，这些都可以成为短视频中重要的素材，如图 4－7 所示。

图 4－7　Vlog 聚会记录

（二）独特的个性化表现

首先，Vlog 类短视频中视听语言的使用是与影视剧视听语言有区别的。Vlog 类短视频的视听语言使用要更加具有生活性，要减少戏剧性的主观创作。在声音元素的选择和搭配上会更加追求真实感与代入感，不会为了表达而进行刻意的煽情。其次，Vlog 类短视频中人物设定与选择上都充满了真实性与共同性，让观众在观看时会不由得想到身边的某个人，进而可以达到心理上的共鸣，进一步加深用户的黏性。

（三）创作门槛较高

Vlog 类短视频在设备要求上要高于普通短视频。在拍摄过程中不仅需要使用摄影机，还需要如智能云台等设备的辅助。同时，Vlog 类短视频在前期的筹备阶段与后期的剪辑阶段上也需要创作者具备与此领域相关的思路与创作手法。

（四）领域内的审美区隔

在短视频的审美领域中，Vlog 类短视频在表现上会更侧重于自然真实和现实存在的记录。通过旅行、游记解说、学习过程记录等内容来反映当代人的生活状态及对生活的认知。因其表现内容的特点，所以Vlog类短视频在整体的受众上具有明显的区分性。

三、采访类短视频

采访类短视频根据内容大致可以分为人物专访型短视频和街访路人型短视频。在观看短视频时不难发现，真正受欢迎的短视频其实很多都是一些贴近生活的视频，做的都是一些真实的内容，所以街访路人型短视频是很有受众的。街访路人型短视频顾名思义就是在街头采访路人，通过街头路人的反应来展现某些情景下人们真实的反应和回答，因为这一类的视频中经常会出现很多有意思的梗（笑点），所以很受人们的欢迎。在创作采访类短视频时，需要创作者抓住此类短视频的特点。

首先，在话题的策划上需要具有特点。比如春节前夕在街头采访外国人，询问外国人对中国传统节日及相关习俗的认知与看法。要注意的是，在选取热点性内容时，不仅要关注其中的话题性，同时也需要有正面的、积极的导向作用。这样不仅可以更好地获得短视频平台推广的机会，同时也能够对社会大众起到正确的引导作用。创作者如果在选题上选择了一个很平淡寡味的话题，这个话题可能属于社会热点，但是在进行采访时，采访对象很难针对这个话题输出一些能够引发关注的“热点”，那么这个话题就是一个失败的话题。欠佳的选题只会让采访步履维艰，并让节目没有什么引人关注的点。所以选题的好坏是至关重要的。

其次，短视频创作者需要在提纲的撰写和问题的设置上下足功夫。在采访类短视频中，最吸引观众的地方就是那些可遇而不可求的“神回复”，这些“神回复”可以为短视频争取更多的推荐和点击量。但这些“神回复”不是信手拈来的，需要短视频创作者在正式开拍前列出提纲，并将可能的回答罗列出来，从而在现场引导受访者得到“神回复”。同时，短视频创作者也需要注意在问题的设置上一定要言简意赅，紧扣主题。如果问题过大，受访者的回答就会过于发散，受访者面对这个问题时很容易会从多个维度来进行回答，最终可能导致回答不到重点上，这样也就让整个采访失去了原有的意义。

最后，在采访对象的选择和内容倾向性上需要有所注意。街拍对象的选择和拍摄不是随意进行的，最好选择那些个性鲜明、打扮具有标签性的受访者。但需要注意的是，在选择采访对象的时候，要根据他们的长相、气质来推断他们的职业、性格，以及这些人是否愿意接受采访，因为只有愿意接受采访的人才会认真地回答问题，同时他们在表达观点时思路也会较为清晰。在受访者的选择方面，短视频创作者要注意：脚步匆忙的不要选，有偶像包袱的不要选，眼睛飘忽的不要选，表情凝重的也不要选。在内容倾向性方面，短视频创作者需要注意：选择正能量的内容，抵制不良社会风气。在传播过程中，正能量的话题更能激发起人们转发、点赞的热情。

四、剧情类短视频

此类短视频在所有短视频里是拍摄成本最高的，需要有团队的共同协作，要有各种演员来分饰各种角色，最终完成一个剧情。该类短视频创作需要进行前期文案筹备工作、中期拍摄调度工作、后期视频剪辑工作。一般剧情类原创视频制作出品的周期较长，但是易于被观众所接受，有较大概率能打造出热门 IP。剧情类短视频主要包括以下几种类型。

（一）抒情情感类

代表账号："故事叔"（抖音平台）。此类短视频创作者在短视频平台虽然不具有巨量粉丝，但是都具有较强的识别度，整体制作水平比较精良，场景、服装、化妆、道具及演员表演都要求达到影视剧级别。和受众互动的地方体现在情感选题上，让观众有代入感。此类短视频的故事数量较多且大多没有连续性，一般采用旁白配音和大量升格镜头的方式，文案在内容上较为文艺或朴实，通常演绎的都是独立的小故事，这样的好处在于观众单看每条短视频时不会将其理解成连续剧，可以表现故事的完整性。但是单独的故事很难保证每条短视频制作质量的稳定和统一，所以一般为了稳定用户观众标签，这类账号都保留同样的演员阵容进行长期出演，达到观众看到这些演员就知道这个账号的效果。大体上，这类账号视频的故事属性较强，而在商业植入方面表现一般。

（二）"无厘头"魔性类

代表账号："霸王别急眼"（抖音平台）。此类短视频在创作方式上，剧情的占比不多，能够吸引观众的部分往往是演员自身无下限的表演，轻快"魔性"的音乐配合视频画面使人过目难忘。此类短视频的内容表现多为脱口秀、音乐、舞蹈等多种内容的融合，在内容表现上较为夸张，体现"无厘头"的特征。此类短视频创作者在商业植入上很优秀，可以将广告内容演变为主题内容来制作视频，同时又不会使观众感到突兀。

（三）悬疑分析类

代表账号："叶公子"（抖音平台）。此类短视频在内容形式及文案主题上具有比较明显的特点，内容故事性较强，一般的情节安排为：开头出现问题，主角产生怀疑，随后其进行侦探分析式的破解或者巧妙的应对，在这些过程中配以急促的音乐加剧矛盾，最后反转结局。此类短视频本身容易让观众产生观看的欲望，在视频剪辑的节奏上较快，伴随快速切镜转场，既满足观众对剧情上的需要，又引起了其好奇心。此类短视频在创作上具有一定难度，主要体现在创作剧本文案阶段，前期编剧要撰写合适的台词及合乎逻辑的场景事件。另外，在中期拍摄制作阶段，摄影师及演员的调度工作也较为复杂。同时，随着侦探分析的进行，需要穿插大量特写镜头，通过细节的表现来增加推理的可信度。目前，此类短视频创作者创作的内容拥有长久的商业价值，因为此类短视频在故事剧情表达上具有相对完整性，所以在商业内容植入上比较有市场。

（四）甜宠恋爱类

代表账号："李晓萱"（抖音平台）。此类短视频多从男女生单一角度出发进行讲述，在视频中表现出或甜美、伤感、温馨的情感故事。从创作内容的角度审视此类短视频，发现其更类似于"韩式偶像剧"。通常这类账号比较侧重于真实情侣间的互动，重点通过近距离的靠近和肢体接触，表现男女间怦然心动的瞬间。

（五）手绘类

代表账号："Aurora 手绘"（抖音平台）。此类短视频的制作可以由一个人单独完成，虽然制作上对人力要求较低，但是想要做好也需要有一定的技术基础。此类短视频因其呈现方式新颖，受众群体区间距离不大，所以在短视频平台上也有很广泛的受众群体。

（六）真人解说类

代表账号："毒舌电影"（抖音平台）。此类短视频以影视剧解说类短视频最为火热。影视剧解说类短视频因其可以在短时间内清楚介绍一部或一段影视的相关内容，所以在短视频平台上拥有众多的观众。影视剧解说类短视频需要在有限的时间内讲好一部电影或一段电视剧剧情，同时也需要创作者加入自身对相关内容的理解与主观评判。此类短视频能够有效地分析和讲出影视剧中的重点内容，从而更好地让观众了解剧情和热点话题。

第五节　抖音短视频平台

一、抖音平台简介

抖音短视频的用户人数在整个短视频市场中位居前列，根 QuestMobile 最新数据显示，抖音在 2023 年 5 月的月活跃用户达到 7 亿多人，月人均使用时长达到 36.6 小时，且流量保持不断增长。抖音的出现不仅改变了人们的休闲娱乐方式、阅读习惯，还改变了人们的价值取向，形成了具有时代特色的抖音文化，对信息传播产生了深远影响。

（一）抖音平台的特色

抖音于 2016 年 9 月 20 日上线，是一款音乐创意短视频社交软件。抖音用户可以通过抖音分享自己的生活，观看各种奇闻趣事，同时也可以在这里认识更多朋友。抖音最初是一个专注于年轻人的音乐短视频社区，用户可以选择歌曲来搭配短视频，制作自己的作品。用户还可以通过调整视频拍摄速度、视频编辑、特效（反复、闪一下、慢镜头）等功能让视频更具创意。抖音平台具备以下几个显著特点。

1. 用户参与度高

抖音通过定期发布主题视频标签，鼓励内容创作者参与同主题创作。这些标签不仅激发了创作者的创意，还使得创作出的内容具有高度的参与性和娱乐性，进而促进内容的分享和传播。此外，抖音根据用户特性实现个性化内容推送，增强用户黏性和关注度。因此，无论是对于创作者还是普通用户，抖音都提供了广泛的参与机会。

2. 用户操作便捷

抖音短视频时长适中，制作简便，满足了不同用户的创作需求。用户可轻松参与创作，充分发挥个人特长。抖音操作简单，只需滑动手指即可播放下一条视频，全屏播放模式确保了流畅的观影体验，使用户沉浸于内容之中。

3. 优质创作内容

优质的内容是吸引和留住用户的关键。抖音平台汇聚了各类优质内容，包括娱乐性的音乐、舞蹈、幽默段子等，为用户带来轻松愉悦的感受。同时，平台也涵盖了丰富的生活知识、人文知识和科普知识等，满足了用户多元化的信息需求。

4. 强大的电商功能

随着直播电商的兴起，抖音已成功融入电商领域，为商家提供全面的流量、用户数据和商品管理支持。例如，商家可利用抖音电商罗盘和巨量千川等工具进行高效的电商运营。目前，抖音电商体系已相当完善，用户在观看短视频或直播时即可轻松完成购买，丰富了用户的购物体验。同时，直播带货模式也为抖音电商注入了新的活力。

展望未来，抖音将继续在商业变现方面进行探索和创新，以健康、可持续的方式传播品牌价值。同时，将与品牌商合作开发更具故事性、观赏性和引导性的内容，为用户带来更多元化的选择和体验。

（二）抖音短视频的常见类型

抖音平台仍处于发展阶段，现在想要入局抖音短视频与直播还为时不晚。但是，很多人看到抖音平台五花八门的内容，却不知道自己该做什么类型的短视频与直播。依据内容来分，抖音短视频可以分为以下几种类型。

1. 知识讲解型

知识讲解型短视频主要依靠分享专业知识来吸引用户。这些知识涵盖了广泛的领域，包括编程、办公软件、英语、摄影、健身等，如图 4－8 所示。为了增加可信度，创作者最好具备一定的专业性或得到专家认可。这类短视频通常通过销售课程来实现盈利，虽然变现方式相对单一，但由于目标用户定位准确，营销效果往往较好。

图 4－8　知识讲解型短视频

2. 才艺展示型

才艺展示型短视频主要是为了展示创作者的独特才艺。这些才艺不仅局限于唱歌、跳舞，还包括乐器演奏、相声、脱口秀、口技、书法、绘画、手工等。在抖音平台上，只要创作者能够展现出与众不同的才艺和观点，就有可能迅速走红，如图 4－9 所示。这类短视频通常先积累粉丝，然后再通过销售商品实现盈利。需要注意的是，销售的商品应与创作者的才艺紧密相关，以便在展示才艺时自然地引导用户关注商品，激发购买欲望。

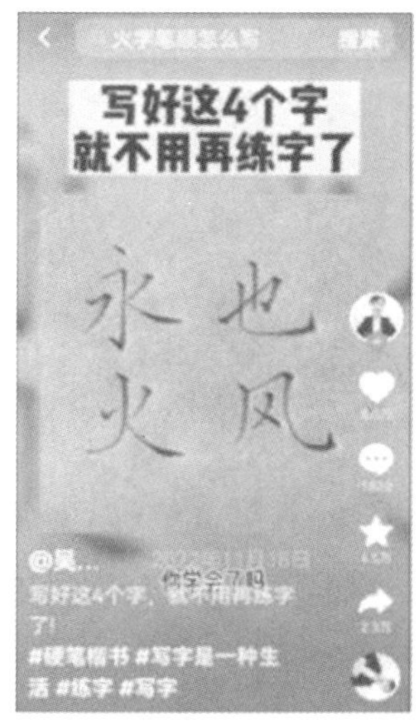

图 4－9　才艺展示型短视频

3. 剧情/搞笑型

剧情/搞笑型短视频包括真实场景下的剧情、演绎性剧情和幽默段子等，如图4－10所示。创作者在制作这类短视频时，应注重设置反转、冲突和矛盾等情节，以吸引用户的关注和兴趣。在营销方面，这类短视频可以将商品巧妙地植入到剧情中，如服饰、食品和家居用品等，采用这种方式可以更有效地推广商品。

图 4－10　剧情/搞笑型短视频

4. 生活随拍型

生活随拍型短视频主要是记录真实的生活、宠物生活和育儿日常等内容，如图4－11所示。创作这类短视频时，应注意增强真实性和人情味，让观众感受到贴近生活的体验。此类短视频制作相对简单，且容易吸引观众的注意力，在积累足够的粉丝后，也更容易实现盈利。

图 4－11　生活随拍型短视频

5. “种草”购物型

“种草”购物型短视频是指通过视频内容向用户推荐某商品，引导其购买的一种短视频类型，如探店类、测评类和穿搭类等，如图 4－12 所示。这类短视频的目的是销售商品，在积累一定粉丝后，可以轻松实现引流变现。

图 4－12　“种草”购物型短视频

（三）抖音运营的平台规则

抖音已经成为一个备受瞩目的平台，对于想要入驻抖音的人来说，了解其平台规则是至关重要的。

1. 内容审核

抖音对于内容的审核非常严格，涉及敏感信息的视频将会被禁止发布。此外，恶意诋毁、色情低俗、违法违规等内容也会被禁止发布。因此，在制作和发布视频时，必须严格遵守抖音的平台规则，避免触碰敏感话题和不良内容。

2. 视频时长与质量

抖音视频的最佳时长是 15 秒到 1 分钟，过长或过短的视频都不太适合抖音平台。此外，视频质量也是非常重要的，高清、稳定、有创意的视频更受用户欢迎。为了提高视频质量，可以使用一些专业工具进行视频剪辑和后期处理。

3. 用户互动与维护

与用户互动是抖音运营的重要环节。通过回复评论、点赞、转发等方式，可以增强用户黏性，提高用户参与度。同时，对于用户的负面评论和投诉，需要及时处理和回复，避免造成不良影响。

4. 账号管理

账号管理是抖音运营的基础。需要定期更新内容，保持账号活跃度，同时注意保护账号安全，避免被盗号或恶意攻击。此外，使用统一的主题和风格可以增强账号的可识别性，提高品牌曝光度。

5. 数据监控与分析

数据监控和分析对于抖音运营至关重要。需要密切关注视频的播放量、点赞量、评论量等数据，了解用户喜好和行为习惯，以便调整和优化运营策略。同时，通过对比竞争对手的数据，可以发现自己的不足和优势，进一步提高运营效果。

（四）抖音运营的注意事项

对于希望在抖音上建立品牌、推广产品或服务的人来说，了解抖音运营的注意事项至关重要。下面将详细介绍六大注意事项，有助于运营人员在抖音上取得更好的运营效果。

1. 避免低级搬运

在抖音上，许多内容创作者通过简单地搬运其他平台上的视频来获取流量。然而，这种行为不仅侵犯了他人的知识产权，还会降低账号的权重，进而影响视频的曝光量和点赞量。要想在抖音上获得成功，必须创作出具有独特风格和高品质的视频内容。

2. 保持视频清晰无广告

清晰度是评价一个视频质量的重要标准之一。为了确保视频的清晰度，建议使用高清设备进行录制，并在后期处理时进行适当的剪辑和优化。此外，过多的广告植入会让观众产生反感，因此要避免在视频中过度推销产品或服务，以免影响观众体验。

3. 深入了解抖音算法机制

要想在抖音上获得更多的曝光量，必须深入了解抖音的算法机制。抖音的推荐算法基于用户行为、内容质量、账号权重等多个因素进行推荐。因此，要注重提高视频质量和账号权重，以便获得更多的曝光机会。

4. 慎重删除短视频

在抖音上，一旦发布视频，就很难更改。因此，在发布之前要仔细检查视频内容，避免出现违禁词或不良画面。一旦发布后出现问题，应当及时删除或下架相关视频，以免造成更大的损失。同时，也要慎重考虑是否删除已经发布的短视频，因为这可能会影响账号的权重和粉丝的忠诚度。

5. 避免出现违禁词

在抖音上发布视频时，必须避免出现违禁词。这些违禁词不仅包括国家明令禁止的违法信息，还包括一些可能会对用户造成不良影响的敏感词。一旦出现违禁词，不仅会导致视频无法正常发布，还可能会引发法律问题。因此，在制作和发布视频时，务必仔细检查内容，确保不包含任何违禁词。

6. 避免出现负面倾向的画面

在抖音上发布视频时，要注意避免出现负面倾向的画面。这些画面包括但不限于暴力、血腥、色情等不适宜向公众传播的内容。一旦出现这些画面，不仅会导致视频被平台下架或删除，还可能会引发社会舆论的谴责和质疑。因此，在制作和发布视频时，务必仔细审查画面内容，确保不包含任何负面倾向的画面。

综上所述，以上六大注意事项是抖音运营中必须关注的重要方面。只有充分了解并遵循这些注意事项，才能在抖音上建立成功的品牌形象，并吸引更多的粉丝关注。

二、抖音短视频的内容策划

（一）抖音账号定位

1. 人设定位

（1）个性特点：在创建抖音账号时，首先要明确自己的人设特点，包括幽默、才华、热情、阳光等，具有独特性的个性特点才能够吸引更多的粉丝关注。

（2）形象塑造：根据自己的人设特点，设计合适的形象，包括头像、昵称、背景墙等，保持整体风格的统一性，让用户一眼就能认出你的账号。

（3）内容风格：在人设定位的过程中，还要考虑内容风格的一致性。例如，如果人设是幽默风趣的，那么短视频内容就应该充满趣味性和搞笑元素，让用户在观看过程中感受到快乐。

例如，抖音账号“某某小和尚”塑造的是可爱的动漫人物形象，通过分享与深谙世事的老师父之间的对话来解答人世间的情感问题，用最直白的语言阐述道理，用动画的表现形式很好地诠释了人物情感，使用户产生思考，如图 4 - 13 所示。

图 4 - 13　人设定位

2. 目标用户定位

（1）年龄层次：了解目标用户的年龄层次，以便为他们提供符合其需求和兴趣的内容。例如，年轻人喜欢潮流、时尚、娱乐等内容，而中年人则更喜欢实用、教育、家庭等内容。

（2）兴趣爱好：分析目标用户的兴趣爱好，为他们提供具有针对性的内容。例如，如果创作者关注的是美食领域，那么可以为用户提供美食制作教程、美食评测、食材介绍等内容。

（3）行业领域：针对不同行业领域，为用户提供专业、权威的内容。例如，科技领域可以关注新产品介绍、技术评测、行业动态等；时尚领域可以关注潮流趋势、搭配技巧、时尚单品等。

（4）地域特点：根据目标用户的地域特点，提供具有地域特色的内容。例如，南方用户可能更关注潮湿天气的应对方法，北方用户则更关注冬季取暖问题等。

（5）社会痛点：关注社会痛点，为用户提供解决方案。例如，针对现代人普遍存在的焦虑、压力等问题，可以提供心理健康知识、减压方法等内容。

在进行抖音账号定位时，要充分考虑人设特点及目标用户的年龄层次、兴趣爱好、行业领域、地域特点，以及社会痛点等因素，从而为用户提供具有针对性和价值的内容，吸引更多粉丝关注。同时，也要注意根据市场反馈和用户需求，不断调整和优化自己的人设和内容策略，以实现更好的传播效果。

（二）抖音短视频选题策划

在短视频创作中，选题方向不仅决定作品的整体导向，还代表着创作者对外传递的观念和立场。因此，进行短视频创作时，应当提前做好选题策划。这样不仅能更容易创作出精品短视频，还能有效地吸引目标用户，并增强用户黏性。下面介绍几种常用的策划短视频选题的方法。

1. 结合热点选题

热点事件、音乐和形式是短视频创作中常见的选题来源。创作者应具备对网络热点的敏感性，通过结合不同热点的特点，为自己的短视频创作带来更多的流量。例如，与热点事件相关联的短视频，只要将内容与事件热点的某个元素相关联，便有可能获得更多的曝光。此外，应关注各大平台的热点排行榜，如抖音热榜、微博热搜榜等，以及第三方数据工具，如飞瓜数据、蝉妈妈数据等，都能为选题提供有力的数据支持。

2. 关键词选题

在确定内容领域的基础上，对关键词进行扩展与细化，形成系列化的选题。例如，美妆类账号可以从“化妆与护肤”领域挑选关键词，如“如何美白和保湿”“怎样画眼影、腮红”等；剧情类账号则可以根据人物或事件背景来打造系列化的选题。此外，利用九宫格创意法来扩展关键词也是一个有效的方法。

3. 收集信息选题

可以通过收集用户反馈来挖掘新的选题方向。例如，从自己或竞争对手的账号评论中寻找有价值的线索，了解用户的需求和关注点，据此来制定更符合用户口味的短视频内容。

4. 互动性选题

选择能引发用户讨论的话题，如亲情、友情、爱情等与用户切身相关的内容。这些话题通常能引发用户的共鸣和广泛关注，增加评论互动的积极性。

通过以上方法进行选题策划，不仅能够提升短视频创作的品质，还能更好地吸引目标用户，增强用户的忠诚度和黏性。

（三）抖音短视频脚本的撰写

抖音短视频脚本作为抖音创作的基础，不仅是内容呈现的灵魂，更是团队协同工作的关键。它如同一个地图，为创作者指明方向，确保每一步都走得有序、有力。与传统影视剧脚本不同，抖音短视频脚本更加注重在短时间内给予观众视听与情感的冲击。

抖音短视频脚本的撰写思路因人而异，新手创作者可以分析研究那些爆款优质抖音短视频，包括其中的场景布置、镜头运用、台词动作等，然后多加实践，经过长期积累后，就会形成自己的撰写思路。梳理撰写抖音短视频脚本的思路时，创作者可以参考以下几个方面。

1. 明确拍摄主题

在开始撰写脚本之前，创作者需要明确自己的拍摄主题。无论是什么类型的抖音短视频，都需要有一个明确的主题。主题的选择决定了整个抖音短视频的方向和基调。因此，创作者需要仔细思考，根据自己的兴趣和受众的需求来确定主题。在选择主题时，创作者需要考虑该主题在抖音平台上的受欢迎程度和竞争情况，以避免与大量同质内容产生竞争。根据主题，可以将抖音短视频大致分为三类，即生活记录类、展示分享类和主题创作类。

（1）生活记录类主要记录日常生活、旅行、美食等内容；

（2）展示分享类则围绕某项技能、知识或产品进行讲解和展示；

（3）主题创作类则需要有一个完整的主题和故事线，要求具有较高的创意和制作水平。

以生活记录类为例，如果主题是旅行，那么在撰写脚本时，需要详细规划旅行的路线、拍摄的场景、人物的动作和对话等，而对于标志性建筑或景点，需要特别设计镜头和拍摄角度，以展现其独特的美感。

2. 做好写作准备

在开始撰写脚本之前，创作者需要进行充分的准备工作，包括确定拍摄时间、地点和参照等。首先，要提前规划好拍摄时间，确保有足够的时间来完成拍摄工作，同时也要考虑到天气、季节等因素的影响。其次，要选择合适的拍摄地点，根据主题和内容来选择适合的场景。最后，可以找到同类型的抖音短视频作为参照，以便更好地理解拍摄要求和效果。

3. 搭建内容框架

在准备工作完成后，创作者接下来要搭建抖音短视频的内容框架，包括故事的情节、人物、场景、事件及转折点等。通过这个框架，可以清晰地看到整个抖音短视频的结构和逻辑关系。在搭建框架时，要注意保持故事的连贯性和吸引力，同时也要考虑受众的接受度和情感共鸣。

以展示分享类为例，如果主题是美食制作，那么在搭建框架时，需要考虑食材的选取、制作过程、成品的呈现等各个环节，以及如何通过这些环节来吸引观众的注意力。此外，还需要设计一些有趣的情节和细节，以增加内容的趣味性。

4. 填充内容细节

在搭建好内容框架后，创作者接下来要填充内容细节，包括人物的对白、动作、表情，以及场景的布置、色彩搭配等。这些细节对于提升抖音短视频的质量和感染力至关重要。在填充内容细节时，要注意保持与主题和框架的一致性，同时也要考虑受众的需求和情感体验。

例如，在讲述一个温馨的故事时，可以通过配乐、镜头切换和画面色彩来营造温馨的氛围；在讲述一个搞笑的故事时，可以通过幽默的对白、滑稽的动作和表情来增加笑点。这些细节可以让抖音短视频更加生动有趣，增强用户的观看体验。抖音短视频脚本中常见的内容细节见表 4－1 所列。

表 4－1　抖音短视频脚本中常见的内容细节

内容细节	说明
机位选择	机位是摄影机相对于被摄主体的空间位置，包括正拍、侧拍、俯拍、仰拍等，选择不同的机位，展现出的效果是截然不同的。
台词设计	创作者应根据不同的场景和镜头设置相应的台词，台词是为了镜头表达准备的，可起到画龙点睛、加强人物设定、助推剧情、吸引用户互动等作用。台词应精练、恰到好处，能够充分表达主题。
影调运用	影调是指视频画面的明暗层次、虚实对比和色彩的色相明暗等之间的关系，影调的运用应根据短视频的主题、内容类型、事件、人物和风格等来综合确定，影调要与短视频的主题相契合，如冷调配合悲剧、暖调配合喜剧等。
道具选择	在短视频中，好的道具不仅能够起到助推剧情的作用，还有助于优化内容的呈现效果，选择合适的道具能够在很大程度上增加短视频的流量、用户的点赞量和评论量等。

三、抖音短视频的拍摄

抖音是一款可以拍摄音乐创意短视频并带有社交分享平台的 App，拍摄抖音短视频非常简单，通过一部手机和一些创意，就可以进行抖音短视频作品的拍摄与创作。下面将介绍使用抖音 App 拍摄短视频的基本操作，如拍摄设置、分段拍摄并发布作品等。

（一）拍摄设置

使用抖音 App 拍摄短视频前，创作者可以根据需要进行一些常规设置，如调整画面对焦与亮度、打开构图网格线、进行美化设置、使用特效等，具体操作步骤如下：

步骤一：打开抖音 App，点击下方的＋按钮。

步骤二：进入抖音拍摄界面，在界面上点击即可自动对焦和曝光。

步骤三：向上拖动对焦框右侧的图标，提高亮度。

步骤四：在界面右侧为各项拍摄功能按钮，点击右侧的“设置”按钮，在弹出的界面中打开“网格”功能显示网格线，以便于画面构图。

步骤五：在拍摄界面上连续点击两次即可切换摄像头，在此切换为前置摄像头，然后点击“美颜”按钮，在弹出的界面中可以进行“磨皮”“美白”“瘦脸”“大眼”“清晰”等调整。

步骤六：要拍摄有趣的特效短视频，可以点击界面左下方的“特效”按钮，在弹出的界面中选择特效类别，然后选择需要的特效道具，对喜欢的特效可以点击“收藏”按钮收藏特效。拍摄设置完成后，点击“拍摄”按钮或者长按“拍摄”按钮，开始拍摄短视频。

（二）分段拍摄并发布作品

使用抖音 App 除了可以拍摄一段连续的短视频外，也可以分段拍摄，即在拍摄中暂停，转换镜头或切换场景后再继续拍摄，拍摄完成后可以对各段短视频进行剪辑并发布，具体操作步骤如下。

步骤一：在拍摄界面下方选择“分段拍”按钮，然后选择拍摄时间，在此选择 60 秒，然后点击“拍摄”按钮，开始第一段短视频的拍摄。第一段短视频拍摄完成后，点击“暂停”按钮。

步骤二：转换到下一个拍摄场景，点击“拍摄”按钮，开始第二段短视频的拍摄。

步骤三：采用同样的方法，继续进行其他短视频片段的拍摄，点击“删除”按钮可以删除最近一段短视频，完成拍摄后点击“保存”按钮。

步骤四：完成拍摄后，在弹出的界面中可以添加音乐、修剪视频素材、添加文字和贴纸、添加视频效果等。

步骤五：点击“选择音乐”按钮，在弹出的界面中可以使用抖音推荐的音乐、自己收藏的音乐或最近使用过的音乐，点击“搜索”按钮可以搜索音乐或从音乐库中选择音乐。

步骤六：点击“剪辑”界面，从中可以对各段短视频进行删除、修剪、调速、添加转场效果等操作，剪辑完成后点击“保存”按钮。

步骤七：视频剪辑完成后，点击“下一步”按钮，进入视频发布界面，输入短视频文案并添加话题。

步骤八：点击“选封面”按钮，在弹出的界面中拖动选框选择封面，点击“保存”按钮。

步骤九：点击“发布”按钮，即可发布短视频，等待上传完成后即可看到自己创作的短视频作品。

四、抖音短视频的推广引流

（一）抖音短视频推荐机制

对于创作者而言，了解推荐机制有助于他们更有针对性地设计视频内容，提高账号权重，从而增加视频的曝光量和观看量，实现“吸粉”引流的目的。通过深入研究推荐机制，创作者可以更好地把握观众的兴趣点和行为习惯，创作出更符合市场需求和用户喜好的作品。同时，了解推荐机制也有助于创作者更好地规划自己的创作路线，不断优化和改进自己的创作风格和策略。

对于用户而言，抖音短视频推荐机制有助于他们快速找到自己喜欢的内容。通过分析用户的反馈行为和兴趣爱好，推荐机制能够为用户提供更加精准和个性化的内容推荐，使用户能够更好地发现和欣赏不同类型的短视频。这不仅提高了用户的观看体验，也进一步丰富了用户的文化生活。

此外，抖音短视频推荐机制还有助于平台形成可循环的良性生态。平台可以根据用户的反馈行为和兴趣爱好不断改进和优化推荐算法，提升用户体验，吸引并留住更多的用户。这种“生产者即消费者，消费者即生产者”的循环运行模式，有助于实现平台、创作者和用户之间的共赢，推动抖音平台的可持续发展。

抖音推荐机制就是抖音的评判机制，它对抖音平台创作者和用户都有效。抖音短视频推荐机制的运作流程有以下几个方面。

1. 平台审核

当创作者上传一条短视频后，抖音平台会进行双重审核，即“机器审核＋人工审核”。

（1）机器审核：通过提前设置好的人工智能模型识别视频画面、标题、关键词及视频文案，判断短视频是否存在违法违规行为，如果存在疑似违法违规行为就会被机器拦截，以标黄、标红的形式提示人工注意，进入人工审核阶段。

机器审核若未发现违法违规行为，平台还会进入消重审核，抽取短视频几帧画面，与抖音数据库中的海量作品比对匹配，消除重复短视频。如果发布的作品是已经被发布过的，那么推荐性就会大大降低或不予推荐。

（2）人工审核：当机器筛选出疑似违规作品时由人工进行复审，如果确定违规，就会对账号进行处罚，如删除短视频、降权、封号等。

2. 智能分发

抖音平台的一大特点就是去中心化，这就意味着在抖音平台上，任何一个账号都有爆红的可能，而决定自身账号能否爆红的唯一标准就是创作的短视频内容是否受用户的欢迎。

短视频通过审核后，系统会结合关键词匹配 200—500 名用户，即初始流量池，不管账号本身的等级如何，只要短视频足够优质，就能吸引用户的注意，促使用户关注，完成“吸粉”引流。初始推荐一般会优先分发给附近的人和粉丝，然后配合用户标签与内容标签进行智能分发。

3. 叠加推荐

在为短视频提供了初始流量后，抖音平台会根据该短视频的综合权重来分析其是否受到用户关注。综合权重的关键因素包括评论量、转发量、点赞量和完播率，且遵循“完播率＞点赞量＞评论量＞转发量”的权重原则。

抖音平台根据这些数据获得用户反馈，如果数据较好，短视频排名靠前，系统就会进行叠加推荐，增加曝光量，第二次推荐会将短视频作品分发给 1000—5000 名用户。如果第二次反馈依旧不错，抖音平台就会继续分配更多的流量并依次递进。在这个过程中，如果短视频作品一直都保持着较好的反馈成绩，抖音平台就会以大数据算法结合人工审核的机制将作品推上热门。这一步骤会让短视频内容分发更加精准，在内容与用户之间进行标签匹配。

4. 流量触顶

短视频经过平台审核、智能推荐、叠加推荐和热门推荐引爆后，通常会给账号带来大量的曝光、互动和粉丝。但是，这种高曝光时间一般会持续一周，这也激励创作者持续生产优质的内容。如果短视频被举报，就会进入人工审核，确认违规就会停止推荐，不过创作者可以申诉，申诉成功就会保持高曝光。

抖音的推荐机制极具魅力，因为抖音的流量分配是去中心化的，这种推荐机制让每一个有能力产出优质内容的创作者都能参与平台的公平竞争，都有机会实现自己的理想或目标。

（二）抖音推荐机制的关键指标

影响抖音短视频推荐机制的关键因素主要包括播放、点赞、关注、评论、分享等。创作者要掌握这些因素的数据指标，才能有效提升短视频被推荐的概率。

1. 播放量

播放量是指短视频在某个时间段被用户观看的次数。一条短视频能否持续得到平台的推荐，主要是看有多少用户把短视频看完，完播率越高，平台就推荐得越多。

2. 点赞量与点赞率

点赞量是指点赞短视频的用户数量。除了点赞量外，还要考虑其点赞率，点赞率即点赞量与播放量之比。点赞率高说明看过短视频的用户很喜欢该视频的内容，用点赞来表达对作品的支持。

3. 关注量与关注率

关注量是指通过短视频进入账号主页并点击关注的用户数量，关注率即关注量与播放量之比。关注率越高，说明短视频账号定位越精准，短视频内容对用户来说是有趣、有用、有价值的。

4. 评论量与互动率

评论量即对短视频做出评论的用户数及对评论点赞的用户数。互动率是指在推荐的用户中评论的人所占的比率。短视频评论互动是账号活跃度、质量度检测的一个重要指标，跟抖音推荐机制直接挂钩。参与评论的用户越多，说明短视频内容越优质，体现出该条短视频引发共鸣、关注与争论的程度越高。提高互动率的方法主要有四种，分别是增加内容的话题度、用文案引导用户评论、设置初始评论，以及引发评论区的争论。

5. 转发量与转发率

转发量即对短视频进行转发分享的次数。转发率是转发量与播放量之比。转发率越高，抖音的推荐量就越多。

除了以上指标，还有复播率，即重复观看短视频的用户所占的比率。短视频被重复播放，代表着用户对短视频的肯定，抖音平台也会相应地增加推荐。

为了提升短视频的这些数据指标，创作者要注意短视频的时长和发布时间，但最重要的是创作优质内容。创作优质内容是引导用户关注、点赞、互动分享的核心要素。

（三）运用抖音平台功能推广引流

互联网变现的公式是“流量＝金钱”。因此只要有了流量，变现就不再是问题。而如今的抖音，就是一个坐拥庞大流量的平台。用户只要运用一些小技巧，就可以吸引相当大的流量。在抖音平台上，有众多功能可以帮助用户进行推广引流，以下是一些常见的功能。

1. 广告引流

抖音平台提供了广告服务，可以在抖音平台上投放广告，吸引目标受众。用户可以根据投放需求选择不同的广告形式和投放位置，如开屏广告、信息流广告、详情页广告等。通过广告引流，用户可以快速提高品牌知名度和曝光率。

2. SEO 引流

搜索引擎优化（SEO）在抖音平台上同样适用。通过优化短视频内容的关键词和描述，可以提高短视频在搜索引擎中的排名，从而吸引更多的潜在受众。同时，用户还可以利用抖音平台的搜索框优化功能，提高搜索结果的曝光率。

3. 评论引流

在发布短视频时，用户可以通过在评论区留言互动来吸引观众的关注，可以回复观众的评论，与他们进行互动交流，或者在热门评论下方留言，提高自己的曝光率。同时，用户还可以利用抖音平台的置顶评论功能，将自己的评论置顶，提高曝光率。

4. 私信引流

抖音平台提供了私信功能，用户可以通过私信与观众进行一对一的沟通交流，可以在私信中发送自己的联系方式、社交媒体账号等，引导观众关注自己的其他平台账号，实现引流。同时，用户也可以通过私信发送定向推广信息，提高推广效果。

5. 互推引流

互推是一种有效的引流方式。用户可以与其他抖音账号合作，互相推荐、转发视频，吸引对方的粉丝关注自己的账号。同时，用户还可以通过参加抖音官方的互推活动，与其他抖音账号一起合作推广自己的视频。

6. 矩阵引流

矩阵引流是指通过建立多个账号形成账号群组来提高曝光率和引流效果。用户可以在不同的账号上发布不同类型的视频，吸引不同类型的受众。同时，用户也可以通过建立账号群组，互相推荐、转发视频，提高引流效果。

7. 转发引流

转发是一种快速扩大受众范围的方式。用户可以将自己的视频转发到其他社交媒体平台，如微信、微博、QQ 等，吸引其他平台的用户关注自己的抖音账号。同时，用户也可以通过转发其他热门视频来提高自己的曝光率。

第六节　西瓜短视频平台

一、产品简介

2016 年 5 月，今日头条上线视频板块，并在同年 9 月宣布出资 10 亿元扶持短视频创作。2017 年 6 月，头条视频正式更名为西瓜视频，并确定了新的品牌口号——“给你新鲜好看的”。西瓜视频手机 App 的部分产品界面，如图 4－14 所示。

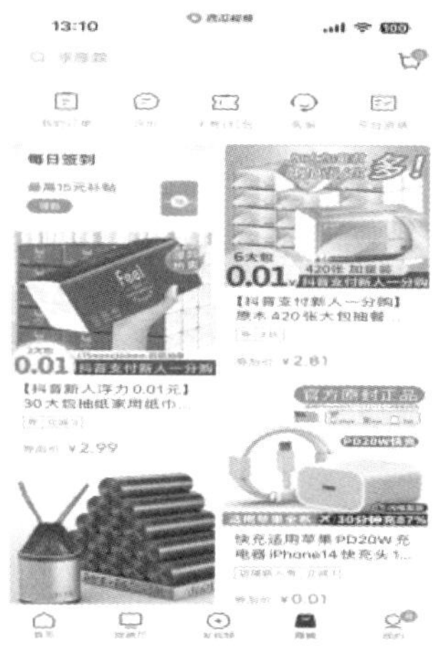

图 4－14　西瓜视频功能界面

（1）用户画像：西瓜视频的用户有 49％分布在一、二线城市，男性用户占总用户的 57%，女性用户则占 43%，年龄以 18—40 岁为主。

(2) 视频时长：西瓜视频的时长达几分钟，可以让品牌完整地讲述一个故事，非常适合用来进行品牌营销。

(3) 展现形态：西瓜视频以横屏视频为主，可以对用户产生较强的吸引力，增强用户的沉浸感。

西瓜视频既是一个视频平台，也是今日头条平台上的一个内容产品，其推荐机制与头条号的图文内容并无太大差别——都是基于机器推荐机制来实现的。通过西瓜视频平台，众多视频创作者可以轻松地向大家分享优质视频内容。

基于这一发展机遇，更多的人开始进驻西瓜视频平台或通过今日头条平台同步内容到西瓜视频平台上，本节就针对西瓜视频平台的内容创作和管理进行介绍。

二、产品特色

西瓜视频的产品特色大致包括以下四个方面。

(一) 算法分发和关系分发并重

算法分发与关系分发是打通生产与消费的两种方式，算法分发是机器决定向用户推送什么内容，关系分发是用户的关注对象决定向用户推送什么内容。在西瓜视频中，算法分发与关系分发实现了统一。

今日头条之所以能在信息分发领域独占鳌头，在很大程度上依赖其先进、成熟的算法，西瓜视频首页的分发体系完全由算法驱动，它会根据用户的一系列行为，比如点击、观看时长、进度条拖动、上滑、下滑等判断用户的喜好，向用户推送内容。因为西瓜视频与头条 App 实现了深度连接，所以西瓜视频可以利用头条的算法模型对用户进行精准画像，创建完善的分发模型。

算法分发虽然效率很高，但为了创建一个长效的内容生产激励机制，西瓜视频推出了关系分发。首先，西瓜视频强调账号体系，让用户先登录再观看；其次，西瓜视频将关注放入一级菜单，让用户可以在第一时间找到自己关注的人；最后，每个视频下方都添加了关注按钮，引导用户点击关注。通过这一系列的操作，西瓜视频不仅缩短了用户触及偶像的路径，还简化了内容生产者获取粉丝的流程。对于内容生产者来说，粉丝就是社交资产。随着社交资产不断积累，内容生产者对平台的依赖度也越来越高。

(二) 短视频和小视频共存

西瓜视频实现了短视频与小视频的并存，短视频时长为 1—10 分钟，小视频时长为 15—55 秒。西瓜视频的这种设置有效权衡了存量与增量之间的关系，存量指的就是横版短视频，增量指的就是竖版小视频。横版短视频的制作团队比较专业，制作流程比较成熟，在题材范围、表现方式、叙事能力等方面有非常显著的优势。竖版小视频作为行业增量，给短视频市场带来了新的风向标。

面对存量市场与增量市场，抖音短视频、火山小视频、西瓜视频三者有非常明确的分工，抖音短视频与火山小视频负责生产内容，西瓜视频负责分发。也就是说，西瓜视频的小视频全部来源于抖音短视频和火山小视频，而它将“小视频”放在第二重要位置，足见其对这个增量市场的重视。

（三）PGC 和 UGC 兼顾

西瓜视频对自己的定位是 PUGC 短视频平台，因为它实现了 PGC 和 UGC 的统一。PGC 指的是专业生产内容，UGC 指的是用户生产内容，凝聚的是广大用户的智慧与创意。

一方面，西瓜视频借助今日头条的算法让 UGC 内容脱颖而出，调动 UGC 内容生产者创作的积极性。另一方面，西瓜视频投入巨资扶持 PGC 内容生产者。2016 年，西瓜视频宣布投入 10 亿元扶持视频创作者；2017 年，西瓜视频宣布推出 20 亿元的短视频内容联合出品基金。目前，西瓜视频上的 PGC 机构超过了 10 万家。

国内几乎所有的 MCN 机构都入驻了西瓜视频，今日头条还为此推出了“西瓜视频创作者平台”，并开通了小程序，推出了短视频领域的“金秒奖”。2017 年，有超过 13 万份作品参与评奖。同时，西瓜视频还与优酷等平台达成短视频内容合作协议，使平台上的专业内容得以不断扩充。

（四）用户价值和商业价值的统一

对于内容生产者来说，其在为用户创造价值时就具备了商业价值，但不是所有内容生产者都能做好从用户价值到商业价值的转化。一般来讲，用户价值有三个指标，分别是用户规模、用户活跃度、用户 ARPU 值。目前，西瓜视频的月活跃用户量已经超过 1.9 亿，日均播放时长超过了 70 分钟，至于用户 ARPU 值则是由西瓜视频成熟的商业变现体系实现的。西瓜视频的变现体系与今日头条同属一体。西瓜视频不仅能享受今日头条的客户群，还能分享今日头条的广告产品与算法。借助这个成熟的商业体系，西瓜视频可以很好地将用户价值转化为商业价值，实现用户价值与商业价值的统一。

未来，西瓜视频将以合作的方式介入视频制作源头，与内容创作者合作开发短视频节目，推出更多独属于自己的内容。西瓜视频极有可能成为短视频领域拥有更多优质 PGC 节目的 MCN 机构，从而孵化出更多电影、电视剧、综艺等优质 IP，成为超级 MCN 机构。

三、首页功能

西瓜视频创作平台首页如图 4-15 所示，从中可以看出，该页面不仅提供了创作和编辑视频的入口，还提供了查看视频数据和内容的入口。其中，“视频管理”和“合辑管理”都是关于西瓜视频内容管理的，进入这两个页面，可以查看头条号发布的全部视频内容。如果要查看该头条号与西瓜视频相关的数据，可以进入“内容分析”和“收益分析”页面进行查看。

图 4-15　西瓜视频创作平台首页

四、发布视频

西瓜视频创作者如果想要把已经制作好的视频发表在今日头条平台上，应该如何操作呢？其实，在这一平台上，发表视频有多种方式，从大的方面来说，有“发布视频”和“创建合集”两项，此节分别从发布视频和创建合集两个方面演示发表视频的基本操作。

首先介绍在今日头条平台上发布视频的步骤。

步骤一：在今日头条号后台的“西瓜视频”首页，单击“创作”，点击创作下方的“视频”按钮；进入相应页面，点击“发布视频”；点击“单击上传或将文件拖入此区域”，如图 4-16、图 4-17 所示。

图 4-16　“发布视频”步骤

步骤二：执行上述操作后，弹出“打开”对话框，在对话框中用鼠标点击选中需

图 4－17　“单击上传或将文件拖入此区域”步骤

要上传的视频；单击“打开”按钮，接下来按照页面的提示完善视频相关信息后点击“发布”，如图 4－18、图 4－19 所示，即可完成上传操作。

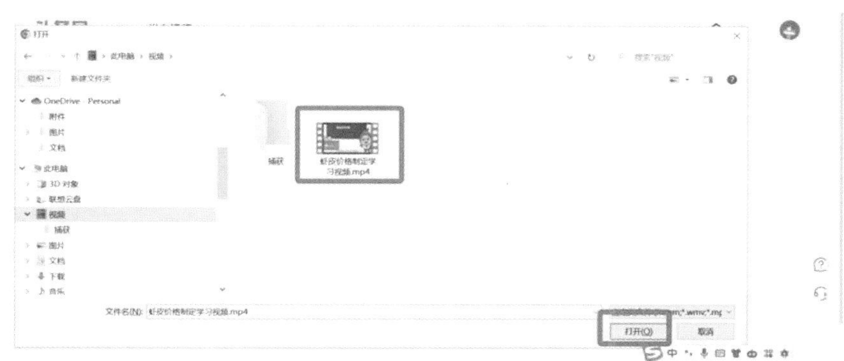

图 4－18　上传视频文件步骤

图 4－19　发布视频

接下来介绍在今日头条平台上创建视频合辑的步骤。

步骤一：在今日头条号后台的“西瓜视频”首页，单击“创作”，点击创作下方的“视频”按钮；进入相应页面，点击“创建合集”；点击完善合集标题、合集封面，点击“选择视频”按钮，如图4-20所示。

步骤二：将相同主题的已发布视频组织在一个集合下，在弹出的窗口中选中想要添加的视频，点击“添加视频”，如图4-21所示。

图4-20　创建合集

图4-21　添加视频

步骤三：完成以上设置后点击“创建合集”即可完成设置。

五、管理视频

要想提升视频播放率与播放时长，就必须提升视频的质量，除了与图文内容一样，在标题和封面上下功夫之外，还可以通过基于头条号后台的“西瓜视频”页面来进行视频管理。

“西瓜视频”首页的下方设置了一个“为你推荐以下创作活动”栏目，在此展示了所有头条号能参与的各项与视频有关的活动，点击右侧的“更多”，可以筛选不同的创作活动，如图 4 - 22、图 4 - 23 所示。

图 4 - 22　西瓜视频创作活动

图 4 - 23　创作活动筛选界面

视频创作者如果创作和发表与之相关的视频，就可参与此类活动和比赛，这一方面可以证明自己在视频创作方面的能力，另一方面还可以让自身视频获得平台的认可，获得更多的曝光机会。

“西瓜视频”首页右下方设置了“推荐课程”栏目，如图 4－24 所示，视频创作者可以点击“更多”获取更多课程，从而学习更多的视频创作技巧，汲取提升视频流量的方法。

图 4－24　推荐课程界面

六、视频标签

在今日头条平台上，基于其推荐机制，不同的用户有着不同的匹配标签，而这一推荐机制同样也被运用到西瓜视频的内容产品中。那么，创作者如果想要让自己发表的视频获得更多的推荐量和播放量，就应该在视频标签的设置上下功夫。

说到视频标签，可能大家还不能理解它究竟是什么。在此笔者举一个例子，如果用户经常关注与书法相关的视频，那么一定会发现，下次平台推送的内容一般也会是这方面的内容，这就表示西瓜视频已经为你贴上了一个“书法”的标签，或是喜欢书法，或是准备学习书法。如果创作者发布的内容与书法有关，在发布视频的时候再在“视频标签”一栏中添加“书法”一词，那么所发布的视频内容势必会被推送给有兴趣、有需要的用户，这样的话，其推荐量、播放量自然也就比较高。

那么，面对今日头条这一拥有亿级用户流量的平台，创作者应该如何选择和设置视频标签呢？就笔者来看，可以分成以下三个步骤。

首先，应了解今日头条用户的阅读标签，可以根据今日头条公布的数据来获悉。今日头条男、女用户的阅读标签信息如图 4－25、图 4－26 所示。

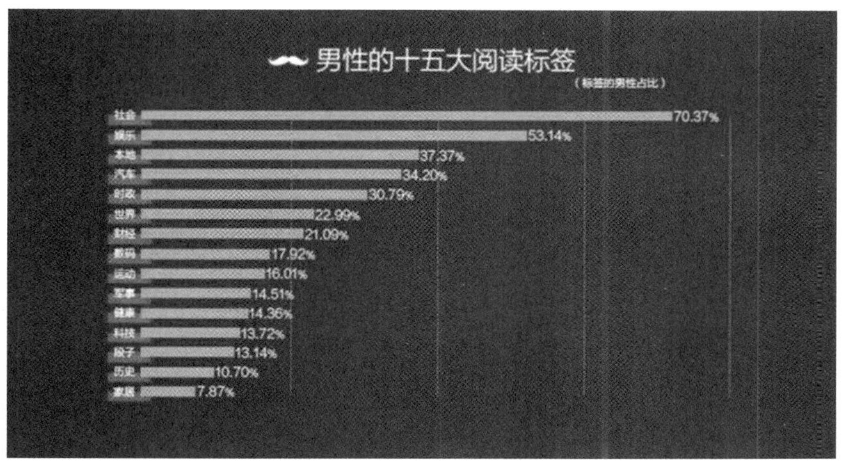

图 4－25　今日头条男性用户的十五大阅读标签

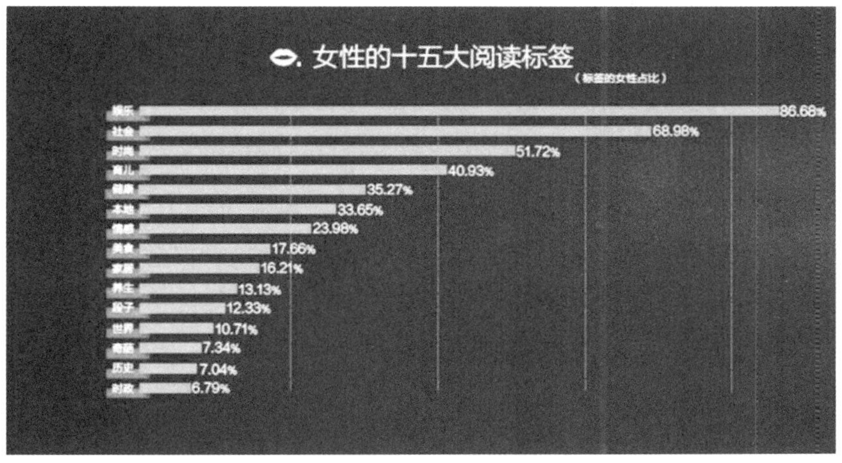

图 4－26　今日头条女性用户的十五大阅读标签

其次，在了解了今日头条男、女用户的阅读标签占比后，结合自身头条号发布的具体内容来选择不同的阅读标签，此时创作者可以多选择几个与内容相关的。

最后，在“粉丝画像”页面查看自身头条号的用户性别分布：在男女用户比例相差较大的情况下，如果男性用户较多，就从筛选出的阅读标签中选择一个男性用户占比明显偏多的标签；如果女性用户较多，就从筛选出的阅读标签中选择一个女性用户占比明显偏多的标签。在男女用户比例相差不大的情况下，可以选择双方都比较关注的阅读标签，这样的话，视频想获得高推荐量和高播放量自然也就不是难事了。

当然，创作者如果想要进行更加准确的阅读标签设置，还可以参考“用户画像”页面中的“你的受众都喜欢哪些分类的内容?”和“你内容里的哪些关键词更受关注?”两项数据。

第七节　短视频传播、引流与数据分析

一、短视频传播

很多人对短视频的传播不够重视，认为短视频发布后自然就会拥有较高的播放量。实际上，新媒体运营人员需要掌握一些切实可行的传播策略，利用短视频平台、社交平台和其他平台的优势，在多个渠道增强短视频的传播力度。

（一）基于短视频平台的传播策略

短视频制作完成后，新媒体运营人员可以在多个短视频平台广泛发布短视频，打造基础的短视频传播源，还可依据每个短视频平台的特点进行不同定位的推送展示。在短视频平台内部，新媒体运营人员可以通过点赞、评论、转发等增加短视频的传播量。

（二）基于社交平台的传播策略

虽然短视频平台已经具有较强的社交功能，但是新媒体运营人员还要借助微信、微博等社交平台开展短视频传播，并充分发挥微信好友和微博粉丝的作用。

（三）线上线下综合传播

当前，线上与线下、传统媒体与新媒体已基本打通，大部分媒体已实现资讯共享，所以优秀的短视频可以通过传统媒体、企事业机构媒体、用户自媒体等扩大传播。例如，浙江省非物质文化遗产富阳油纸伞制作技艺在不断通过短视频展示给用户后，让油纸伞手艺人闻士善成为收获 60 多万粉丝的短视频创作者，其抖音账号如图 4－27 所示。

图 4－27　油纸伞手艺人闻士善的抖音账号

二、短视频引流

随着抖音的火爆，越来越多的个人创业者（微商、电商、实体店商）和企业逐渐意识到抖音营销的重要性，开始探索抖音流量的变现。抖音变现的方法多达数十种，常见的方法就是将用户引流到其他平台促进成交。短视频引流的方法主要有以下几种。

（一）内容转化

内容转化就是新媒体运营人员通过不断地输出高质量的内容，吸引用户产生较强的黏性和较高的活跃度，然后将自己打造成这个领域的优质内容创作者，不断提升自身的影响力，最后实现转化。新媒体运营人员做内容转化时需要注意两点：一是不要生硬地将广告植入到短视频中，这样做会使用户体验感较差，容易导致用户流失，留存效果不好；二是在创作内容的时候需要不断地测试和优化自己的选题内容，寻找用户喜爱的主题，提升用户活跃度，鼓励用户转发短视频。

（二）直接推送

直接推送就是在短视频的片头、片尾或账号主页中直接推送微信或微博账号的信息，让用户添加、关注。这种方式虽然会使用户体验差一些，但是引流的效果还是很好的，初创型的团队可以使用这种方式吸引流量。

（三）活动推送

活动推送的方法也是比较常见的引流方法。例如，新媒体运营人员通过短视频分享一些实用的干货或工具，用户关注其微信公众号或微博账号之后就可以免费领取这些学习资料；或者通过发布容易引发用户讨论的话题，吸引用户到微信公众号或微博平台进行讨论。

（四）利用评论区引流

新媒体运营人员要善于在短视频下方的评论区里引流，可以事先编辑好引流用的文案，如在评论区或留言板中留下微信号等。新媒体运营人员可以多去一些热门短视频的评论区中评论，一般质量高的评论也会帮助新媒体运营人员吸引到一批用户。

（五）利用“DOU＋”推广

“DOU＋”是抖音平台为新媒体运营人员提供的短视频“加热”工具，能够有效提高短视频的播放量与互动量，提升内容的曝光度，助力新媒体运营人员实现多样化的营销需求。实施“DOU＋”推广的步骤为：第一步，选择想要投放的短视频，点击右侧“分享”按钮，选择“DOU＋上热门”；第二步，选择期望提升目标、投放时长、定向方式和投放金额，并进行支付；第三步，投放设置成功，等待审核通过；第四步，查看投放记录和投放效果。新媒体运营人员利用“DOU＋”推广短视频时，建议采取

“长时段、小金额、多频次”的投放策略。

（六）线下引流

除了线上互动引流，新媒体运营人员还可以利用抖音进行线下引流，目前已涌现出了很多餐饮业的优秀案例。例如，某餐饮商家为开展短视频平台引流，从用户着手，鼓励用户在实体店内拍摄短视频开展积赞活动。凡在实体店内就餐拍摄短视频的用户，可享受“20 个赞抵 1 元，100 个赞 8 折，1000 个赞半价，2000 个赞免单”的优惠，这样既让用户得到了实惠，也让商家得到了宣传推广。

三、短视频数据分析

在短视频运营中，数据分析是一个非常必要的环节。对于抖音账号的运营，常见的基础数据包括关注数、点赞数、粉丝数、作品数、播放量、评论量、转发量和收藏量等。这些数据整体反映了抖音账号的知名度、影响力、受关注情况及作品被阅读的情况。抖音平台的某热门账号数据如图 4－28 所示。

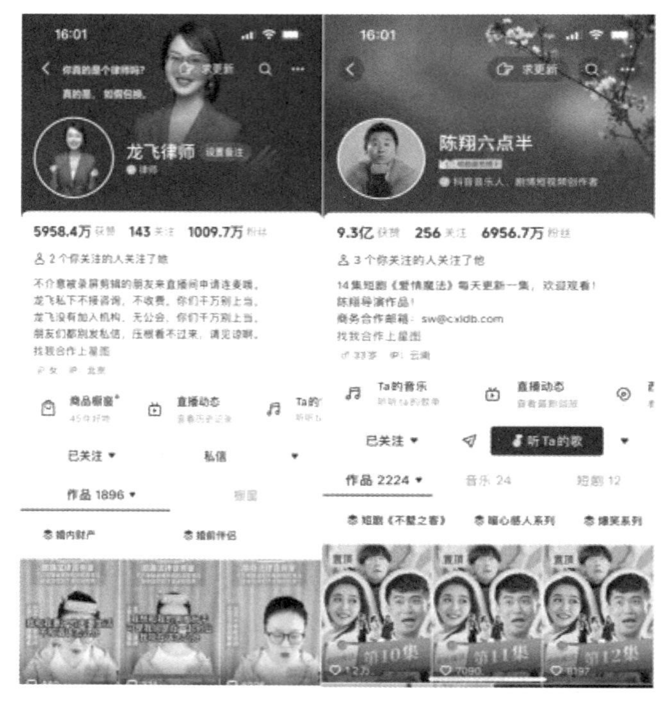

图 4－28 抖音平台的某热门账号数据

对某个具体的短视频而言，播放量和完播率数据十分重要。其中，播放量是一个基础数据，是评判短视频好坏的重要标准之一。完播率是一个很重要的数据，因为短视频的时长一般只有十几秒至几分钟，如果连完播率都不佳，那基本就算不上一个好的短视频。新媒体运营人员通过分析这些已有的数据，可以优化后期的运营工作。

除了分析基础数据之外，新媒体运营人员还可以通过这些基础数据计算赞播比、赞转比、粉赞比，并推演出数据背后的深层逻辑。

（1）赞播比＝点赞数/播放量。赞播比反映了短视频在流量池内受欢迎的程度。赞播比低于3%的短视频会被平台视为劣质短视频，不予推荐；赞播比高于10%的短视频一般被视为“准爆款”短视频，平台会把它自动归为受用户欢迎的一类，给予一定的流量扶持。

（2）赞转比＝转发量/点赞数。赞转比反映了短视频对粉丝的价值的高低，这是抖音平台考量短视频贡献值的关键数据。一般而言，短视频的转发量必定高于评论量，特别是垂直细分领域账号发布的短视频，因此高转发量是“爆款”短视频的关键特征。

（3）粉赞比＝粉丝数/点赞数。粉赞比也叫关注率，反映的是短视频在目标用户群体中的关注转化率。粉赞比越大，对应账号的“吸粉”能力越强。粉赞比小于0.1，代表该账号是普通账号；粉赞比在0.2～0.3，代表账号“吸粉”能力不错；粉赞比在0.4及以上，代表账号“吸粉”能力很强。

四、数据分析的作用

抖音后台为新媒体运营人员提供了非常丰富的数据，包括用户数据、访问数据、互动数据等。而且抖音现已开通了电商功能，所以新媒体运营人员还可以分析电商数据，如新增电商视频数、电商视频播放次数，以及购物车展现次数和点击次数、购物车点击率、视频详情页访问次数等。新媒体运营人员通过数据分析可以更好地进行账号运营，需要时刻关注数据的变化，并对其进行深入分析和研究，这样才能发现各种规律，以便及时调整运营思路和方案。

例如，借助数据分析，新媒体运营人员可以知道哪些时间段是用户浏览的高峰期，掌握发布时间的规律以便适时发布短视频，提高短视频的曝光率。新媒体运营人员可以分析前期短视频的效果，分析哪些短视频是受用户欢迎的，哪些短视频是不太受用户欢迎的，从而优化短视频的创作。

通过数据分析，新媒体运营人员还可以构建用户画像。用户画像是根据用户的社会属性、生活消费习惯等行为信息概括出的一个标签化用户模型。因此，构建用户画像的第一步便是收集数据，对用户的行为信息进行挖掘。同时，还需要分析用户群体的特征，如年龄层次分布、男女比例等。如果用户群体中，青年男性用户居多，新媒体运营人员在创作短视频时可以多从青年男性的角度出发，这样更能引起用户的共鸣。

知识拓展

短视频是著作吗？

2018年年末，北京互联网法院挂牌成立后受理的首起案件——“抖音短视频”诉

“伙拍小视频”侵犯信息网络传播权案正式宣判，法院认定涉案短视频《5·12，我想对你说》是受《中华人民共和国著作权法》（以下简称著作权法）保护的作品，这也让短视频的版权问题成为大众关注的焦点。

《中华人民共和国著作权法实施条例》规定，著作权法所称作品，是指文学、艺术和科学领域内具有独创性并能以某种有形形式复制的智力成果。短视频要想被认定为著作权法保护的作品，需要符合具有独创性、可复制性这两个条件。

我们日常所见到的短视频一般分为两类，一类是自行创作、录制拍摄的，通常包括短纪录片、情景短剧、技能分享视频、随手拍视频等。另一类就是对已有视频进行剪辑、加工、制作而成的，包括创意剪辑、精彩片段等。如果作者在制作短视频时有想表达的主题，并对拍摄的画面进行了选择和剪辑，就认定其短视频具有一定的独创性，受著作权法的保护。

实训任务一

短视频运营

［实训目标］

掌握短视频运营的方法，深入领会短视频运营中的内容建设、短视频平台“加粉”、短视频社交推广等工作，加强对短视频平台运营的理解和应用。

［实训内容］

1. 教师介绍案例。
2. 根据案例，策划拍摄1—2个短视频。
3. 对短视频的相关数据进行分析复盘。

实训任务二

短视频创作

［实训目标］

掌握抖音短视频的类型定位、内容策划、拍摄制作等，提高对抖音短视频平台的运用能力。

［实训内容］

江西煌上煌集团食品股份有限公司（简称“江西煌上煌”）是一家集肉鸭养殖、屠宰加工、肉制品深加工、连锁销售、科研开发于一体的民营企业。该公司的主打产品以江西鄱阳湖生态养殖的麻鸭为主原料，产品历经二十多道工序，形成了酱制、卤制、凉拌、清蒸、炒制、腌制6大系列100多个品种。江西煌上煌的产品如图4－

29 所示。

图 4-29　江西煌上煌产品图

随着新媒体的兴起与发展，短视频平台成为企业线上产品宣传的主战场之一。为了进一步扩大产品的知名度，迎合现代年轻人的喜好，江西煌上煌拟在抖音 App 上开展营销宣传活动。请结合本章所学知识，以江西煌上煌的产品特点或品牌形象为主要内容，拍摄一个抖音短视频。

[**实训要求**]

1. 在网上收集江西煌上煌相关产品的资料，提炼卖点，找准目标客户群体。
2. 运用本章所学的知识，选择合适的切入点，创作分镜头脚本。
3. 使用手机拍摄短视频素材。
4. 使用巧影对短视频素材进行后期剪辑。

本章小结

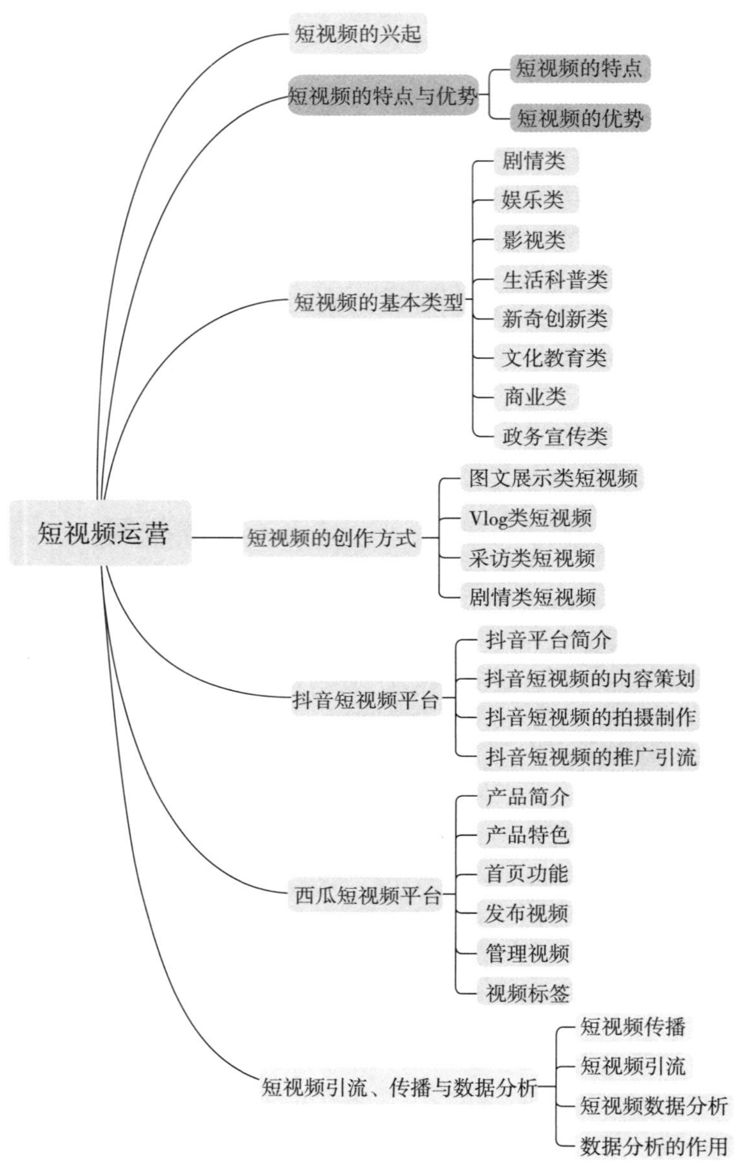

复习思考题

1. 短视频的类型有哪些？
2. 短视频的特征有哪些？
3. Vlog 主要有哪些类型？
4. 简述短视频引流直播营销策略。
5. 短视频运营核心要素包括哪些？

第五章　直播电商运营

学习目标

- 了解直播电商的发展历程和产业链
- 了解直播电商的常见方式，掌握直播电商平台的选择
- 掌握直播团队的组建及直播活动前装备、场景的布置
- 掌握直播电商活动开展的流程
- 熟悉直播电商活动的复盘

开篇案例

星巴克开启直播消费新模式

众所周知，星巴克象征着都市白领的生活方式，为一、二线城市人群创造了第三空间。在星巴克线下门店中，你不仅能喝到饮品，还可以在舒适优雅的环境里进行商务活动，因此线下消费是星巴克的侧重点。然而随着国内年轻消费群体所崇尚的新消费模式的兴起，以及国内本土咖啡品牌的飞速成长，星巴克不得不做出一些营销改变。

Cilicili 网站从飞瓜数据选取了咖啡店铺自播的 2021 年 10 月榜单，试图一窥它们的前期战力排名。2021 年 10 月榜单显示，星巴克以绝对优势排名第一，单月 6 场直播累计销售额达到 1488 万，而 9 月星巴克的 2 场直播销售额不过 70 万左右。星巴克的“一鸣惊人”与其 10 月 15 日的 50 周年庆直播有关。飞瓜数据显示，星巴克本场直播 GMV 超过 1200 万，为品牌奠定了领先基础。同为拥有多家线下店的连锁品牌，Costa、Tims 在直播间主要销售冻干速溶，销售数据为 33 万、29 万，仅是星巴克的零头。进入 11 月，星巴克的直播表现稳步提升，日播场均销售额可达到 100 万以上，部分场次达到 400 万，远超其 10 月其他常规场次的表现。星巴克直播间及相关数据如图 5－1 所示。

在 TOP 15 店铺中，拥有超过 5000 家线下门店的星巴克也是唯一一个出售线下商品券的咖啡品牌。2021 年 10 月，星巴克推出了精品速溶产品“随星杯”，但新品仅上线天猫“星巴克家享咖啡旗舰店”，没有在抖音直播间开售，也没有上线星巴克官方旗舰店。看起来，星巴克有意将线上、线下两块版图分开经营，以免给用户带来混淆。

2022 年，星巴克中国已将全部业务重组为两个业务单元，即“星巴克零售”与“数字创新”，这意味着数字创新被提到跟星巴克传统门店零售业务同等重要的地位，而所谓“数字创新”也就是探索线上电商及社会化营销创新玩法。可以看出，星巴克在中国本土的营销尝试，已经走在全球其他业务地区的前端，接下来的动作会越来越多。

图 5-1 星巴克直播间及相关数据

（案例来源：野猫商学院微信公众号）

案例思考：星巴克是如何开展直播营销活动的，直播营销活动对星巴克的品牌效应有什么影响？

第一节 认识直播电商

一、直播电商概述

（一）直播电商的发展和前景

1. 直播电商的发展历程

网络直播行业在我国的发展可以追溯到 2005 年，爆火于 2016 年，从开始的 PC 端发展到今天的移动端，网络直播的内容也从单一的秀场直播向电商、教育、社交等多领域渗透。经过多年的积累与发展，直播电商行业已经形成了一定的规模和体系。直播电商最早于 2016 年由淘宝直播推出，2019 年因直播电商快速发展而被称为“直播电商元年”。2020 年至今，直播电商逐渐向规范化、成熟化、稳定化发展。从用户数量、平台数量、直播时长等方面看，我国直播电商行业表现出了较高的活跃度和增长潜力。同时，随着监管政策的逐步完善，行业的合规性也得到了进一步加强。这些年，我国直播电商行业经历了野蛮生长期、全网爆火期、爆发增长期和蓬勃发展期四个阶段。

我国直播电商的发展历程如图 5-2 所示。

图 5－2　我国直播电商的发展历程

（1）野蛮生长期（2016 年）

2016 年前后，随着智能手机和 4G 网络的普及，以及手机直播技术的完善，市场上瞬间涌现了 300 多家网络直播平台，加上资本的疯狂补贴、媒体的大肆宣扬，移动直播用户数突飞猛进，一时间形成了“千播大战”的局面。当时吸引各方眼球的是变现速度更快的娱乐直播和游戏直播，蘑菇街则率先看到了“直播＋电商”的机会，于 2016 年 3 月上线了直播电商功能；随后，淘宝也迅速跟进，在 2016 年 5 月上线了淘宝直播。至此，“直播电商”成为一种新的电商模式，开始在各大电商平台上孕育、发芽和生长。2016 年被公认为直播元年，那一年，国内接连涌现出了 300 多家网络直播平台，直播用户数也快速增长，2016 年是电商直播飞速发展的一年。

（2）全网爆火期（2017 年—2018 年）

2017 年，淘宝直播盛典开启，抖音也在 2017 年正式上线了直播功能。2018 年，快手正式上线快手电商。游戏、体育、社交、音乐等各种内容电商日渐丰富，各类主播如雨后春笋般不断涌现。2018 年 11 月，快手举办了“快手卖货王”活动，某头部主播在 3 小时带动了 5000 万元的销售额，当日销售了 1.6 亿元。

（3）爆发增长期（2019 年—2020 年）

2019 年起，伴随着抖音、快手等短视频平台的崛起，各行各业也开始入驻短视频平台。快手某主播 2019 年前三季度的带货金额约 21 亿元，这样令人瞠目的带货销量，一是来自粉丝对于主播达人的信任和认可，二是来自电商直播过程中对商品的直观呈现，三是来自主播达人带来的商品优惠。例如，达人会在直播中提到某商品在此直播间中的限时优惠，这都让直播电商的效果得到了进一步的提升。

2020 年，新冠疫情也极大地加速了直播电商的爆发式增长。在疫情的影响下，直播电商成了刺激消费、拉动生产的秘密武器，不仅中小商家竞相加入，甚至格力集团董事长董明珠、携程创始人梁建章、网易创始人丁磊、小米创始人雷军等一众知名企业家也披挂上阵，纷纷通过直播的形式推销自家商品。他们通过个人直播，或以与网红主播合作的方式参与其中，都交出了十分亮眼的成绩单。

（4）蓬勃发展期（2021 年至今）

据艾瑞咨询统计，2015 年—2020 年短短 5 年时间，中国直播电商行业从无到有，迅速成长为一个万亿级的产业，2017 年规模达到 168 亿元，2018 年首次突破 1000 亿元，2019 年突破 4100 亿元，2020 年突破 12000 亿元。未来几年，直播电商行业仍将保持高速增长，预计到 2025 年将达到 64000 亿元的规模，占整个电商行业的比重也将达到近 24％。中国直播电商作业规模预测如图 5－3 所示。

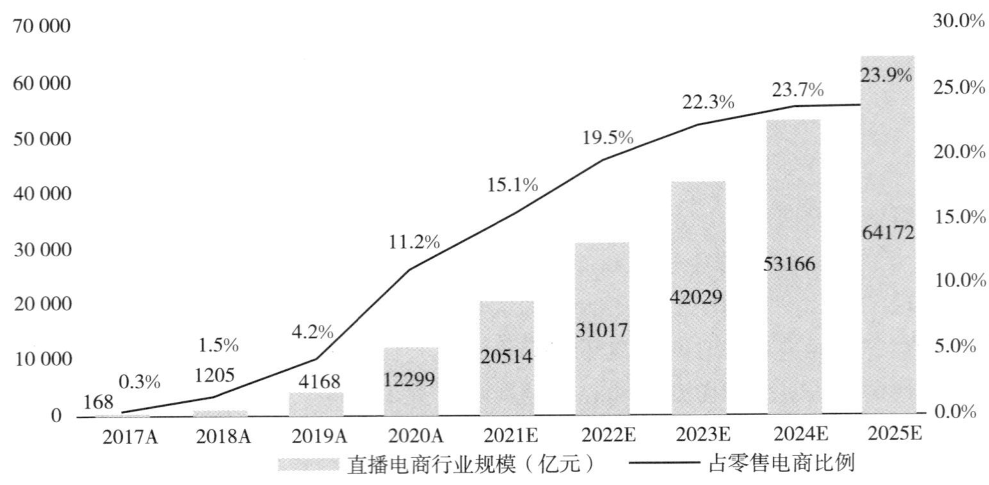

图 5－3　中国直播电商行业规模预测

2. 直播电商与传统电商的对比

与传统的消费模式、购物模式相比，直播电商是一种全新的购物体验。直播电商改变了传统电商的刚需购物习惯，通过与主播交流或直播场景的代入，激发消费者非计划性的、非刚性的，甚至是冲动的潜在消费需求，且因其“所见即所得”的更优展示属性，转化效率也显著提升。

与传统电商相比，直播电商在多个维度上都具有显著的优势。从营销关系来看，传统电商是人找货，直播电商是货找人；从营销的核心来看，传统电商以“商品”为核心，直播电商以“主播＋商品”为核心；从商品的供应链来看，传统电商的商品流通环节众多，供应链较长，且成本和价格较高，而直播电商是直接由厂家向消费者展示产品，大大缩减了供应链，节省了商品的流通时间，提高了商品的性价比；从商品展现形式来看，传统电商的展现方式单一，仅仅展现了效果与实物，有时可能还会出现实物与图片不符的情况，直播电商则是全方位的展示产品，通过主播在各场景中的有效测评，体现产品的有效价值；从用户的消费方式来看，传统电商以用户主动搜索为主，直播电商则是由主播向用户推荐商品为主；从用户的决策因素来看，传统电商中用户可能主要关注商品的价格、质量、品牌等，而在直播电商中，用户除商品外，可能还会关注主播和消费场景；从用户的体验感来看，传统电商中用户主要以个人的主观意识来判断购买，而直播电商中用户的参与感与互动性更强，体验感自然也更强。传统电商与直播电商的区别见表 5－1 所列。

表 5－1　传统电商与直播电商的区别

对比内容	传统电商	直播电商
营销关系	人找货	货找人
核心	商品	主播＋商品

（续表）

对比内容	传统电商	直播电商
商品供应链	商品流通环节众多，供应链较长，成本和价格高	短供应链节省了商品的流通成本，商品的性价比高
商品展现形式	展现方式单一，仅展现效果与实物	全方位展示，主播真实测评，商品材质、适用场景展示全面
用户消费方式	以用户主动搜索为主	以主播向用户推荐商品为主
用户决策因素	商品的价格、质量、品牌等	主播＋商品＋消费场景
用户体验感	个人主观意识判断	参与感与互动性更强，体验感也强

相对传统电商，直播电商改变了信息交互的方式与内容。相比传统图文式电商的单向信息交互方式，直播电商向用户充分展示了商品详情、优缺点及使用效果，尤其是对于非标品而言，图文展示模式远不如主播讲解高效便捷。买家高频且强交互的场景也促进了不少新型直播内容的兴起，如直播卖和田玉现场答疑解惑、开蚌取珍珠现场加工成首饰、野生海鲜类产品原产地捕捞等，实时交互的线上化导购大幅提升了用户体验。而且现在带货已经不仅仅是口红、面膜等小件高频商品了，而是扩展到家具、汽车，甚至火箭。

（二）直播电商产业链

经过不断的发展，直播电商涉及的已经不仅仅是买方与卖方的交易，除主播、直播平台外，上游供应方、MCN 机构、其他服务方等角色也纷纷加入直播电商产业链中。上游供应方主要有批发商、品牌方、经销商、工厂等，中游主要为 MCN 机构、主播及平台渠道方、其他服务方，下游为用户。产业链中的各角色相互配合、合作共赢。直播电商产业链图谱如图 5－4 所示。

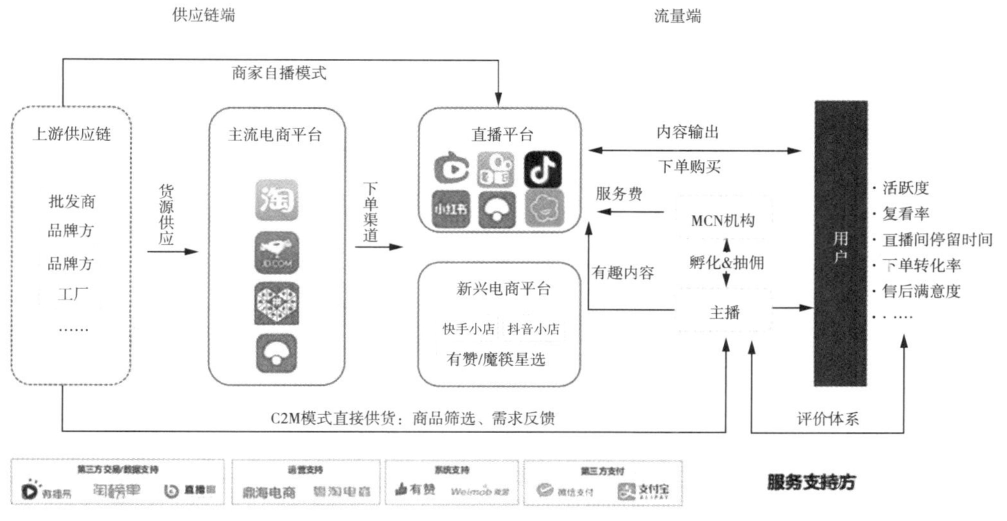

图 5－4　直播电商产业链

1. 品牌方

在互联网大环境的影响下，直播已经融入人们的日常生活，深深抓住了消费者的注意力。直播带货也越来越被大众所接受，成为品牌方一个极具潜力的增长点。在直播电商产业链中，品牌方作为供应链的上游，通过与MCN机构、主播合作，获取品牌流量，建设品牌形象。

对于品牌方来说，一场成功的直播，能够为其带来庞大的流量和变现转化。那么品牌方若想做好直播，在进行直播前布局时就应当突破带货的思维，平衡商品销量与品牌建设之间的关系，将直播营销作为提升品牌价值的长期工程。

品牌方要对自身有明确的认识，通过分析自身品牌定位、品牌知名度、商品品类等了解直播对品牌的价值，明确直播在品牌整体业务运营中的定位，并通过分析同行业直播，规划直播运营策略。

2. MCN机构

MCN机构的本质就是网红经纪公司，其通过签约、孵化、培养直播网红，使其成为具有一定影响力的网红达人，从而进行商业变现。MCN机构兼具了主播经纪、内容生产、活动运营、供应链运营等多重角色。对于主播来说，MCN机构能为其提供经纪服务，包括为主播提供培训、内容创作指导、流量曝光等服务。对于供应方来说，MCN机构能够为其提供直播服务、制定定制化的直播内容、帮助其实现商品的转化。对于直播平台来说，MCN机构能够以机构团队的形式入驻直播平台，帮助平台对个人直播进行管理，并吸引流量。

直播MCN机构主要通过直播带货变现，优质商品是维持粉丝和用户忠诚度、保障主播持续带货的核心资源。MCN机构直接连接品牌方与主播，规模化、去中间化降低渠道费用，但背后需要优质的供应链团队寻找能满足粉丝痛点、具有性价比优势的商品。在电商运营方面，直播MCN机构要负责上新、引流、直播、销售、客服等，有些甚至会涉及仓储、物流环节。

3. 直播供应链

在传统供应链中，零售商要从生产厂家先采购商品、运到仓库，摆在门店等客户上门，然后导购根据客户的需求进行售卖和发货。而直播电商的模式是让主播和品牌方直接产生联系，跳过了零售商。通过直播电商的运营模式，直播电商的运营团队可以更清楚地知道用户的真实需求，再去联系商品的供应方进行供应，所以现代营销的理念是以客户需求为主，有需求才有供应。直播电商的供应链模式主要有以下几种。

（1）现有的成熟品牌方利用已有的供应链基础，保障直播商品的品质及有效供应，如兰蔻、全棉时代、海尔、小米等品牌，这类成熟品牌一般采用跟明星或“网红”合作，或者品牌方自播的方式带货。

（2）产业带、货源地、工厂。随着产业带、货源地的规模化兴起，联合产业开启直播带货、创建直播基地逐渐成为主流，这种模式可以极大地降低营销成本、提高运营效率，通过减少中间流通环节，直达消费者，助力行业高速发展。目前初具规模的广东服装直播基地，浙江的服装、珠宝、皮革基地，河南的珠宝基地，新疆的玉石基地等，都依托于产业原产地优势，呈现出部分产业集中布局的态势。

（3）商场、市场。商场、市场适用走播形式的直播，使消费者产生身临其境的直观感受。商场、市场走播适合目前比较大众的主播，能帮助主播快速积累粉丝，锻炼直播能力，同时能满足用户多元化的购物需求。

（三）直播电商的特点和优势

1. 直播电商的特点

直播电商结合了视频直播和电子商务的模式，打破了传统的购物方式，为消费者和商家带来了全新的体验。直播电商主要有以下几个特点。

（1）“云逛街”模式。通过电商直播平台，消费者可以在不离开家的情况下体验到实体店的购物乐趣。消费者可以“逛”遍各个商家的商品展示，观看主播的介绍和试穿展示，甚至还能与主播互动交流。这样一来，消费者享受到了便利的购物体验，无需排队等待和面对商品脱销的烦恼，与传统线下购物相比，电商直播的“云逛街”模式使得购物更加轻松、高效。直播形式可以更加直观、生动地展示产品的特点和功能，让消费者更加直观地感受产品的优势，提高购买意愿。

（2）所见即所得。在电商直播中，消费者可以通过多元化的场景实时视频观看商家的产品展示和使用过程，如文字、图片、视频等，实时传递商品信息和使用场景，帮助消费者更全面地了解商品。这种直观的呈现方式让消费者能够真实地感受产品的外观、质量和功能，从而更加准确地评估商品的价值和适用性。例如，在美妆类直播中，主播可以在直播间进行实时的化妆演示，消费者能够清楚地看到产品的效果。这种所见即所得的特点使消费者对商品有了更大的信心，提高了购买的决策效率。

（3）粉丝经济。电商直播平台让主播和观众之间建立了密切的互动关系，通过点赞、评论、送礼物等方式，观众可以与主播进行实时互动。主播在直播过程中不仅能够推荐商品，还能分享自己的使用心得和购物心得，这样更容易建立起观众的信任和认同感。观众通常会因为喜欢主播而成为他们的忠实粉丝，积极参与购买和宣传推广。这种粉丝经济不仅给主播带来了收入和知名度，也使得消费者能够从精心挑选的商品中获益。

（4）强 IP 属性。直播电商的魅力在于其强烈的 IP 属性，这使得它与其他传统的电子商务形式有所区别。主播作为直播电商的核心人物，通过塑造独特的个人品牌形象，展现出个人风格和价值观，从而与观众建立起强烈的信任和联系。这种独特的个人化品牌形象在观众心中留下了深刻的印象，形成了鲜明的 IP 属性。

2. 直播电商的优势

随着直播行业的飞速发展，直播电商赢得了众多中小品牌商家的青睐。那么，直播电商的优势主要体现在哪里呢？直播电商的优势主要有以下几点。

（1）即时互动性。相比传统营销，直播电商的互动性较强，主播能够在直播间实时回答问题，跟用户“近距离”接触。直播间有一对一的解答互动，能够提升用户的参与感，从而提高商品营销的效率。

（2）场景真实性。随着直播电商的快速发展，直播场景已经快速下沉，很多电商主播都在工厂、农田里进行实地直播，如此真实的场景能够使用户对商家和主播产生更大的信任。

（3）营销效果直观性。相比传统电商的图片营销，直播电商的多场景营销可以让用户更好地体验全方位的产品展示，如服饰的大小、厚度等，以及化妆品的现场试用效果等。用户虽不在现场，也能够真实地体验产品效果，营销效果直观可见。

（4）时效性。相比传统电商的“人找货”，直播电商的“货找人”能够快速刺激消费者的下单欲望。例如，主播通常会在直播间提到，本直播间满 1000 人，就会发放 10 元的优惠券等活动，能够吸引用户留驻在直播间，并等到直播间人满后活动开启，以此刺激消费。

（5）碎片化。与传统的线下营销相比，直播电商主要是利用用户碎片化的时间，通过短视频的铺垫或者直播间的活动引流消费。

二、直播电商的常见方式

直播电商的形式多种多样，无论是直播购物、直播带货、直播折扣，还是直播抽奖，都让观众在观看直播的过程中享受到购物的乐趣。主播以最直观的方式展示商品，详细解读商品的特点、用途和优势，并实时回答观众的问题，让购物变得更加便捷、高效。

直播电商不仅提供了丰富的商品选择，更将社交、娱乐和购物完美融合。观众可以在观看直播的过程中与主播互动，无论是提问还是参与抽奖，都能增加观看的趣味性。同时，直播电商也为商家提供了一个展示商品、推广品牌的新渠道，让商业活动更加生动、有趣。直播电商的常见方式有直播带货、直播闪购、直播预售、直播拼团等。

（一）直播带货

当下电商的最新玩法非直播带货莫属。主播只需在直播间直播很短的时间，就可能迅速创造销售奇迹。

直播带货是指主播通过直播形式介绍和推销商品，并引导观众购买的一种销售方式。这种方式可以直接展示商品的使用效果，增强观众的购买信心。直播带货具有实时性、交互性强等特点，不需要花费太多的运营成本，也可以取得很好的效果。直播带货的特点主要有以下四个方面。

（1）实时性：直播带货是实时的，观众可以在直播过程中与主播互动、提问、评论等，有利于增强消费者的参与感和购买欲望。

（2）交互性：直播带货具有双向互动的特点，主播可以根据观众的需求和反馈及时调整宣传策略，提高商品的吸引力和转化率。

（3）信任度：直播带货的主播通常会在直播中展示自己使用产品的情况，让观众更容易相信产品的质量和性能，增加购买的信任度。

（4）娱乐性：直播带货通常有一定的娱乐性，可以带来不同于传统电商的购物体验，让消费者在购买过程中感受到更多的娱乐和乐趣。

这些特点使得直播带货在电商领域中越来越受到关注和重视。

（二）直播闪购

直播闪购是指以直播形式展示商品并进行特价销售的一种方式，通常在特定的时间段内进行。闪购功能是一种直播间的营销工具，主播可以在开播过程中，根据直播间画面快速创建商品，并在看播端快速售卖给买家。直播闪购是一种直播购物模式，主播可以在直播中根据直播间的画面快速创建商品链接，并在看播端快速售卖给买家。这种购物模式适用于种类多、库存少类型的商品，尤其适用于服装孤品、玉石等非标类商品，这种商品种类过多，所以无法提前上传链接。此外，直播闪购还适合直播中临时上传商品的场景，比如适用于线下谈好的单来直播间闪购完成交易的场景。直播闪购的方式可以刺激消费者的购买欲望，提高直播间转化率。抖音中的直播闪购如图 5 - 5 所示。

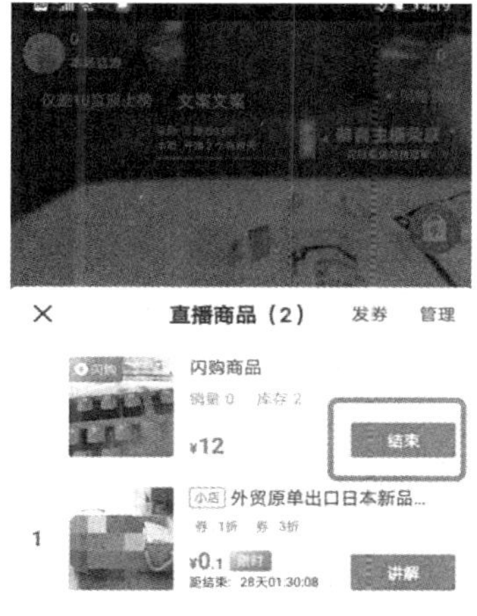

图 5 - 5　抖音中的直播闪购

1. 直播闪购的特点

直播闪购具有即时性、互动性、全方位展示、定向闪购、全量闪购、情感化营销、场景化展示等特点。

（1）即时性：直播闪购提供了即时的购买机会，消费者可以随时在直播间内完成购买，无需等待或跳转到其他页面。

（2）互动性：直播闪购强调与消费者的互动，主播可以与观众进行实时互动，回答问题、解释产品特点等，增强了消费者的参与感和互动体验。

（3）全方位展示：直播闪购能够通过图片、视频和文字描述等多种方式展示商品，为消费者提供更全面、更直观了解商品的机会。

（4）定向闪购：直播闪购通过定向闪购的方式，避免了恶意拍占库存和恶意下单的问题，保护了商家和消费者的利益。

（5）全量闪购：在直播间内可以查看并购买全量的商品，无需跳转到其他页面进行购买，提高了购物的效率。

（7）情感化营销和场景化展示：直播闪购能够通过情感化的营销手段和场景化的展示方式，激发消费者的购买欲望，提高销售转化率。

2. 直播闪购功能的开通

直播闪购可分为全量闪购和定向闪购两种模式。全量闪购创建后，系统会向直播间内的所有用户发送闪购邀请；定向闪购创建后，系统会向直播间内的定向用户发送闪购邀请。下面以抖音直播为例，讲解一下闪购的开通。

目前抖音中，珠宝文玩和绿植/花盆类商品可以开通闪购功能，除此类商品外，需平台主动邀约的达人或符合标准的商家和达人才可使用闪购功能。那么，如何开通闪购呢？

如果想开通发布闪购商品的权益，商家需要先入驻基地，然后开通珠宝玉石类目白名单，开通白名单以后，在电脑端登录抖店后台。先要进入“营销中心”，打开“直播中控”里的“闪购”，进去会看见创建闪购，然后就可以创建闪购商品了。抖音直播闪购创建页面如图 5－6 所示。

图 5－6　抖音直播闪购创建页面

商家开通抖音闪购后，可以在抖音、抖音火山版、头条、西瓜四个端的直播场景使用。闪购功能能够给客户带来更方便、直接的购物体验，可以避免购买路径过长而丢失客户，也能起到规避用户恶意拍占库存和恶意下单的作用。

（三）直播预售

直播预售是指在电商平台上，商家提前几天或几周设置预售活动，公布自家商品的上架时间，并允许消费者在线下单、支付的一种销售方式，具体的发货时间一般为官方预售时间到期后。这种方式可以提前收集消费者的购买意向，为生产计划提供参考，降低库存风险。

这种预售行为是为了预判市场需求，适时发挥商品效益，降低了销售风险。消费者要注意观察发货的时间是否符合自己的要求，如果不符合就不要下单预售商品。商家需要合理评估市场需求和产品特点，并在设置上架时间、售价和预售期等方面做好合理考虑，同时做好宣传并积极与消费者沟通。

（四）直播拼团

直播拼团是一种在直播平台中，由主播发起拼团活动，吸引观众参与并完成购买的方式。在拼团过程中，主播可以向观众展示商品的详细信息、使用方法和特点等，同时通过与观众互动，解答疑问和解决疑虑，从而增强观众的购买信心和参与度。通过直播形式组织观众拼团购买商品，可以有效利用社交网络的力量，扩大销售范围，提高销售额。以下是直播拼团的常见步骤。

（1）主播发起拼团活动：主播可以在直播中介绍商品，展示商品的特点和使用方法，并宣布拼团活动的开始。

（2）设定拼团规则：主播需要设定拼团规则，包括拼团人数、拼团价格、活动时间等。

（3）观众参与拼团：观众可以在直播中通过弹幕、评论等方式与主播互动，了解更多关于商品的信息和使用方法，并选择是否参与拼团。

（4）完成拼团购买：当拼团人数达到预设的人数时，主播会宣布拼团成功，观众可以通过直播平台提供的链接或二维码等进行购买。

（5）发放奖励或优惠：为了增加观众的参与度和购买信心，主播可以提供一些奖励或优惠，如特别折扣、赠品等。

需要注意的是，为了确保拼团活动的顺利进行和观众的权益得到保障，主播需要遵守相关法律法规和平台规定，保证商品的质量和真实性，同时避免虚假宣传和欺诈行为。

三、直播电商的平台选择

直播平台是直播电商产业链重要的组成部分，是直播内容的输入和输出渠道。直播平台的类型不一样，直播平台的目标用户也会不一样。个人或企业在选择直播平台时应先了解直播平台的类型及其输入输出内容的特点，这样才能选出适合自己的直播平台。常见的直播电商平台有淘宝直播、抖音直播、小红书直播等。

（一）淘宝直播

淘宝直播是阿里巴巴公司推出的直播平台，定位于“消费类直播”，用户一边看直播，一边与主播互动交流，边看边买，涵盖的范畴包括母婴、美妆等。

1. 淘宝直播用户的特点

通过对淘宝直播用户进行分析，可以将淘宝直播用户的特点归纳为以下几点。

（1）女性用户占比较高：淘宝直播的女性用户占比较高，达到 60%，远高于快手和抖音。

（2）年轻用户居多：淘宝直播的用户主要集中在 80 后和 90 后。

（3）用户对直播间信任度高：忠实粉丝对直播间信任度高，他们不仅真实消费，还会正向评价店铺，粉丝黏性高。

（4）用户对价格敏感：专门过来蹭奖品的人群对价格比较敏感，他们可能会在多个直播间乱窜，这类粉丝的价值偏低一些。

（5）学习型用户：一部分用户是学习型用户，他们主要是为了学习如穿搭、护肤、美妆、养生等知识，被主播的人格魅力所吸引。

（6）娱乐消遣型用户：一部分用户则主要是为了娱乐消遣，他们在直播间不说话、不互动。

总的来说，淘宝直播的用户群体比较多元化，不同类型用户的特点和需求也各有不同，因此平台需要针对不同的用户群体提供个性化的服务和体验，以吸引和留住更多的用户。

2. 淘宝直播开通的条件

商家直播和个人直播的开通条件和要求是不同的。

商家直播包括个人店铺和企业店铺的直播，开通商家直播需同时满足以下条件和要求。

（1）淘宝店铺等级在一钻或一钻以上。

（2）主营类目在线商品数≥5，且近 30 天店铺销售商品件数≥3，且近 90 天店铺成交金额≥1000 元。

（3）商家须符合《淘宝网营销活动规则》。

（4）商家在本自然年度内不存在出售假冒商品的违规行为。

（5）商家在本自然年度内未因发布违禁信息或假冒材质成分的严重违规行为扣分 6 分及以上。

（6）商家具有一定的客户运营能力。

个人直播主要是淘宝“达人”的直播，个人可以通过支付宝实名认证，注册成为淘宝“达人”。在淘宝“达人”账号等级达到 L2 级别且完成身份核实以后，淘宝“达人”还要通过直播平台的内容考核。因此，淘宝“达人”要上传一段自我介绍或其他相关内容的视频，以展现其控场能力、表达能力和现场表现能力。在上传完成之后，淘宝“达人”就可以在后台申请开通直播权限，等待官方审核，7 个工作日后如果审核通过，即可开始直播。

3. 淘宝直播的开通

淘宝直播基于淘宝平台自身的品牌、流量、商家和商品库，通过帮助主播、商家向用户提供实时互动的视频内容，创造了有吸引力的消费场景，已经成为直播营销的重要渠道。淘宝直播的开通有以下几种方式。

（1）官方渠道申请淘宝直播权限：打开淘宝，进入淘宝直播板块，点击右上角选择主播入驻。这种申请方式可以快速获得直播权限，但是没有浮现权，没有这个权限会造成没有人观看直播。

（2）寻找淘宝直播官方授权直播机构开通淘宝直播：这种开通方式可以快速获得直播权限和浮现权，以及专业的培训指导、个人定位等。

（3）店铺直播：在店铺里面可以看到淘宝直播的开通要求，达到要求就可以开通淘宝直播权限了。

（二）抖音直播

抖音是由今日头条孵化的一款音乐创意短视频社交软件，于 2016 年 9 月 20 日上线。随着平台的不断发展，抖音的用户量不断攀升，2018 年抖音正式启用全新的品牌口号“记录美好生活”，强调平台的普适性。

1. 抖音直播的用户特点

（1）年轻化：抖音直播用户在年龄分布上呈现年轻且均衡的趋势，没有极端化现象。抖音直播的用户年龄主要集中在 15 至 35 岁，这个年龄段的用户通常具有较高的活跃度和较强的社交需求。

（2）女性用户占比较高：在抖音的用户群体中，女性占 63%，男性占 37%。在抖音直播中，女性用户占据了较大比例，尤其是年轻女性用户更加活跃。

（3）地域分布广泛：抖音直播的用户遍布全国各地，不受地域限制，但以一、二线城市用户为主。

（4）消费能力较强：抖音直播用户的消费能力较强，他们对于新鲜事物的接受能力较强，对任何事物都想要去了解和尝试。

除了以上几个方面，抖音直播用户还有其他一些特点，如他们比较冲动、容易跟风，对于直播购物的接受程度高等。但需要注意的是，不同的用户群体可能存在不同的特点和需求，因此分析抖音直播用户的准确画像和特点，需要结合具体的数据和用户调研来进行。

2. 抖音直播的流量规则

运营抖音直播，了解抖音直播的流量分配规则是很有必要的。抖音直播流量分配规则主要体现在以下两个方面。

（1）流量入口。抖音直播目前有三个流量入口，分别为附近的人、直播广场和短视频。

① 附近的人：主播在开播后，系统会将主播随机推送给附近的人，所以附近的人

在刷抖音时会看到主播的直播，如果感兴趣，就有可能点击进入直播间。因此，为了获得更精准的流量，主播可以修改定位，把定位改为目标用户群体比较集中的地区。

② 直播广场：用户在直播广场中可以查看所有当前正在直播的直播间，点击对应的页面就可以进入其直播间界面。用户可以通过上下滑动来快速切换不同的直播间界面。

③ 短视频：当主播的短视频上热门以后，用户在看到热门短视频时，也会看到账号正在直播的提示，从而通过这个入口进入直播间。只要抖音在短视频上的定位不会改变，对于绝大多数的直播间来说，通过短视频向直播间引流的模式，不管是现在还是未来，都将是最大的公域流量来源。因此，主播可以在直播之前发布一条短视频，以增加流量入口，提升直播被用户看到的可能性。

（2）活动排名。在抖音举办电商活动期间，拥有购物车功能的账号可以通过带货效率的比拼，竞争榜单排名，并获得相应的流量奖励。在活动期间，所有带购物车的直播间的右下角都会出现活动横幅（Banner），点击即可进入活动页面。榜单按热力值高低排序，热力值根据直播间的点击商品跳转购买量、直播时长数据综合测算。

3. 抖音直播的开通

抖音直播有两种形式，即抖音内容直播和抖音直播带货。抖音内容直播的开通只需要完成实名认证即可。抖音直播前，需先注册抖音账号，再开通直播功能，下面介绍具体的操作步骤。

（1）注册抖音账号。在手机上下载并安装抖音 App 后，便可通过抖音 App 快速完成账号注册，具体操作如下：

步骤一：在手机桌面上点击“抖音”图标。

步骤二：打开抖音 App，点击界面右下角的“我”按钮。

步骤三：在打开的界面中输入手机号码，选中“已阅读并同意用户协议……”单选项，点击“验证并登录”按钮。

步骤四：在打开的界面中，输入手机接收到的验证码，点击“登录”，完成账号注册。

（2）开通直播功能。抖音账号注册成功后，主播还要进行实名认证，才可以开通直播功能，进行直播，具体操作如下：

步骤一：打开抖音 App，点击“我”按钮，然后点击右上角的“插图”按钮，打开侧边栏，点击“设置”选项。

步骤二：打开“设置”界面，点击“账号与安全”选项。

步骤三：打开“账号与安全”界面，点击“实名认证”选项。

步骤四：打开“实名认证”界面，输入真实姓名和身份证号，选中“已阅读并同意……”单选项，点击“同意协议并认证”按钮。

步骤五：在抖音 App 主界面点击“拍摄”按钮。

步骤六：在打开的界面下方点击“开直播”选项。

步骤七：在打开的界面中，点击“开始视频直播”按钮，稍后即可进入直播间开始直播。

（3）开通直播带货的权限。主播为抖音账号进行了实名认证，开通了直播功能，便可以进行日常直播，如通过才艺展示吸引用户关注，积累粉丝。如果要利用抖音直播销售商品，还需要开通直播带货权限，具体操作如下：

步骤一：打开抖音 App，点击“我”按钮，然后点击右上角的“插图”按钮，在打开的侧边栏中点击“创作者服务中心”选项。

步骤二：进入创作者服务中心，点击“全部分类”按钮。

步骤三：打开“功能列表”界面，点击“商品橱窗”按钮。

步骤四：打开“成为带货达人”界面，点击“带货权限申请”按钮。

步骤五：打开“带货权限申请”界面，查看申请要求，在满足申请要求、缴纳保证金且同意协议后，点击“立即申请”按钮。

步骤六：系统审核通过后，即可成功开通直播带货权限。此时，抖音个人主页将显示“商品橱窗”按钮。点击该按钮，打开“商品橱窗”界面，在其中可以添加商品，进行橱窗管理，或根据需要开通抖音小店等。

知识拓展

抖音小店

抖音小店是抖音提供的一站式经营平台，能够为商家提供全链路服务，帮助商家长效经营、高效交易，实现销售额的增长。

抖音小店是商家的店铺运营阵地，支持商品管理、交易履约、售前售后服务等功能。

四、直播电商的“人”“场”“货”要素

在直播电商的运营中，“人、场、货”这三个核心要素至关重要，它们共同决定了直播电商的成功与否。

（一）人

“人”是指直播间的主播和观众。主播作为直播电商的关键人物，需要具备专业的知识与技能，能够与观众进行互动和交流，并推荐、介绍产品。一个优秀的主播需要具备独特的个性和吸引力，以吸引观众的关注和喜爱，提高直播间的观看体验，进而提升直播间的转化率。当然，责任心和诚信也是主播不可或缺的要素，有助于为观众提供优质的服务和保障。

直播电商中的观众群体是多样化的，包括追求新奇、追求性价比及喜爱主播的人等。当代年轻人是最易接受新事物的人，直播带货给他们带来了内容、产品及购买方式等新的体验，这种新奇体验给了年轻人追求更高需求的一个渠道。另外，很多观众也会受主播影响而进行购物，越是头部的主播，议价能力就越强，和商家“谈判”的筹码也就越多，那么价格也就越优惠。同时，主播推荐也可以节省用户挑选商品的精力和时间，用户可以在最短的时间选到最合心意的商品。

（二）场

“场”就是进行直播活动的场地。直播场地与设备同样对直播电商的运营有着重要的影响。一个舒适、美观、符合品牌调性的直播间能够提升观众的观看体验，提高他们对产品的信任感和购买欲望。专业、完善的直播场地和设备，如灯光、音响、摄像机等，是确保直播质量和效果的基础。此外，直播场地还需要具备一定的特色与氛围，以优化观众的观看体验。例如，整洁的背景、清晰的画面及舒适的灯光，有助于增强观众的代入感。

（三）货

“货”就是指直播电商活动中的产品。直播销售的产品是直播电商成功的关键因素之一。产品的品质、价格、卖点等都是影响观众购买决策的关键因素。高品质、高性价比和高口碑的产品能够吸引消费者的关注和购买。此外，产品还需要具备差异化和创新性特点，以满足消费者的个性化需求。一个优秀的直播间应该提供符合市场需求、有品质保障、价格合理的产品，以满足观众的购买需求。

在直播电商的运营中，“人、场、货”三要素的重要性不可忽视。“人、场、货”是直播电商中不可或缺的三个要素，三者相互影响、相互促进，共同构成了直播电商的成功基石。

第二节　直播电商活动前期的准备工作

一、直播电商运营团队的组建

直播电商需要一系列人员为了既定的目标组成一个团队，通过制订一系列计划并付诸实施以达成既定目标。所谓团队，是指由基层和管理层人员组成的一个共同体，它合理利用每一个成员的知识和技能协同工作，解决问题，达到共同的目标。从这个角度理解，直播电商团队不是简单个体的组合，而是精心搭建的群体。

（一）直播电商团队的组建原则

直播电商团队的组建需要遵循一定的原则，以确保团队能够高效运转并取得成功。

直播团队的组建原则主要有以下几个方面。

（1）确定目标和定位：在组建直播电商团队之前，要明确团队的目标和定位。这包括确定销售目标、市场定位、产品定位等，以便团队成员能够了解自己的职责和任务，更好地协同工作。

（2）合理分工：根据团队的目标和定位，对团队成员进行合理分工，如主播、副播、场控、策划、客服等。每个成员都应承担自己的责任和角色，并明确自己的工作重点和优先级。这有助于确保团队成员能够高效地完成自己的任务，并为团队的整体目标做出贡献。

（3）灵活适应市场变化：直播电商市场变化迅速，直播团队成员应具备灵活适应市场变化的能力，要密切关注行业动态和竞争对手的动向，及时调整策略和业务模式，以保持竞争优势。

（4）注重用户体验和服务质量：直播电商的核心竞争力在于用户体验和服务质量。团队成员应致力于提供高质量的产品和服务，以满足客户需求和提高客户满意度。同时，要注重与客户的沟通和互动，及时收集反馈和建议，不断优化产品和服务。

（5）高效运营和管理：直播电商团队的运营和管理应具备高效性。要建立健全运营和管理机制，包括供应链管理、财务管理、人力资源管理等。同时，要注重团队成员的工作效率和绩效管理，以提高整体运营效率和管理水平。

（6）跨界思维和创新能力：直播电商行业涉及多个领域的专业知识，团队应具备跨界思维和创新能力。要鼓励成员不断学习和尝试新的思维方式和方法，以激发创新灵感和提高竞争力。同时，要关注新技术和新模式的发展趋势，及时引入和应用新技术和方法，推动团队可持续发展。

通过遵循以上原则，可以成功组建一个高效、专业、有竞争力的直播电商团队，从而为观众提供更好的直播体验，也为企业在激烈的市场竞争中获得优势提供有力支持。

（二）直播电商团队的岗位职责和能力要求

直播电商团队的岗位职责和能力要求见表 5 - 2 所列。

表 5 - 2　直播电商团队的岗位职责和能力要求

岗位名称	岗位职责	能力要求
主播	协助选品，熟悉商品特点、性能等，并能试用商品； 与用户互动，引导用户关注和分享直播间； 参与直播复盘，总结直播效果	能够根据主播的个人特点定位相应的人设，并结合用户特点选择合适的产品； 具备良好的语言表达能力和应变能力，能够熟练讲解商品

（续表）

岗位名称	岗位职责	能力要求
副播	能够协助主播把控直播节奏，及时与用户互动； 能在主播离开时及时补位，并能活跃直播间气氛，维持直播间热度	具备良好的语言表达能力和沟通能力； 具备灵活的应变能力，能够协助主播顺利地完成直播工作
助理	确认直播场地和直播商品，需检查直播道具是否准备到位，发布直播预告通知； 在直播的过程中能够及时引导用户关注主播动态； 能够通过画外音、文字等形式协助主播完成商品讲解	具备良好的沟通能力和营销能力； 能够通过各大新媒体平台如微博、微信等发布直播宣传，以扩大直播间的影响力； 熟悉直播电商平台的流量机制，使直播间获得更多的流量
场控	在直播间搭建好直播需要使用的软硬件设备； 能够及时跟进主播的直播进程，并进行相关的直播后台操作，包括商品的上下架、直播后台优惠券与红包的发放、直播链接的推送等； 能够及时为主播和策划人员传递相关信息	熟悉直播间的相关软硬件设备； 具备灵活的应变能力，能够及时跟踪直播间的动态； 熟悉商品上下架操作，能够熟练进行直播后台的运营操作
策划	根据直播间的营销任务，规划和选定商品品类，安排商品的上下架顺序； 能够及时制定直播规划和直播方案，做好直播时间、直播商品安排； 能够及时对接直播人员和企业方，提前做好直播的策划工作	熟悉直播运营的机制和流程，具备一定的数据分析能力； 具备一定的沟通能力和商务交际能力； 具备较强的策划能力和组织协调能力
客服	能够及时与用户互动，并针对用户的问题进行答疑解惑； 能够处理商品订单的发货、售前及售后问题	具备较强的沟通和能力，能够及时与用户沟通； 熟悉商品的信息和卖点
招商	能够根据直播业务需要拓展合作伙伴； 能够与合作商及时沟通，制订合作计划	具备较强的沟通交流能力； 具备较强的组织协调能力

（三）直播电商的人员配置

组建高效的直播团队需要根据岗位设置进行合理的人员配置。组建直播团队是一个循序渐进的过程，直播团队的人员配置是非常灵活的，可根据个人或企业的业务发展需求和预算来进行合理规划。

（1）基础团队。如果个人或企业的预算不高，那么可以组建一个比较精简的基础团队，即至少配置一名主播和一名运营人员。该配置对运营人员的要求较高，运营人员需同时承担助理、场控、策划、数据运营、客服、商务拓展等岗位的工作。也就是说，运营人员既要懂技术、会分析数据，又要会策划、能控场，还要掌握销售技巧，具备商务拓展能力，这样才能保证直播的质量。基础团队配置一名主播存在一定的弊端，即无法实现连续直播，一旦主播无法出镜，就会影响直播的正常进行。同时，基础团队配置下的主播要与运营人员默契配合，参与直播流程中的各个环节，以提高工作效率，从而产生好的直播效果。另外，在一名主播和一名运营人员的配置基础上，也可增设一名策划人员，负责直播方案的策划工作。

（2）标准团队。如果个人或企业的预算充足，或业务规模变大，那么可以组建一个标准团队。企业或平台商家在组建自营直播团队时，一般会按直播的工作环节来选择和配置标准团队。标准团队可以设置主播、助理、场控、策划、数据运营、商务拓展六个岗位。

（3）成熟团队。随着直播业务的发展壮大，业务需求逐渐增多，如果资金充足，那么企业或平台商家可以组建一个成熟完善的直播团队，即在标准团队的基础上增设新的岗位或增加原有岗位的配置人数，这样可以细化工作内容，由不同成员完成对应的工作。团队成员之间相互配合，能有效提高直播的效率和收益。

（四）直播主播的人设打造

直播主播的人设打造是一个重要的过程，它涉及主播的个性、形象、风格等多方面的塑造，主要包括基本能力和专业带货能力两方面内容。

1. 直播主播的基本能力

在直播电商活动中，主播是商家或企业联系用户的重要环节，主播的各种表现在很大程度上决定了整场直播活动是否能够吸引用户的注意，因此需要对直播主播的基本能力进行综合培养。直播主播的基本能力包括形象管理能力、语言表达能力、灵活应变能力、良好的心理素质和良好的道德修养。

（1）形象管理能力主要是指主播要保持良好的仪容仪表，以及所选的商品需要与主播自身的形象气质相符。主播在开播前，需要化好精致的妆容，穿着大方得体。

（2）语言表达能力主要是指电商主播在直播的过程中，语言要有亲和力、感染力，能够在介绍宣传商品时形成自己的特色，调动和活跃直播的气氛。

（3）灵活应变能力主要是指电商主播不仅要学会推荐商品，还要在直播过程中快速解答用户所提的问题，因此主播需要具备一定的灵活应变能力，能够机智地应对各种问题。

（4）良好的心理素质是指电商主播在直播的过程中需要保持自信、乐观的心态，在面对用户负面、消极的问题时，主播需要理智、冷静地应对。直播过程中，主播可能会遇到各种情况，如消费者的质疑或突发事件等，要能够冷静地应对并妥善处理。

同时，保持积极的心态和良好的情绪，能够更好地调动观众的情绪，增加观众的亲和感和情感共鸣。

（5）良好的道德修养是指电商主播在直播的过程中要保持诚信和良好的职业操守。电商主播代表着品牌和商家，应遵守职业道德和法律法规，真实、客观地推广产品。诚信经营不仅可以树立主播与商家良好的形象，还能够赢得观众的信任，建立长期稳定的消费者关系。

2. 直播主播的专业带货能力

除了以上的基本能力之外，对于电商主播来说，带货能力也是至关重要的。电商主播的专业带货能力主要包括商品讲解能力、商品带货营销能力和主播控场能力。

（1）商品讲解能力是指电商主播在带货时需要对商品的规格尺寸、商品的颜色性能等做深入的解析。带货主播要清楚商品的卖点，能够灵活运用各种词汇解答用户的各种疑问。

（2）商品带货营销能力是指电商主播在直播的过程中，能够通过自己的营销策略，巧妙地引导用户互动和下单。一位优秀的主播需要具备一定的营销能力，能够在直播中巧妙地将商品特点和优势与观众的需求相结合，让观众在购物的时候感到物超所值，提高购物的满意度。为了提高营销能力，主播可以通过多学习营销策略、多了解市场需求、多关注竞争对手等方式，不断提高自己的营销能力。同时，可以通过观察观众行为、分析购物数据等方式，更好地把握观众需求和市场趋势。

（3）主播控场能力是主播在直播的过程中，能够根据直播的流程将整个直播过程从冷人气提升到热人气的过程，并且能够控制直播间的氛围，引导用户互动和下单。主播的控场能力主要包括营造直播间的氛围、商品的安排和讲解、打消用户的顾虑、与助理密切配合。

二、直播活动前的装备

（一）机位布置

直播活动前需要根据所要讲解的产品选择不同的拍摄机位，主要有特写机位、近景机位、站播机位。

1. 特写机位

特写机位一般用于讲解产品特写，无论是坐播还是站播都会用到，最好是使用双击位进行切换展示。站播可以让主播往前走放大物体来做产品特写。特写机位人物一定要露出肩膀及胸部，这样会显得更有亲切感，如果拉到只露出主播的头部就会显得特别诡异。需要注意的是，坐播要事先调好特写机位焦距，不宜过近导致虚焦。如果发现切特写机位迟迟对不上焦的情况可以把手挡在产品后作为背景来对焦。

2. 近景机位

直播的近景机位是指近距离拍摄的镜头，通常用于展示产品或人物的细节，突出表现产品的特点和人物的情感变化。近景机位一般用于坐播，需要在机位屏幕下方定在腰部左右位置，这样画面会更加协调。在直播中，近景机位通常用于以下几种情况。

（1）产品展示：主播将产品放在镜头前，展示产品的细节、质地、颜色等，让观众能够更清晰地看到产品的特点和品质。

（2）人物特写：当主播有情感变化时，近景机位可以捕捉到主播的表情、眼神和情感变化，让观众能够更深入地了解主播的情感状态。

（3）讲解细节：当主播需要向观众讲解某个细节或过程时，近景机位可以更清晰地呈现细节，让观众更容易理解产品的特点。

近景机位是直播中非常重要的拍摄角度之一，能够更好地展示产品的特点或人物的情感变化，为观众提供更丰富的视觉体验。

3. 全身站播机位

很多产品在直播的过程中，需要主播站着讲解，站播机位是对主播全身的展示。全身站播机位可以用于各种需要展示全身效果的产品，如服装、鞋子、配饰等。通过全身站播机位，观众可以更直观地看到产品的整体效果，以及产品与人的互动和搭配效果。这种机位还可以用于展示模特的走秀表演，以及各种时尚搭配和潮流趋势的展示。

站播机位要在画面中给头和脚留出部分空间，如果屏幕上方有贴片可以适度再留一些位置。

在实际的直播过程中，若能够多个机位角度配合，全方位地展示产品，这样就能够吸引顾客留驻直播间，从而提高产品的转化。例如，在某位名人的直播间，我们常常可以看到关于一款产品的多组机位镜头，如图 5－7 所示，从直播间的全景展示，到桌面上产品的特写，再到两位主播正面近景的多次切换，可以看出最少四个机位才能够满足直播需求，如果需要在直播中呈现更多的场景和瞬间，起码还得再加两个机位。

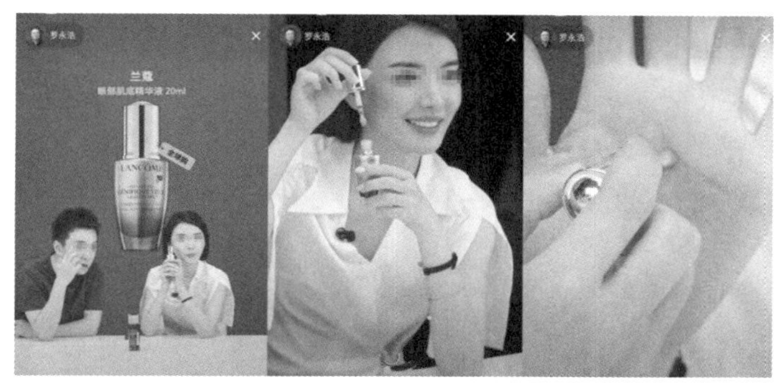

图 5－7　某位名人直播间用多组镜头介绍一款产品

（二）灯光布置

直播活动前的灯光准备是确保直播效果和质量的重要环节，因此在直播前需要进行以下几个方面的准备。

（1）确认场地光照条件：在直播活动前，需要对场地进行实地考察，了解光照条件。如果场地光线不足，需要提前安排灯光设备进行补光。同时，需要注意灯光设备的颜色、温度和照射角度，以确保画面色彩的还原度和清晰度。

（2）选择合适的灯光设备：根据场地和活动需求，选择合适的灯光设备，如 LED 灯、卤素灯、聚光灯等。同时，需要注意灯光设备的功率和光照度，以满足直播画面的需求。

（3）布置灯光位置：在直播前，需要合理布置灯光位置，确保灯光能够均匀地照射主播和场景。同时，需要注意灯光的光照强度和照射角度，以避免产生阴影和过度曝光。

（4）调整灯光色彩：不同的活动场景需要不同的灯光色彩来营造氛围，因此需要根据活动类型和主题，调整灯光色彩。例如，暖色调的灯光可以营造温馨、亲切的氛围，而冷色调的灯光则可以营造清新、自然的氛围。

（5）进行灯光测试：在直播前，需要进行灯光测试，以确保灯光设备能够正常工作并满足直播需求。同时，需要注意观察灯光对画面的影响，并进行必要的调整。

（6）注意安全问题：在布置灯光时，需要注意安全问题。例如，避免使用过亮的灯光导致灼伤或者灯光使用不当导致火灾等事故。

直播间灯光主要分为环境光和人物的主光。

对于直播间补光，推荐三款补光灯，即八角补光灯、顶部射灯、环形补光灯。八角补光灯的具体打光方式需要以环境为准，建议一个顶位、两个低位；顶部射灯的强度和数量根据自身直播间大小和安装位置而定。

灯光位置建议按照墙角度和照人角度设置，如果使用白色墙面，灯光不要直射墙面。打在主播脸部的光线应均匀，不能出现阴阳脸。不同产品类目对灯光的要求不同，以站播场景下常用的服装类目为例，大多选用色温为 5600K 的 LED 灯，更容易反映产品的真实状态及色调美感。直播区域的灯光位置如图 5－8 所示。

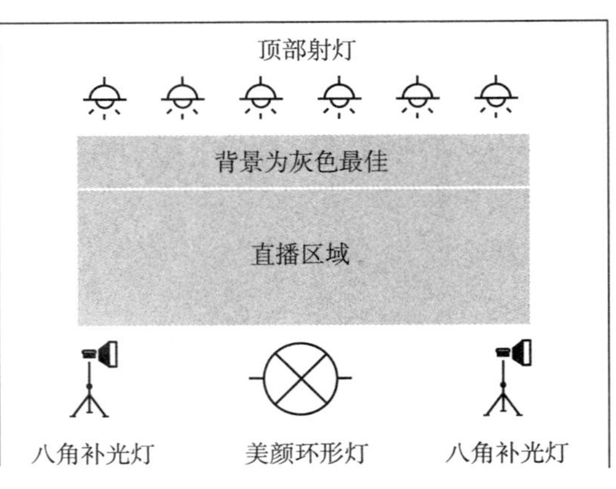

图 5－8　直播区域的灯光位置

三、直播活动前的场景布置

直播运营人员要想做好直播，带给用户良好的体验，就要优选直播设备，并将各种设备预先调试到最佳状态。根据不同的直播环境和场景，直播可以分为室内直播和室外直播两种。直播场地不同，所选的直播设备也不同。

（一）室内直播场景的布置

常见的室内直播场地有办公室、会议室、直播室、工作室、线下门店、住所等。以站播场景应用最普遍的服饰箱包类商家为例，遵循饱满不拥挤的原则即可，无需占用很大的空间。建议选择 20—40 平方米的直播间，该场地内需要有直播区域、商品挂置/摆放区域、换衣区等。服饰产品的室内直播场景如图 5－9 所示。

图 5－9　服饰产品的室内直播场景

室内直播场景的布置需要注意的问题主要包括以下几个方面。

（1）场地选择：选择一个安静、明亮、宽敞且专业的室内环境，能够让观众感到舒适并更好地专注于直播内容。

（2）设备配置：根据直播需求选择合适的摄像机、麦克风、灯光等设备，确保画面质量、声音质量和视觉效果达到最佳。

（3）直播区域：划分一个专门的直播区域，保持背景整洁，避免出现与直播无关的物品或人员，以免分散观众注意力。

（4）视觉效果：注意画面构图、色彩搭配和灯光运用，使直播画面美观、舒适，吸引观众眼球。

（5）声音效果：保证声音清晰、流畅，避免噪声干扰，同时根据直播内容调整音量和音效。

（6）背景音乐：适当添加背景音乐可以营造更好的氛围，但要注意音乐的风格、音量和与直播内容的契合度。

（7）温度和湿度控制：确保室内温度和湿度适宜，避免影响设备正常运行和人员舒适度。

（8）网络连接：保证网络稳定，避免因网络波动导致直播中断或画质受损。

（9）安全保障：通过多种措施确保直播过程的安全性，如设置密码保护、备份重要数据等措施。

（10）人员配合：主播和其他工作人员要密切配合，保持良好的互动与沟通，营造温馨和谐的直播氛围。

总之，室内直播场景布置需要注意的问题有很多，需要从场地选择到人员配合等多方面进行全面的考虑和规划。

（二）室外直播场景的布置

现在有越来越多的主播选择到室外进行直播，以期给用户带来不一样的直播体验。室外直播面对的环境更加复杂，直播设备和场景都需要结合室外的环境进行配置。

1. 室外直播的设备

（1）手机。手机是室外直播的首选，但不是每款手机都适合做室外直播。适合室外直播的手机的 CPU（中央处理器）和摄像头配置要高。只有 CPU 性能够强，才能满足直播过程中的高编码要求和解决直播软件的兼容性问题。

（2）收音设备。室外直播时，如果周围的环境比较嘈杂，就需要外接收音设备来辅助收音。收音设备分为两种：第一种是蓝牙耳机；第二种是外接线缆，比较适合对多人进行采访时使用。

（3）上网流量卡。网络是室外直播首先要解决的问题，因为它对直播画面的流畅程度有着非常直接的影响。如果网络状况较差，就会导致直播画面出现卡顿现象，甚至出现黑屏的情况，这会严重影响用户的观看体验。因此，为了保证室外直播的流畅度，主播要配置信号稳定、流量充足、网速快的上网流量卡。

（4）手持稳定器。在室外做直播，主播通常需要到处走动，一旦走动，镜头就会出现抖动，这样必定会影响用户的观看体验。虽然有些手机具有防抖功能，但是防抖效果毕竟有限，这时需要主播配置手持稳定器来保证拍摄效果和画面稳定。

2. 室外直播场景的布置

室外直播场景的布置需要考虑多个因素，以确保直播的顺利进行和观众的舒适度。室外直播场景的布置需要注意的问题主要包括以下几个方面。

（1）选择合适的场地：选择一个宽敞、平坦且没有干扰的场地，确保直播顺利进行。同时，考虑到观众的视野和舒适度，应选择一个有良好视野和通风条件的场地。

（2）搭建合适的直播台：根据活动类型和规模，搭建一个稳定、舒适的直播台，确保直播台的高度适中，方便主播和观众互动。

（3）布置背景和道具：根据活动的主题和内容，选择合适的背景和道具进行布置。例如，如果是户外音乐会，可以布置一些音乐元素作为背景；如果是户外美食直播，可以布置一些美食道具作为背景。

（4）确保照明充足：室外直播需要确保足够的照明，避免光线不足或过度曝光。可以使用专业的灯光设备来照亮直播区域，并根据需要调整灯光的角度和亮度。

（5）考虑天气因素：在布置室外直播场景时，需要考虑天气因素。例如，如果天气炎热，需要准备好遮阳设备；如果天气寒冷，需要准备好保暖设备。

（6）安排好电源和网络：确保直播所需的电源和网络连接稳定可靠。如果需要使用多个设备，可以准备一个移动电源或发电机来提供电源。同时，要确保网络连接稳定，避免直播过程中出现网络中断或延迟。

（7）考虑安全因素：在布置室外直播场景时，需要考虑安全因素。例如，确保场地安全无障碍，避免人员跌倒或受伤；确保电线和设备的安全固定，防止意外触电或设备损坏。

总之，室外直播场景的布置需要综合考虑场地、直播台、背景和道具、照明、天气、电源和网络，以及安全等因素。通过合理的布置，可以创造出一个舒适、稳定且具有吸引力的室外直播环境，吸引更多的观众关注。

第三节 直播电商活动的开展

一场优秀的直播电商活动不仅仅依靠一个人的努力，也需要一个团队的配合。那么，整个直播团队在直播的过程中如何打造直播流程就显得非常重要。常见的直播流程主要包括直播前准备、开播暖场、产品介绍、粉丝互动、结尾预告等。

一、直播前准备

（一）直播脚本

拍电影需要电影脚本，做直播也需要直播脚本。一般来说，制作直播脚本的目的主要包括：为观众提供独特的视角，提升直播深度，升级粉丝观感，增加粉丝关注度；建立舆论导向，提升主播 IP 影响力；减少突发状况，包括控场意外、节奏中断、尬场等。

整场直播活动脚本是对整场直播活动的内容与流程的规划与安排，重点是规划直播活动中的玩法和直播节奏。优秀的整场直播活动脚本要考虑细枝末节，让主播从上播到下播都有条不紊，让每个参与人员、道具都得到充分的调配。电商直播脚本一般有单品直播脚本和整场直播脚本。

1. 单品直播脚本

单品直播脚本即以单个商品为对象，包含商品解说、品牌介绍、功能展示等内容的脚本。在一场 2—6 小时的直播中，主播会推荐多款产品，其中每一款产品应当有一份对应的单品直播脚本，以表格的形式将产品的卖点和优惠活动标注清楚，可以避免主播在介绍产品时手忙脚乱，混淆不清。

五分钟标准化单品直播脚本见表 5－3 所列。产品讲解为 5 分钟，那么前面 2 分钟可设置为基础讲解，过程中需要明确买家定位，根据直播间所在的平台以确定主要的买家是淘宝用户还是抖音用户、年轻层次大概是什么等。中间的 2 分钟讲解则为重点介绍，从产品讲解、场景还原、卖点展示到深挖优势，层层递进地介绍产品，由浅入深地分析产品的性质、特点等信息。最后 1 分钟则为单个产品讲解的收尾阶段，在这个阶段可以通过限时抢购等方式引起用户的注意，同时可以通过下次的直播预告和产品预告，引导用户关注主播及下次的直播。

表 5-3　五分钟标准化单品直播脚本

类别	直播流程	直播内容（示例）	详细建议	时间建议
基础讲解	明确买家	直播目的是招募分销商； 主要买家是实体店主、淘宝掌柜	明确目的，明确买家	2 分钟
	需求引导	产品热销； 产品利润大	卖货强调产品优势，体现主播专业性；招募供货商，体现供货稳定，产品性价比高，热销	
附加价值	产品讲解	外观包装、色彩、规格等外观介绍； 材料、材质、产地、生产工艺； 代理价格与起批量介绍	由表及里、分步骤描述：包装、规格、色彩、触感、特性，以及使用功能等	2 分钟
	场景还原	语言还原使用场景，解决什么问题，描述体验； 试穿试用，让客户眼见为实； 明确适用的下游买家，分享组货售卖技巧	联想产品热卖时的场景，用语言生动地描述出来，与客户产生共鸣	
	卖点展示	新款：应季新品，流行趋势，原创设计； 热卖：淘宝销量高，实体店好评多； 品质好：细节展示，实验对比	现场通过实验、现场对比其他同款商品，展示卖点的价值点	
	深挖优势	源头厂货，供货稳定，上新、返货周期； 对比数据，三项指标评分高于同行业； 检测标准高，品质好； 经销商回购量大，好评多	扬长避短，讲解公司优势； 选择 1—2 个最突出、最能打动人的产品优势进行深度讲述； 复述客户对本产品的好评	
买家引导	定位介绍	一句话强调自己的公司介绍、品牌介绍、实力说明、代理政策介绍、爆款介绍	一句话自我介绍，让买家形成认知	1 分钟
	引导关注	限时抢购（只有直播间整点有特价）； 商品预告、直播预告，介绍询盘方法，引导关注	告知买家商品拿样、优惠代理政策； 告知买家如何询盘，引导关注主播及下次直播	

2. 整场直播脚本

整场直播脚本就是以整场直播为单位，规范正常直播流程和内容。整场直播脚本如图 5 - 10 所示，整场直播脚本提纲（以服装档口为例）见表 5 - 4 所列。整场直播的时间一般为 2—6 个小时。直播前 30 分钟，一般会将各个产品按流程进行走马观花式的过款讲解。直播 30 分钟后，进入单个产品介绍的时候，就要介绍爆款或者引流款。此时，直播间可能由于之前走马观花式讲解造成流量不稳定，若及时介绍爆款或引流款便可以帮助直播间回升人气。单个产品的介绍过程大概持续 1—3 个小时，在此期间要注意产品的切换，不要总是介绍一款产品，此时可以根据提前预排好的产品顺序和用户在直播间的要求对产品顺序进行切换。直播最后 1 小时，主播可以做呼声较高产品的返场演绎，此时可以设置限时购买，将优惠活动用于呼声最高的产品，同时可教顾客如何关注、如何领取优惠活动、如何购买，此种方式可以吸引流量、提升下单转化。直播最后 30 分钟内，主播可剧透一下下一场直播可能上播的产品，并强调关注主播，以便为下一场直播进行粉丝预告。

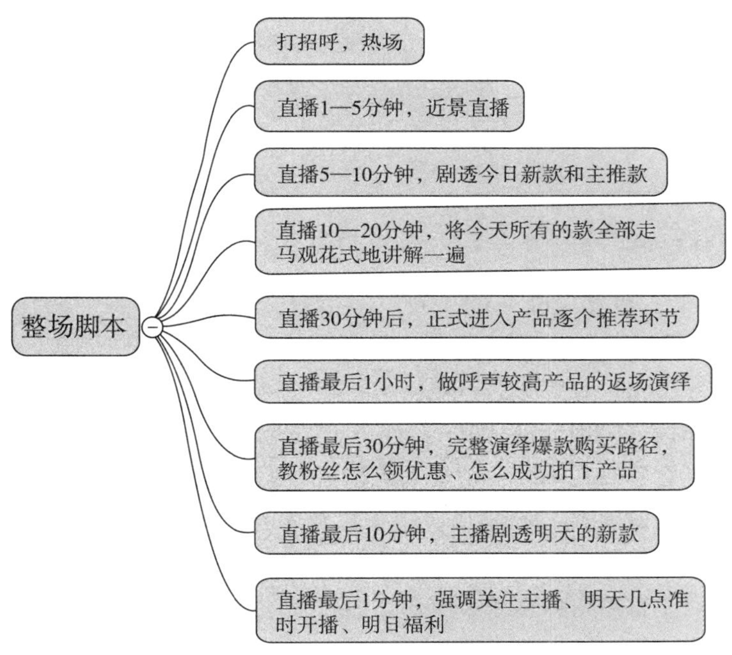

图 5 - 10　整场直播脚本

表 5 - 4　整场直播脚本提纲（以服装档口为例）

直播流程	直播内容	话术建议	画面
开场 1 分钟	直播介绍	进入直播状态，签到环节，和进来的用户打招呼	近景直播，切主播画面

（续表）

直播流程	直播内容	话术建议	画面
1—5分钟	商品预告	边互动边安利本场直播1—2款爆款，互动建议选择签到打卡抽奖，不断强调每天定点开播，等大部队来	近景主播介绍，中景全身比对展示主推款
10—20分钟	商品介绍	将今天所有的款全部走马观花式地过一遍，不做过多停留，潜在爆款可重点推荐，整个剧透持续10分钟，不同款配套全身比对展示，整个过程不看评论，不跟粉丝走，按自己的节奏逐一剧透	中景全身比对展示
开播主体	商品卖点讲解 试穿搭配演绎 互动玩法	开播半小时左右正式进入产品逐个推荐环节，有重点的根据用户需求、促销优惠来介绍，参考直播前预设的产品结构顺序，每个产品花5分钟讲解；主推款试穿，介绍搭配方法，同时优惠券抽奖引导下单	切主播全身，试穿主推款详细介绍，近景特写展示服装细节
最后1小时	返场演绎	做呼声较高产品的返场演绎	
最后10分钟	下播预告引导	剧透明天服饰款品，见缝插针回复今日商品的问题，强调关注主播、明天几点准时开播、明日福利	

（二）短视频引流

从2022年以来，抖音、快手等短视频平台都开始以“短视频＋直播”的形式进行融合运营。短视频和直播的融合运营是一种新型的社交娱乐视频形式，它结合了短视频和直播的优势，为用户提供更加丰富、互动和沉浸式的体验。在短视频和直播融合运营中，内容是关键。要创造出有趣、有吸引力的内容，需要结合短视频和直播的特点，找到独特的创意和表现形式。例如，可以通过直播展示短视频的创作过程，或者在短视频中穿插直播的元素，增加互动性和观看体验。同时，要成功实现短视频和直播融合运营，需要对用户数据进行分析。通过分析用户的观看习惯、兴趣爱好、互动行为等数据，可以了解用户的需求和喜好，从而优化内容创作和运营策略。短视频可以通过下面几种方式为直播引流。

（1）制作直播预告短视频：在直播开始前，制作一段预告短视频，宣传即将进行的直播内容和时间，并在视频中留下直播间的链接。这样能够吸引用户的关注，提高直播间的曝光率。

（2）将直播内容制作成短视频：直播结束后，将直播内容剪辑成一段精彩的短视频，并在视频中加入直播间的链接。这样能够让更多的用户了解直播间的内容和风格，进而吸引他们进入直播间观看。

（3）发布相关主题的短视频：制作和直播内容相关的短视频，如与主题相关的小技巧、互动环节或直播幕后花絮等，将这些短视频上传到各大短视频平台，并在视频中留下直播间的链接，这样能够吸引更多用户进入直播间。

（4）与其他短视频博主合作：寻找与自己直播内容相关的短视频博主，合作制作短视频或者进行互动活动，将自己的直播间链接放在合作视频中，这样能够吸引对方粉丝的关注，进而增加自己的直播间流量。

只有运用不断创新、加强用户互动、充分利用数据分析、实施跨平台推广及寻求品牌合作等多方面的策略，才能为用户提供更加优质、互动和沉浸式的体验，从而实现短视频和直播融合运营的成功。

（三）设备调试

直播前的设备调试是一个非常重要的步骤。检查设备连接、测试设备功能、检查网络环境、设置设备、调试音视频同步及准备备份设备，可以确保直播的顺利进行，并为观众提供最佳的观看体验。直播前的设备调试工作具体可以从以下几个方面进行准备。

（1）检查设备连接：检查所有的直播设备的连接情况，包括摄像头、麦克风、灯光、电脑等，确保所有的设备都已稳定、正确连接，并且电源充足。

（2）测试设备功能：在直播开始前，对所有的设备进行功能测试，包括摄像头的清晰度、麦克风的音质、电脑的运行速度等，确保所有的设备都能正常工作，并且性能良好。

（3）检查网络环境：直播对网络环境的要求较高，因此，在直播前需要进行网络环境检查，确保网络连接稳定，并且速度足够快，以避免直播过程中出现网络断连或画面卡顿的情况。

（4）设备设置：根据直播的需要，对设备进行适当的设置，如调整摄像头的角度和光线、设置麦克风的音量和音质等，确保设备设置符合直播的要求，并且能够提供最佳的观看体验。

（5）调试音视频同步：在直播前，进行音视频同步调试是非常重要的，确保音频和视频能够同步播放，避免出现声音和画面不同步的情况。

（6）备份设备：为了防止设备出现故障，建议在直播前准备一些备份设备。这样，如果主设备出现故障，可以及时使用备份设备进行替换，确保直播的顺利进行。

（四）选品和定价

在直播电商活动开始之前，选品和定价也是非常重要的。

选品，即选择直播商品，决定着直播间口碑的好坏和营销的成败。部分企业的直播电商业务做不起来，很大一部分原因是选品问题。因此，直播团队在选品时不能盲目跟风，应根据自己的实际情况仔细分析，认真进行筛选。直播团队在选品时，需要考虑以下三个维度。

（1）直播营销目标。直播团队在不同的阶段可能会有不同的营销目标。当缺乏影响力时，直播团队会通过高频率的直播来提升主播和直播间的影响力，侧重于选择热度较高的商品；而已经拥有一定粉丝量的直播团队可能更希望尽快获取更多的营销收益，侧重于选择利润较高且能满足粉丝需求的商品。

（2）直播市场需求。判断市场需求就是判断有多少人在多大程度上需要一个商品，主要看两个维度：一是需要某商品的人数，二是需要该商品的程度。需要该商品的人数多、需求程度高，那就是大众需求，否则就是小众需求。

（3）季节与时节。很多大众刚需型商品会受到季节和时节的影响而出现旺季与淡季。对于这些商品，直播团队要判断以下问题：多久更新一次商品？在什么时间淘汰什么商品？在什么时间进行清场促销？在什么时间对商品进行整体的更新换代？

除了选品之外，还要注意商品的价格。商品价格是影响用户在直播间下单的重要因素。直播电商的定位是给用户提供优价物的，就要做到优价，直播团队就要在商品组合和定价上与其他平台或线下渠道形式差异化定位，以凸显商品的高性价比。

在确定直播商品的价格时，直播团队要分别进行单品定价和组合商品定价。在设置单品定价时，直播团队可以采取价格锚点策略、要素对比策略、非整数定价策略、阶梯定价策略。在设置组合商品定价时，直播团队可以采用买赠策略、套装策略、系列商品定价策略。

二、开播暖场

直播活动开场的目的是让用户了解直播的内容、直播的形式和直播的组织方等信息，从而给观众留下深刻的印象。直播活动的开场介绍可以让观众更好地了解直播方和其产品，以便用户能够判断出该直播是否具有观看性。

（一）开场形式

常见的直播活动开场包括下面六种形式。

（1）直白介绍。主播在直播开场前，可直接告诉观众直播的相关信息，包括主持人自我介绍、主办公司简介、直播话题介绍、直播大约时长、本次直播流程等。主播可以利用自己的优势和优惠提醒，让直播间热闹起来，吸引更多的粉丝关注。如“大家好，我是一名新主播，今天是直播带货第XX天，感谢大家对我的关注!”“欢迎宝宝们进入我们的直播间，今天我们直播间会出一款有着‘史无前例’巨大优惠的产品哦，一定不要错过了哟!”“宝宝们，大家好，我们是厂家直播……没有中间商赚差价，我们会给到你们难以想象的折扣哦!”

（2）提出问题。开场提问是在一开始就制造参与感的好方法。一方面，开场提问可以引导观众思考与直播相关的问题；另一方面，开场提问也可以让主播更快地了解本次观众的基本情况，如观众所处地区、爱好、对于本次直播的期待等。如在讨论服饰直播时，主播可以提问“我们现在在美丽的杭州，今天的天气真的很舒服宜人。你们那里的天气怎么样？今天这个天气就适合穿我们的这款（产品名）”。又如在讨论健康饮食直播时，主播可以提问“你们认为现代人的健康饮食习惯对健康有何影响？”可以激发粉丝对饮食话题的互动。

（3）悬念开场。悬念引导开场能激发观众的好奇心。主播可以提前预告精彩的内容，或者给观众一些期待，接下来的直播内容可能会对观众产生一定的吸引力。如“今天我们可能会有一位神秘嘉宾加入直播，大家猜猜是谁呢？”

（4）道具开场。主播可以借助道具来辅助开场。开场道具包括企业产品、团队吉祥物、热门卡通人物、旗帜与标语、场景工具等。其中，场景工具根据直播内容而定，如趣味拍卖直播，可用拍卖槌作为场景工具；知识分享直播，可以借助书籍作为场景工具；户外运动直播，可以加入足球、篮球等作为道具。如某户外旅行直播，开场可以是：“大家上午好！我现在正在青岛××小动物乐园，为大家带来这场直播。我刚才路过小羊、小狗、小鸡的住处，现在来到了鸽子乐园。哇，你看，好多鸽子围着我啊！来，我们一会儿把摄像头对着这只可爱的鸽子，让鸽子和我们直播间的观众打个招呼吧！”

（5）借助热点。上网的人，尤其是参与直播的观众，普遍对于互联网上的热门事件和热门词汇有所了解。直播开场时，主播可以借助热点，拉近与观众之间的心理距离。如某美食主播在直播前，会这样说：“大家好！最近这两天有一条新闻特别火。美国的鲤鱼泛滥，个头非常大，破坏了当地水域的生态环境。为解决鲤鱼泛滥的问题，美国密歇根州自然资源部悬赏100万美元寻求解决之道。有中国网友感慨‘很简单，吃呗’，那么，鲤鱼怎么做才更好吃，而且更有营养呢？今天我就来教大家一种鲤鱼的新做法。”

总的来说，在直播电商活动中，主播的开场白和话题对引导观众的兴趣来说非常重要。通过引人注目的开场白、引人入胜的问题、有趣的故事案例，都可使观众在直播间留驻更长的时间。

（二）主题介绍

在直播电商活动中，活动主题主要包括以下几个方面。

（1）购物狂欢节：以节日、纪念日等为契机，打造一场全民参与的购物狂欢。

（2）新品首发直播：针对新品上市，通过直播形式进行新品发布和推广。

（3）限时秒杀：在特定时间段内，推出限时秒杀活动，吸引消费者购买。

（4）明星带货：邀请明星参与直播，为品牌代言，提升品牌知名度和销量。

（5）知识分享直播：邀请行业专家、意见领袖等分享专业知识、经验等，提升消费者对产品的认知和信任。

三、产品介绍

产品讲解是每一场直播中的重要环节。主播对产品的讲解方式、讲解内容会直接影响直播的效果。因此，一位合格的主播应该了解介绍产品时的技巧和方法，也应该了解方法背后的基本营销理论。

在直播电商活动中，直播的主要内容就是主播通过向用户讲解一款款商品，将商品销售出去。目前，主播在讲解商品时经常采用的流程主要有两种，即“过款式”流程和“循环式”流程。

（一）“过款式”流程

所谓“过款式”流程，就是指主播在直播中按照一定的顺序一款一款地讲解直播间里的商品。由于一场直播持续的时间较长，直播期间会不断地有用户离开直播间，也会不断地有新用户进入直播间。因此，在直播结束前的20分钟左右，主播可以将本场直播中的所有商品再快速地讲解一遍，这样不仅可以让新进入直播间的用户了解本场直播中的各款商品，还可以通过“捡漏”形成一些订单，以提升本场直播的成交额。

（二）“循环式”流程

所谓“循环式”流程，就是指主播在直播中循环介绍直播间里的商品。假如在一场直播中主播要推荐4款商品，那么主播可以以30—40分钟为一个周期，将4款商品在一场130分钟的直播里循环3—4遍。

四、粉丝互动

互动是直播的精髓，也是直播和以往传播形式最大的不同点，在直播中，与主播进行实时文字对话可以提升用户的参与感。直播活动中增强互动可以保证流量的留存，也能保证直播活动的效果。而粉丝在直播间停留，才有机会进行后续的成交转化。直播间的粉丝互动能增强直播效果，促进社交，提高观众参与度，降低流失率，并帮助主播打造人格化IP。主播与直播间的粉丝进行互动时，可以采用以下几种策略。

（1）发现共同点：寻找与粉丝之间的共同之处，如地域、兴趣或爱好。以此为契机，展开话题讨论，逐步延伸到其他方面。通过这种方式，可以拉近主播与粉丝之间的距离，建立情感联系。

（2）储备话题：关注实时热点、热门影视及重要事件，积累有趣、有价值的段子。在直播过程中，主播利用这些素材与粉丝互动，使直播内容更加丰富、有趣。这样可以吸引粉丝的注意力，提高粉丝的观看体验。

（3）适度互动：在直播过程中，适当与粉丝互动，让他们感受到参与感，并使其保持其注意力。主播可以通过提问、解答粉丝疑问、分享个人生活点滴等方式，让粉丝感受到主播的真诚和关心，从而提高粉丝的黏性。

（4）下播后的互动：在直播结束后，主播也要与粉丝保持联系。例如，在群组中与粉丝聊天，或通过自媒体发布个人动态，让粉丝觉得受到重视。同时，观察其他优秀主播，学习他们的优点，提升自己的直播水平。

总之，与粉丝互动的关键在于真诚、共鸣和引导。通过寻找共同点、储备话题、适度互动和下播后的互动等策略，可以让粉丝感受到主播的关心，提高粉丝的黏性，从而提升直播效果。

五、结尾预告

直播间的结尾预告对于直播的完整性和吸引力非常重要。结尾预告有着以下几个重要作用。

（1）预告下期直播：对于观众来说，直播结束后通常会离开直播间。然而，主播可以通过在直播结束时预告下期直播的时间、内容和福利，吸引观众在下一场直播时再次回到直播间。这有助于提高观众的留存率，并提升他们在下一次直播时的参与度。

（2）增加悬念和好奇心：通过预告下期直播的福利内容，主播可以制造悬念，激发观众的好奇心。例如，如果主播在预告中提到有大份的奖品或更大的福利，但并未透露具体内容，观众会更加期待下一场直播的到来，以揭晓答案。

（3）引流新观众：预告下期直播的时间和内容，可以帮助主播吸引新的观众。如果预告中提到的新内容或福利对观众有吸引力，他们可能会在下一场直播时首次进入直播间，成为新观众。

（4）解决冷启动问题：在直播结束后，如果主播没有进行任何预告或宣传，那么下一场直播可能会面临冷启动问题。然而，通过预告下期直播的时间、内容和福利，主播可以提前吸引观众的关注，在下一场直播开始时已经有了足够的观众基础，从而避免冷启动问题。

因此，直播间的结尾预告是吸引观众、提高留存率和增加新观众的关键环节。主播应该充分利用这一环节，为下一场直播做好充分的准备和宣传。

第四节　直播电商活动复盘

“复盘”一词最早应用于股市，指的是股市收盘后利用静态数据再看一遍市场全貌，总结股市资金流向、大盘抛压、涨跌原因等，从而在下一步操作中做出更符合当前市场情况的判断。为了持续提升营销效果，企业营销活动结束后通常也需要进行复盘，总结经验教训并作为下一次营销活动的参考，直播营销也不例外。

直播营销复盘的核心包括数据分析与经验总结两部分。其中，数据分析主要是利用客观数据进行复盘分析，经验总结主要是在主观层面对直播过程进行剖析与总结。

一、直播电商活动的数据分析

直播电商活动的数据分析复盘是一个关键环节，可以帮助我们更深入地了解活动的成功之处和不足，从而为未来举办活动提供指导和优化方向。

（一）直播电商活动数据分析的思路

直播电商活动数据分析的思路是围绕目标收集数据、清洗整理数据、分析数据、呈现结果并制定改进措施。直播电商活动中数据分析的基本思路为：第一步，确定数据分析的目标；第二步，获取相关数据；第三步，统计数据；第四步，分析数据。通过这样的思路，可以帮助商家更好地了解直播的情况，发现问题并采取相应的措施来提高直播的质量和效果。

（二）确定直播电商活动数据分析的目标

要进行数据分析，首先要明确数据分析的目标，要明确需要分析哪些数据，以及为什么要分析这些数据。通常来说，做数据分析的目标主要有以下三种。

（1）寻找直播间数据波动的原因，数据上升或者下降都属于数据波动。

（2）通过数据分析寻找优化直播内容、提升直播效果的方案。

（3）通过数据规律推测平台算法，然后从算法出发对直播进行优化。

（三）直播电商活动数据复盘的步骤

接下来以抖音为例，介绍如何查看直播数据进行复盘，下面是复盘的具体操作方法。

（1）在抖音App中进入“主播中心”界面，从中可以查看数据概览，点击数据概览区域，如图5-11所示。

（2）在打开的界面上方选择“场次数据”选项卡，可以根据直播的历史记录选择要查看的直播场次，如图5-12所示。

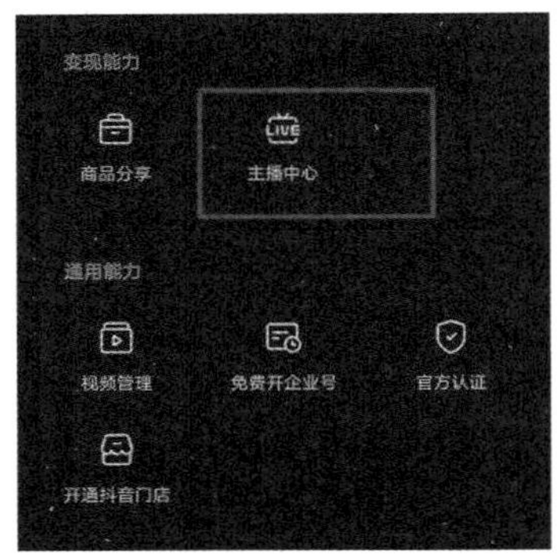

图5-11　抖音App主播中心

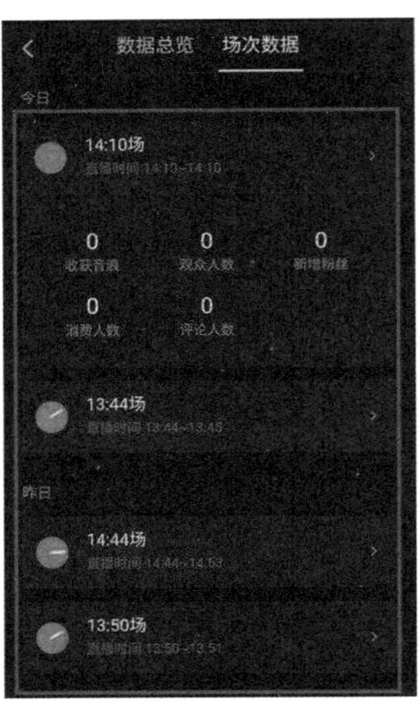

图5-12　抖音App场次数据

（3）打开“单场数据”界面，查看该场次的直播数据详情，如图 5－13 所示，可以查看到本场直播的收获音浪、观众总数、新增粉丝、付费人数、评论人数等。

图 5－13　抖音 App 单场数据

（四）直播电商活动数据复盘的指标

直播复盘是对直播活动的总结，在回顾直播流程时，需要用数据量化地总结直播表现。直播间的后续操作有很大一部分要通过数据复盘进行指引，主播可以通过分析总结数据情况来制定相应的执行方案并进行相关的测试，以便优化直播数据。

以抖音直播间为例，直播间的数据分析指标主要包括粉丝画像数据指标、流量数据指标、互动数据指标、转化数据指标四大类。

（1）粉丝画像数据指标。粉丝画像数据指标主要包括粉丝的性别分布、年龄分布、活跃时间分布、粉丝来源等。

（2）流量数据指标。流量数据指标主要包括人气数据、在线人数、粉丝团人数等。

（3）互动数据指标。互动数据指标主要是弹幕热词。

（4）转化数据指标。转化数据指标主要包括浏览互动数据、引导转化数据、直播带货数据等。

（五）电脑端的直播数据

除了手机端的数据，抖音直播复盘数据还有电脑端的，而且数据更详细、更为全面。下面介绍从四个方面对电脑端的直播数据进行全面复盘。

1. 整场直播的基础数据

分析一场直播，首先需要知道整场直播的基础数据，如直播时长、主播粉丝量、带货口碑、人气数据及带货数据，初步判断直播间的控场人气和带货效果。

某直播间如图 5－14 所示，总音浪收入约为 543 元，直播间实时在线人数最高为 6126 人，累计观看人数超过 48 万。

图 5－14　某直播间人气数据

2. 了解商品详情

直播间的销售额和选品、排品策略密切相关，直播间曝光点击量高的商品可以反映直播间观众的喜好，可以综合考虑销售额、客单价、点击率等来指导直播间的下次选品。

例如，从某直播间的带货数据中，如图 5－15 所示，可以发现预估销售额约为 283 万元，上架商品有 46 个，最高单价是 999 元。这组数据是 2020 年 8 月 16 日晚，水星家纺携手知名内衣品牌“盈公主”在水星家纺总部开启的抖音“奇妙好物节”的专场直播数据。

在当晚的直播带货活动中，“盈公主”共向粉丝介绍了 46 款水星家纺品牌旗下的精美商品，包括抗病毒负离子抗菌羽丝绒四季被、百丽丝家纺法兰绒三/四件套、儿童缤纷抗菌防螨舒眠对枕等人气产品。整场直播中，共有 13 款商品的销售额超过了 10 万元。

图 5－15　某直播间带货数据

在“盈公主”的引导下，水星家纺的专业导购从生产原料、制作工艺到产品设计为粉丝进行了专业的产品解说。“盈公主”则在介绍抗菌防螨、凉感夏被等产品时，结合自己在生活中的实际场景，来展现水星家纺产品的独特优势。同时，“盈公主”也时刻关注弹幕中粉丝对于产品尺寸和库存的问题，并随时进行解答。

3. 了解观众互动数据

对于直播运营团队来说，除了了解直播间的实时带货数据外，还应当对观众的互动数据有所分析。通过了解直播间的互动数据，可以发现观众的关注焦点，进而判断观众的付费意愿。

以某零食直播间为例，如图 5－16 所示，通过关键评论，可以快速发现直播间的观众对酸辣粉和螺蛳粉更感兴趣，主播可以着重介绍这两款零食，尽可能地引导观众下单转化。

4. 了解直播间流量来源

在抖音直播中，流量主要分为自然流量和付费流量。自然流量主要有关注页、推荐页、同城和其他四个流量入口，付费流量主要是投放 Dou＋和巨量千川。以某直播间为例，如图 5－17 所示，该直播间自然流量的占比是明显高于付费流量的，在自然流量中，直播推荐的流量占比最高，其次是粉丝流量。

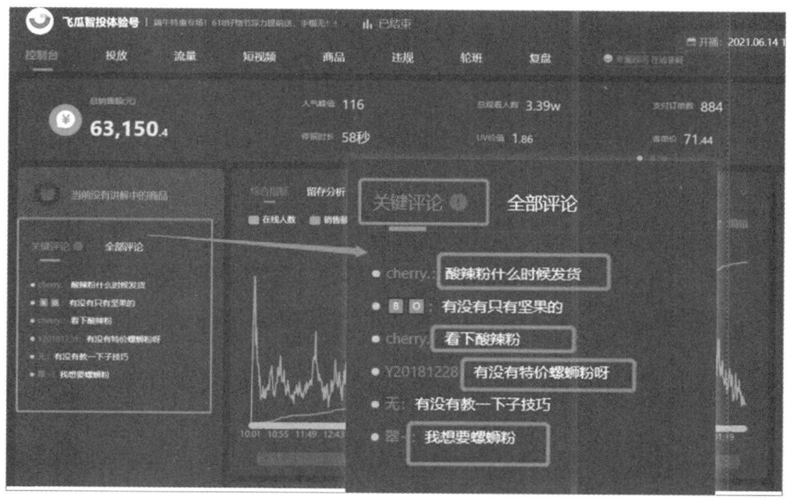

图 5-16　某零售直播间互动数据

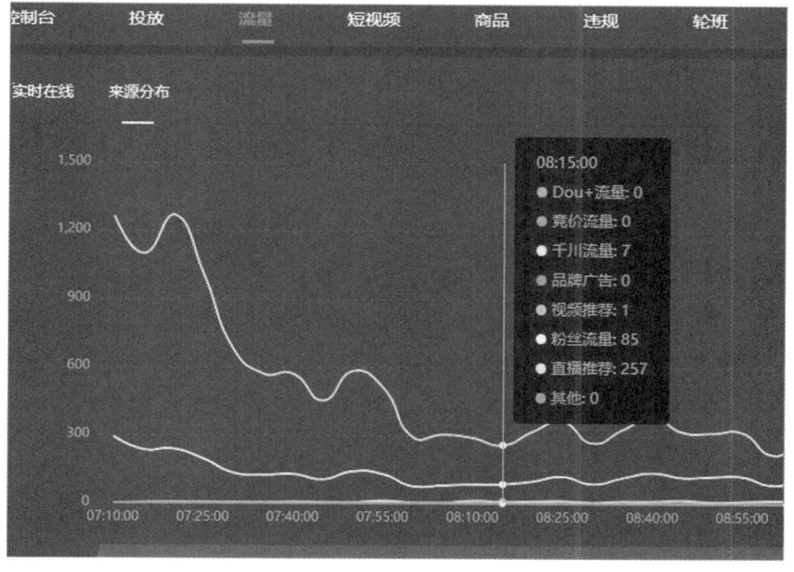

图 5-17　某直播间流量数据

直播电商活动的数据复盘是一个持续进行的过程，需要不断地收集和分析数据、总结经验和教训、提出改进方案并付诸实践。只有这样，才能不断提升直播电商活动的质量和效果，为观众带来更好的体验。

二、直播电商活动复盘的主要内容

直播电商活动复盘可以分为快速复盘和阶段复盘两个方向。

（一）快速复盘

快速复盘是指直播结束当天或次日对最近的直播数据进行快速复盘，此时要重点关注当天的直观数据表现和用户反馈，从而总结当天直播的经验，并快速应用到后续直播中，这是个“计划—实施—检查—处理”的过程。在复盘维度上，快速复盘可以分为数据侧和用户侧。

1. 数据侧

运营人员要重点关注本次直播的数据表现，同时对比其他几场直播的数据，主要关注四大核心数据，即总观看人数、总评论人数、在线时长均值、最高在线人数。

针对直播进行复盘时，运营人员要重点关注直播数据中整体在线人数变化趋势，定位最高在线人数所对应的时间点并分析直播内容，从而找到更容易制造直播高光点的内容类型。

2. 用户侧

在用户侧，运营人员要关注直播过程中用户情绪、反馈异常的节点，如消极发言等，以此定位用户可能存在的痛点，以及用户察觉到的直播异常问题，如信息衔接不自然等。

在直播间的互动评论中，呼声最高的内容可以作为后续直播返场的内容，运营人员可以将其纳入直播内容需求池中。

（二）阶段复盘

在累计多场直播后，运营人员有必要进行阶段复盘，从宏观角度进行分析，明确直播对商品的核心价值、目标用户圈层、核心吸引点和直播需要保持的节奏。在阶段复盘中，运营人员应关注数据侧、用户侧和市场侧。

1. 数据侧

不同于快速复盘，在数据侧，运营人员在阶段复盘时要在整体宏观角度上明确直播对商品的价值，以及直播整体的数据表现和热点分布等。

从直播对商品的价值定位来说，直播能为商品做的就是吸引新用户、活跃用户、延长用户在商品页面的停留时长，具体来说主要分为拉新和促活两个方面。拉新主要是指要关注统计周期中观看直播的用户数（去重）和单期直播平均的新用户占比（去重）；促活主要是指要关注统计周期中下单用户平均观看直播期数、观看期数≥2 的用户占比和用户平均观看单期直播的时长。

在明确直播对商品的价值后，运营人员可以通过热点分析来明确后续如何把直播做得更好。在进行热点分析时，直播团队要从单期直播、分类分析、词项拆解等方面开展。

2. 用户侧

在用户侧，运营人员在阶段复盘时要明确目标用户圈层，并针对这部分用户的观看体验进行调查，这样有利于明确后续业务重心、范围和宣传模式。在分析目标用户圈层时，运营人员要对用户数据进行清洗，从年龄、性别、地域、渠道等多个维度来定位目标用户的特征。

运营人员可以使用目标群体指数（Target Group Index，TGI）来分析用户对直播的偏好度，公式为：TGI＝当前维度样本的比例/整体群体内该维度的样本比例×100。若 TGI 大于 100，说明该人群在整体人群中偏好度较高；若 TGI 小于 100，说明该人群在整体人群中偏好度较低；TGI 越接近 100，说明该人群与整体人群的偏好度越接近。

在分析用户侧时，运营人员要从直播前、直播过程中、直播结束后三大环节上分析用户行为、需求和痛点，从而定位各个环节直播优化的机会点，提升优化效率。

3. 市场侧

在进行市场分析时，运营人员不仅要关注在直播领域中做得好的同类竞品，还要多了解最近出现在目标用户圈层中的热门话题，这样有助于在后续直播时引出核心话题，也能带领团队成员思考直播的新赛道，以拓宽目标用户圈层。

三、直播电商活动复盘总结

直播电商活动复盘总结是一个重要的环节，它可以帮助主播和团队成员了解直播的优点和不足，从而改进和提高。在实际的直播活动中，可以从以下方面入手，帮助主播进行直播电商活动复盘总结。

（1）直播效果评估：评估直播的总体效果，包括观众数量、互动情况、停留时间等关键指标。这些指标可以反映直播的吸引力和观众的参与度。

（2）直播内容总结：回顾直播中呈现的内容，包括主题、亮点、重点等。总结直播内容的优点和不足，分析观众的反应和反馈，为下一次直播提供改进的方向。

（3）互动环节评估：评估直播中的互动环节，包括问答、抽奖、互动游戏等。分析这些环节的效果和观众的参与度，找出可以改进的地方，提高互动效果。

（4）主播表现评估：评估主播在直播中的表现，包括口才、形象、亲和力等方面。分析主播的优点和不足，提供反馈和建议，帮助主播提高自己的表现能力。

（5）技术问题回顾：回顾直播中遇到的技术问题，如网络连接、设备故障等。分析这些问题对直播的影响，提出解决方案和改进措施，确保下一次直播更加顺利。

（6）营销策略评估：评估直播的营销策略，包括推广渠道、合作方式等。分析策略的有效性，找出可以改进的地方，提高直播的曝光度和关注度。

（7）观众反馈收集：收集观众对直播的反馈和建议，包括评论、弹幕、私信等。分析观众的需求和喜好，为下一次直播提供改进的方向和策略。

总之，直播电商活动复盘总结需要从多个方面进行，包括效果评估、内容总结、互动环节评估、主播表现评估、技术问题回顾、营销策略评估及观众反馈收集等。通过总结和分析，可以帮助主播和团队成员发现不足之处，提出改进措施，为下一次直播做好准备和提升。

实训任务

直播电商活动的策划

［实训目标］

掌握直播电商活动的策划流程。

［实训内容］

2020 年，“完美日记”针对“6·18”期间推出的全新锦鲤眼影盘新品，结合当下直播生态，打造 8 天 8 夜名人直播的美妆营销大事件，通过 3 波操作引爆品牌声量。

第一波是“锦鲤专场星直播”，“完美日记”通过名人抖音号的原生内容和抖音矩阵化引流，让品牌直播间短时间聚拢抖音站内超高关注度，直播间的访问次数达 2543 万，直播互动总次数达 257 万。

第二波通过抖音蓝 V 号、开屏等强曝光途径持续投放，为品牌“6·18”强力蓄势，促成品牌在天猫 6 月 1 日预售当晚跻身美妆预售榜前 3。

第三波上线全民任务，以流量激励模式吸引 1200 名“达人”共同开箱晒新品，持续吸引新用户“种草”。

最终，“完美日记”霸榜登顶抖音品牌榜前 2，名人直播后品牌蓝 V“增粉”45 万，全民“种草”更助力品牌在“6·18”大促期间成为成交额排名第一的中国美妆品牌。这 3 波操作让“完美日记”成功打通增量市场，全年销售额大幅提升。“完美日记”充分利用抖音的特点，通过名人直播、私域流量运营，不仅收获了巨大规模的粉丝，转化出了可观的销售业绩，还提升了“完美日记”在美妆领域的品牌地位。

“完美日记”将目标用户群精准定位为 18～28 岁的年轻女性，主要是“00 后”和“95 后”。“完美日记”以“一切围绕目标用户人群”为核心原则进行产品开发，研究“Z 世代”人群的个性特点，及时调整开发新产品。

此外，“完美日记”在选择直播带货主播时也与国际大品牌不同，国际大品牌挑选主播大多是谨慎且单一的，且基本选择头部主播，而“完美日记”则采取少量名人主播和垂直领域的中腰部主播及大量的足部主播及新人主播的混合推广打法，全方位地吸引目标用户的注意力。

目前，“完美日记”直播带货的热卖单品有口红、眼影、卸妆等。“完美日记”一直以来主推的商品类型，也是满足目标消费人群需求的类型。

“完美日记”在直播间推荐的商品，90％以上的价格处于 0—300 元区间，其中 50—100 元区间的商品数量占比最高，达 39％。

［实训要求］

1. 请结合以上案例根据账号人设“时尚美妆博主”，撰写一场直播活动的策划书。

2. 产品为美妆行业相关产品，如粉底液、唇彩、眉笔等。根据以上产品要求设计直播脚本，设计时要用到电子表格，梳理清直播流程，确认好直播人员分工。

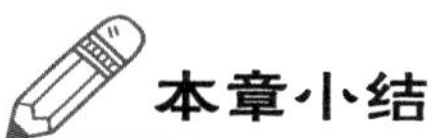

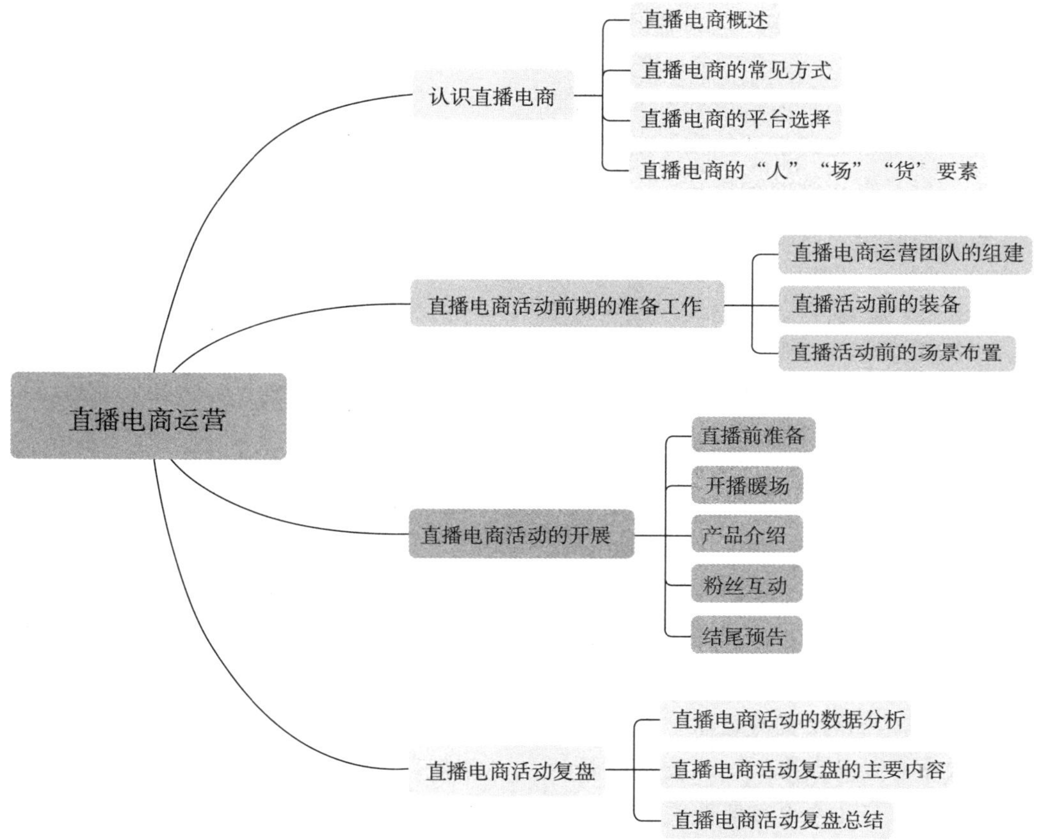

复习思考题

1. 谈一谈直播团队的岗位设置及人员配置。

2. 搜集几个品牌直播的案例（如认养一头牛、鸭鸭羽绒服等），并分析这些品牌的直播运营策略的特征。

3. 如何做好抖音的社交媒体营销？

4. 站外营销的主要方式有哪些，各自的特点是什么？

第六章 社群运营

学习目标

- 了解社群的含义、特点和生命周期
- 了解社群组建管理的具体规则
- 了解社群运营的技巧
- 了解社群变现的常见模式

开篇案例

霸蛮社，一个最优质的在京湖南人社群

中国年轻一代消费群体逐渐崛起，他们在消费的选择上也更加多元化。由于门槛较低，进军餐饮已经成为全民创业的首选方案。新餐厅不断涌现，餐饮市场眼花缭乱，推广信息铺天盖地，消费者反而无暇细细挑选。

提到湖南的饮食，人们的第一印象就是“辣”，而说到具体的食物，米粉是南方极其平常的主食之一，具有典型的代表意义。2014年，伏牛堂（霸蛮）在品牌创立之初，就聚焦湖南牛肉粉这一传统美食，但是很多餐饮人觉得太辣、太重口的牛肉粉并不适合北方市场，应该改良再进京。“好的食品，必须坚持本味”，作为一个湖南人，“霸蛮”是伏牛堂创始人张天一骨子里的精神（“霸蛮”是湖南方言，意思是“死磕不服输”），他认为好的牛肉粉就是要口味好、辣，只有够辣的牛肉粉才够爽。所以伏牛堂（霸蛮）坚持做一碗正宗的牛肉粉，并且同时形成了“四不主义”，快速抢占特定场景和特定消费群体。“四不主义”指的是带筋肉骨熬汤不少于5小时；米粉只用直链淀粉含量不少于25%的早稻籼米；牛肉粉SHU辣度指数不低于399；掌握核心配方机密的两个合伙人不坐同一班飞机。

作为国内具有代表性的社群餐饮企业，伏牛堂（霸蛮）将一群喜爱米粉的年轻人聚集起来，通过与他们建立深层次的情感链接，将他们发展成忠诚的铁杆用户，同时增强品牌黏性。

全北京共有30多万湖南人，通过籍贯湖南、现居北京、粉丝数大于1000等指标，张天一将这批湖南老乡中的意见领袖从微博上筛出，挨个关注私信、聊天约饭、拉群运营，并让他们参与到门店产品测评和研发中来，加深了他们与品牌之间的黏性，最终，这批人成为伏牛堂（霸蛮）社群的最早期的种子用户，给伏牛堂（霸蛮）第一家门店的引流提供了很大的帮助。

吃饭、爬山、老乡会……这是伏牛堂（霸蛮）社群的日常主题。乍看之下，伏牛堂的做法颇为“不务正业”，毕竟似乎一切的活动都应该奔着更多单量和更高利润而去，伏牛堂（霸蛮）却做了许多完全和餐饮无关的“闲事”——这些活动甚至都没有放到店里开展。正是这一系列与本业无关的活动，在一次次地加强和用户的联系，一遍遍巩固品牌在用户心目中的印象，一点点积累企业在消费者心目中的价值。

2017 年，伏牛堂（霸蛮）聚拢的社群人数已经扩大到 100 万人，社群建设初步完成。手握百万可触达粉丝的张天一意识到，点对点覆盖每个用户的成本巨大，结合电商复购、净值等数据，张天一果断放弃了 70 万浅层用户，留下 30 万资深用户深度运营。“移动互联网时代，话语权从媒体下沉到自媒体甚至个人。核心用户的话语权体量可能不大，但总量不可小视，也能长期稳定发声。”

早期，伏牛堂（霸蛮）在微博上筛选意见领袖，以期快速找到精准受众，高效营销；中期，伏牛堂（霸蛮）通过社群运营，试图从各个角度、各种活动来和用户建立联系，多维度、更全面地了解用户的兴趣偏好，并将麦克风牢牢握在自己手里；而 2018 年 4 月，完成 B 轮融资的同时，将品牌更名为“霸蛮”，着力打造人设，再度升级产品的情绪传递。

当餐饮与社群结合时，我们发现曾经满面油烟、人声鼎沸的传统餐饮形象，也正在变得年轻化、时尚化。而社群互动是为数不多能通过社交场景使人、产品、餐厅等实现线上线下连接的方式之一，也是餐饮行业展开互联网社群思维应用的关键节点。那么霸蛮社的社群运营又是如何运作的呢？

一、传播品牌价值

蛮霸社＝“最辣米粉”，伏牛堂利用社群互动将品牌“湖南辣”的价值点充分传播出去，形成了“伏牛堂＝正宗＝霸蛮＝辣”的品牌记忆。2014 年，伏牛堂首先在霸蛮社发出召集令，发起吃辣米粉的活动，向消费者传达出其餐品的两大价值点：正宗湖南牛肉粉、正宗湖南辣。张天一要做的就是正宗的湖南牛肉粉，体现了从正宗传统美食中传递出来的那一份乡情，这一点通过社群的互动将其表现到了极致。

二、提高用户黏度

提高用户黏度，事实上就是在粉丝中间刷存在感的过程，也是提高餐厅在粉丝心中地位的过程。小米最初的快速发展就得益于社交互动，通过发烧友、超高性价比智能机的黄金组合来吸引用户关注，在微博、社区论坛、微信等平台发起“小米卖断货”等各种话题讨论，定期举办各种线下粉丝见面会、免费体验、“米粉节”等活动，一次又一次调动起粉丝们的热情，用户的黏度与忠诚度随之提升，小米也因此用最初的 1000 个“铁杆粉丝”绑定了上亿用户。而蛮霸社不光有线上的社群活动，甚至还会出资举办线下的粉丝活动。

三、为餐厅引流

餐厅还可利用社群互动向消费者推介新品，通过优惠券等方式为店铺引流，博得餐厅在消费者心中的好感。

四、收集用户数据

霸蛮社通过社群互动对社群人员进行消费调研，收集用户消费数据。例如，在社群中发起最爱吃的菜品评选活动，不仅更直接地推广餐厅爆品，还可以根据调查结果，获得一份关于菜品受喜爱程度的数据，为餐厅菜品优化调整提供依据。

五、展开社群互动

（一）开展社群嘉宾分享会

举办各类社群分享会，邀请行业意见领袖或社群内有一定话语权的用户，以嘉宾形式进行相关知识的分享。例如，“餐饮界”新媒体的社群组织“餐友社”定位为餐饮人的连接器，主要聚集的人群是餐饮企业老板和职业经理人，社群会定期举办各种线上、线下的沙龙分享活动，分享的嘉宾通常是餐饮行业中比较成功的餐饮老板和资深职业经理人，每次分享都会围绕一个核心主题展开，以干货案例为主，并会设置社群人员互动碰撞环节，如此一来不仅能让社群人员感受到社群的价值，“餐饮界”媒体也在每次活动中得到了充分曝光。

（二）组织粉丝线下免费试吃

对于餐饮品牌社群而言，社群内粉丝基本上与餐厅会员一致，属于消费类粉丝。对于这类粉丝，组织“免费试吃”活动无疑是不错的互动方式。通常这类“免费馅饼”式的方法能快速激活社群内潜水寡言的粉丝，虽然简单而粗暴，却能将社区内用户从线上吸引到线下，再从线下体验延伸到线上的信息扩散，因为大多数享受免费试吃的用户，通常会很乐意用微信、微博等自媒体帮助餐厅免费传播，这样就形成了一个完整的社群互动闭环，不仅能活跃社群、传播品牌，更能为餐厅引流。

（三）定期举行线上福利活动

“霸王餐”不能常有，因为过高的频次会让粉丝疲软，但是优惠券、单品优惠券、套餐优惠券、满减优惠券、红包现金券等线上福利可以有。例如，在餐厅推出新品时，有针对性地发放单品优惠券，能提高消费频次；定期针对粉丝消费习惯，发放粉丝常点餐品优惠券，可以提高回购率等。总之，线上福利活动的核心目的就是吸引更多线上的用户进店消费。

此外，另一种线上福利形式就是发红包，恰逢新店开业、销售业绩超标、周年庆、餐厅喜获某项荣誉时，可直接向社群进行线上“发红包”福利活动，一方面可提高群内用户的活跃度，另一方面也是对餐厅营业信息和品牌价值的宣传。

（四）向粉丝征集各类素材

如今，越来越多的年轻消费者钟情于“晒幸福、秀恩爱”等刷存在感的行为。对此，餐厅可面向社群粉丝发起类似“晒与亲人、爱人一起用餐的照片”“随手拍下美食瞬间”“讲述与美食相关的小故事”等征集活动，而照片与故事可以是餐厅、美食，也可以是用户日常生活的点滴，再设置一定的奖品鼓励用户积极参与，并通过投票、点赞、排名等方式，让参与的用户乐于发动朋友一起关注活动。

（五）品牌“形象代言人”征集令

比征集素材更高一级的社群互动方式，便是面向社群征集“品牌代言人”，基于粉丝对社群价值充分认同这一基础，这会比“广撒网”式征集代言人的参与度更高。从前期预热推广到正式发出征集令，从定期活动推送到拉选票，一场完整的“形象代言人”选拔下来，足够让社群的活跃度上升到一个新的高度。而整个过程就像一场品牌表演秀，由选手、选手亲友团、参与投票粉丝团组成的宣传阵容，对餐厅品牌宣传的价值不可估量。

在如今的消费市场中的任何一个细分领域，消费者都已有太多选择。琳琅满目的商品中，能让消费者冲动购买的，一定是那些打动他们情感和获得他们认同的产品。消费本质已经成为人的社会阶层自我身份的表达，“霸蛮”就是这样一个有情绪、有人设、有信念的词，湖南方言说“吃得苦，霸得蛮，耐得烦”，一看就让人联想到热辣的感觉，让人在脑海中塑造一个积极、年轻、正向、拼搏的形象。大浪淘沙，沉者为金，张天一带领霸蛮在激烈竞争中生存和发展壮大，并继续在认知升级的路上不断探索，不断前进。

（资料来源：鹤九．互联网＋餐饮——一本书读懂餐饮互联网思维［M］．北京：电子工业出版社，2011；霸蛮CEO张天一：创业是一场向天借命的认知游戏，搜狐）

案例思考：霸蛮是如何找到自己的种子用户的，又是如何通过社群进行营销的？

第一节　认识社群

一、社群的含义

一般社会学家与地理学家所指的社群（community），广义而言是指在某些边界线、地区或领域内发生作用的一切社会关系。它可以指在实际的地理区域内发生的社会关系，也可以指较抽象的、思想上的关系。除此之外。英国社会学家沃斯利也曾提出社群的广泛含义：可被解释为地区性的社区，用来表示一个有相互关系的网络；社群可以是一种特殊的社会关系，包含社群精神（community spirit）或社群情感（community feeling）。

社群，简单来说就是一个群，但是社群需要有一些自己的表现形式。比如，社群要有社交关系链，基于一个点、需求和爱好将大家聚合在一起，要有稳定的群体结构和较一致的群体意识；成员要有一致的行为规范、持续的互动关系；成员间分工协作，要具有一致行动的能力。网络社群模式如图 6－1 所示。

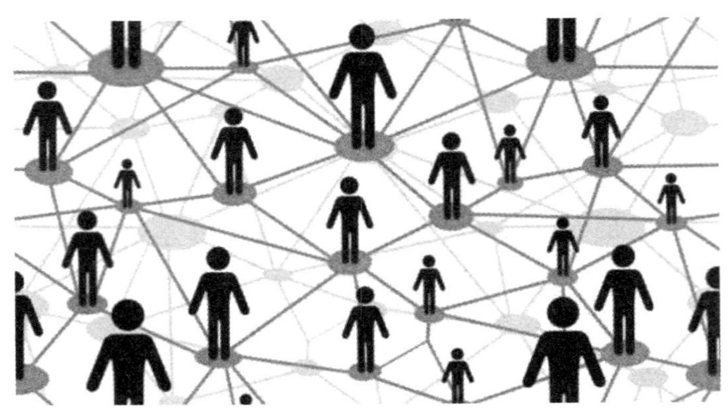

图 6－1 网络社群模式

说到社群，很多人首先想到的可能是微信群或 QQ 群。事实也的确如此，社群营销与运营离不开微信和 QQ 这两个平台。但是，社群并不等同于微信群或 QQ 群，社群营销也并非只是借助微信群或 QQ 群销售商品。我们平时创建的微信群组是社群的一部分，但不是全部。在现实生活中，人们根据居住点的远近，形成一个个生活社区，社区中有形形色色的自然人，他们的年龄、收入、工作、生活方式等各不相同，但都由“社区”这个组织来进行一些政策性的管理。随着网络的发展，居住点不再是形成社群的必要限制条件，天南海北的人都有可能因为某个话题而聚合在一起。线上社群没有地域性的差别，只有目的的差异。

二、社群的发展

社群虽然是如今正流行的概念，但并不是现代社会才有的概念。因聚合的“点”不同，社群也被划分为线下实体社群、无线电社群、互联网社群及未来社群四种模式。

（一）社群 1.0——线下实体社群

在古代，社群都是以社团的方式在现实中聚集活动。那时候交流都是面对面进行的，志同道合的人聚在一起畅谈人生、文化、理想抱负等。

中国古代墨家学派的门生会聚集在一起探讨墨家学问，发扬和传播墨家文化，如图 6－2 所示。

图 6－2 墨家门生聚集在一起探讨学问

20 世纪 30 年代，不少知识分子会聚集成群建立读书社，常常利用聚餐、茶会、座谈等形式组织沙龙，在沙龙中切磋学问、交流思想、增进感情，如图 6－3 所示。

图 6-3 读书社

（二）社群 2.0——无线电社群

20 世纪初，随着无线电技术的普及，人们沟通的方式发生改变，开始出现以无线电方式进行聚会活动的社群，比如成立于 1908 年的美国 HAM（业余无线电）社群，中文名叫“火腿”，由一群以无线电作为联络方式的爱好者组成。这个社群至今还存在，现在大多数群成员都是中老年人，也有一些年轻人，都是受到父辈的影响而参与其中，如图 6-4 所示。

图 6-4 无线电社群

无线电社群“火腿”在 20 世纪中叶，可谓是红极一时，只是后来随着互联网和卫星通信的发展逐渐被世人冷落。尽管如此，世界范围内的业余无线电活动却始终没有停止，而且业余无线电通信在救灾和应对危机时，能起到其他通信手段无法替代的作用。

（三）社群 3.0——互联网社群

20 世纪 80 年代，互联网开始发展，在线社群蜂拥群起，此时人们的交流方式开始发生翻天覆地的改变，人与人之间的距离被拉近，沟通没有了障碍和限制。国外早期的互联网社群有 MSN 社群、AMAZON 社群等。国外互联网社群 MSN 如图 6-5 所示。

图 6-5　国外互联网社群 MSN

在 2005 年以前，MSN 作为即时通信软件在中国非常受欢迎，甚至远超腾讯 QQ，后来由于种种原因，逐渐落寞了。这时候腾讯 QQ 逐渐展现强势的一面，渐渐地取代了 MSN 的地位。

中国早期的互联网也出现了豆瓣社区、百度贴吧等社群。豆瓣是文艺青年的聚集地，里面充满了关于诗歌、音乐、文学、电影的讨论。而百度贴吧同样在早期非常火爆，如图 6-6 所示。目前，百度贴吧拥有的 10 亿注册用户，近 820 万个主题吧，且日均话题总量过亿，日均浏览量超过 27 亿次，月活跃用户数近 3 亿。尽管如今贴吧好像在走下坡路，但由于用户基数庞大，仍然稳居中国互联网第一大社群的位置。

图 6-6　百度贴吧搜索栏

随着移动互联网的崛起，中国互联网上以手机端 App 作为聚集方式的社群如雨后春笋般涌现。比如微信群、QQ 群及数以万计的 App 社群，这时候 App 社群开始大放异彩。

（四）社群 4.0——未来社群

未来社群的发展一定是基于物联网、基于生态、基于利他原则的。随着社群的更新换代，搭载社群的工具势必也会与时俱进，人工智能、VR 技术、VI 技术、极速数据流技术的应用和普及，将使人类进入生态时代、物联网时代，人类社会也将会出现意识流社群、无人虚拟社群、智慧化交流社群、生态社群等。

三、社群的类型

（一）消费型社群

消费型社群主要指为了实现购物消费，以团购、秒杀、送券等福利类型组建的社群，其本质在于卖货。衡量社群好坏的唯一标准，就是营收产出。这类社群的群成员之间，不需要发生互动，也很难互动，如去超市买东西，顾客之间也很少发生互动。但是可以在不同的时间进行不同的运营动作，通过不同的活动形式给用户带来不同的消费方式，提升用户的参与感，实现社群带货的目的。

（二）兴趣型社群

兴趣型社群，顾名思义就是基于共同的兴趣创建的社群。互联网突破了时间、空间的限制，具有无限延展性，实现了人的自由聚合。人们通过网络很容易找到志同道合、志趣相投的伙伴，从而能很便捷地建立各种基于兴趣的社群。因为需求的个性化和兴趣的多元化，兴趣型社群种类繁多，并各具差异化优势，如美食分享类社群“大众点评”、时尚消费类社群“美丽说”等。

在追求自由化、多元化、个性化的社群时代，哪怕是非常微小的兴趣、非常精细的需求、非常细弧的情感，个体成员都能找到同类的人组成社群。个人的兴趣因为有了社群的互动而得到共鸣和放大。兴趣型社群包含着巨大的商业价值，具有非常诱人的商业发展空间。

（三）成长型社群

成长型社群主要指以学习或者提高某项技能为目的而组建的社群，它的核心是关注个人自身的成长。成长型社群的规划主要围绕明确群规、如何打卡、严禁广告这三个方面，尤其是需要设置门槛，让群内的学习用户明确知道知识是需要付费的，尤其是高质量的知识内容。成长型社群的运营一般围绕话题讨论、案例拆解、嘉宾分享等活动进行。这些活动的举办，有利于提高群内成员的关注度，也有利于提升社群的价值。

（四）品牌型社群

品牌型社群是一种新的品牌营销模式，强调品牌与消费者之间的关系。品牌型社群以品牌产品为核心，为用户提供服务、答疑、宣传等与品牌相关的内容。群成员既是 IP 的追随者，又是 IP 的共创者。品牌型社群需要持续输出高品质的产品。

产品质量决定了用户的口碑，产品质量越高，口碑自然也越好，用户的黏性也越强，其忠诚度也越高。品牌型社群的运营需要有线下活动，如品牌宣讲会、粉丝见面会等线下活动，可以拉近用户与品牌之间的距离，提升用户的共情能力。品牌型社群需要打造归属感，形成品牌文化，营造平等的氛围，制造内容、话题和活动，增加用户的体验感和参与感。

（五）任务型社群

任务型社群的核心是为用户提供做任务的场域，从而实现裂变引流等功能。其主要包括三种类型：第一种截图任务型，通过发送指定文案或海报到朋友圈，点赞达到规定人数即算完成任务。第二种助力任务型，由一人发起，多人助力，达到助力人数即算完成任务。第三种渠道任务型，如提高 App 的下载人数等。社群内的任务需要配合说明性的文案或者海报，注意任务操作流程操作易懂，文案描述准确，海报内容重点突出。另外在发布任务时，应注意控制群内的舆论走向。

社群的类型并不仅限于上述几种，随着社群的发展，会有更多不同类型的社群涌现。而针对不同类型的社群，我们需要根据建群目的、用户画像、社群标签等定位社群的运营功能和方法，才能更好地利用社群，将社群的价值发挥到最大。

四、社群的生命周期

社群的生命周期是用来描述社群产生、发展和最终衰落的过程的。这些阶段并不是彼此独立的，而是相互联系的。通常情况下，社群的生命周期分为五个阶段，即萌芽期、成长期、稳定期、衰亡期、沉寂期，如图 6－7 所示。

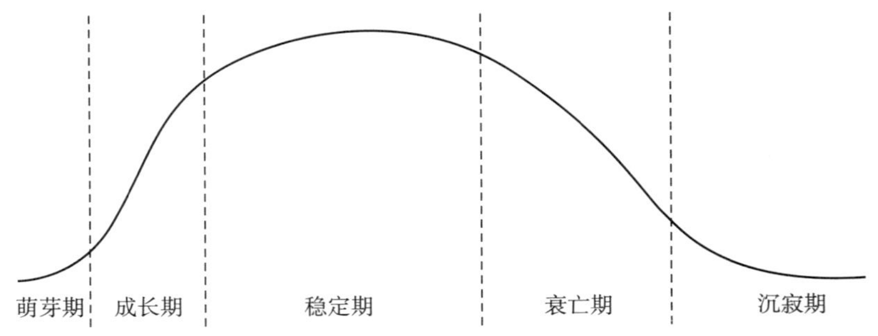

图 6－7　社群的生命周期

（一）萌芽期

在萌芽期，社群发起人产生搭建社群的想法，开始思考社群的定位、主题及发展方向，随后联合几位认同其想法的人，以社群核心成员的身份搭建社群。然后多位核心成员通过集合自己的朋友，或者发布消息召集具有相同兴趣或目标的人组成第一批种子成员。有新媒体账号的核心成员还可以通过自己的新媒体账号招募更多对社群主题感兴趣的社群成员。在社群建立初期，新用户入群频繁，且可能会来自不同的渠道（如公众号文章、内容平台推广、官网文章等）。但因为每位用户入群时间的不同，新加入的用户无法查看之前的消息。因此在萌芽期，需要设置入群欢迎语、群公告、关键词回复、常见问题 Q&A 等模块，清晰明确地告诉用户这个群的开始时间、群内内容输出等信息，让新进群用户明确这个群能给他提供什么价值。在这个阶段，社群的核心成员扮演了重要的角色，此时社群成员之间的关系一般属于强连接，他们彼此之间信任感较强。

（二）成长期

在成长期，社群的主要任务是招募社群成员。社群运营人员需要通过各种各样有吸引力的活动来为社群引流和提升社群的知名度。此时社群规模的增速极快，常常有很多新成员入群。不管是早期的社群成员还是新加入的社群成员，他们都对社群充满了新奇感，在社群里都非常活跃。

成长期的社群运营主要针对用户裂变和用户促活两个方面。当用户进群后，需要完成什么任务，才能获得留在群内的资格。具体可根据社群引流效果，把运营的重点放在裂变和促活上。

首先，裂变。可通过设置任务机制，如将固定文案＋海报分享到用户自己的朋友圈，吸引更多人加入社群，用户完成任务后就可以获得某项福利。

其次，促活。可通过设置福利机制，让用户付出最小成本获得超值惊喜，增加用户的活跃度和对社群的信任感，如有奖问答活动、抽奖活动、红包活动等。

（三）稳定期

稳定期是社群各个方面保持相对稳定的时期。在这个时期，社群已经形成稳定的规模和运营模式，新成员数量增速减缓。新成员进群后会很快熟悉规则，积极参与活动。用户已经通过群内发布的各类内容、活动，对群价值有了一定的认可，这个时候就可以开始考虑转化，可通过以下方式促进转化。

（1）限时限量优惠，给用户制造紧张感。

（2）积极用户晒单，刺激群内其他用户下单。

（3）额外价值，购买赠送其他商品，给用户形成一种现在购买最划算的感觉。

（四）衰亡期

在衰亡期，社群成员对社群活动的参与度已经明显降低，即使是在线下活动中，参与者的数量也在减少。社群运营人员组织活动的积极性明显下降，其对社群的运营渐渐不再那么上心。由此，社群就会进入活动减少、社群成员参与度下降的恶性循环。社群运营人员和社群成员都默契地在群里减少发言，偶尔会出来说一两句话，但没有什么人回应，因为很多人已经将社群屏蔽。出现此现象的原因主要包括以下几个方面。

（1）活动推广结束就会解散社群。

（2）群内用户大都已经获得价值，会觉得社群已经没有用了，就慢慢不再群内活跃了。

（3）社群用户的活跃度一定程度上与用户的需求变化有关。

（五）沉寂期

在沉寂期，社群运营人员对社群漠不关心，在社群里长时间保持沉默，同时社群成员也几乎遗忘了这个社群。有的人可能会在清理社交账号的时候看到这个群，然后默默退群。

线下社群往往会受血缘关系、行业联系或地理位置等因素的影响，可以维持较长的生命周期；而大部分互联网社群从萌芽期到沉寂期的时间，长则两年，短的甚至只有一周。从个人角度来看，社群给社群成员带来的新鲜感和红利一般在两年内就会消失殆尽。同时，从商业角度来看，经过两年的时间，社群的商业价值已被挖掘得所剩无几，若继续维护社群，成本会高于回报。

第二节　社群的组建和管理

一、组建社群的目的

运营人员要明确组建社群的目的，它是后续开展一切社群活动的初衷。如果一个社群既能满足群成员的某些价值要求，又能带给运营人员一定的回报，这个社群的存在就有意义，经过运营，也能继续存在下去。一般来说，组建社群的常见目的有以下几种。

（一）销售产品

很多人组建社群的目的是销售产品。例如，某社群的群主主要分享手工改造娃娃的经验和产品，分享结束后接受相关产品的预订。这种基于经济目的的社群，反而有着强大的生命力，因为做好群成员的维护，可以促使老用户再次下单。

（二）提供服务

一部分社群的组建是为了提供服务。例如，在某一个为培训网课提供日常服务的社群中，所有的群成员都会点击社群中发布的直播链接进入直播间听课学习；此外，培训类书籍的作者也会被安排在社群中给大量的学员进行答疑。

（三）拓展人脉

一部分社群的组建是为了拓展人际资源，人际资源型社群尤其要明确定位。例如，某人际资源型社群的定位是“不断走出自己的舒适区，突破自己的认知领域，多跟优秀的陌生人做朋友，向他们学习”，所以该社群只招陌生人入群。

（四）发展兴趣

很多社群的成员是基于读书、学习、跑步、艺术等爱好而聚在一起的，其主要目的是吸引一批有着共同兴趣爱好的人，构建一个共同爱好者的自留地，在群内分享干货与学习成果，或者相约一起外出参加兴趣活动等。

（五）增强品牌影响力

出于打造品牌的目的而组建的社群，旨在和用户建立更紧密的关系，而并非简单的交易关系，以实现在交易之外的情感连接。随着社群规模的不断扩大，影响力随之增强，对品牌宣传就能起到积极作用。

二、社群的表现形式

（一）社群的名称

名称是社群的标识符号，是用户对社群的第一印象。社群成员可以通过社群名称进行社群品牌的传播和宣传，吸引更多具有相同爱好和价值观的用户成为社群的新成员，这是建设社群的首要任务。社群的命名方法主要有以下三种。

第一种方法是从现成的核心源头延伸出来，特点是名称与核心源头息息相关，但从名称上并不能看出特别具体的信息。如从灵魂人物延伸：万能的大熊的大熊会；如从核心产品延伸：米粉群等。

第二种方法是从目标用户着手，想吸引什么样的客户群体，就垂直地取与这个群体相关的名字，一般从名称上就能看出是做什么的。如爱好：读书会；如理念：BetterMe大本营。

第三种方法则是以上两种方法的结合，如秋叶PPT。

（二）社群的口号

社群口号就是社群的广告口号，或者广告标语，可以是令人记忆深刻、具有特殊意义、特别重要的一句话或一个短语。社群口号对一个社群而言非常重要，可以起到宣传品牌精神、反映社群定位、丰富成员联想、清晰社群名称和标识等作用。

好的社群口号，不仅可以向用户传达社群的核心竞争力，展现社群的个性魅力，激发用户的兴趣，还能够引起用户的共鸣和认同，吸引更多认同该口号的月户加入社群，成为社群的忠实成员，并以此作为社群的精神追求。

口号纵然有很多，但总结下来无非为以下三种类型。

(1) 功能型。通过一句话描述社群的功能或特点，这种方式简洁且直观，非常容易让用户理解，如“读好书，写好文”“和你喜欢的人一起学习书法”等。

(2) 利益型。直接阐述社群能给用户带来的利益，这种方式可以吸引对该利益感兴趣的用户，并使用户为了该利益而不断为社群做出贡献，如“每天3分钟，进步一点点”。

(3) 三观型。以精神层面的情感价值作为社群口号，可以吸引认可社群价值观、世界观的用户群体。这种精神层面的追求往往具有一定的延伸性，不仅能够吸引更多志同道合的社群成员，还能对社群品牌和定位进行宣传，是社群口号更高层次的需求，如BetterMe社群的口号为“一个人走得快，一群人走得远”。

（三）社群的视觉标签

社群一般拥有庞大的社群成员，社群成员通过统一、有仪式感的元素进行区分。与明星互动类似，粉丝群通常通过手持的印有明星头像、卡通、名字的各种灯牌、旗帜进行区分，这些围绕明星而设计的各种物件是粉丝成员对明星的另一种认知。社群也不例外，围绕社群名称、社群口号设计的各种视觉形象就是社群成员对社群的一种直观归属，可以作为社群线上线下活动的标识元素，如社群 Logo 就是社群视觉设计中最具代表性的元素。部分社群 Logo 如图 6－8 所示。

图 6－8　社群 Logo

社群 Logo 的设计根据社群的成熟度有不同的设计方法。对于新建的没有自己品牌的社群，需要从头开始进行社群 Logo 的设计，可以将社群的核心人物及社群理念的卡通图形、文字等作为 Logo 设计的素材。对于成熟度较高的已经拥有自己品牌 Logo 的社群，可直接沿用当前 Logo 或在此基础上进行修改、优化即可。

三、明确社群的结构和规则

（一）社群生态结构

能够长期存活的社群，都有其内在生态结构。社群的生态结构主要有以下两种。

1. 金字塔形结构

在此结构中，社群中的人员组织像金字塔一样，金字塔顶端的人群属于高势能人群，一般是社群的创始人、管理员、意见领袖等，这些人要么个人能力很强，要么在社群中的影响力很大，总之是可以让群成员信服的人，并且是制度和规则的制定者。金字塔形结构的社群一般是教育类、培训类、咨询类等以学习功能为主的社群，金字塔形结构社群如图 6－9 所示。

优点：因为金字塔上层的人物属于同行业中的佼佼者，并且拥有高于普通成员的能量，具有一定权威性，所以很容易得到成员们的认同，平时管理社群比较轻松。

缺点：金字塔形结构的社群需要塔顶人物持续投入精力去打造和维护社群，做价值输出。一旦灵魂人物没有足够的精力关注社群或者离开了，这个社群的活跃度就会衰减。

图 6-9 金字塔形结构社群

2. 环形结构

环形结构更倾向于建立平等的关系，适合因共同兴趣爱好或社交需求而建立的社群。环形结构社群的特点是群成员之间能量平等且互相影响，同时没有太强烈的跟随关系。社群中的意见领袖不止一人，持续性输出内容的也不止一人，而是轮流交替进行，群成员彼此交流沟通比较频繁。环形结构一般适用于兴趣群、爱好群。情感交流群等以兴趣爱好为主的社群，环形结构社群如图 6-10 所示。

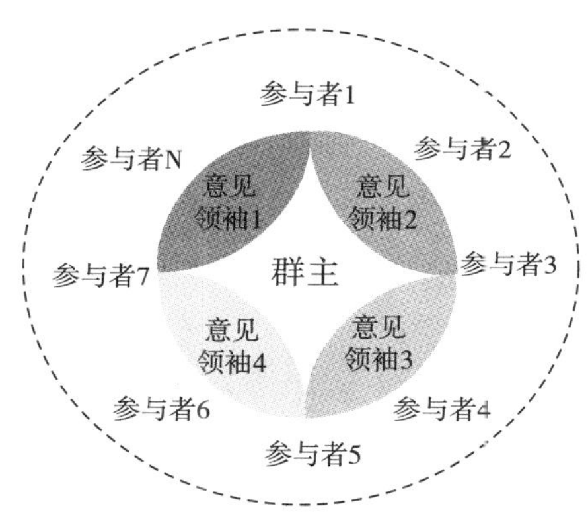

图 6-10 环形结构社群

这样的社群中存在多个意见领袖，导致社群不但具有很强的生命力，而且在思维碰撞中会产生很多火花。同时，一些活跃的参与者可以为社群增加话题、活跃气氛。在这样的社群中，意见领袖提供深度内容，群主维持站内管理，围观者参与进来，从而使环形结构社群更具活力和吸引力。

优点：环形结构社群相对稳定，不容易沉寂。因为有多个价值输出者，所以每个人平时不需要投入太多的时间、精力去维护社群，某个意见领袖或管理者离开后，也可以暂时由另一位代替，不会影响社群的正常运转。

缺点：环形结构社群没有领头羊，向心力不够强，群内容易出现不同意见，因此管理起来比较麻烦。此外，社群中多人具备影响力，很容易形成小圈子，如果管理不当，很有可能导致社群分解。

（二）制定社群规则

运营好社群需要制定一个符合自身定位的运营规则，规则模式可以先从一个群做起，验证模式的可行性，最后再进行大规模复制。本质上讲，社群规则不是规定做什么或不能做什么，而是规定这个群的文化是什么。

1. 选人规则

选人规则也就是常说的入群门槛。入群门槛对社群来说非常重要。从某种程度上来说，社群就是一个有界限的圈子。借着这个界限，圈子内的人和圈子外的人之间出现了一条清晰的分界线。这条分界线不是为了将圈外人拒之门外，而是为了给圈内人打造一个安全的内部环境。设置入群门槛就是一个表现界限的好方法。不同社群根据社群属性、形式，制定相应的社群引入规则。设立社群一定要用门槛保证质量，让加入者因付出了一定代价而格外珍惜这个社群。

选人规则的门槛主要有五类，即邀请制、付费制、申请制、任务制、举荐制。

（1）邀请制：小圈子式的社群引入一般选用邀请制，如秋叶 PPT 的群从不对外开放，一般采用邀请制，邀请的都是一些有才华的用户。在群里，所有有才华的人都可以运用才华建立各种关系并进行交换。

（2）付费制：最常见的模式是社群成员付费买产品，如秋叶 PPT 的群成员在付费购买课程后才有机会入群。

（3）申请制：需要像申请工作岗位一样提出申请，经过考核后才能入群。筛选过程较麻烦，审核会通过问卷、邮箱、一对一私聊等形式完成。此种方式一般适用于高端社群。

（4）任务制：一般需要完成特定的“任务”后方可加入，如回答一些既定的问题、写一篇篇幅较长的自我介绍、转发图文集赞多少个即可入群等。

（5）举荐制：入群的人要经过群内人的推荐才可以加入。一般推荐人都会给被推荐人解释群的作用，让入群者对群有所了解，推荐人和被推荐人本来就互相了解，更容易进行互动，也便于群的管理。

2. 行为规则

行为规则是入群后大家应该遵守的一系列行为规范。行为规则虽然是对行为做出要求和限制，但是不宜使用强势的、禁止型的表述。因为禁止型行为规则不但需要专人时刻监督管理，费时费力，而且容易造成社群成员无法判断自己想说的话是否违规，从而更倾向于保持沉默。

行为规则设置需要注意以下细节：社群的系列化命名和视觉相统一、用好群公告告知入群须知、群成员破冰互相认识等。如某官方交友群的入群须知，在人们入群的第一时间就告知群成员能做什么、不能做什么。这样的设置使新人入群时就能对社群规则有一定的了解，群主在以后的群管理期间也比较容易得到群成员的认同。

3. 交流规则

交流规则是用来保证社群日常交流顺畅而设立的规则，特别是环形结构的社群，设置交流规则很重要，是为了在活跃度和诱发刷屏两个维度之间寻求一个平衡点。

群主必须对群里的交流进行管理，否则会产生大量的广告与“灌水”，让很多人选择屏蔽社群。一般群的交流规则主要是限制群成员发和本群无关的内容，特别是发垃圾广告，或者有人在群里过度聊天，影响别人的阅读体验等。对于违规的群成员，一般会采取小窗提醒、公开提醒、晒群规、私下警告、直接移除等处理方法。

4. 分享规则

社群中的分享有助于提升群质量，随意分享会让社群变得杂乱无章，分享质量也难以保证，因此设置一定的分享规则十分必要。常见的分享规则有领袖主导制、嘉宾空降制、轮换上台制、经验总结制等。

（1）领袖主导制：大家之所以愿意加入某些社群，就是冲着运营人员的威望来的，或是冲着运营人员分享的干货而来。这种分享机制一般对于灵魂人物要求很高，需要其有极高的威望，还要有源源不断的分享主题和机动时间。

（2）嘉宾空降制：请社群外的大咖或专家进行分享，每次的分享人不确定。这种机制要求运营人员有足够的人脉关系请来各路嘉宾捧场，或者社群有足够的能量吸引嘉宾来做分享。

（3）轮换上台制：如果社群成员本身质量较高，那么内部的分享量就足够，这是社群分享的最佳状态。如李笑来老师的共同成长群，规定所有加入这个群的人，有一个权利且有一个义务，这一个权利和这一个义务是一样的。你交钱进这个群，就必须承诺未来一年之内，要在这个群里面做一次在线分享。

（4）经验总结制：这种形式比较适合企业的内部社群。如太平人寿的PP琪社群的群规是成员们把自己一天的拜访经历一个字一个字地敲出来，而不是去转一大堆链接。自己用心写的，别人才会愿意去看。一方面，白天努力工作，晚上做总结，每天都有成长；另一方面，今天如果你没有出去拜访，就没有原创分享，这就起到了督促的作用。

5. 淘汰规则

没有出局威胁，人就没有成长的动力，社群也一样。虽然社群在一定程度上追求扩大规模，希望社群成员越多越好，但这并不意味着社群不需要淘汰机制。

入群门槛低的社群需要淘汰机制。因为入群门槛低，社群成员鱼龙混杂，需要约束管理，对触犯行为规则的人需要惩戒，否则就是对克己守礼、遵守规则的人的不公平。入群门槛高的社群也需要淘汰机制。虽然入群门槛高的社群引入的社群成员往往能力突出、自我约束力强，但是这类人往往由于工作繁忙不喜欢凑热闹，对群内活动的参与度不高，对社群活跃度的贡献很小。因此，社群运营人员需要设定一定的淘汰规则，督促他们积极输出有价值的内容。常见的淘汰规则有人员定额制、犯规剔除制、积分淘汰制等。

（1）人员定额制：为社群的人数设定上限，达到上限即群满。若要引入新成员，就需要将长期“潜水”的社群成员或其他方面表现不好的社群成员移出群。这样可以促使社群成员珍惜自己的社群身份。如秋叶 PPT 的 69 群，规定人数不超过 69 人，如果群成员达到 69 人，进一个就必须先移除一个，长期潜水的或者长期没有参与原创内容输出的人会被移除，这样的动态调整过程就保证了社群的更新成长。

（2）犯规剔除制：影响到社群正常秩序的行为必须及时制止，如一旦有群成员发和群无关的主题，特别是发垃圾广告，或者两个人在群空间里过度聊天，影响别人的阅读体验，就得有一定的惩戒。

如果确定要移除群成员，就要事先约定制度。要建立制度，最好和群成员一起约定，首犯要有提醒，再犯要严格按制度执行。

（3）积分淘汰制：社群是一个靠社群成员参与社群活动来实现自我价值的圈子。一个优质的社群离不开全体社群成员共创的价值。制定社群规则，不只是为了移出不遵守规则的社群成员，也是为了激励社群成员为社群做出贡献。因此，社群运营人员可以为社群建立衡量社群成员贡献度的积分淘汰制。例如，社群运营人员可以在群内布置任务和“作业”，并根据社群成员提交的结果的质量，为他们积累社群积分。一个周期后，积分总分排在最后几位的社群成员将被移出社群，然后社群运营人员进行新一轮的招募，为社群注入新鲜血液。

第三节　社群运营技巧

要想延长社群的生命周期，连接线上和线下必不可少。从短期来看，社群的线下发展能为社群成员与社群成员、社群成员与社群之间提供深度交流的机会，从而增强社群的凝聚力。而从长期来看，社群成员从线上到线下的互动连接可以完成二次传播，辐射到更多的人群，也可再转移到线上。社群辐射范围从网络到现实再到网络的循环扩展，能为社群的持续发展形成良好的闭环。

社群运营需要一定的技巧，常见的社群运营技巧包括打造个人 IP、社群分享、社群讨论、社群打卡、社群红包和线下活动。

一、打造个人 IP

要想社群存活更久，用户黏性更强，运营人员的个人魅力非常重要。运营人员可从自身突破，打造个人 IP，然后利用它在流量池中引流。各领域的“网红”，不管是美妆、娱乐领域，还是幽默领域，前期都会在各大媒体平台上发布文章，目的都是积累粉丝。当粉丝数量达到一定的规模后，他们就会慢慢开始运营自己的网上店铺，开始销售自己的产品等。简单来说，就是先打造个人 IP，然后利用个人 IP 的影响力去引流。那么如何在社群中打造个人 IP 呢？

（一）找准自己的定位，给自己贴标签

要想打造个人 IP，运营人员需要将自己塑造成某方面的专家。如果运营的是母婴社群，就把自己塑造成育儿专家；如果运营的是美妆社群，就把自己塑造成美妆达人；如果运营的是购物折扣社群，就把自己塑造成有渠道、有能力的商人；等等。

（二）日复一日，持续输出

不要指望在几天之内就得到大部分用户的信任，运营人员需要持续不断地输出干货或者为用户提供优质的服务与产品，时间长了，才能得到大家的认可和信任。

二、社群分享

社群分享是指分享者向群成员分享干货或其他有益的知识，经常进行社群分享会使社群变得比较活跃。运营人员要想成功进行社群分享，一般需要经过如下几个环节。

（一）分享者提前准备分享的话题

分享者需要提前准备分享的话题，话题应该对群成员有一定的益处，能够吸引群成员参与，而不是纯广告。

（二）多次通知分享时间

一旦确定了分享的时间，运营人员应该在群里多次通知分享时间。为防止有些群成员因为工作屏蔽信息，错过分享，运营人员还可以群发或逐个通知群成员分享时间。

（三）主持人强调规则

在分享正式开始前，主持人需要提醒群成员遵守规则，如不能在分享者分享的过程中，发送和分享与主题无关的信息。如果是 QQ 群，主持人可以在发布分享规则时，开启临时禁言功能，避免刷屏导致分享规则被刷走。

（四）主持人提前暖场

在分享即将开始前，主持人应取消禁言，主动说一些轻松的话题，引导群成员们上线，营造友好交流的气氛。

（五）主持人介绍分享者

在分享者开始分享之前，主持人需要介绍分享者，讲述分享者的资历等，让大家提前进入倾听的状态。

（六）分享者鼓励群成员互动

分享者在分享的过程中，可以设置一些环节，鼓励群成员参与互动。

（七）主持人随时控场

在分享者分享的过程中，主持人需要随时控场。这是因为在分享的过程中，有的群成员可能会发布一些与分享无关的内容，对分享造成干扰。如果是微信群，主持人

必须先加群成员为好友，才能私聊提醒。但如果是 QQ 群，主持人不需要加群成员为好友，可以直接通过小窗沟通，必要时可以采用禁言的方式控场，所以选择 QQ 群会更方便控场。

（八）主持人引导群成员收尾

分享结束后，主持人可以引导群成员对刚才的分享进行总结，甚至鼓励他们去微博、微信朋友圈等平台分享自己的心得体会。这种总结分享是非常必要的，是社群运营的关键，也是口碑扩散的关键，它会将本社群的影响力扩散到群成员的社交圈。

三、社群讨论

不同于社群分享，社群讨论是指群成员针对一个话题，参与并讨论，通常会得到高质量的答案和输出，经常进行社群讨论也会使社群变得比较活跃。运营人员要想成功组织社群讨论，一般需要经过如下几个环节。

（一）讨论开始前的准备

1. 组建讨论管理组

讨论开始前，运营人员需要组建一个讨论管理组，其成员一般至少有三个人，包括组织者、配合人、小助手。组织者需要提出话题，并且要有自己的想法。配合人需要有丰富的经验，配合组织者一起做好本次社群讨论。小助手需要协助组织者和配合人做一些琐碎的事情，并且需要及时响应，活跃社群氛围，带动社群讨论。

2. 选定讨论话题

讨论话题的选定是非常关键的，话题的好坏直接决定了社群讨论是否活跃，因此选定的话题不能太沉重，简单、易讨论、气氛轻松的话题或者当下的热点话题是很受欢迎的。

3. 选定讨论时间

组织者需要提前确定讨论时间，并通知群成员。每个问题讨论的时间一般为半小时到一小时。

（二）讨论过程中的控制

组织者根据事先准备的话题顺序，引导群成员进行讨论。在话题讨论过程中，如果群成员对该话题不感兴趣，组织者应快速切换到下一个话题，并根据实际情况延长或缩短讨论时间。

（三）讨论结束后的总结

在社群讨论结束后，组织者应对本次讨论的话题进行总结。如果本次社群讨论很热烈和成功，原因是什么；如果本次社群讨论很冷清，原因是什么，如何改进。通过总结，组织者可以看到本次讨论的优势或不足，为下次社群讨论积累丰富的经验。

四、社群打卡

打卡是社群促活的一种常见活动形式。

（一）敲定活动流程

1. 打卡活动的周期

打卡活动以7—30天居多，周期太短达不到效果，周期太长用户容易疲倦。打卡活动的周期设置与具体的打卡频率有关，如果每天打卡，那么建议周期短一些，如7天，最长21天。

2. 参与活动的门槛

打卡活动应有一定的参与门槛，如学习内容10分钟后，才可以打卡。这样做一方面可以筛选精准用户，另一方面可以通过用户投入的这种沉没成本来调动其打卡的积极性。

（二）打卡设置

打卡设置有三条黄金法则。

（1）第一条法则：第一天打卡一定要简单。从多次打卡数据来看，第一次打卡数据最高，后面会逐步递减。因为从用户心理来看，第一天是新鲜感最强的，接下来用户积极性是逐步递减的。所以第一天的打卡是最重要的一次打卡，内容设置一定要简单，而且要确保每个用户都了解到这个打卡消息，尽可能让更多用户参与。

（2）第二条法则：提前做好用户的“疲倦期”的准备。假如是七天的打卡活动，“疲倦期”往往出现在第三天或者第四天，这时有一部分群成员很明显不想打卡了，运营人员应该在平时的激励上，给出新的奖励，如在第三天晚上通知，因为大家很努力，所以发起一个抽奖活动，参与人员仅限今晚打卡的人，活动其他奖励不受影响。提前预见用户的“疲倦期”，然后增加物质激励，发掘优秀的打卡榜样，邀请表现优秀的用户分享自己的经验等，都可以提高用户的打卡积极性。

（3）第三条法则：提前制定打卡示范，直接让用户“抄作业”。每次打卡都给出一个详细的打卡示范，如要求用户每天提交英语口语练习作品，运营人员可以提供一个“姓名＋日期＋口语练习作品”的打卡模板，用户照着发就可以了。这个动作会极大地减少用户的思考时间，降低用户的参与门槛，同时还能规避一些用户为拿全勤奖，随意打卡，滥竽充数。

（三）设计活动物料

活动物料包括以下两种形式。

（1）纯文字。使用文字的形式，方便叙述细节，同时可以将打卡活动设置为社群规则，这样有利于群成员知晓打卡活动的细节。

（2）活动海报。设计打卡活动海报，并发送到社群里，让群成员一目了然，同时方便群成员将其发送到朋友圈。

（四）设置打卡奖励

一般情况下，活动奖项的设置有两个维度，一是按照打卡天数设置，如全勤奖、打卡 1 天奖、打卡 10 天奖等；二是按照打卡质量设置，如优秀打卡奖等。其他的可以根据需要来设置。

（1）全勤奖。全勤奖的设计目的在于激励用户积极参与，同时给全程支持活动的用户一些鼓励。门槛为完成全部规定打卡天数，且打卡内容符合规范；名额一般不超过 50%；奖项建议为优惠券、返现或者平价的小礼物等。

（2）优秀打卡奖。该奖项的设计目的在于筛选优质打卡，其实是筛选榜样，激励大家认真打卡，同时优秀作品能吸引未参与活动的人围观，有利于活动的传播。门槛为某条打卡内容非常走心，符合甚至大大超出官方预期效果，让其他用户都惊叹；名额选取参与人数的 3%—10%；奖项建议为贵重实物或者实物＋荣誉证书等。

五、社群红包

让社群保持活跃的方法有很多种，如玩游戏、猜谜语等，但是最简单、有效的方法就是发送社群红包。发送社群红包的主要目的有活跃社群气氛、欢迎新人、激活群成员、宣布喜讯等。当然社群红包不是随便发的，还是很有讲究的。下面一起来看看社群红包的八种类型。

（一）欢迎红包

正常情况下，新成员入群的欢迎红包由群主来发。有的新成员也会主动发红包，以便让大家对他印象深刻，多关注他。

（二）签到红包

社群需要经营和维护，但不像企业和班级一样，可以要求每天必须打卡或点名。群主可以每天发签到红包，起到唤醒群成员的作用。每天的签到红包可以分为早安红包和晚安红包，每次发的红包金额不用太多，而且不需要人人平分。越是人人有份的东西，大家反而越不在意，而限额限量的红包能起到很好的引导作用。

发社群签到红包或者问好红包的核心目的不在于让大家抢到多大金额的红包，而是让大家产生社群记忆。

（三）节日红包

每逢重大节日，群主可以在社群里面发红包。发节日红包既是为了烘托节日氛围，也是为了做好社群关怀。当然对于不同的节日，红包的金额、数量、发放方式等也不同。在劳动节、儿童节、中秋节等节日发红包，稍微表示一下即可，可以起到提醒群成员的作用；而在会员日、店庆日、粉丝节等这类品牌性的节日，发红包除了可以引导交易，更重要的是可以持续树立品牌在群成员中的良好形象。

（四）生日红包

群主可以在群内给过生日的群成员发生日红包，还可以配合生日祝福歌曲和其他的祝福内容。生日红包是针对群成员个人的，可凸显社群的温度，让群成员难忘。

（五）邀请红包

如果希望有更多的人加入社群，希望群成员能一起拓展群成员，那么运营人员就可以设置邀请红包。下面主要介绍两种邀请红包。

（1）达到指定人数。例如，社群每增加 10 人发一次红包，或者社群规模达到 100 人、200 人、300 人的时候发不同金额的红包。这是针对全体群成员的福利，叫“一人入群，红包人人有份”。这种发红包的方法会让群成员产生邀请新成员的动力。

（2）直接邀请奖励。这是针对个人的邀请表现进行的奖励，最好在社群里面发奖励红包，这样能极大地刺激那些想赚钱却没有付出实际行动的群成员。

（六）晒单红包

商家发晒单红包主要有下面两种目的。

（1）分享订单。分享订单就是展示买家秀或者好评反馈，可帮助商家获得群内用户的信任，打消其他用户下单的顾虑。当然它还能起到宣传和提醒的作用，当群成员在群里看到别的成员发出的某一款商品实物图的时候，就等于被提醒了一次，他们很有可能会产生下单欲望。所以商家可以私发红包或抵扣券给分享订单的成员，作为分享订单的奖励。

（2）分享实惠。当商家在开展大额折扣等活动的时候，很多用户可能不相信或者不太感兴趣。某些用户在群内分享自己被免单或购买的特价商品，对于其他用户的刺激是很大的，能够刺激群内其他用户下单。

（七）下单红包

下单红包一般分为两种，一种是大促红包，另一种是抢购红包。

（1）大促红包。如果社群是商家的粉丝社群，那么一般在“6·18”“双 11”“双 12”等促销节日，群主就需要多发红包。这个红包可以是微信红包，也可以是商城的直减红包。大促红包要够多够大，才能给用户足够的吸引力，加速用户下单。

（2）抢购红包。很多团购是依托社群实现的，所以一些特价商品的上新和下线都可以利用红包来做提醒，从开场的预热，到正式开抢，再到提示仅剩 100 份、50 份、10 份，以及最后 1 分钟的倒计时，都可以通过直接发红包来提醒用户，比发文字更加有效。

（八）任务红包

任务红包的一种发放方式是提前发放，如举办一场营销活动，需要社群成员参与、分享、转发，那群主可直接在群里发任务红包给群成员。任务红包最好是人人有份，千万不要担心有人抢了不做任务。任务红包的另一种发放方式是先在群内发布任务，用户完成任务之后，再来领取奖励。用户完成任务，通过截图反馈之后，即可领取对应的任务奖励。这样做会产生持续的正向反馈，能带动其他用户参与。

知识拓展

发红包的三个误区

1. 不是非要发大红包

在社群内发红包，本质上体现了投入和产出的关系。不要把发红包认为是只出不进的生意，社群的活跃、用户的参与、转化率的提升都是发红包的效果。不要舍不得发红包，越舍不得，社群的价值就越弱，尤其是客户群。另外，不要认为在社群里一定要发大红包。例如，举办一场团购活动，一共发了 30 多个红包，红包总支出才 15 元，平均每个红包只有不到 0.5 元，但用户的抢购效果和后续的转化效果依然很好。

2. 一分钱不代表没价值

前面说了发红包并不一定需要发大红包，哪怕只是发一分钱，它也是有价值的。一分钱更多起到的是提醒的作用，当然一分钱也能建立信任关系。所以，不要忽视一分钱的力量。

3. 红包不仅仅代表钱

红包给人最直接的印象就是钱，但是每个红包都是有特殊的意义的。我们之所以要发红包，是因为红包作为一种共识，能够很好地表现价值。在不同场景中，红包被赋予了不同的意义，有的红包代表信任，有的红包代表鼓励，有的红包代表认可，有的红包仅仅是提醒。最后一点，对于企业品牌而言，在发红包的时候创建一个红包封面，这样发放的每一个红包都会使企业获得更多曝光。

六、线下活动

社群的线下活动根据规模的大小，具有不同的组织难度，因此为了保证活动的顺利开展，在活动开始之前必须有一个清晰完整的活动和团队分工计划，以方便组织者更好地把控活动全局，做到有计划、有目的、有质量地开展活动。

（一）线下活动的类型

社群线下活动包括核心成员聚会、核心成员和外围成员聚会、核心成员地区性聚会等。核心成员和外围成员聚会人数多，组织难度大，而核心成员地区性聚会则组织方便，容易成功。可以通过消息、视频、图片等方式将社群聚会实况发布到社群或社交平台，增强社群影响力，加强社群成员黏性，持续激发和保持社群的活跃度，刺激更多成员积极参与线下活动。

（二）线下活动的策划流程

1. 确定活动方案大纲

在组织社群线下活动的时候，首先需要确定好活动大纲，包括活动主题、活动时间、活动地点、活动对象、活动描述等内容，要尽量详细具体。

2. 制作活动推进时间表

方案通过后，正式进入筹备阶段，需要召集此次活动的工作人员举行一个准备会议，梳理活动节点，分配好各项工作并确定各项工作的负责人，活动总负责根据推进时间表跟踪活动的进展。

3. 制作活动执行推进表

制作活动执行推进表是活动策划的重要一环，团队的每个成员具体做哪些工作、哪个时间段完成，均可以在表中体现。活动场地的确定、嘉宾的邀请、活动页面的制作、物料的准备等都要在活动执行推进表中一一呈现。

4. 制作现场活动流程表

在线下执行的前一两天，召集所有执行人员开活动动员会，下发执行方案，逐项分解任务到个人，保证每个人都清楚自己在现场应该做什么工作。活动流程表根据活动环节的安排而定，从开始到结束的每项工作都要分配到个人。大活动的流程复杂，用到的资源众多，涉及的人员较多，更需要细致、准确。

需要注意的是，活动运营在设计活动环节时应以用户体验为核心，设计适合目标用户的活动内容。

（三）线下活动的执行

（1）主持。在活动正式开始之前，要对主持人的 PPT 再次进行检查，确保没有问题。此外，主持人和分享嘉宾应进行衔接，要告诉分享嘉宾，主持人在什么时候会邀请其上场分享。

（2）自我介绍。让现场的成员进行自我介绍，这是对接资源的一个环节。成员可以从六个方面进行自我介绍：我是谁、我的“坐标”、我从事的行业是什么、我能提供什么、我的需求是什么、我想链接什么样的社群成员。

（3）嘉宾分享。有些场地按时间计费，延时需要另外计费。另外，延时会导致用户提前离场，导致活动效果也不好。在嘉宾分享进行中，要对时间进行把控，用电脑或平板电脑给嘉宾倒计时，并在最后 30 分钟、10 分钟、5 分钟，提醒嘉宾。

（4）茶歇。茶歇一般要提前 1 天准备好，可以准备一些当地的特色美食，一来可以缓解成员学习的疲惫感，二来可以让成员在休息期间边吃边交流，制造一种好氛围。

（5）深度沟通。在嘉宾分享结束后，可以组织深度沟通环节，重新分配小组，促使组内人员深度沟通，交流课程问题，条件允许的话，还可以组织聚餐。

（6）摄影。为了保留活动记录，为后期宣传做准备，可以拍摄一些现场照片。需要拍摄现场活动标志、演讲者和PPT、提问者、签到场面、成员接受礼物、成员与演讲者交流和互换联络方式等内容。对于重要的活动参与者，要拍人物特写，方便后期宣传。最好在中场休息期间拍摄大合影。

（四）线下活动的复盘

活动结束后，最重要的就是复盘，总结出可复用的经验，为下次举办活动做准备。

（1）回顾目标。活动总体目标是否完成，每个环节的目标是否完成？

（2）评估效果。成员满意度怎么样，活动流畅度怎么样，分享内容的实用性、趣味性怎么样，是否有需要改进的地方？

（3）分析原因。活动没有做好的地方在哪里，原因是什么？

（4）总结经验。哪些内容可以放进日常活动清单中，下一次活动应该避免犯哪些错误，有哪些经验可以积累下来？

七、社群变现的常见模式

如今，互联网的发展让每个人都能建立自己的社群，社群的形式也各有特点。不过，不论是建立怎样的社群，其目的都是一致的，那就是通过运营来获得实际的价值回报。

实际上，成功的社群最终都会采用付费模式，因为通过付费才能让用户得到自己想要的服务，同时也能让社群获得回报，这样才能体现社群的真正价值，社群才能获得长久的生命力。在大众的思维里社群一旦开始变现就是在挣钱，其实这个“现”不一定就是现金，也有可能是品牌、认知、流量等，只要是对流量进行有效的转化，都是社群变现。社群变现方式通常有以下几种。

（一）社群产品变现

产品变现是大多数产品型社群的主要变现方式，通过社群运营的方式让用户参与到产品的设计、制作等环节，并且与用户进行深度联系和沟通，让用户产生更强的信任感。无论是实物，还是培训、咨询、教育等服务，都可以理解为一个产品，通常这种类型的社群用户在认可社群价值的同时，也会认可社群品牌的自有产品。具体来说，社群产品主要分为实物类和内容类。

实物类产品社群在运营过程中，就会通过各种方式展示实物产品的各种特点和优势，让大家对产品产生了解和认可。比如小米社群，通过让小米的死忠粉，参与小米产品的内测、研发、宣传、营销过程，增强社群成员的参与感、荣誉感、归属感，最后推出产品而实现变现。

针对内容类产品，通过知识IP的打造，塑造社群创建人的个人形象和社群的专业优势，从而推出相关的专属知识内容，进而实现变现。

（二）会员收费变现

会员收费变现的本质是给社群成员提供更加专属的、更加有效的价值输出而进行变现的一种方式，一般通过收取会员费、门槛费的方式进行变现。

成为会员可以看作是入群的条件，也可以看作是一种社群关系的转化方式，是目前比较流行的变现模式。在实际操作中，群成员可以是刚加入社群时就成为会员，也可以是加入社群之后付费升级。这种模式比较成功的例子一般是资讯类和服务类社群，对运营方有比较高的要求，需要专业的运营团队长期持续地输出有价值的内容，仅凭一两个人是很难实现的。

会员收费变现的实质是采用收费的方式为用户提供更需要的、更有效的价值。这种付费的门槛，可以把社群中最活跃的成员聚集起来，给大家提供特有的增值服务，同时通过各种运营让会员之间产生合作和人际交流，增加社群专属圈的黏性和用户的复购率。

不过，付费模式存在一个普遍问题，那就是一旦开始收费，交费的会员心态上会发生变化，他们从社群的成员转变成了服务的购买者，这将导致原有的情感联系变弱，此时就需要运营人员采取相应措施来加强这种联系。

（三）社群电商变现

移动互联网时代最大的特征就是碎片化，因此随之出现了一些不同的碎片领域，如社群电商。如今，电商成为很多人做社群的目标和动力，社群是他们的工具，可以帮助他们进行电商的推广，如常见的母婴社群、美妆社群等。知名公众号“罗辑思维”也曾认为，“社群应当卖货”，把社群当作电商的一种工具，从而实现变现。

社群的优势在于可以直接在群内售卖产品，通过在群内分享折后产品的链接，让用户获得优惠，这也是一种福利。其实，这也与电商直播有相似之处，代金券、低价和折扣拥有很大的市场，尤其是在美妆、女装等领域。但是，通过社群进行电商式变现很考验产品的质量，如果产品的质量很好，就会有很高的复购率，反之社群就会很快消亡，目前比较成功的例子有卖书、卖知识的“罗辑思维”及卖母婴类产品和早教盒子产品的“年糕妈妈”。

此外，还要注意，社群中出售的产品必须是与成员的需求相一致的，同时，推销产品也要以较为深度的社群运营为前提。没有运营直接推销产品，很容易招致社群成员的反感，不利于变现的实现。

（四）社群流量变现

规模较大的社群主要会采用流量变现的模式，也就是广告变现，其实质就是通过社群卖广告。社群可以通过收取渠道费或者代理产品的方式来获取分成，这种方式对实物产品和虚拟产品都适用。

大规模扩张的社群一般都会通过收取合作商家的广告费来实现变现。其实，社群中不光聚集了圈子重合的人，同时也聚集了某些商家的精准客户。只要商家想要出售产品，就需要进行广告宣传，而相对于广撒网式的宣传（电视广告、广播、百度竞价App 广告位等），显然社群中的广告投放更精准，性比价也更高。如果社群中的受众人群密度足够高，那么营销的效果会更好。

在社群内发布广告，要注意两点：一是要注意产品质量，要严格把控产品质量，最好亲自试用；二是要注意推广频率，社群的重点在于通过运营维持圈子的黏性，频繁的广告会在很大程度上影响用户的体验，对成员产生打扰。

（五）社群合作变现

社群合作的变现方式非常多样化，常见的有换粉互推、资源交换、合作产品等。

比如你是做社群的，你手中汇聚了各种各样的主题群、兴趣群、地域群，此时你就可以与当地实体店合作，帮助实体店引流拓客；与课程老师合作，共同开发、营销知识付费产品；与广告商合作，在相关社群发布广告。

（六）社群服务变现

社群服务变现的核心在于把目标人群聚集在一起，通过提供长期的精准咨询服务，赢得客户的信任，达到一种可以随时成交的状态。

罗友霸王课就是以“好课免费学”的噱头来吸引社群成员，从而打造了一个知识分享社群。但是，如果社群成员想要获取专属的服务、专业的指导、专门的陪伴，用最短的时间获得自己想要的技能，就需要支付相应的费用。对于社群成员来说，选择付费还是免费，主要取决于能否通过社群的增值服务快速满足自己的需求。

实训任务一

解析经典社群运营案例

［实训目标］

通过解析知名社群正和岛引流案例，具体学习社群运营时吸引粉丝的方法。

［实训内容］

正和岛的创立

正和岛由中国企业家俱乐部创始人、《中国企业家》杂志原社长刘东华先生创办，是企业家人群专属的以供需适配为核心价值的互联网创新服务平台，为企业家人群及企业提供深度学习及商业链接的机会。

正和岛创始人刘东华早在1999年就认识到，企业家群体需要一个社群，为他们提供有价值的信息、打造一个安全的港湾。但那时候新浪也才刚刚创建，他的理念没有人相信。2002年，身为《中国企业家》杂志总编辑的刘东华做了两件事，成立中国企业领袖年会和中企俱乐部。这为他结识国内一线企业家，积累人脉起到了重要作用，也为日后成立正和岛奠定了坚实的基础。2010年12月13日，刘东华提出辞职，全力打造“中国商界第一高端人脉深度社交平台”——正和岛，柳传志、王健林等近三十位企业家和机构联手给了他近亿元启动资金，刘东华将中企俱乐部资源平移到正和岛，实现了无缝对接。

自2012年6月“开岛”以来，正和岛已吸引7800余位亿级以上企业家核心会员、85万App企业决策者，以及700多万新媒体用户，成为目前国内规模最大、服务最深入、影响力最广泛的企业家学习成长合作平台。正和岛Logo如图6－11所示。

图6－11　正和岛Logo

正和岛的“五戒六规”

在发展会员时，刘东华把诚信列为第一考量要素。会员必须是所在企业的创始人、董事长或CEO/总裁；企业必须成立三年以上，且上一年销售收入须在一亿元人民币以上；登岛前三年内无重大违法、违规记录；更为重要的是，会员必须遵守岛内的“五戒六规”，以及需要有岛民推荐，正和岛“五戒六规”如图6－12所示。这样，正和岛就把会员之间合作的风险降到最低，形成了一个信任的圈子。

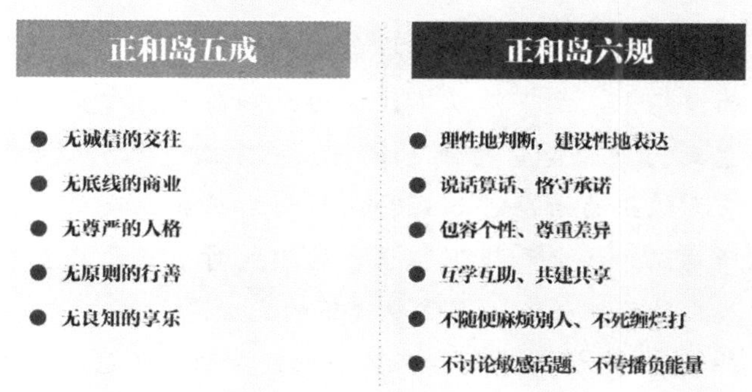

图6－12　正和岛“五戒六规”

正和岛的O2O

正和岛不仅是一个信任的圈子，更是一种新型的社交圈子，与一般的线上网络社交平台差别很大，它不仅有线上交流，还有大量的线下活动，为企业家创造更加多元化的交流机会。

刘东华将正和岛称为“一个真正基于O2O（Online To Offline）模式的高端商务

人群网络社交平台”，采取线上和线下相结合的模式。

线上的正和岛App资讯覆盖26万企业决策者用户，根据企业决策者的阅读习惯和身份标签体系进行精准推送。2018年，在正和岛战略升级的背景下，重磅推出“正和岛公开课”，从六大学习模块为企业家赋能，为企业家打造面向未来的素质成长模型。正和岛App资讯如图6－13所示。

图6－13　正和岛App资讯

在刘东华早期的设想中，线下活动不应成为正和岛的核心竞争力。但在正和岛成立初期，最被人注意到的却正是它的线下活动：一方面是岛邻们自发组织的饭局等；另一方面是正和岛官方组织的活动，如正和岛年会、正和岛夜话、企业互访、海外游学等。后来，刘东华意识到线上和线下相结合的模式对于正和岛发展的重要性，正和岛的用户不仅需要线上的资讯信息，更需要线下的交流沟通。

刘东华说：“靠一本小小的杂志聚集那么一批巨人的时代已经过去了。如果没有新的方式留住这些人，他们会离你越来越远。”

为了更好地服务各地岛邻，便于岛邻们的交流，正和岛自2013年开始在各地成立岛邻机构，说是机构，倒不如说是一个虚拟的存在，因为各地的岛邻机构没有像注册公司那样的办公地址。基于这一点，正和岛一般都选择在当地比较有威望的企业家来担当各地岛邻机构主席、秘书长。

另外，正和岛也根据岛邻们的兴趣爱好发展了一些“部落”，通俗地讲就是“兴趣小组”，比如非创意不传播部落，主要是一些文化、艺术、设计领域的企业家；比如摄影部落，主要是摄影爱好者；而正和岛优兰汇部落成员主要是一些成功的女企业家。山东正和岛帆船队如图 6 - 14 所示。

图 6 - 14　山东正和岛帆船队

据了解，截至目前，正和岛已在江、浙、沪、粤、鲁、川、渝、皖、蒙在内的 11 个重点省市成立了正和岛岛邻机构，辽宁、河南等省的岛邻机构还在筹备当中，正和岛发展岛邻机构的条件之一便是当地正和岛会员达到 100 人以上。

目前，正和岛陆续成立的“部落”已有 100 多个，通过这种线上和线下相结合的方式，正和岛有效地将原本散落在天南地北的岛邻们越来越紧密地联接在一起。

研究企业家需求

企业家需要的并不只是一个可以发展共同兴趣的团体，正和岛也不可能只是靠一些“部落”的存在来留住会员。那么，正和岛能够“笼络”住企业家，究竟靠的是什么？

刘东华曾说：“从创岛开始，我就花很多时间去研究正和岛的客户都是什么样的人，他们需要什么，这些需求是真是假，以及正和岛如何做才能不断地满足客户的这些需求。”

互联网的飞速发展在给人们带来便利的同时，也产生了烦扰，即如何在互联网带来的大量信息中尽快筛选出最有价值的信息，这成为视时间如生命的企业家关注的重要议题。所以刘东华表示，正和岛就是致力于帮助企业家减少时间，提高效率，剔除低劣信息，解决价值优先级问题。

360 创始人周鸿祎曾说：“正和岛向用户提供的价值包括降低学习的时间成本，即用户可以在正和岛封闭的社交网络上以最少的时间看到经过编辑和筛选的必读信息；降低社交和合作的信用成本。”

为了全方位地满足企业家的需求，正和岛在产品设计上一个最突出的特点就是服务的分层次性。其产品分为线上和线下产品，不同产品覆盖人群的等级和规模也不同。

正和岛相关负责人说：“针对那些并不上网，倾向于通过阅读文字来接受信息的客户，我们准备了每日推送的手机报、会员内部流通的《决策参考》月刊，间隔时间更久一些还会组织岛民交流活动。”《决策参考》月刊如图 6－15 所示。

图 6－15　《决策参考》月刊

2021 年，正和岛主推的一种活动产品为“正和塾”，让岛邻们觉得非常有价值。这是借鉴美国比较成熟的私人董事会而开展起来的。岛邻们在正和塾上，可以把自己遇到的困难提出来，然后由其他岛邻和他一起想解决办法，这是一个闭门的会议，在会上，岛邻们可以敞开心扉，自由分享。

正和岛的价值和优势不仅仅是通过提供产品为企业家服务，还体现在三大方面，即人脉资源、大量且高质量的线下活动和高质量的信息。同时，正和岛也有三大价值：缔结价值，让有信用的企业家聚集在一起；个人成长，推动企业家线上线下互相学习，帮助他们高效提升决策智慧、突破管理瓶颈；商业合作，推动企业家之间相互了解信任，帮助他们安全实现资源对接，做到抱团发展，合作共赢。

在刘东华看来，正和岛最大的价值在于筛选出一个高端的圈子。“能加入正和岛的人，都是身价过亿，且符合正和岛价值观的企业家。这是一个高净值群体，正和岛把大家需要的、彼此能形成价值的人挑出来，让彼此建立一种学习、沟通、交流的关系。我们帮助企业家人群降低信任的成本和学习成本，这是正和岛提供的基础价值。”

[实训思考]

如何正确运营企业家社群？

实训任务二

创建一个求职类社群

[实训背景]

当前，社群已经成为人与人之间进行线上社交的重要组成部分。对于在线招聘网站来说，创建求职类社群可以聚集十分精准的用户群，通过招聘信息分享可以使用户保持活跃，提高用户的消费转化率。如果想让社群保持良性运营状态，运营人员首先要做好社群定位，起好社群名称，明确社群口号和社群 Logo。

[实训要求]

假如你是一个在线招聘网站的运营人员，现在需要创建一个求职类社群，请对社群的名称、口号、Logo 等进行设置。

[实训思路]

1. 社群定位

在创建社群之前，首先需要对社群进行定位，明确社群要吸引哪一类人群。求职类社群主要吸引的是毕业生及想找工作的人群，社群主要提供相关实习岗位、校招岗位的招聘信息，以及帮助成员提升求职能力、制定求职简历。群内每周会不定期免费发放简历模板、论文查重券等。完成社群定位以后，你就可对社群的名称、口号、Logo 等进行设置。

2. 设置社群名称

社群可以根据目标用户的需求命名，如“职来职往、职场部落、求职宝典”等，也可以按照“机构+地域”的方式来命名，如“北京毕业生求职聚集地”。

3. 设置社群口号

针对社群的不同发展阶段，可以对社群口号进行相应的修改。在社群建立初期，可以根据社群的功能特点、带给用户的利益为设置社群口号的出发点，如“把握先机，创赢人生”。发展到一定阶段以后，社群的口号可以从情感价值的方向出发，如“成功之路，从此开始”。

4. 设置社群 Logo

社群 Logo 应当围绕社群名称、社群口号设计。求职类社群可以将与社群理念有关的图片、文字作为 Logo 设计的素材。

实训任务三

设计一个有效的社群运营方案

［实训背景］

在各类社群活动中，社群分享是提高社群活跃度最有效的方式之一。如果让你组织一次以“求职经验”为主题的社群分享活动，并邀请一位优秀的学长作为嘉宾，你会如何组织？

［实训要求］

1. 根据实训背景的要求，撰写线上社群分享活动的实施方案，具体可参照表6－1。
2. 选择合适的时机，在班级微信群实施该活动方案。
3. 分享活动结束后，将分享内容和互动反馈整理成书面文字。

表6－1　社群活动实施方案

环节	主要信息	具体操作
提前准备	分享人姓名	
	确定分享内容	
反复通知	确定分享时间	
	分享通知的话术	
	分享通知的时间段	
强调规则	确定分享规则	
提前暖场	暖场语	
	互动话术	
介绍嘉宾	介绍嘉宾的基本情况	
	嘉宾的照片	
诱导互动	诱导发言的话术	
随时控场	确认控场的方式	
收尾总结	确认总结内容	
提供福利	确认福利内容	
	确定福利发放方式或时机	
打造品牌	将本次分享整理成文字或音频	
	在新媒体平台扩散和传播活动信息	

本章小结

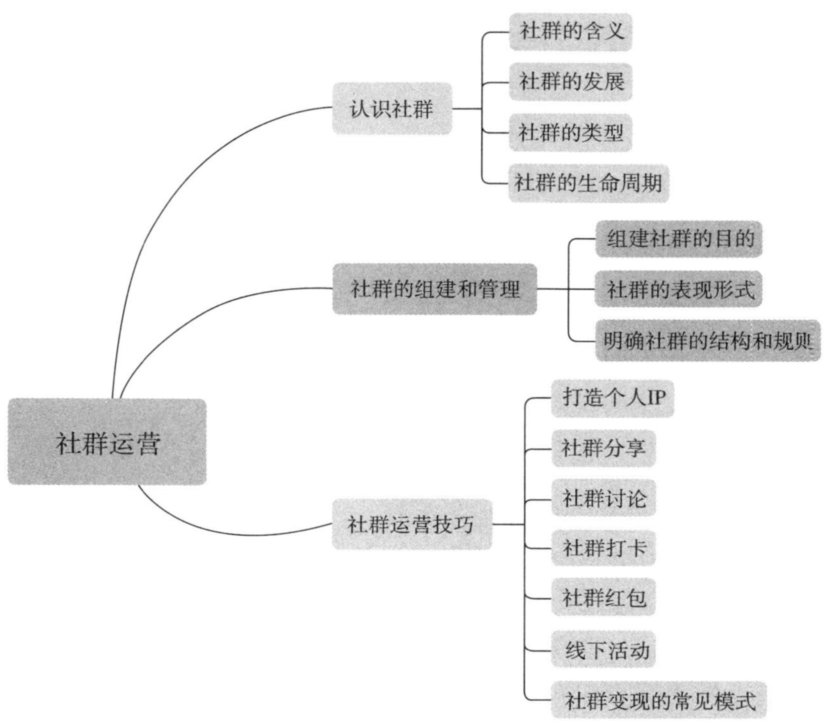

复习思考题

1. 社群的类型有哪些？
2. 在建立社群时需要制定怎样的规则？
3. 社群分享的流程是怎样的？
4. 社群红包一般有哪些类型？

第七章 活动运营

学习目标

- 认识活动运营的概念、目标及关键要素
- 掌握活动运营的目的与流程
- 掌握活动运营效果的评估及复盘分析
- 能够个人制定活动运营方案并实操

开篇案例

游戏活动运营

在互联网的发展过程中，网民的喜好呈多样化发展趋势，有的网民喜欢动漫，有的网民喜欢体育赛事，有的网民喜欢在线阅读，有的网民喜欢网络游戏等。不同的网络喜好产生了不同的文化圈层，而不同圈层的品牌跨界合作，可以激活对方的用户，从而获得超出预期的活动效果。

例如，“王者荣耀”是由腾讯游戏开发并运行的一款手机游戏，粉丝众多且影响力巨大。2017 年 3 月，这款游戏与宝马汽车进行了跨界合作——根据 BMW 1 系的运动轿车设计并推出了新的人物皮肤“引擎之心”，宝马汽车属于典型的传统品牌，通过圈层跨界的活动运营方式切入游戏玩家圈层，提升了品牌的知名度，在抓住年轻用户的同时使产品深入人心。

（案例来源：勾俊伟．新媒体运营［M］．北京：人民邮电出版社，2018.）

案例思考：“王者荣耀”游戏的新媒体活动是如何运营的？

第一节 认识活动运营

在当今数字化时代，新媒体的崛起已经改变了我们社会的方方面面，尤其是对企业和品牌的影响。在这个高度竞争的环境中，吸引用户、提高品牌曝光度和促进销售已经变得至关重要。活动运营，作为一种灵活而强大的市场策略，不仅是传统企业，更是新兴企业的关键成功因素之一。本章将深入探讨活动运营的重要性，并聚焦其在新媒体领域的引人注目的应用，揭示其中的秘密和策略，帮助运营人员更好地利用活动运营在新媒体时代取得巨大成功。

一、活动运营的概念

（一）活动运营的定义

活动运营是指在特定背景下，通过合理策划、组织、执行和评估，引导目标受众参与活动的过程。这些活动可以包括但不限于线上线下的促销、品牌推广、社区互动、产品发布等，旨在提高品牌曝光度、加深用户参与度、促进销售、加强品牌与用户之间的关系。

（二）活动运营的范围

活动运营的范围涵盖了多个关键领域，具体包括以下几个方面。

（1）策划与设计：活动运营的起点是策划阶段，包括确定活动目标、主题、时间、地点等，同时还要设计各种元素以吸引目标受众的兴趣和参与。

（2）宣传与推广：活动需要在目标受众中进行广泛宣传，利用社交媒体、媒体合作、内容营销等手段，提高活动知名度，吸引更多参与者。

（3）执行与监管：活动运营团队负责活动现场的实施，确保活动按照计划进行，这包括现场管理、互动环节引导、参与者体验等。

（4）用户互动与参与：活动运营的核心在于与用户建立互动。通过各种互动方式，如问答、投票、抽奖、线上竞赛等，提高用户参与度，加深用户与品牌的互动。

（5）数据分析与反馈：活动结束后，活动运营团队需要进行数据分析，了解活动的参与情况、用户反馈、活动效果等。这些数据为未来活动的优化提供了重要依据。

随着新媒体技术的发展，它已经融入社交媒体、短视频、直播等多种形式中，为企业提供了更多创新的可能性，使得活动运营的范围不断拓展，活动也更具吸引力和互动性。

（三）活动运营在新媒体环境下的独特性和重要性

在新媒体时代，活动运营获得了前所未有的发展机遇。新媒体平台，如社交媒体、短视频、直播等，为活动运营提供了更广泛的传播途径和更深入的用户互动。在这个多元化的数字社交空间里，活动运营展现出独特性和重要性不可忽视。

（1）多元化传播渠道：新媒体环境下，活动运营可以通过各类社交平台将活动信息传播给数百万、数千万的用户，实现信息的快速传播。品牌活动、产品促销等信息可以在瞬间传遍世界各地，使得品牌曝光度大幅提升。

（2）实时互动与用户参与：新媒体为用户和品牌提供了实时性和高度个性化的互

动。活动可以通过在线直播、即时评论等方式，实现与用户的实时互动，提高用户的参与感。用户也可以在活动中实时提问、分享观点，与品牌建立更加紧密的联系。

（3）精准定位和个性化推送：借助新媒体平台的数据分析功能，活动运营可以更准确地定位目标受众。通过分析用户的兴趣、行为数据，活动可以被精准推送给潜在客户，提高活动参与率和转化率。这种个性化的互动，使用户感受到被重视，增加了他们参与活动的意愿。

（4）社交影响力的扩散：新媒体环境下，用户参与活动后，他们的行为、评论、分享等都能够在社交平台上迅速传播。这种社交影响力的扩散，使得一个小小的活动可以在短时间内在社交网络上引发广泛关注，形成“口碑传播”效应，极大地提高了品牌的知名度和美誉度。

综上所述，活动运营在新媒体环境下具有独特的传播效应和用户互动特性。它不仅仅是一种营销手段，更是品牌与用户之间建立深层次关系的桥梁。

（四）活动运营在新媒体领域的应用

随着互联网的不断发展，新媒体已经成为企业最直接、最具影响力的传播渠道。在这个多样化的新媒体环境中，活动运营发挥着极为重要的作用。

首先，社交媒体活动成为新媒体时代企业与用户互动的重要途径。通过社交媒体平台，企业可以开展各种有趣的互动活动，如话题讨论、投票竞猜等，引发用户参与，增加用户互动，提高品牌知名度。

其次，内容营销活动成为吸引用户关注的重要策略。新媒体平台提供了丰富多样的内容传播方式，企业可以借助文章、图片、视频等多种形式，将活动信息以富有创意的方式呈现，吸引用户的眼球，引发用户的兴趣，提高活动的参与度。

最后，个性化推荐和数据分析成为新媒体活动运营的利器。借助大数据和人工智能技术，企业可以分析用户的活动参与行为，了解用户的喜好和需求，为用户推荐个性化的活动内容，提高用户的满意度和参与度。

通过深入研究活动运营的本质和新媒体领域的特点，可以更好地把握这个新时代的营销机遇。

二、活动运营的目标

（一）活动运营的主要目标

在活动运营中，需要设定明确的目标，以确保活动的有效性和成功。在新媒体环境下，活动运营的主要目标多样化，包括但不限于以下几个方面。

（1）品牌宣传和提升：活动运营是品牌宣传的关键途径。通过各种活动，能够向目标受众传递品牌核心价值观，提高品牌知名度和认知度。通过引人入胜的活动内容，品牌可以在受众中建立积极的形象，增加品牌影响力。

（2）受众互动和参与度提高：活动运营旨在增加受众的互动和参与度。通过各类互动环节，例如投票、问答、分享、评论等，活动能够吸引用户参与，激发用户兴趣，提高活动的趣味性和吸引力。积极的互动体验可以增强用户对品牌的好感，建立起忠实用户群体。

（3）社交媒体曝光和传播效应：在新媒体平台上，活动可以迅速传播，形成社交媒体曝光效应。用户参与活动后，他们的行为和反馈可以在社交媒体上被分享和传播，引发更多用户参与。良好的社交传播效应可以帮助活动扩大影响范围，提高活动的曝光度，吸引更多目标受众。

（4）用户参与和忠诚度提升：活动运营旨在提高用户的参与度和忠诚度。通过参与活动，用户能够与品牌建立更为紧密的联系，感受到品牌的关注和重视。积极的活动体验可以增加用户的忠诚度，使他们更倾向于选择品牌的产品或服务。

（5）销售增长和业绩提升：某些活动的目标是促进销售，提高业绩。通过促销活动、限时优惠、抽奖等方式，活动能够刺激用户的购买欲望，增加销售额。同时，通过数据分析，可以了解活动对销售业绩的贡献度，为未来的活动提供参考依据。

在活动运营中，设定明确的目标有助于活动的精细化管理和效果的评估。每个活动的目标可以根据品牌特点、市场需求和活动类型进行调整，以确保活动的成功实施和达成预期效果。

（二）不同活动类型的目标差异

在活动运营中，不同类型的活动可能具有各自独特的目标。因此，在策划和执行活动时，需要根据活动类型的特点来明确定义其目标，以确保活动能够达到预期效果。下面介绍一下一些常见活动类型及其可能具有的不同目标，以及活动的实施策略。

1. 品牌启动活动

目标：提高品牌知名度、塑造品牌形象、吸引潜在客户关注。

策略：通过独特的活动形式和创意，引起公众关注，传递品牌核心价值观，建立品牌形象。

2. 产品推广活动

目标：提高产品销售、扩大市场份额、引导用户购买。

策略：提供限时优惠、赠品促销等激励，通过活动促使用户购买产品。

3. 用户互动体验活动

目标：提高用户参与度、增强用户体验、建立用户忠诚度。

策略：设计趣味性互动环节，鼓励用户分享、评论，提供个性化服务，增加用户黏性。

4. 社区建设活动

目标：增加社区成员、提高社区活跃度、促进用户互相交流。

策略：举办线上线下社区活动，鼓励用户分享经验、互相帮助，建立积极社区氛围。

5. 品牌故事传播活动

目标：通过故事传播情感、建立品牌情感连接、提高用户认同感。

策略：创造感人的品牌故事，通过活动形式传达品牌核心理念，引发用户情感共鸣。

6. 网络竞赛和挑战活动

目标：提高用户参与度、增加活动曝光度、促使用户挑战自我。

策略：设计刺激性比赛规则，鼓励用户参与，提供奖品鼓励，引发用户竞争欲望。

了解不同活动类型的目标差异，有助于运营人员根据特定活动需求精心制定策略，确保活动能够顺利实施，达成既定目标。

三、活动运营的关键要素

在活动运营中，运营人员面临着策划、执行、宣传和评估等关键要素。这些要素相互作用，共同构成了活动的全面管理。下面介绍一下这些要素的详细定义及它们在活动运营中的作用和重要性。

（一）策划（Planning）

策划是在活动开始之前，详细规划和设计活动的过程。它包括确定活动的目标、目标受众、内容、形式、时间、地点等关键要素。策划为活动提供了清晰的方向和蓝图，确保活动有针对性和可操作性。合理的策划能够确保活动的有效性和可持续性。例如，2019年，中国南方航空公司举办了以“翱翔未来，南航与你同行”为主题的庆祝活动，吸引了数千名员工和乘客参与。通过精心策划，他们在活动中设置了互动游戏、员工表彰环节，增强了员工凝聚力，提高了客户忠诚度

（二）执行（Execution）

执行是在策划基础上，将活动方案付诸实施的过程。在执行阶段，活动按照策划的设计实施。高效的执行是活动成功的关键。它需要组织、协调和执行力，确保活动按计划有序展开，确保活动的顺利进行。例如，TED（Technology，Entertainment，Design）大会是一个世界知名的思想交流平台。在每一届大会上，各领域的专家学者齐聚一堂，通过高水平的演讲和互动，为观众呈现了一场思想的盛宴。这一活动的成功执行，不仅令TED大会成为一个全球范围内备受期待的盛事，也加深了与会者对TED品牌的认知和忠诚度。

（三）宣传（Promotion）

宣传是将活动信息传递给目标受众的过程，通过各种宣传手段，将活动公之于众。宣传活动是活动知名度和影响力的关键推动力。精心设计的宣传活动可以提高活动的知名度，吸引更多的参与者。例如，苹果公司每年的新品发布会都是备受瞩目的宣传

事件。通过神秘的预告片、精心设计的媒体邀请和社交媒体炒作，苹果成功地制造了全球范围内的话题，吸引了无数人的关注，确保了新品发布的影响力和曝光度。

（四）评估（Evaluation）

评估是对活动效果进行检验和分析的过程，通过收集和分析活动数据，了解活动的影响力和用户满意度。例如，亚马逊的“Prime Day”是全球最大的电商购物狂欢节。通过对销售额、用户参与度、用户评价等数据进行评估，亚马逊不仅了解了用户的购物行为，也能够发现潜在的市场需求，为未来的活动策划提供了宝贵的数据支持。

四、活动运营与新媒体的融合

在新媒体时代，活动运营与各种数字化、在线化平台的结合，为活动的推广和互动提供了前所未有的机会，同时也带来了新的挑战。

（1）即时互动和参与性增强：新媒体平台如社交媒体、直播平台等，使得活动现场的即时互动变得更加便捷。用户可以通过实时评论、点赞等方式参与活动，增强了活动的参与感和互动性。例如，在音乐会或体育赛事中，观众可以通过手机 App 实时互动，为自己喜欢的表演者或队伍加油助威，提高了活动的氛围和热度。

（2）全球范围内的传播：新媒体平台使得信息可以在全球范围迅速传播。通过社交媒体的分享和转发，活动信息可以在短时间内传播到世界各地，扩大了活动的影响力。例如，一场在线直播的产品发布会可以吸引全球观众参与，为产品的推广带来更广阔的市场。

（3）精准营销和个性化推送：借助新媒体的数据分析和人工智能技术，活动组织者可以更精准地了解受众的需求和兴趣，实现个性化推送。通过定向广告和个性化内容推荐，活动信息能够更准确地传递给目标受众，提高了活动的营销效果。例如，在线购物平台可以根据用户的浏览和购买历史，推送符合其兴趣的产品和促销活动，提高了用户购买的可能性。

（4）新挑战：虽然新媒体为活动运营带来了便利，但也带来了新的挑战，如网络安全、用户隐私保护等问题需要引起重视。此外，信息过载和用户注意力分散也是需要应对的挑战，需要活动组织者更加创新和巧妙地吸引受众的注意。因此，需要活动组织者具备更高的技术水平和创新能力，以应对新形势下的挑战。

在数字化时代，新媒体平台已成为活动运营的关键工具，为活动的推广和互动提供了前所未有的机会。以下是新媒体平台在不同类型活动中成功应用的实际案例，展示了其具有的多样性和有效性。

（1）大型音乐节中的社交媒体互动：大型音乐节组织者充分利用社交媒体平台，与参与者进行互动。观众被鼓励分享他们在活动期间的照片、视频和体验，并使用特定的活动标签。这些用户生成的内容不仅增加了活动的曝光度，还为参与者提供了共享和交流的平台。

（2）产品发布会的在线直播：科技公司通过在线直播平台，如抖音和微博直播，实时转播产品发布会。这种方式不仅为数百万观众提供了在线观看的机会，还通过实时互动，如在线提问和投票，增加了观众的参与感。这样的在线直播不仅提高了观众的参与度，也为产品在全球范围内的推广提供了有效手段。

（3）体育赛事中的官方移动应用：在大型体育赛事中，官方移动应用成为观众获取赛事信息、观看直播、互动游戏等的多功能平台。观众可以通过应用获取最新赛事动态，观看比赛实况，并在应用内参与各种互动活动，提高了观众的赛事体验。这种官方应用不仅为观众提供了便利，也为赛事的数字化管理提供了支持。

（4）社交媒体广告在营销活动中的应用：企业通过社交媒体发布定向广告，将活动信息准确传递给目标受众。通过精准定位广告受众，企业可以确保活动信息仅传递给潜在参与者。这种高度个性化的广告能够提高活动的曝光度和参与率，为活动的成功推广提供了强有力的支持。

以上这些实际案例突显了新媒体平台在活动运营中的灵活性和多样性。通过选择合适的新媒体平台和巧妙运用相关功能，活动组织者能够与观众互动，提高活动的参与度和影响力，为活动的成功创造了更多可能性。

知识拓展

从活动运营的角度，看北京 2022 冬奥会为什么口碑爆炸

1. 活动周期规划

好的活动规划，往往节奏分明，步骤紧凑，配合默契，时间周期上框架明确，不拖沓。尤其像冬奥会这样的大型活动，不会千篇一律，会规划出不同的节点，确保活动期间每天都有新鲜感，经常会有不同的内容，这样才能产生更多的话题性，带动不同受众的参与热情。

本次在家门口举办的北京 2022 冬奥会，大家看到的整个活动是从 2 月 4 日开幕式开始，为期 16 天的比赛时间，但实际上，冬奥会在 2 月 4 日之前就已经有很长时间的申奥过程，以及好几年的筹备期了。所以整个奥运活动的整体周期规划，是包括了前期的申奥过程→项目筹备期及不断的预热→活动开幕式→各比赛项目的周期→活动闭幕式五大重要节点。

2. 用户激励策略

不管什么类型的活动，不论是在线上或者线下举办，用户获取能力，或者说参与活动的用户数大小（DAU 或者 PV/UV），是决定一场活动能否成功最直接的因素。

冬奥会之所以受到全球重视，其中一个重要的原因，便是其能够覆盖全球最广泛的用户。那么，为什么奥运会的用户获取能力这么强大，而且每一届奥运会都有这样的能力呢？

从根本上来分析，还是因为“用户需求”，即广大人民对于美好生活的向往、在柴米油盐酱醋茶之外的精神愉悦。而恰好奥运会能够满足用户的这些需求，因而能吸引用户自主的关注、参与此次活动。冬奥会用户激励策略如图 7－1 所示。

活动阈值低

活动门槛低
人人免费观看视频
可做到雨露均沾
冬奥会自带明星“光环”

用户权益尊享 用户激励

1.普惠：国家/民族荣誉感吸引广大用户关注
2.个人：美丽的烟花表演、盛大的开幕式、奥运周边（冰墩墩等）购买、资讯获取、追星等
3.尊享：奥运火炬手、开闭幕式门票等

用户持续活跃 用户持续存留

1.连续16天不同类型的精彩项目，极具观赏性
2.有关冬奥会的新闻，不间断狂轰乱炸
3.社交层面，作为近期最大的热点内容，极具话题性和传播性

图 7－1　冬奥会用户激励策略

3. 活动玩法

一场活动的好坏和其中推出的玩法息息相关，尤其时间跨度比较长的活动，必须推出若干个不同的玩法，避免用户视觉疲劳。这跟开车很像，长时间一个姿势开车，很容易疲劳，身体机能容易下降。

在本次北京冬奥会前期的筹备过程中，以及开幕式过程中，体现出的玩法精彩纷呈，美轮美奂。从前期的冬奥会会徽设计、冰墩墩的设计，到开幕式的二十四节气倒计时、暖场的绿色海洋、领导人致辞、升国旗奏国歌、运动员入场仪式等都体现十足的多样性。

4. 氛围感设计

在百度搜索冬奥会，会呈现这样的设计氛围，如图 7－2 所示。整体的搜索结果，全部呈现在北京冬奥会的大背景、大主题中，让用户看到这里，自然而然地就会形成自我场景代入感。

图 7－2　北京冬奥会百度首页

在奥运会开幕式，当观众看到鸟巢那种仪式感的时候，也很容易就被代入其中，感受这种浓厚的冬奥仪式感。北京冬奥会开幕式表演如图 7－3 所示。

图 7－3　北京冬奥会开幕式表演

5. 创新表现

“北京冬奥会开幕式规模不是最大的，表演也不是最多的，但是它融合了很多创意，最大的特点在于其创新理念。”2 月 5 日，北京冬奥会开闭幕式总导演张艺谋在国际奥委会、北京冬奥组委例行新闻发布会上这么说道。

回顾开幕式整个过程，张艺谋表示，对于其中点火和火炬台的设计非常自豪。中国美学讲究含蓄、空灵以及留白，来自全世界的雪花汇聚成一个大雪花，这个雪花包容着一个小小的火炬，既体现了低碳环保的理念，也有一种“星星之火，可以燎原”的文化内涵。同时全体参赛国对一个小小火种的呵护陪伴，也体现了奥林匹克精神星火代代相传、生生不息的初心。北京冬奥会点火如图 7－4 所示。

图 7－4　北京冬奥会点火

另外，北京冬奥会的《倒计时：立春》也创意满格。很多时间，都是按照阿拉伯数字“10—9—8—7—6—5—4—3—2—1”的方式倒计时，但我国文化博大精深，既有12生肖，也有二十四节气，恰好2月4日就是立春，采用二十四节气倒计时可谓是相得益彰，更彰显了中华文明的底蕴。

6. 品牌主题，价值观传承

北京奥运会开幕式中，很多关键信息都是关于人类命运共同体内涵的，在当前世界处于如此艰难的时刻，希望通过表演来奉献一份温暖和感动。所以本届奥运会主题是：一起向未来！

像奥运会这样的活动，是在不间断的传承中迭代，同时也在不间断的迭代中传承，是有可持续发展理念在其中的，是每到一定时间就固定要举办的活动。所以这类活动在品牌、文化、形象展示等方面，都考虑得更多更全面。

7. 实际场景呈现，科技赋能，冬奥赛场很惊艳

冬奥会作为线下活动的代表，好的场馆建设、实体场景呈现方式就至关重要，场馆是活动与用户之间的枢纽，场馆的实体场景呈现方式，就如同线上活动运营，需要通过交互式演示来呈现实际上线的交互体验，以及通过设计稿来呈现视觉结构和效果。

好的场景设计，往往会融入一定的理念、意义、内涵，如冬奥会建的冰丝带场馆、雪如意场馆、雪龙场馆等，都非常具有代表性。

第二节 活动运营的目的与流程

本节将深入探讨活动运营的核心概念，即活动运营的目的与流程。通过仔细规划与执行，活动运营可以成为品牌推广、用户互动和产品推广的有力工具。

一、活动运营的目的

（一）提升品牌曝光度

通过有趣、独特的活动，品牌可以吸引更多目标受众的注意。例如，美妆品牌“Glamour Glow”举办了“美丽转身——妆容大赛”，通过社交媒体平台吸引了成千上万的化妆爱好者，成功提高了品牌曝光度。

（二）增加用户互动

活动是与用户建立更深层次连接的绝佳方式。例如，在线游戏开发商“游戏未来”推出了“游戏创意大赛”，激发了玩家的创造力，同时也促进了玩家间的互动，提升了游戏社区的活跃度。

（三）推广新产品或服务

活动可以帮助新产品或服务更好地融入市场。例如，手机制造商“Tech

Innovators”在产品发布后，举办了“未来科技体验日”，吸引了科技爱好者，让他们第一时间体验新产品，从而提高了新产品的销售。

（四）建立用户信任

通过举办专业性高、内容丰富的活动，品牌可以赢得用户的信任。例如，金融机构“FinancePlus”举办了“理财高峰论坛”，邀请了专业经济学家进行演讲，增加了用户对该机构的信赖度。

二、活动运营的流程

活动运营指的是围绕企业目标而系统地开展一项或一系列活动的过程，其中完整地包括阶段计划、目标分析、玩法设计、物料制作、活动预热、活动发布、过程执行、活动结束、后期发酵及效果评估等全部过程。理解活动运营，重点是理解目标、系列、完整三个关键词。

第一是“目标”。活动运营必须紧密围绕企业目标，如提升新品曝光度、提升产品销量、提升品牌美誉度等，否则即使活动过程火爆、参与人数多，也会在活动后进行效果评估时，由于结果数据与目标不匹配，而使活动效果减分。

第二是“系列”。新媒体活动多数情况下以“系列活动”的形式出现，一方面，活动之间需要系列化，每个活动之间要有衔接；另一方面，活动自身也具有系列化特征，一场大型活动本身又包括“预热活动”“正式活动”“发酵活动”等小活动。

第三是“完整”。活动运营不仅仅是发布一篇活动文章、撰写一条“转发抽奖”微博，而是包含三个阶段及十大完整的环节，如图 7－5 所示。

图 7－5　活动运营的流程

（一）策划阶段

1. 确定活动主题

为确保活动与品牌形象一致，主题选择至关重要。例如，汽车制造商“EcoDrive”举办了“绿色出行节”，与他们环保理念相契合，引起了公众的广泛关注。

2. 制订活动计划

详细计划是活动成功的关键。例如，在线购物平台“ShopSmart”在推出新 App 后，制订了“App 新功能发布会”的计划，包括媒体邀请、演讲安排、互动环节等，确保了活动顺利进行。

3. 设计活动内容

活动内容应具吸引力，同时符合受众兴趣。例如，音乐流媒体平台“SoundVibe”举办了“明日之声音乐节”，邀请了当红歌手，吸引了数万粉丝参与，成功打造了独具特色的音乐活动。

4. 选择合适的推广渠道

推广渠道需根据目标受众特点来选择。例如，美食品牌“Taste Haven”举办试吃活动，选择了与社交媒体和美食博主合作，在活动前夕进行了广泛推广，吸引了美食爱好者的关注。

（二）执行阶段

在活动举办期间，与参与者保持互动，收集他们的反馈。例如，社交网络平台“ConnectUs”在他们的用户大会上，设立了互动互动区域，听取用户需求，加深了用户与品牌的互动。

（三）收尾阶段

1. 收集用户反馈

活动结束后，可以通过调查问卷、社交媒体评论等方式，收集用户反馈。例如，医疗健康平台“HealthHub”在健康讲座后，通过 App 推送问卷，收集用户对讲座内容的评价，为活动改进提供了宝贵意见。

2. 活动总结与改进

活动结束后，应进行详细总结，分析数据，找出问题，并提出改进建议。例如，旅游公司“ExploreMore”在举办旅游体验活动后，召开内部会议，总结了活动的优点和不足，为下次活动改进提供了指导。

第三节　活动运营的具体策划

在新媒体平台上进行活动运营需要精心策划，以确保活动能够吸引目标受众、提高用户互动和社交媒体曝光。

一、活动主题与目标

在活动策划的初期，确定一个吸引人的主题至关重要。主题应该与品牌或产品相关，并且能够引起目标受众的兴趣。同时，还应明确活动的具体目标，如增加社交媒体关注者、提高品牌知名度或促进销售增长。在选择主题时，应考虑下面几个因素。

（1）品牌关联性：主题应该与品牌的核心价值、产品特点或企业使命相关联。这样可以强化品牌形象，增加用户对品牌的认知度。

（2）受众兴趣：考虑目标受众的兴趣爱好和需求。如果活动主题与受众关心的话题相关，他们更有可能参与活动。

（3）独特性和创意性：主题应该具有独特性和创意性，能够在竞争激烈的新媒体环境中脱颖而出，引起用户的好奇心。

（4）时效性：如果主题与当前热点事件或节日相关，能够增加活动的时效性，提高用户的参与欲望。

活动目标应该具体、可量化，并且与活动主题相一致。明确的目标可以帮助衡量活动的效果，评估活动的成功程度，并为活动运营提供方向。在设定活动目标时，应该考虑以下几点。

（1）具体性：目标应该具体明确，避免模糊的表述。例如，将“提高品牌知名度”具体化为“增加社交媒体关注者数量20%”。

（2）可量化：目标应该可以量化，便于后期的数据分析和评估。例如，使用具体数字来表示目标的达成程度。

（3）可实现性：目标应该是可实现的，考虑到预算、资源和时间等限制因素，确保目标在可掌控范围内。

（4）时间限制：确定活动的时间周期，如一个月或一个季度，以便后续的监测与评估。

综上所述，活动主题与目标的选择需要综合考虑品牌特点、受众需求、创意性和实际可行性。一个恰当选择的主题和明确的目标将为活动的成功奠定基础。

二、受众分析与定位

受众分析就是对潜在参与者的详细研究，旨在了解他们的特征、需求和行为。这种深入了解可以帮助活动策划者更好地满足受众期望，提高活动吸引力。下面为进行受众分析的步骤。

（1）确定关键特征：包括年龄、性别、地理位置、职业、教育背景等。

（2）分析需求和兴趣：了解受众的需求、期望和兴趣爱好，以确定活动内容方向。

（3）研究购买行为：如果是商业活动，了解受众的购买习惯和偏好，帮助定制相关产品或服务。

受众定位就是将受众划分为不同的细分群体，每个群体的内部成员都具有相似的特征和需求。这种精细划分有助于定制活动策略，提高活动参与度和满意度。下面为进行受众定位的步骤。

（1）确定细分群体：将受众划分为不同的群体，如按年龄、兴趣、购买力等特征进行分类。

（2）定制活动策略：针对每个细分群体设计特定的活动内容和互动方式，以满足他们的需求和期望。

（3）监测与调整：不断监测不同细分群体的反馈和参与度，根据数据调整活动策略，确保活动的精准度和有效性。

通过受众分析与定位，活动策划者能够更加深入地了解目标受众，从而制定更具针对性的活动方案，提高活动的参与度和满意度。这种精细化的策略制定是使活动运营成功的基础，也是提升用户体验的关键。

三、活动内容制定

在进行活动运营时，应制定多样化的活动内容，包括文本、图片、视频等形式。内容策略应该与活动主题一致，同时具有趣味性和吸引力。创意构思时，应考虑用户的情感共鸣点，以提高参与度和分享率。下面是制定活动内容的关键步骤。

（一）明确活动主题和目标

（1）主题明确：活动的主题应该清晰、简明，能够准确传达活动的核心信息。

（2）目标具体：活动的目标应该具体、可量化，如增加网站访问量、提高产品销量等。

（二）了解目标受众

（1）兴趣爱好：研究目标受众的兴趣爱好，确保活动内容符合他们的喜好。

（2）需求分析：考虑受众的需求和问题，再制定解决方案，使活动内容更有吸引力。

（三）选择合适的活动类型

（1）线上/线下：根据目标受众的活动参与习惯，选择线上或线下活动形式。

（2）比赛/抽奖：考虑举办比赛、抽奖等互动性强的活动，增加用户参与度。

（四）制定具体内容和互动环节

（1）内容设计：制定吸引人的活动内容，如文章、视频、图片等。

（2）互动设计：安排互动环节，如投票、评论、分享等，增加用户参与和互动。

（五）考虑活动周期和频率

（1）活动周期：确定活动的时间范围，可以是一天、一周或更长时间，根据活动内容和目标设定。

（2）发布频率：如果是长期活动，需要设定发布内容的频率，保持用户的持续参与。

（六）制定奖励和激励机制

（1）奖品设置：设定吸引人的奖品，可以是实物奖品、优惠券、特权服务等。

（2）激励参与：设计积分、排名等激励机制，鼓励用户积极参与活动。

（七）测试和优化

（1）测试环节：在正式发布之前，进行内部测试，确保活动流程和内容没有问题。

（2）反馈优化：根据用户反馈和参与情况，调整活动内容和互动环节，提高活动效果。

（八）活动内容制定的意义

（1）吸引用户：好的活动内容能够吸引用户的眼球，引发他们的兴趣，提高参与欲望。

（2）增加互动性：互动性强的活动内容可以促使用户参与，增加用户之间的互动和交流。

（3）传播活动信息：活动内容是传播活动信息的媒介，通过有趣、吸引人的内容，提高活动的传播效果。

（4）提高用户满意度：当活动内容符合用户期待，能够满足他们的需求，可以提高用户的满意度和忠诚度。

通过以上步骤，精心制定的活动内容将成为活动吸引力的核心，帮助活动达到预期的目标，从而提升品牌形象和用户体验。

四、用户参与互动

在活动运营中，用户的参与互动是确保活动成功的关键之一。下面是详细的用户参与互动的步骤。

（一）用户参与的设定

在活动策划的初期，需要明确用户可以参与活动的形式和方式。这包括用户是否需要注册、登录，以及活动是否有特定的参与门槛等。

（二）互动策略的制定

制定多样化的互动策略能够吸引不同类型的用户参与。这包括设计有趣的问答环节、鼓励用户分享活动内容到社交媒体平台，以及鼓励用户分享个人故事与活动主题相关。

（三）用户互动环节的设计

为了增加用户的参与感，需要设计实时互动环节，如直播、聊天室等。同时，应划出专门的时间段用于回答用户提出的问题，加深用户与活动的互动。

（四）互动规则的明确

在活动中，明确的互动规则对于维持秩序和提高用户体验至关重要。这包括规定活动的参与规则和奖励机制，并提醒用户在互动中保持礼貌和尊重。

（五）用户参与后的回馈

积极参与活动的用户应该得到及时的回馈。这包括感谢用户的参与，并给予奖励，奖励可以是虚拟奖励、实物奖品或特权服务。同时，也要收集用户的反馈意见，以便后续活动的优化和改进。

（六）用户参与互动的意义

（1）增加用户黏性：通过积极互动，提高用户的黏性，促使他们更频繁地访问和参与活动。

（2）提高活动参与度：多样化的参与互动方式能够吸引更多用户参与，提高整体活动的参与度和热度。

（3）建立社区感：用户间的互动促使形成社区感，增加用户互相之间的交流和分享，加深活动印象。

（4）传播活动：积极参与的用户更有可能分享活动内容，扩大活动影响力，吸引更多新用户参与。

通过以上策略，活动将成为一个充满互动和参与感的体验，从而提高用户的满意度和忠诚度，增加活动的成功率。

五、数据监测与优化

在新媒体活动运营中，数据监测与优化是确保活动效果的关键步骤。使用数据分析工具对活动效果进行监测与分析，根据监测与分析结果，及时调整活动策略，优化活动内容和互动方式，确保活动目标的实现。

（一）数据监测

（1）活动参与度监测：通过活动平台提供的数据分析工具，监测活动的参与人数、互动次数和互动形式。这可以帮助活动运营人员了解哪些活动环节最受欢迎，哪些需要改进。

（2）用户行为分析：跟踪用户在活动中的行为，包括浏览时间、互动频率、参与深度等。这可以揭示用户的参与习惯，指导活动运营人员调整活动时间、内容和形式。

（3）转化率监测：如果活动有特定的转化目标，比如产品销售或用户注册，监测转化率是必要的。通过分析参与者中转化的比例，活动运营人员可以了解活动的营销效果。

（4）用户反馈收集：收集用户对活动的反馈，包括积极和消极意见。这可以帮助活动运营人员了解用户的满意度，为优化提供依据。

（二）数据分析与优化

（1）数据分析：基于收集的数据，进行深入分析。使用数据分析工具，探索用户参与的模式，找出活动的亮点和问题所在。

（2）识别问题和机会：通过数据分析，识别活动中存在的问题，比如参与率低的环节、用户流失严重的阶段等。同时，也要寻找活动中的机会，看看哪些方面可以进一步优化。

（3）优化活动内容和形式：基于数据分析的结果，优化活动的内容、形式和互动方式，如增加更有吸引力的互动环节，改进活动的时间安排，或者提供更具诱惑力的奖励。

（4）实时调整与测试：在活动运营过程中，根据实时收集的数据，随时调整活动策略。可以进行 A/B 测试，比较不同策略的效果，选择最优方案。

（5）持续改进：持续地收集、分析数据，进行活动效果评估。根据每次活动的反馈和数据，不断改进活动策划、参与互动方式，保持活动的新鲜感和吸引力。

（三）数据监测与优化的意义

（1）精准改进：通过数据监测，可以明确了解活动的效果，帮助活动运营人员精准找出问题，有针对性地进行优化和改进。

（2）提高投资回报率（ROI）：有效的数据分析和优化可以提高活动的 ROI，确保活动的预期目标得以实现。

（3）增强用户满意度：通过不断优化，活动将更符合用户的期望，从而提高用户参与的满意度和体验。

（4）保持活动活力：持续的监测和优化能够保持活动的活力，吸引更多用户的参与，维持活动的长期吸引力。

通过数据监测与优化，活动运营人员可以更加科学地评估活动效果，持续提高用户的参与度和满意度，确保活动的成功举办。

六、预算与资源管理

在活动运营中，合理的预算与资源管理是确保活动顺利进行的重要保障。活动运营人员应制定详细的活动预算，包括广告费用、内容制作费用等，合理分配预算，确保活动的顺利进行；同时，充分利用团队资源，保证活动所需人力和技术支持。

（一）预算设定

（1）活动成本明细：列出活动的各项成本，包括活动策划费用、场地租用费、设备租赁费、人员费用、奖品成本等，确保所有可能的费用都被纳入考虑。

（2）预算限制与分配：根据可用资金，设定活动的总预算限制，并合理分配到各个方面，确保每个环节都有足够的资金支持。

（3）备用预算：预留一定比例的备用预算，用于应对突发状况或者紧急需求，避免出现预算不足的情况。

（二）资源管理

（1）人力资源：明确活动所需的人力资源，包括策划人员、执行团队、客服人员等，合理分工，确保每个人的任务清晰、明确。

（2）物力资源：确定所需的物力资源，包括场地、设备、道具等，提前与相关供应商协商，保障资源的及时供应。

（3）时间资源：合理安排时间，确保活动的各个环节在规定时间内完成，制定详细的时间表，包括策划阶段、执行阶段、宣传阶段等。

（三）预算与资源优化

（1）成本控制：定期审查活动的各项开支，寻找节约成本的方法，确保活动在可控范围内进行。

（2）资源合理利用：最大限度地利用现有资源，避免浪费。可以考虑资源共享、租赁等方式，降低活动成本。

（3）合作伙伴关系：寻找合作伙伴，共同承担一部分费用，或者提供物力资源支持。建立互惠互利的合作关系。

（四）预算与资源管理的意义

（1）确保活动顺利进行：通过合理的预算与资源管理，确保活动有足够的经费和资源支持，从而顺利进行并达到预期效果。

（2）最大化资源利用率：合理规划资源的利用，确保每一项资源都得到最大化的使用，提高资源利用率。

（3）降低成本：通过成本控制和资源合理利用，降低活动的总体成本，提高活动的经济效益。

（4）建立合作伙伴关系：通过寻找合作伙伴，建立互惠互利的合作关系，减轻负担，获取更多资源支持。

通过合理的预算与资源管理，活动运营人员可以确保活动在有限的资源下取得最大的效益，提高活动的成功率和可持续性。

七、活动推广与宣传

活动推广与宣传是确保活动吸引足够受众参与的关键环节。在活动运营过程中，应选择适合的社交媒体平台进行广告投放，确保广告能够精准触达目标受众；也可以与相关行业合作伙伴开展联合活动，同时在线下举办推广活动，提高活动的知名度和影响力。以下是详细的活动推广与宣传策略。

（一）目标受众分析

（1）确定目标受众：确定活动的目标受众群体，包括年龄段、兴趣爱好、地理位置等，以便针对性地进行推广。

（2）了解目标受众需求：深入了解目标受众的需求和兴趣，为活动内容制定和宣传文案创作提供参考。

（二）推广渠道选择

（1）社交媒体平台：根据目标受众的特点选择合适的社交媒体平台，如微博、微信等，利用平台特性进行内容推广。

（2）搜索引擎优化（SEO）：优化活动相关内容，提高在搜索引擎上的排名，增加被发现的机会。

（3）内容营销：创作吸引人的内容，包括文章、图片、视频等，通过各种渠道传播，提高活动知名度。

（4）电子邮件营销：以电子邮件形式发送邀请函或活动通知，直接面向潜在受众，提醒他们参与活动。

（三）宣传内容与形式

（1）吸引人的活动口号：设计简洁、富有创意的口号，突出活动独特卖点，激发受众的兴趣。

（2）生动有趣的宣传素材：制作生动有趣的海报、宣传册、宣传视频等素材，吸引目标受众的眼球。

（3）故事化宣传：将活动内容融入故事情节中，引发情感共鸣，增加受众的参与欲望。

（四）实时互动与参与

（1）在线互动活动：利用在线直播、问答互动等形式，与受众进行实时互动，增加活动的互动性和紧迫感。

（2）用户参与挑战：发起用户参与挑战，鼓励受众参与，分享他们的参与经历，增加活动传播力。

（五）活动推广与宣传的意义

（1）吸引受众参与：通过精准的目标受众分析和多样化的推广渠道，吸引更多受众参与活动。

（2）提高活动知名度：通过有趣、独特的宣传内容和形式，提高活动的知名度，增加活动的曝光度。

（3）增加活动互动性：让受众更积极地参与实时互动，增加活动的互动性和用户黏性。

（4）扩大活动影响力：通过用户参与挑战等形式，鼓励用户分享活动经历，扩大活动的影响力，吸引更多人关注和参与。

以上是新媒体活动运营的具体策划和实施步骤。在实际操作中，应根据活动类型和目标受众的不同，调整策划步骤。持续的数据分析和反馈收集也是活动运营中不可忽视的环节，可以帮助活动运营人员优化活动策略，提高活动效果。

第四节 活动效果的评估与复盘

在新媒体活动运营中，评估和复盘活动的效果是至关重要的步骤，它可以帮助活动运营人员了解活动成功与否，同时为未来的活动提供宝贵的经验教训。本节将介绍如何进行活动效果的评估与复盘。

一、数据收集与分析

与活动相关的数据包括社交媒体数据、网站流量、参与者反馈等。活动运营人员可以使用分析工具和指标，如点击率、转化率、参与度等来量化活动的效果。这些数据将帮助活动运营人员明确活动的关键成功指标。在新媒体活动运营中，数据收集与分析是了解活动效果、观察用户行为和改进策略的关键步骤。

（一）数据收集

（1）确定关键指标（KPIs）：确定与活动目标直接相关的关键指标，如网站点击率、社交媒体互动次数、转化率等。这些指标应该与活动目标相一致，如提高品牌知名度或增加销售量。

（2）选择合适的工具：根据所需的数据类型，选择适当的分析工具。例如，社交媒体平台提供的内部分析工具，可用于跟踪页面触及率和用户参与度。

（3）设置跟踪码和标签：在网站、社交媒体页面或活动链接中添加跟踪码和标签。这些代码段能够追踪用户的活动，包括点击、浏览时长、页面跳转等，从而提供有关用户行为的详细信息。

（4）整合数据源：如果活动涉及多个渠道（如网站、社交媒体、电子邮件营销等），应确保整合所有数据源，以便获得全面的活动效果视图。

（二）数据分析

（1）数据清洗和预处理：在分析数据之前，应进行数据清洗以去除错误或不一致的数据。然后，进行数据预处理，包括缺失值处理和数据转换，以确保数据的准确性和一致性。

（2）探索性数据分析（EDA）：通过可视化和统计方法进行探索性数据分析，帮助活动运营人员了解数据的分布、趋势和关联性。常用的可视化工具包括折线图、柱状图、散点图等。

（3）统计分析：使用统计方法（如均值、中位数、标准差等）来总结数据集。统计分析可以帮助活动运营人员确定数据的中心趋势和分散程度，从而更好地理解用户行为。

（4）高级分析技术：对数据应用高级分析技术，如回归分析、聚类分析、时间序列分析等。这些技术可以揭示数据之间的复杂关系，帮助活动运营人员预测未来趋势或发现潜在的用户群体。

（5）制定结论和建议：基于数据分析的结果，得出结论并提出改进建议。这些建议可以涉及活动策略、内容优化、目标受众的调整等，从而最大程度地提高活动效果。

通过有效的数据收集和分析，活动运营人员可以深入了解用户行为、评估活动效果，并根据数据驱动的见解制定更有效的新媒体活动运营策略。

（三）案例分析：社交媒体活动的数据收集与分析

情境：一家时尚零售公司在社交媒体上推出了一项促销活动，希望提高在线销售并增加品牌知名度。

1. 数据收集

（1）关键指标确定：公司确定关键指标为点击率、转化率和用户参与度。

（2）跟踪码和标签：在活动链接中添加了 UTM 参数，以便跟踪用户从社交媒体平台点击链接后的行为。同时，社交媒体平台的内部分析工具用于跟踪页面触及率、点赞数、评论数等。

2. 数据分析

（1）数据清洗和预处理：清洗数据，去除重复、缺失或错误的数据。预处理包括转换日期格式和计算转化率。

（2）探索性数据分析（EDA）：利用图表展示点击率随时间的变化趋势，以及不同广告版本的用户参与度。通过折线图和柱状图发现了高点击率和转化率的特定时间段。

（3）统计分析：计算平均点击率和转化率，确定它们的标准差，以了解数据的分布情况。

（4）高级分析技术：运用回归分析，分析广告文案、图像和用户互动之间的关系。发现在特定文案下，用户参与度更高，进而影响了转化率。

（5）结论和建议：数据分析表明，在周末发布的广告文案在特定时段内获得了更高的点击率和转化率。基于这一发现，公司决定将未来的促销活动重点放在周末，并优化广告文案以提高用户互动。

通过这个案例，可以看到数据收集与分析的过程，从确定关键指标到利用不同工具和技术分析数据，最终得出结论并提出改进建议，这些都是数据驱动决策的关键步骤。

二、评估活动目标

评估活动目标就是指在新媒体活动运营中，根据实际活动效果与设定目标之间的关系，确定活动是否达到了既定目标，并对比实际结果与期望结果的过程。

（一）评估活动目标的步骤

（1）收集实际数据：在活动结束后，收集与目标相关的实际数据，包括网站访问量、社交媒体互动次数、销售额等。

（2）与目标对比：将实际数据与设定的目标进行对比。比较实际结果与预期结果，看看是否达到了既定目标。如果实际数据超过了目标，说明活动取得了成功。

（3）分析差距：如果实际结果未能达到目标，分析未达成的原因，可能是目标设定过高、活动执行中出现问题，或者竞争环境发生变化。了解差距的原因有助于制定未来改进策略。

（4）学习经验：无论结果如何，都应从中学到经验教训。如果目标达成，分析成功的因素，以便将其应用于未来的活动。如果未能达成，找出问题并提出改进建议。

（5）调整策略：基于评估的结果，调整新媒体活动运营策略。如果目标达成，可以在类似的活动中继续采用成功的策略。如果未能达成，制定新的目标，并改进活动策略，避免重复之前的错误。

通过评估活动目标，活动运营人员可以了解活动的效果，确定哪些方面取得了成功，哪些需要改进，从而在未来的活动运营中更加精准地制定目标和策略。

（二）案例分析：社交媒体促销活动的目标评估

情境：一家健康食品公司在社交媒体上举办了一个月的促销活动，目标是提高产品销售额并增加社交媒体粉丝数量。

1. 设定的活动目标

（1）销售目标：提高月销售额至少10%。

（2）社交媒体目标：增加社交媒体粉丝数量至少500人。

2. 实际活动数据

（1）销售额增长：月销售额增加了8%，未达到设定的10%增长目标。

（2）社交媒体粉丝数量：社交媒体粉丝数量增加了600人，超过了设定的500人的目标。

3. 评估活动目标的过程

（1）与目标对比：比较实际销售额的增长（8%）与设定的目标（10%）及社交媒体粉丝数量的增加（600人）与设定的目标（500人）。

（2）分析差距：发现销售额增长未达到目标，可能是由于竞争激烈或者促销策略没有足够吸引力。然而，在社交媒体方面取得了成功，可能是因为活动内容引起了用户的兴趣。

（3）学习经验：从销售额未达标的情况中，了解了市场竞争的激烈程度，意识到未来的促销活动需要更具吸引力和差异化。从社交媒体粉丝增长的成功中，了解了哪些类型的内容和互动对受众更有吸引力。

（4）调整策略：基于评估的结果，公司决定重新审视产品定价和促销策略，以提高吸引力；同时，决定继续在社交媒体上推出类似内容，因为这是吸引受众的有效方法。

通过这个案例，公司能够明晰哪些方面取得了成功，哪些方面需要改进，并且从中学到了重要的经验教训，这些都将帮助他们在未来的促销活动中取得更好的成绩。

三、反馈和调查

通过在线调查、评论或直接与参与者对话，获取参与者的反馈，了解他们对活动的看法。这有助于发现活动中存在的问题，以及了解如何改进未来的活动。反馈与调查在新媒体活动运营中扮演着关键角色，它们提供了直接来自受众的观点和意见，帮助评估活动效果、了解用户满意度，进而指导未来的活动策略和改进措施。

（一）反馈与调查的过程

（1）设计问卷或反馈形式：创建调查问卷或反馈表格，内容包括与活动相关的问题，如活动内容、体验、满意度等。确保问题具体、明了，以便受众清晰理解并回答。

（2）选择调查对象：确定调查对象，可以是活动参与者、网站访问者、社交媒体粉丝等。根据调查目的选择受众，确保他们代表了你的目标受众群体。

（3）分发调查链接或表格：将问卷链接发布在社交媒体平台、官方网站上，或者通过电子邮件发送给受众。确保渠道选择与受众习惯相符，以提高回应率。

（4）收集和整理数据：收集受众的反馈意见，整理数据，将其转化为可分析的格式。使用调查工具或软件可以帮助自动整理数据，减少人工处理时间。

（二）反馈与调查的重要性

（1）了解用户需求和满意度：反馈和调查提供了了解用户期望、需求和满意度的途径。通过了解受众的观点，活动运营人员可以更好地满足他们的期望，改进产品或服务。

（2）发现问题和痛点：用户的反馈可以揭示活动中存在的问题或用户体验中的痛点。这些信息是改进活动策略、网站设计或产品功能的宝贵线索。

（3）增加用户参与度：当用户感觉意见被重视并产生影响时，他们更有可能参与未来的活动，增加互动和忠诚度。

（4）指导未来活动策略：通过分析反馈和调查数据，活动运营人员可以得出关于用户兴趣和喜好的见解，从而指导未来的活动策略，创造更有吸引力的内容和互动。

（5）提高用户体验：根据用户反馈，活动运营人员可以优化网站、应用或产品的用户界面，提高用户体验，增加用户满意度。

综上所述，反馈与调查是新媒体活动运营中必不可少的工具，它们不仅提供了深入了解用户的机会，还为改进活动策略和提高用户体验提供了宝贵的指导。

（三）案例分析：社交媒体活动的反馈和调查

情境：一家健康生活方式品牌在微博上推出了一个健康饮食挑战活动，为期一个月。活动内容包括每日健康食谱、运动建议和生活方式改善提示等。

1. 反馈和调查的过程

（1）设计调查问卷：品牌设计了一个简洁明了的在线调查问卷，涵盖了参与者的活动体验、内容满意度、活动难易度等方面的问题。

（2）分发调查链接：在活动结束后，品牌将调查问卷链接发布在自己的微博主页上，并通过电子邮件通知参与者。他们还鼓励参与者分享意见，并承诺会考虑他们的建议。

（3）收集和分析数据：参与者积极回应了调查，品牌收集了大量的数据。他们使用调查工具分析了这些数据，将回答整理成图表和报告。

（4）分析结果：品牌发现参与者普遍对活动内容表示满意，但有一部分参与者觉得运动建议有时过于具有挑战性。同时，很多人希望未来的活动中能够增加在线互动的机会，如在线 Q&A 会话或直播活动。品牌根据调查结果制订了改进计划。他们决定在未来的活动中提供更多适应不同运动水平的建议，并增加互动元素，以增加参与者的参与感和满意度。

（5）与参与者分享改进措施：品牌将他们的改进计划分享给所有参与者，让他们知道自己的反馈被认真对待，并且他们的意见将被用来改进未来的活动。

通过这个案例，品牌不仅获得了有关活动的直接反馈，还了解了活动哪些方面需要改进以提高用户体验。这个过程帮助品牌更好地满足了参与者的期望，增强了他们的忠诚度，也为未来的活动策略提供了宝贵的经验。

四、SWOT 分析

进行 SWOT（优势、劣势、机会、威胁）分析，评估活动的内部和外部因素，从而确定活动的优势和劣势，以及未来的机会和威胁。这有助于为活动效果提供更全面的分析视角。

五、复盘会议

活动效果的评估与复盘会议都是在一个项目或活动结束后进行的关键性活动，用于总结经验、评估结果、发现问题并确定未来改进方向。这两者密切相关，一般在项目或活动结束后，先进行活动效果的评估，然后基于评估结果召开复盘会议。以下是复盘会议中的复盘过程。

（一）分享活动效果

在复盘会议开始时，先分享活动效果的评估结果，包括哪些指标达到了预期，哪些超过了预期，以及哪些没有达到目标。

（二）问题识别和分析

与运营团队一起识别和分析在活动中出现的问题。这些问题可能涉及活动策略、执行过程、市场反应等。分析产生问题的原因，并讨论如何避免类似问题在未来再次发生。

（三）经验总结

总结从活动中得到的经验教训，包括成功的策略、用户喜好、团队协作方式等。这些经验可以为将来的活动提供指导和启示。

（四）改进计划

制订改进计划，明确哪些方面需要改进，并落实具体的措施和时间表，确定谁负责执行哪个改进措施，确保改进计划得到有效实施。

（五）团队反馈和建议

鼓励团队成员分享他们的看法、反馈和建议。这可以促使团队成员更深入地思考活动，发现潜在问题和机会。

（六）总结要点和行动项

会议结束时，总结讨论的要点，明确改进计划和行动项。确保团队每个人都明白他们的角色和责任，为未来的活动提供指导。

通过复盘会议，团队能够全面地了解活动的效果，发现问题和成功因素，为将来的活动提供经验教训，并确立改进方向。

六、制订行动计划

当进行活动效果的评估和复盘后，制订行动计划就是接下来的关键一步。这个过程能够帮助团队转化发现的问题、挖掘的机会以及学到的经验为具体的改进措施，确保未来的活动更为成功。以下是行动计划的具体制订过程。

（一）问题解决与改进

（1）问题优先级确定：根据评估结果中问题的严重程度和影响范围，确定哪些问题需要优先解决。

（2）制定解决方案：针对每个问题制定具体、可操作的解决方案。这可能包括流程改进、团队培训、技术升级等。

（3）成功因素总结：确定导致成功的因素，如特定的策略、用户互动方式等。

（4）扩大成功因素：将成功经验扩展到未来的活动中，确保这些因素在下次活动中得以保留和加强。

（5）分析原因：弄清楚为什么某些指标未达到预期，可能是策略不当、市场变化或者内部执行问题。

（6）调整策略：根据分析的结果，调整策略和方法，以期在下次活动中取得更好的效果。

（二）基于复盘结果制订行动计划

1. 问题发现与改进

（1）团队反馈重点：关注团队成员在复盘会议中提出的问题和建议，确定哪些问题是需要优先解决的。

（2）团队合作改进：针对团队合作方面的问题，确定培训计划、提高沟通效能等改进措施。

2. 优化团队绩效

（1）个人和团队目标设定：确定个人和团队的明确目标，帮助团队成员理解他们的角色和职责。

（2）绩效评估体系：设立绩效评估体系，奖励表现出色的团队成员，同时提供发展机会给表现不佳者。

3. 持续学习和提高

（1）培训和提升：针对团队成员的需求，提供培训和培养计划，提高团队的整体素质。

（2）知识分享：鼓励团队内部的知识分享，增加团队的整体知识储备。

4. 制订改进计划的具体步骤

（1）明确目标：确定每个改进措施的具体目标，明确改进的方向和期望效果。

（2）分工合作：确定执行改进计划的责任人，明确每个团队成员的角色和任务。

（3）制定时间表：设定明确的时间表和截止日期，确保改进计划按时执行。

（4）监测和调整：设立监测机制，定期评估改进计划的执行效果，根据实际情况进行调整和改进。

通过以上步骤，团队可以在评估和复盘的基础上，制订出切实可行的行动计划，持续提高团队绩效，确保未来的活动更加成功。

七、持续改进

活动效果的评估与复盘不是一次性的任务，而是一个持续改进的过程。活动运营人员应在未来的活动中不断应用所学，迭代和优化策略，以提高活动的效果。

（一）制订改进计划

（1）问题解决措施：针对评估中发现的问题，制定具体、可操作的解决方案。

（2）利用成功因素：将活动中的成功因素扩展到未来的活动中，加强和保持这些成功策略。

（二）实施改进计划

（1）分工合作：确定改进计划的执行责任人，明确各项改进措施的执行时间表和计划。

（2）持续监测：设立监测机制，定期检查改进计划的执行情况，确保按计划执行。

（三）反馈和调整

（1）持续收集反馈：继续收集用户和团队成员的反馈，了解改进措施的效果。

（2）灵活调整：根据新的反馈意见，灵活调整改进计划，使其更符合实际需求。

（四）学习和分享

（1）团队学习：在改进的过程中，促使团队成员学习新知识、新技能，提高整体素质。

（2）知识分享：鼓励团队内部的知识分享，增加团队的整体知识储备。

（五）持续改进的意义

（1）提高效率：通过不断改进活动策略和执行计划，提高活动的执行效率，降低成本。

（2）增强用户满意度：根据用户反馈和需求调整活动，提供更符合用户期望的体验，增强用户满意度。

（3）适应市场变化：随着市场的不断变化，持续改进使得活动能够及时得到调整，应对市场挑战。

（4）加强团队合作：持续改进需要团队密切合作，增强了团队的凝聚力和合作能力。

通过活动效果的评估和持续改进，团队能够保持竞争力，不断提高活动的质量和影响力，确保活动在不断变化的市场环境中保持竞争优势。

知识拓展

活动运营案例拆解：咖啡连锁品牌 Tims 私域会员活动策略

1. 用户的引入策略

新店开业时，Tims 中国员工会引导每一位到店客户完成会员注册，并通过官方小程序获取相应的优惠卡券，如图 7－6 所示。

会员体系的正常运转需要以大量用户为基石，而通过线下主动引导，可以将每一位到店客户转化为其私域客户，为日后的会员精准运营提供数据支持。

将通过各种方式，如新人优惠礼包、买一赠一券、产品立减券及面包/烘焙品类券等，引导新客户初次到店。同时，Tims 中国会将门店的易拉宝、社群及公众号作为新

图 7－6　Tims 中国小程序

人营销的主要渠道。

在整体的流程设计上，通过营销落地页，打通线下和线上的营销链路，让用户可以扫描二维码领取优惠券，并在实体门店完成下单。同时，也将加入社群领礼品的环节，以引导用户自然地从线下向线上迁移。

目前，线下引导模式已经形成了标准化的流程，门店人员的引导在其中起着至关重要的作用，当然也离不开门店物料的合理布置、优惠信息的有效传达及监督机制的有效运行。

微信具备的显著优势在于，它能够为品牌提供全面掌控其商业数据的能力，从而掌握经营的主导权。同时，微信为品牌和用户之间搭建了直接沟通的桥梁，消除了中间商的利益获取环节。尤为关键的是，微信提供了低成本的用户连接方式，可以实现以小成本获取大回报的运营模式。

2. 会员运营基础

Tims 中国在会员体系设计中蕴含着明线与暗线，下文将着重分析其长期且显性的会员成长体系和辅助忠诚度提升的会员积分体系。首先，我们来看会员等级的划分。Tims 的会员等级分为迷你咖、小咖和大咖，具体权益对比见表 7－1 所列。

表 7－1　Tims 中国会员权益对比

级别	迷你咖	小咖	大咖
卡面	迷你咖卡面	小咖卡面	大咖卡面
升级礼	—	饮品 5 折券	饮品免费券
保级礼	—	饮品 5 折券	饮品免费券

（续表）

级别	迷你咖	小咖	大咖
生日特权	杯型升级券 1张/年	饮品5折券 1张/年	饮品免费券 1张/年
周边特权	—	周边商品8.8折券 2张/年	周边商品8折券 2张/年
请客特权	—	—	买一赠一券 4张/年
积分特权	小程序下单2倍积分	小程序下单2倍积分	小程序下单3倍积分

让我们深入了解一下会员成长体系的核心要素。

在这里，“消费金额”是成为不同等级会员的关键指标。每达到一定的消费金额，会员的等级就会相应提升，从而享有更多的会员权益，成长体系如图7-7所示。值得注意的是，微信小程序与外部第三方外卖平台已经打通，在小程序上点单还可以享受到额外的积分特权，这些积分能够用于兑换消费券和其他隐藏的福利。

图7-7　Tims中国会员成长体系

接下来，我们来探讨一下降级/升级机制的作用。这种机制的存在无疑能够激发用户不断消费，以激活更多的优惠。这样，所有的会员营销手段都能得到有效的驱动，使得设计更加合理。

综上所述，Tims中国的会员体系设计充分考虑了用户需求和消费心理，形成了一条长期且显性的会员成长体系，以及一条辅助忠诚度提升的会员积分体系。相信随着时间的推移，这个会员体系将会更加成熟和完善，为用户带来更多的福利和便利。

3. 提升会员活跃率，店员开展社群运营

（1）工作日运营

从每周一至周五，会按照不同时段，精心策划并推送满足用户兴趣的商品，以此来培养用户的消费习惯。

早餐时段：8：35分，精心挑选的早餐组合，满足用户的早餐需求。

午餐时段：11：35分，将适时推出便捷的午餐简餐，让用户可以在忙碌的工作中快速满足自己的饥饿需求。

下午茶时段：策划下午茶活动，为用户提供一份与众不同的生活体验。

（2）周末运营

周末早晨，为了让用户可以享受静谧的早晨时光，一般不会进行打扰。在中午和下午这两个时间段，会适时推出内容营销推送，为用户提供更多的选择和惊喜。

（3）节假日运营

在节假日期间，将推出各类假日商品，满足用户的购物需求，同时提供便捷的购物体验。

4. 建立用户的深度忠诚

私域运营的核心在于把握并提升“人”的价值，通过持续加强对特定会员的维系，才能源源不断地实现业务增长。

Tims 中国的“大咖”会员是该品牌所需要重点关注的高度忠诚用户，对于这些人群，积分玩法更为开放。通过与消费行为的深度绑定，只要消费满 200 元，即可获得小程序的 3 倍积分，同时还能额外获得 1080 积分，这相当于额外的一份咖啡＋贝果套餐或两杯咖啡的礼赠。

5. 高价值用户运营：核心抓手“付费卡包”

付费卡包，是一种具有付费性质的卡包，旨在为消费者提供更为便捷、优惠的购物体验，如图 7－8 所示。与传统的优惠券、积分兑换等方式相比，其具有以下优势。

（1）用户黏性更高

付费卡包通常需要消费者支付一定金额购买，而购买后的消费者往往会更愿意回到门店进行消费，形成较高的用户黏性。

（2）消费转化率更高

付费卡包中的优惠权益不仅能够吸引新用户，也能引导老用户进行多次消费。同时，在卡包使用过程中，消费者往往会产生一种“赚到了”的心理，从而促使其进行更多的消费。

（3）品牌曝光度更高

消费者在使用付费卡包的过程中，也会对门店品牌产生更为深刻的印象。

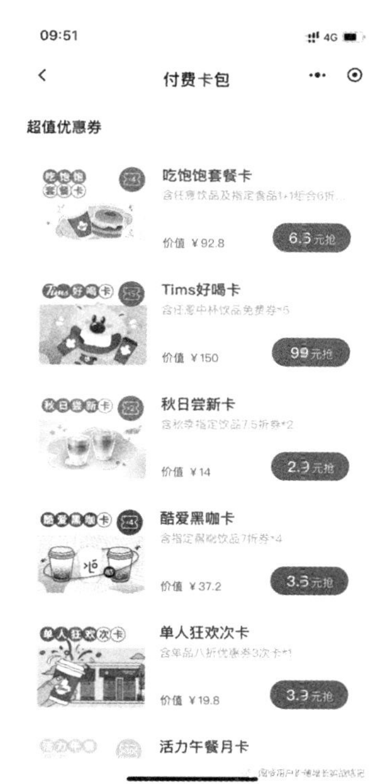

图 7－8　Tims 中国小程序中的付费卡包

付费卡包成了门店客流和日活量的有效抓手。通过付费卡包，商家能更好地把握消费者的需求，提高用户黏性，提升消费转化率，从而实现门店的持续发展。

微信赋予了 Tims 一定的生态能力，Tims 中国将小程序作为主要经营阵地，通过“公众号＋小程序＋视频号”积累流量，使自己能够迅速扩张市场、沉淀会员。

本章小结

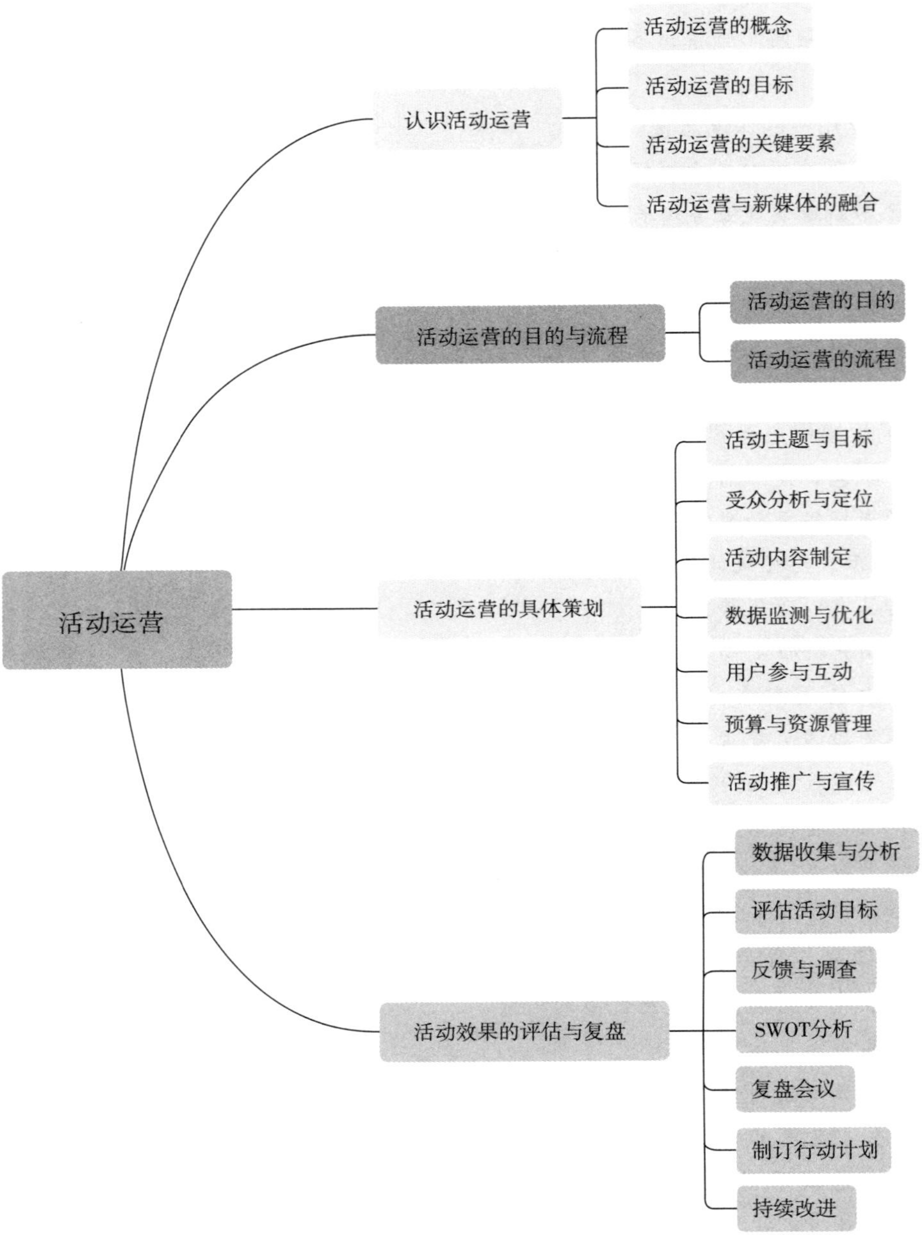

- 活动运营
  - 认识活动运营
    - 活动运营的概念
    - 活动运营的目标
    - 活动运营的关键要素
    - 活动运营与新媒体的融合
  - 活动运营的目的与流程
    - 活动运营的目的
    - 活动运营的流程
  - 活动运营的具体策划
    - 活动主题与目标
    - 受众分析与定位
    - 活动内容制定
    - 数据监测与优化
    - 用户参与互动
    - 预算与资源管理
    - 活动推广与宣传
  - 活动效果的评估与复盘
    - 数据收集与分析
    - 评估活动目标
    - 反馈与调查
    - SWOT分析
    - 复盘会议
    - 制订行动计划
    - 持续改进

复习思考题

1. 请简要叙述活动运营中确定活动主题的重要性。
2. 活动运营中为什么需要选择合适的推广渠道？
3. 请叙述活动推广与宣传中的社交媒体平台选择策略。
4. 为什么在线互动活动和用户参与挑战可以增加活动的互动性？
5. 请叙述活动效果的评估过程。
6. 为什么持续改进在活动效果的评估中至关重要？
7. 请叙述复盘会议的意义和主要步骤。
8. 请叙述持续改进的意义和对团队的影响。

第八章　新媒体运营工具

学习目标

- 熟悉新媒体运营工具
- 熟悉西瓜助手、抖音助手等运营管理工具
- 熟悉易企秀等营销场景制作工具

开篇案例

中国的“博物馆奇妙之夜”

“5·18国际博物馆日”这天，一个以“第一届文物戏精大会”为题的视频走红网络。为了迎接2018年国际博物馆日，中国国家博物馆携手六大博物馆（湖南省博物馆、南京博物院、陕西历史博物馆、浙江省博物馆、山西博物院和广东省博物馆）共同策划推出了这个视频类H5作品。

该H5作品以真实的历史文物为主角，将千年的文物拟人化，网友们可以通过抖音观赏由这些国宝文物“出演”的精彩大戏，视频资料如图8-1所示。这是几大博物馆首次尝试用流行的平台和玩法让更多人了解中国的历史文化及国家文物。

一瞬间，一群戏精文物被刷屏了。兵马俑、唐三彩、陶俑、青铜器等各大博物馆的文物，居然在晚上开启了派对，伴随着抖音的一些热门配乐“表演真正的技术”“打call”“一起摇摆”。

“你们这些城里人的文物真会玩”“官方皮才是真的皮，很接地气”“这个创意666”，许多网友在微博、朋友圈热情评价道。

策划上，这是抖音和七大博物馆联合以“文物戏精大会”为主题推出的H5。进入首页，温馨小提示‘调高音量，好戏这就开场’。进入之后，你就可以观赏一出由文物精彩演出的大戏，各个精彩的老戏骨倾情演绎自己，再配上一些游戏中的经典台词，使之更加精彩风趣。在页面的最后，展示了参加这支H5的七大博物馆，点击“下一部戏我来导”。设计上，以真实的历史文物为主角，将千年的文物拟人化，让他们可以说话，可以动。体验上，这个H5以视频为主，对于IOS系统的手机，视频会自动播放，其他系统的手机，视频播放前，需要点击触发视频播放操作。

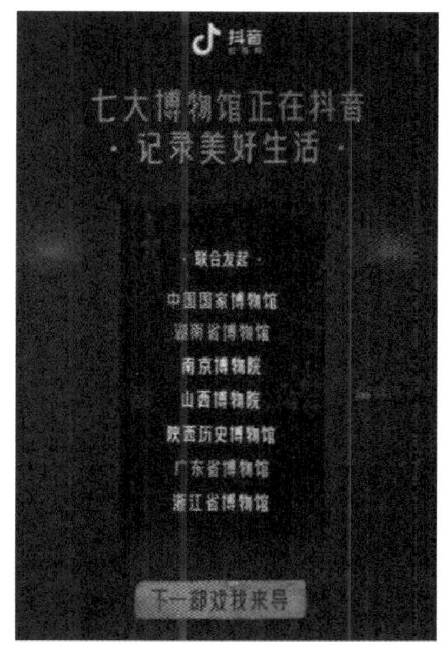

图 8－1　视频资料图

“5·18 国际博物馆日”后，该 H5 作品累计播放量已经突破 1.18 亿次，点赞量高达 650 万次，分享数超过 17 万次。网友们好评不断，纷纷说这就是中国的“博物馆奇妙之夜”。

（案例来源：搜狐网）

案例思考：

七大博物馆是如何借助抖音平台开展营销的，又是借助什么工具进行流量及用户运营管理的呢？

第一节 运营管理工具

一、西瓜助手

西瓜助手是一款非常实用的运营管理工具，可以帮助用户全面提升微信公众号、微信小程序和企业微信的运营效果，可以为广大新媒体运营人员提供专业的内容检索及推荐服务，西瓜助手页面如图 8-2 所示。西瓜助手拥有强大的数据分析功能，可以对公众号和小程序的流量、用户行为、粉丝互动等数据进行分析，帮助用户了解自己的运营状况，为后续的优化提供数据支持，能够极大地提升微信公众号的运营效率和管理质量。西瓜助手还拥有庞大的文章素材库，每日更新超过百万篇文章，覆盖各行业及其垂直领域，可帮助新媒体运营人员快速查找或创作优质内容。

图 8-2 西瓜助手页面

（一）特点

西瓜助手以其界面简洁、操作流程清晰而受到用户的青睐。西瓜助手此应用在设计时就注重用户体验，使得用户在使用过程中能够轻松上手，快速掌握各项功能。同时，西瓜助手还具有稳定性和安全性方面的优势，能够保障用户数据的安全和应用的稳定性。

此外，西瓜助手还具备强大的多开双开功能，支持所有本地应用、游戏的多开双开，让用户获得更加高效、便捷的使用体验。这一功能尤其适合需要同时操作多个应用或游戏的用户，大大提高了他们的工作效率。

综上所述，西瓜助手是一款界面简洁、操作流程清晰、稳定安全、功能强大的应用管理工具，能够满足用户多样化的需求，为用户带来更加高效、便捷的使用体验。

（二）功能

西瓜助手是一款功能强大的手机工具应用。它不仅可以帮助用户进行模拟语音操作，还可以实现虚拟定位和应用多开等功能。使用西瓜助手，用户可以更加便捷地完成各种手机操作，提高工作效率和生活便利性。

首先，西瓜助手的模拟语音功能非常实用。用户可以通过输入文字，快速生成各种语音，方便地进行语音操作。这个功能在需要大量语音交互的场景下非常有用，比如语音聊天、语音助手等。

其次，虚拟定位功能是西瓜助手的另一大亮点。用户可以在手机应用中轻松设置虚拟位置，这对于需要定位服务的应用来说非常有用。例如，在某些游戏中，用户可以通过虚拟定位来获得更好的游戏体验。

此外，西瓜助手还支持应用多开功能。用户可以在一个设备上同时运行多个应用，提高工作效率。这对于需要同时处理多个任务的用户来说非常方便。

总之，西瓜助手是一款功能丰富、操作简便的手机工具应用。通过模拟语音、虚拟定位和应用多开等功能，用户可以更加高效地完成各种手机操作，提高生活和工作效率。无论是对于日常生活还是工作需求，西瓜助手都是一款不可或缺的手机应用。

（三）如何使用西瓜助手精选推文

若要开启西瓜助手的精选推文之旅，首先需要进入西瓜助手，进入首页后醒目的“精选推文”选项即刻映入眼帘。

点击进入“精选推文”页面后，会发现这里汇聚了各类精选文章，涵盖科技、娱乐、生活等多个领域。每篇文章都经过严格筛选，保证了内容的质量。只需轻点感兴趣的文章标题，便可瞬间沉浸在详细的内容中。

1. 对比当天其他推文的效果，可以明显看出文章的质量

西瓜助手不仅功能强大，而且内容丰富。用户能够通过西瓜助手查看、分析热门推文的传播指数、阅读指数和点赞量，如图 8 - 3 所示。只要善用其精选推文功能，便能轻松获取高质量的内容，提升工作和生活的效率。

2. 对比推文的公众号，查看推文次序及时间

除可以了解推文的传播指数和点赞数外，用户还可以通过西瓜助手查看优秀推文

??《宝强别哭》火了！
推文时间: 2016/8/16 18:44:34　数据更新时间: 2016/8/17 10:29:10
传播指数: 87.58　总阅读数: 86257　总点赞数: 335

数据解读　阅读者分析 Beta

该文章所属推文

顺序	文章标题	传播指数	阅读数	点赞数
头条	??《宝强别哭》火了！ 阅读最高 点赞最多	87.58	86257	335
2	女司机撩裙子耍流氓,差点没笑死	58.52	11265	5
3	老汉戏耍小媳妇，笑哭了！	44.38	7894	1
4	玉米地里遇寡妇，笑了我一天！	52.74	7752	7
5	老头饭店找厕所，笑坏老板娘	43.54	6623	2
6	美女长痔疮去看男医生,笑趴下！	44.57	6973	2
7	看完这个视频后，足足笑了三天三夜	43.40	5974	3
8	四姑爷拜寿，气坏老丈人！	42.05	4660	6

图 8－3　西瓜助手中公众号推文的效果分析

的推文次序及推文时间，如图 8－4 所示。了解推文次序在社交媒体优化中非常重要。推文次序会影响用户在浏览内容时的体验和感受，进而影响内容的传播效果和转化率。

同时，推文次序还会影响用户对内容的信任度和用户的互动率。有条理、有逻辑的推文次序可以增强内容的可信度，让用户更加信任发布者或品牌。而杂乱无章的推文次序则会让用户对内容产生怀疑，甚至对发布者或品牌的信誉产生负面影响。合理的推文次序可以引导用户更好地参与互动，如回复、点赞或分享等。通过精心设计推文次序，可以增加用户参与度，提高内容的传播效果和影响力。

发文公众号	推文次序	推文时间	传播指数	阅读数	点赞数
心情养身	1/8	2016/8/16 18:02:26	88.17	76563	313
当时我就崩溃了	1/8	2016/8/16 18:44:34	87.58	86257	335
印象音乐相册	5/6	2016/8/16 17:27:23	86.61	61768	216
教你变得很漂亮	5/8	2016/8/16 17:18:07	86.17	27723	84
综艺视频	1/5	2016/8/16 19:49:37	84.49	98062	375
时尚音乐微场景	5/8	2016/8/16 18:27:43	84.06	56106	161

图 8－4　西瓜助手中公众号推文次序的效果分析

3. 查看阅读者分析作为借鉴点

对于公众号推文的阅读者来说，他们有着不同的职业背景，如学生、上班族、自由职业者等。在信息获取渠道上，阅读者可能会选择多种方式，包括官方网站、社交媒体、论坛、博客等，他们可能会在这些平台上寻找关于自己喜好的公众号内容。因此，推文内容风格应该尽可能地通俗易懂和友好，也可以通过添加图片、视频等多媒体元素来帮助读者更好地理解内容。西瓜助手中的阅读者分析如图 8－5 所示。

对于西瓜助手的阅读者分析，需要从多个方面进行考虑，包括阅读者的需求、习惯、信息获取渠道、内容风格、组织方式和互动性等。通过深入了解这些方面，才能更好地为读者提供有价值的内容和服务，从而提升西瓜助手的市场份额和用户满意度。

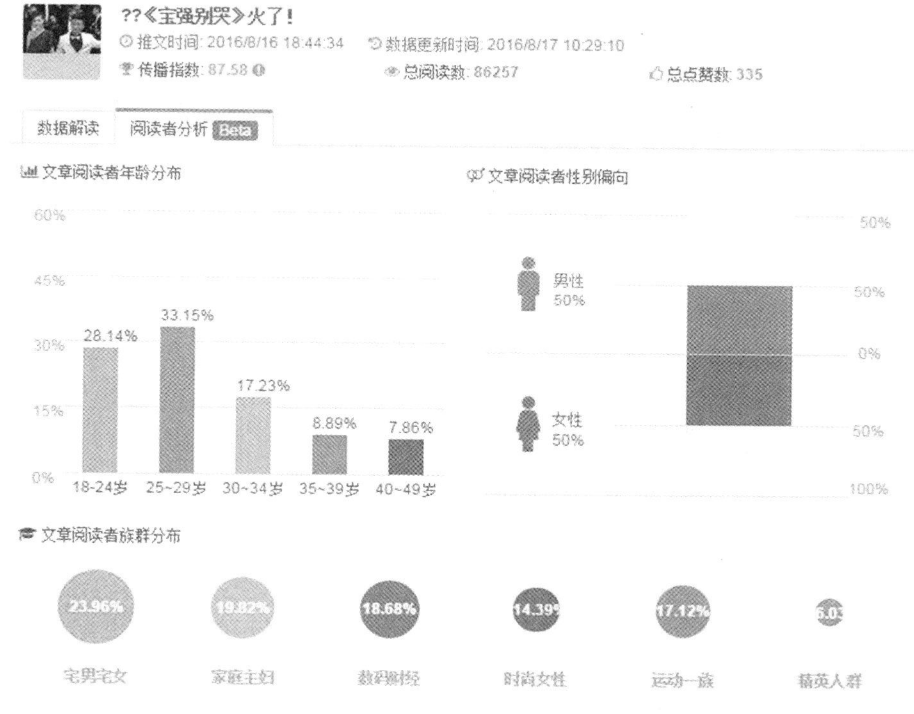

图 8－5 西瓜助手中的阅读者分析

二、抖音小助手

抖音小助手是一款基于抖音平台，能够帮助企业或个人在抖音平台上进行推广和营销的工具。它能够帮助开发者快速搭建自己的抖音应用，还提供了一些管理功能，如批量发布、自动审核等。它可以提供数据分析、粉丝管理、内容优化和活动策划等多种功能，帮助用户制定有效的营销策略并提高抖音账号的曝光率和用户黏性。同时，抖音小助手还可以为用户提供实时的关键词监控和竞品分析，帮助他们了解市场趋势和竞争对手的表现。总的来说，抖音小助手是一款强大的营销工具，能够帮助用户在抖音平台上获得更好的推广效果。

（一）抖音小助手的作用

（1）能够展现热门事件。抖音小助手能推荐热门事件和流行内容，并展示精品内容。抖音小助手会通过多种方式展现热门事件，包括推荐算法、热门话题和挑战、热点事件报道、用户互动和参与，以及合作伙伴和官方账号的发布等。这些方式有助于吸引更多用户的关注和参与，提升抖音平台的影响力和热门事件的知名度。抖音小助手鼓励用户之间的互动和参与，通过点赞、评论、转发等功能，用户可以表达自己的观点和情感，而这些互动也会被纳入推荐算法中，影响内容的曝光和热门程度。

（2）为视频作者提供思路。通过查看抖音小助手的视频，可以给其他作者提供一些思路，去观察这些优质的视频是如何制作的，以及视频的内容都有哪些，还可以知道最近抖音用户比较喜欢和关注的流行趋势。

（3）提高内容的曝光效果。抖音小助手是提高内容的曝光效果的一种工具，它提供了视频加热的功能，可以帮助抖音创作者提高视频的播放量和互动量，从而增加视频的曝光效果。

（4）提高直播间人气。抖音小助手可以提高直播间人气，常见的直播引流方式有呼吸灯和直投方式。直播前加热引流视频可以吸引更多用户进入直播间，而直播过程中直接加热直播间则能吸引更多用户。

（5）优化视觉效果。抖音小助手通过视觉优化，可以提高商品转化。它能够一键批量为抖店商品添加促销水印，直观展示商品优惠，刺激下单，并且可以定时自动化轮换商品，省时省心。此外，抖音小助手还提供了能够吸引眼球的海量模板，帮助商家吸引更多消费者。

（二）使用步骤

抖音小助手是抖音平台上一个非常有用的工具，它可以帮助用户更好地了解和使用抖音，发现更多有趣的内容和有用的信息。下面将详细介绍使用抖音小助手的步骤。

首先，用户需要打开抖音 App，进入抖音的主页面。在主页面中，用户会看到一个搜索框，用户可以点击这个搜索框开始搜索感兴趣的内容。在搜索框中输入“抖音小助手”并点击“搜索”按钮。这时，你的搜索结果中就会出现“抖音小助手”的页面。

然后，用户需要点击关注“抖音小助手”。关注后，用户就可以在抖音小助手的发布动态中看到大量的优质视频。这些视频不仅内容丰富、形式多样，而且制作精良、创意十足。通过观看这些视频，用户可以了解最新的热门话题、流行趋势及各种有趣的生活方式。

除了发布动态，抖音小助手还会分享最新的精品和热门信息。这些信息包括各种实用的技巧、心得和体验，能够帮助用户更好地利用抖音平台。而且这些信息不仅有很高的点击量，而且也有很高的点赞数和评论数，说明它们深受用户的喜爱和认可。

此外，抖音小助手还会针对抖音的一些最新功能展开分析，并向用户呈现出最好的使用方式。这些功能包括但不限于抖音的各种特效、滤镜、贴纸及互动功能等。通过观看这些分析视频，用户可以了解如何更好地利用这些功能，让自己的抖音视频更加有趣、吸引人。

最后，抖音小助手还可以发现并转发有意思的短视频。这些短视频不仅有趣、创意十足，而且也有很高的分享价值。通过抖音小助手，用户可以将这些短视频分享给更多的朋友，并一起分享其中的乐趣。同时，也可以通过这些短视频发现更多有趣的人和内容，拓展自己的社交圈和视野。

总的来说，抖音小助手是一个非常有用的工具，可以帮助用户更好地了解和使用抖音。通过关注抖音小助手，用户可以获得更多的精品内容和热门信息，也可以将这些信息分享给更多的朋友。

第二节　营销场景制作工具

新媒体的营销场景制作工具包括 H5 制作工具和图文排版编辑器。H5 制作工具一般用于宣传推广、发布新品、品牌营销、求职招聘等，是一款营销运营工具。H5 制作工具包括 iH5、易企秀和 MAKA 等。而图文排版编辑器则是用于日常微信排版和 H5 制作，包括秀米编辑器和 135 编辑器等。这些工具可以帮助新媒体运营人员更好地制作和呈现营销内容，提高营销效果。下面将介绍易企秀和秀米编辑器的特点及操作步骤。

一、易企秀

易企秀是一个基于智能内容创意设计的数字化营销软件。它主要提供 H5 创景、海报图片、营销长页、问卷表单、互动抽奖小游戏和特效视频等各式内容的在线制作，并支持 PC、App、小程序、WAP 多端使用。用户可以根据自己的需要自由选择使用端进行创意制作，并快速分享到社交媒体开展营销。

易企秀通过人工智能、大数据、云计算、HTML5、SaaS 等新技术，打造了一个人人会用的创意设计软件。从创意设计入口出发，易企秀不断丰富产品矩阵，形成了创意策划—设计制作—推广分发—数据分析—集客管理的轻营销闭环。

易企秀内置 H5、轻设计、长页、易表单、互动、视频等六大品类编辑器和数十款实用小工具，产品简单好用，让毫无技术背景的用户也能轻松制作出精美的内容。它可以满足企业活动邀约、品牌宣传、引流吸粉、数据收集、电商促销、人才招聘等多媒体、多场景的营销需求。易企秀的海报制作如图 8-6 所示。

图 8-6 易企秀的海报制作

（一）特点

易企秀是一款功能强大的数字化营销软件，其特点主要包括以下几个方面。

（1）创意模版丰富。易企秀提供了丰富多样的创意内容模板，包括 H5 场景、海报图片、营销长页、问卷表单、互动抽奖小游戏和特效视频等。这些模板都是基于智能技术进行设计的，用户只需要通过简单的拖拽和编辑，就能快速制作出精美的内容，极大地提高了创意制作的效率。

（2）多端使用。易企秀支持 PC、App、小程序、WAP 等多端使用，用户可以根据自己的需求自由选择使用端进行创意制作。这使得企业能够更加灵活地开展营销活动，在不同的平台上都能够进行高效的推广。

（3）可及时回收数据。易企秀还提供了数据回收功能，让用户可以随时了解自己的营销效果，并且根据数据反馈进行调整和优化。同时，易企秀平台上还可以投放朋友圈广告，帮助企业更好地实现精准营销，提高营销效果。

易企秀作为一款数字化营销软件，具有在线制作、低成本、高效率、闭环营销等特点。目前已经有超过 3000 万企业用户都在使用易企秀，证明了其具有广泛的市场认可度和强大的功能优势。

（二）操作步骤

易企秀是一款功能强大且易于使用的制作工具，它可以帮助用户轻松创建和分享手机网页，还具有收集潜在客户信息等功能。下面详细介绍一下易企秀的操作步骤。

首先，用户需要注册并登录易企秀账号。注册非常简单，只需要填写正确的邮箱地址或使用微信、QQ 等第三方账号进行登录即可。登录后，用户可以开始创建自己的手机网页。

接着，在易企秀中，用户可以选择不同的模板来快速创建手机网页。这些模板经过精心设计，可以满足各种不同的需求，无论是企业宣传、产品展示还是活动推广都可使用。如果用户想要更加自由地定制自己的手机网页，也可以选择自主创建场景。在这个模式下，用户可以通过简单的拖拽操作来添加图片、文字和视频等元素，并且还可以通过右键菜单进行各种编辑操作，如调整大小、改变颜色等。在编辑过程中，用户可以使用页面管理功能来管理自己的手机网页。这个功能可以帮助用户轻松地添加、删除或重命名页面，并且还可以预览整个手机网页的效果。

最后，当用户完成手机网页的编辑后，就可以设置自己的场景了。这个过程非常简单，只需要选择适合的模板和填写表单即可。设置完成后，用户可以随时分享自己的手机网页，并且还可以通过易企秀提供的各种推广工具来吸引更多的潜在客户。

此外，易企秀还提供了“获客活码”功能，这个功能可以帮助企业微信实现更高效的营销推广。用户只需要在易企秀中创建获客活码，并授权给自己的企业微信账号，就可以实现客户信息的自动收集和管理。使用获客活码的好处很多，如可以提高客户的转化率、减少漏单和掉单的情况等。

总之，易企秀是一款非常实用的制作工具，它可以帮助用户轻松创建和分享手机网页，还提供了各种实用的功能来提高营销效果。无论用户是个人还是企业，都可以通过易企秀来展示自己的创意和想法，还可以获得更多的潜在客户和业务机会。

二、秀米编辑器

秀米编辑器是一个专门运用于微信公众号的文章编辑工具。

（一）特点

秀米编辑器是一款简单易用的微信公众号排版工具，具有以下几个特点。

（1）丰富的模板样式：秀米拥有大量的模板和素材，涵盖了多种排版风格，可以满足用户不同的排版需求。

（2）便捷的排版操作：秀米编辑器具有一键排版功能，能够快速将编辑好的内容排版并导出。同时，还支持图文混排，能够让文字和图片更加融合。

（3）支持实时预览：秀米编辑器支持实时预览功能，用户可以随时预览排版效果，方便进行调整和修改。

（4）自定义程度高：秀米编辑器支持自定义排版，用户可以根据自己的需求对模板进行修改和调整，打造独特的排版风格。

（5）云存储和多平台支持：秀米编辑器支持云存储功能，用户可以将编辑好的内容存储在云端，随时随地访问。同时，还支持多平台操作，包括 PC、手机和平板等设备。

总的来说，秀米编辑器是一款功能强大、操作便捷的微信公众号排版工具，可以帮助用户快速制作出精美的微信公众号内容。

（二）操作步骤

想要在秀米编辑器中制作出精美的图文内容，其实并不难。下面详细介绍秀米编辑器的操作步骤。

首先，登录秀米官方网站注册账号。账号注册成功后，点击标题栏中部偏左的“我的秀米”，进入一个个人工作区。

接着，在这里，用户可以点击“添加新的图文”，开始创作之旅。当进入文章编辑页面时，用户会看到左侧有一个丰富的模板菜单，可以根据自己的喜好和文章的主题，选择一个合适的模板，然后将其拖动到中央的编辑板块中。

当然，仅仅选择模板是不够的，用户还需要在中央的编辑板块中，添加自己的文字和图片。用户可以直接在模板上修改文字，或者点击模板中的图片区域，上传自己的图片。在编辑过程中，不妨随时点击“预览”按钮，查看图文编排的效果。

最后，完成编辑后，不要忘记点击“保存”按钮。同时，用户还可以点击“分享”按钮，将自己的创作分享给其他人，如果用户有自己的微信公众号，还可以选择同步到公众号，让更多的人看到自己的作品。

总的来说，使用秀米编辑器制作图文内容并不复杂。只要熟悉了基本操作，结合一些个人的创意和灵感，用户就能够制作出让人眼前一亮的作品。

除以上几种常见工具外，新媒体营销制作场景的工具还包括乐观号、新榜等，它们为用户提供了热点分析、运营指数排行、数据诊断分析、数据监控等功能，以满足新媒体运营的日常所需。

第三节　数据分析工具

一、百度指数

（一）百度指数的含义

百度指数是以百度海量用户行为数据为基础的数据分享平台，是当前互联网乃至整个数据时代重要的统计分析平台。新媒体运营人员可以借助它研究关键词搜索趋势，洞察用户兴趣和需求，监测舆情动向，以及定位用户特征。百度指数官网如图 8－7 所示。

（二）百度指数的作用

（1）了解用户搜索习惯和需求：通过百度指数，企业可以了解用户的搜索行为和习惯，包括关键词的搜索量、趋势等，从而更好地掌握用户的需求和兴趣点，为企业制定市场推广策略提供有力依据。

图 8-7 百度指数官网

(2) 发现市场趋势和商业机会：通过对关键词的搜索趋势进行监测，企业可以及时发现市场的新机会和潜在的商业趋势，从而调整营销策略，抢占市场先机。

(3) 监测竞争对手：通过百度指数，企业可以了解竞争对手的搜索情况，包括其发布的新闻、公关活动等，从而调整自己的营销策略，提高品牌竞争力。

(4) 制定数字营销策略：基于百度指数的数据分析结果，企业可以制定更加精准的数字营销策略，包括关键词优化、广告投放等，提高营销效果和转化率。

总之，百度指数作为一款基于百度海量网民行为数据的数据分析工具，可以帮助企业更好地了解市场需求和用户行为，制定更加精准的数字营销策略，提升品牌知名度和竞争力。

(三) 百度指数的分析内容

1. 地域分析

百度指数的地域分析功能可以用于研究某一关键词在各个地域的搜索热度，以下是地域分析的基本步骤。

(1) 选择地域分析的关键词：用户需要选择要进行地域分析的关键词。可以是一个产品名称、品牌、行业术语等，关键是要确保这个关键词与要分析的地域具有相关性。

(2) 查看地域分布报告：在选择了关键词之后，用户可以通过百度指数的地域分布报告来查看该关键词在不同地域的搜索热度。报告会以图表的形式展示关键词在不同地区的搜索量，同时还会提供一些地域特征的描述，帮助用户更好地理解该关键词在各个地域的流行程度。

(3) 分析地域分布的原因：在了解了关键词在不同地域的搜索热度之后，用户需要进一步分析形成这种分布的原因。这可能涉及当地的经济、文化、人口结构、消费习惯等多个因素。通过深入了解这些因素，用户可以更好地把握市场趋势和消费者需求，为营销和推广提供更有针对性的策略。

(4) 制定地域营销策略：基于对各个地域的搜索热度和原因的分析，用户可以制定有针对性的地域营销策略。例如，针对搜索热度较高的地区，可以加大广告投放力度，提高品牌知名度；针对搜索热度较低的地区，可以通过各种方式提高该地区的营销效果。

总之，百度指数的地域分析功能可以帮助用户了解市场趋势、把握消费者需求、制定有针对性的营销策略，从而提高营销效果和品牌知名度。

2. 人群分析

人群属性是百度指数的一个重要功能，可以帮助用户了解特定关键词的人群特征，包括性别比例、年龄分布、职业分布和地域分布等，如图 8 - 8 所示。这些数据可以帮助用户更好地了解目标用户群体的特点，从而更好地制定营销和推广策略。

此外，通过人群属性的对比分析，用户还可以发现不同关键词或者不同类型用户之间的差异，从而更深入地了解目标用户群体的需求和兴趣点。例如，某关键词的用户群体中男性占比比女性高，说明这个关键词更吸引男性用户，那么在制定营销和推广策略时，可以更多地考虑男性用户的需求和兴趣点。

百度指数的人群分析功能可以帮助用户更好地了解目标用户群体的特征和需求，从而更好地制定营销和推广策略。同时，通过对比分析不同关键词或者不同类型用户之间的差异，用户还可以发现更多的机会和挑战，为未来的发展提供更有价值的参考。

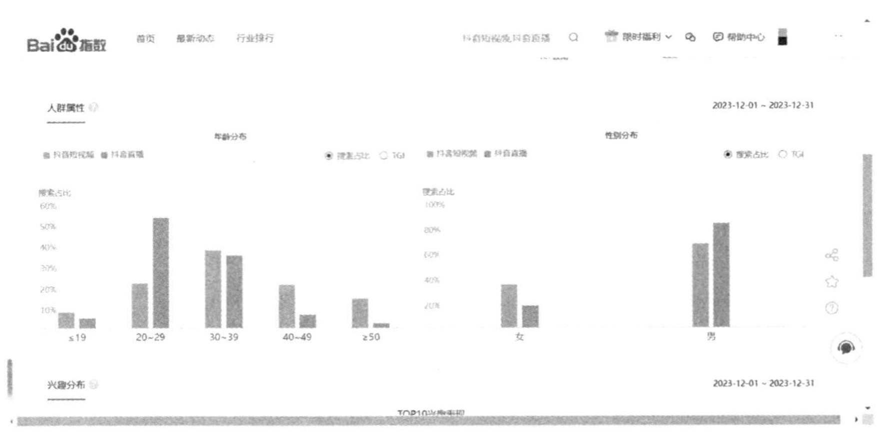

图 8 - 8　百度指数的人群分析

3. 需求图谱

百度指数的需求图谱是一个非常有用的工具，它可以帮助用户了解某个关键词的相关需求和趋势，如图 8－9 所示。这个图谱展示了用户在搜索该关键词时经常与其他哪些关键词一起搜索，从而揭示了用户对该关键词的关注点和兴趣点。

通过需求图谱，用户可以了解到该关键词的关联词和衍生词，这些词往往与该关键词有较高的相关性。用户可以根据这些信息来优化自己的内容，提高其针对性和吸引力。

此外，需求图谱还可以帮助用户预测某个关键词的未来趋势。如果某个衍生词或关联词的搜索量逐渐增加，那么该关键词的搜索量也有可能会逐渐增加。通过关注这些趋势，用户可以提前布局自己的内容，从而更好地满足用户的需求。

百度指数的需求图谱是一个非常实用的工具，可以帮助用户更好地了解目标客户的需求和搜索趋势，提高自己的内容质量和吸引力。

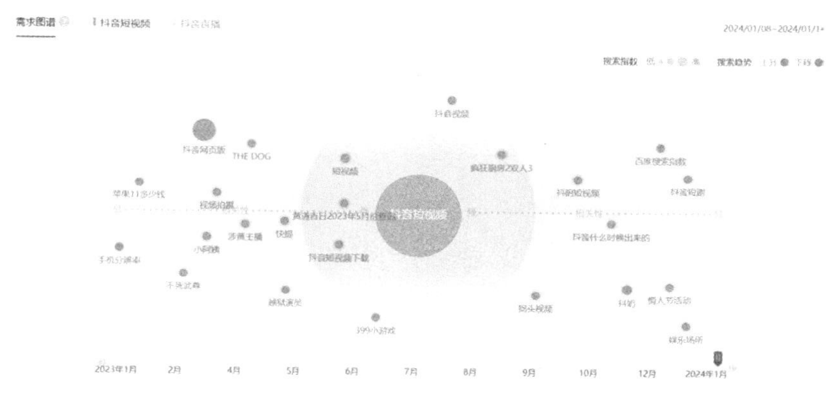

图 8－9　百度指数的需求图谱

4. 关键词热度

百度指数的关键词热度是指某一时间段内，用户通过搜索引擎等渠道对某一关键词的关注程度和搜索频率，如图 8－10 所示。它反映了用户对该关键词的兴趣和需求，也是衡量一个关键词在市场上的竞争态势的重要指标。

在百度指数中，关键词的热度可以用不同的数据形式来表现，如搜索量、点击量、评论量等。这些数据可以帮助用户更好地了解用户需求和市场趋势。例如，如果某个关键词的搜索量在短时间内快速增加，说明用户对该关键词的兴趣增加，市场需求也在增加。相反，如果某个关键词的搜索量持续下降，说明用户对该关键词的兴趣在减少，市场需求也在减少。

此外，百度指数还可以提供关键词的竞争态势分析。通过分析不同关键词之间的竞争关系，可以帮助用户更好地了解市场情况，并制定相应的营销策略。例如，如果某个关键词的竞争态势较弱，那么对于该关键词的优化和推广就比较容易，可以优先考虑。

百度指数的关键词热度是用户需求和市场趋势的重要反映，对于企业和个人在制定营销策略、产品开发等方面具有重要意义。通过百度指数的分析，可以帮助用户更好地了解市场情况，把握用户需求和市场趋势，从而更好地应对市场变化和抓住商业机会。

图 8-10　百度指数的关键词热度

二、新榜

（一）新榜概述

新榜是一个新媒体私域及公域流量的统计分析工具，以日、周、月、年为周期，发布以微信、抖音等为代表的自媒体平台真实、有价值的运营榜单，方便新媒体运营人员了解新媒体整体的发展情况，为新媒体运营人员提供有效的数据服务，为内容创业者、媒体机构和企业提供了全方位的服务和支持。

新榜是一个数据驱动的内容行业枢纽，服务于内容产业，同时也以内容服务产业。它依托覆盖全平台各层级的新媒体资源和内容数据产品，提供内容营销、直播电商、版权分发和内容资产运营管理服务，满足中国企业数字化、内容化转型的全链路需求。

新榜提供多种数据服务和产品，包括“新榜有数”数据产品体系和“新榜有赚”营销产品体系等。这些服务和产品可以帮助客户更好地了解新媒体市场和用户需求，优化内容生产和营销策略，提高品牌知名度和用户黏性。

（二）新榜的特点

新榜的特点主要体现在下面几个方面。

（1）数据来源丰富：新榜可以从多个社交媒体平台获取数据，包括微博、微信、抖音、快手等，覆盖面广。

（2）数据分析维度多样：除了能够提供基本的数据分析外，新榜还可以根据企业需求提供更深入的数据分析，如情感分析、用户画像等，为企业提供更具针对性的数据支持。

（3）数据可视化效果好：新榜的数据分析结果以可视化形式呈现，图表清晰易懂，方便企业管理层直观了解品牌营销和用户反馈情况。

（4）专业团队支持：新榜的专业团队拥有丰富的数据分析经验和技能，能够为企业提供全面的数据支持和解决方案。

（5）榜单类型多样化：新榜不仅覆盖主流新媒体领域的数据，还包含了各类垂直领域榜单。以微信公众号为例，新榜展示了文化、百科、健康、时尚、美食等 20 多个垂直领域榜单，同时每个领域账号可展示“新榜指数”前 100 名。

（6）数据指标科学：新榜以“新榜指数”衡量新媒体（包含但不限于图文、短视频等）的传播能力，基于阅读量、点赞数、评论数、转发数等数据，通过科学的计算方法得出排名结果，确保数据的客观性和准确性。

综上所述，新榜是一个值得信赖的数据分析平台，可以有效地帮助企业提升品牌影响力和用户满意度，是企业品牌营销的重要合作伙伴。

（三）新榜的数据内容

新榜提供的数据内容主要涉及新媒体领域，特别是微信公众号、抖音、快手、视频号、小红书、微博、哔哩哔哩等平台。数据内容涵盖多个方面，包括但不限于下面几类。

（1）内容类型：新榜对各类新媒体平台上的内容类型进行了数据统计，包括时事资讯、娱乐、搞笑、情感等不同类目。通过这些数据，用户可以了解各类内容在不同平台上的受欢迎程度和互动情况。

（2）爆款传播：新榜对各新媒体平台上爆款内容的传播速度和影响力进行了统计和分析，帮助用户了解如何打造具有影响力的内容。

（3）富媒体形态：新榜关注图文平台视频化和视频平台鼓励图文创作的发展趋势，为用户提供相关数据和信息。

（4）视频时长：新榜对不同平台上的视频时长进行了统计，用户可以了解 60 秒以上视频占比等数据。

（5）泛知识内容：新榜关注泛知识内容的发展情况，提供抖音等平台上泛知识内容的播放量等数据。

（6）游戏和时尚博主：新榜分析了快手、BiliBili 的游戏号和抖音、小红书的时尚博主的吸粉力和出圈情况。

（7）元宇宙概念：新榜关注元宇宙概念和虚拟人 IP 热度的趋势，为用户提供相关信息和数据。

（8）短视频带货：新榜统计了抖音、快手等平台上的带货视频占比和小红书种草笔记比例等数据，反映了短视频带货的常态化趋势。

（9）直播带货：新榜关注直播带货的热度和发展趋势，为用户提供相关信息和数据。

（10）本地生活服务：新榜统计了各平台发力本地生活服务的趋势，如“探店”账号逐月走高等数据。

新榜提供的数据内容非常丰富多样，涵盖了新媒体领域的多个方面。这些数据可以帮助用户了解行业趋势和竞品情况，从而更好地制定自己的内容策略和运营方案。例如，UC订阅号每周联合新榜发布权威自媒体榜单，每期榜单包括最具影响力榜、最具潜力榜，以及历史、动漫等垂直领域意见领袖榜，如图8－11所示。UC订阅号最具影响力排行榜由内容优质度、粉丝参与度、账号影响力三项指标构成。榜单的发布，将让更多中小自媒体人获取较多的粉丝与广告主的关注，也为内容创作者了解何种优质文章将获得更好的传播提供第一手参考。

图8－11　UC订阅号与新榜联合推出的自媒体榜单

三、飞瓜数据

飞瓜数据是一款专业服务于短视频和直播领域的综合性数据分析平台，它专为从事或关注短视频创作、直播营销、品牌推广、电商运营等相关工作的个人与机构设计，致力于提供全方位、深层次的数据洞察与实战指导。飞瓜数据官网如图8－12所示。

图8－12　飞瓜数据官网

（一）飞瓜数据的功能

飞瓜数据可以针对抖音、快手、BiliBili等平台数据进行查询、追踪，飞瓜数据凭借其强大的数据抓取、处理与分析能力，为用户在短视频和直播行业的数据查询、运营指导、广告投放效果监控等关键环节提供一站式解决方案，旨在通过数据驱动的方式，赋能用户提升内容创作质量、优化账号运营策略、精准投放广告、有效进行电商合作。飞瓜数据的功能主要有以下几个方面。

1. 热门数据追踪

飞瓜数据可以实时抓取并更新短视频平台上的热门视频数据，通过综合排序展现平台最新热点，便于用户快速发现热门趋势，为内容创作提供灵感和方向。同时，飞瓜数据还可以通过跟踪平台内热门音乐、话题讨论和特效使用情况，帮助用户紧跟潮流，融入流行元素到自己的内容中。

2. 达人数据分析

飞瓜数据平台支持按照关键词、分类、粉丝量、地区等条件搜索和筛选短视频达人，提供详尽的达人档案，包括粉丝增长、作品表现、互动数据、商业合作历史等。同时，还可发布多维度的达人排行榜，如按粉丝增长、点赞量、播放量、评论量等指标排名，揭示行业头部达人动态与新兴趋势。

3. 直播数据分析

飞瓜数据平台可以实时监控直播间的各项关键数据，如开播时间、观看人数、在线峰值、礼物打赏、商品销售额等，全面反映直播活动表现。同时，飞瓜数据还可提供主播的粉丝总量、粉丝增长、直播频次、场均观看人数、平均观看时长、带货转化率等深度数据，商家可以通过查询直播相关数据进而评估主播的实力与合作价值。

4. 内容素材库

飞瓜数据作为一款专业且全面的短视频和直播数据分析服务平台，深知优质内容对于商家在激烈竞争中脱颖而出的重要性。为了有效赋能商家提升短视频内容质量和直播活动的吸引力，它精心构建了一个丰富多元的创意资源库，为商家提供热门视频模板、背景音乐、热门话题标签等丰富的创意资源，助力用户提升短视频内容质量和直播活动吸引力。

5. 账号诊断与优化建议

飞瓜数据可以为商家生成用户自身或关注账号的详细数据分析报告，包括粉丝属性、活跃时段、内容偏好、互动行为等，提供运营优化建议。同时，飞瓜数据还支持对比分析用户与竞品账号的数据表现，为制定具有竞争力的运营策略提供参考。

6. 广告投放效果监控

除数据监控外，商家还需进行广告投放，飞瓜数据也支持实时监测广告曝光、点击、转化等关键指标，分析广告成本与收益，指导用户优化投放策略，为商家提升广告效果提供策略参考。

（二）飞瓜数据的使用

在使用飞瓜数据的过程中，具体涉及访问官网、登录账户、选择所需功能模块、进行数据分析，并可能包括升级服务或使用移动应用等步骤。熟悉飞瓜数据中各功能模块的具体操作方法，有助于用户充分利用该工具提升短视频营销及直播运营的效果。

例如，以“美食”为主题，使用飞瓜数据对该主题下的抖音直播活动和热门视频进行数据分析，具体操作步骤如下：

（1）在浏览器的地址栏中输入飞瓜数据的官网地址，然后按“Enter”键进入飞瓜数据首页。单击“抖音版”图标，进入抖音版飞瓜数据首页，然后单击首页右上角的“登录/注册”按钮，根据提示进行登录。飞瓜数据抖音版登录页面如图 8 - 13 所示。

图 8 - 13　飞瓜数据抖音版登录页面

（2）加入要搜索美食主播及相关视频，则可单击左侧导航栏中的“直播分析”→“实时直播热榜”按钮，在打开的界面的搜索栏中输入关键字“美食”，然后单击搜索栏右侧的“搜索”按钮，查看具体有哪些直播间在推广该类商品，再单击任一直播间下方的“直播详情”按钮进入直播详情界面。飞瓜数据实时带货直播搜索页面如图 8 - 14 所示。

图 8 - 14　飞瓜数据实时带货直播搜索页面

（3）在直播详情界面可以直接查看直播间人气数据和人气数据趋势图，并进行分析。飞瓜数据直播间相关数据页面如图 8－15 所示。

排名	直播间	达人	直播销售额	直播销量	近1小时直播销量	人气峰值
01	美食NO负担，浮力… 热卖：食品饮料	沃隆官方… 粉丝数：49.2w	2.5w-5w	100-250	0-50	23
02	爱自己，关心食物… 热卖：食品饮料	妈妈很忙… 粉丝数：80.8w	1w-2.5w	250-500	100-250	63
03	食养悦己美得自然… 热卖：食品饮料	金燕耳官… 粉丝数：50.3w	5000-7500	0-50	–	27
04	饭乎春季美食日福… 热卖：食品饮料	饭乎官方… 粉丝数：106.2w	5000-7500	0-50	–	125
05	深海八爪鱼下单减20 热卖：生鲜	小范的海鲜美食 粉丝数：438.5w	2500-5000	50-100	–	69

图 8－15　飞瓜数据直播间相关数据页面

（4）在直播详情界面的人气数据右侧查看直播间带货数据和实时大屏，并进行分析。飞瓜数据直播间实时大屏如图 8－16 所示。

图 8－16　飞瓜数据直播间实时大屏

（5）单击人气数据下方的“带货”按钮，并选中“本场销量”“本场销售额”“正在去购买人数”“正在去购买弹幕数”复选框，查看带货商品数据的变化情况并进行分析。

（6）在直播详情界面中，向下拖动右侧的滚动条，在直播数据趋势图下方查看单个带货商品的数据并进行分析。

（7）继续在直播详情界面中向下拖动右侧的滚动条，在带货商品数据下方查看观众画像数据并进行分析。

（8）继续在直播详情界面中向下拖动右侧的滚动条，在最下方查看直播间观众互动的相关数据并进行分析。

实训任务

新媒体运营工具的使用

1. 西瓜助手的功能探索

步骤一：学生登录西瓜助手平台，详细了解其内容库、热点雷达、数据监测等功能模块，了解如何通过西瓜助手进行内容选题、素材搜索、行业热点追踪等。

步骤二：根据实训小组设定的新媒体账号定位（如科普教育、美食分享、时尚穿搭等），利用西瓜助手进行相关话题的深度挖掘，筛选出具有吸引力且符合受众喜好的内容选题。同时，利用内容库搜索相关素材，整理成素材库。

步骤三：利用西瓜助手的数据监测功能，对已发布内容的阅读量、点赞量、评论量、转发量等关键指标进行分析，识别用户偏好，为后续内容优化提供依据。

2. 抖音小助手操作与短视频制作

步骤一：学生登录抖音小助手，熟悉其脚本创作、拍摄指南、剪辑工具、互动管理等功能，了解如何借助小助手提升短视频创作效率与质量。

步骤三：基于阶段一确定的内容选题，使用抖音小助手的脚本创作功能，编写吸引人的短视频剧本。遵循拍摄指南进行实地或室内拍摄，确保视频画面清晰、稳定，内容连贯。

步骤三：运用抖音小助手的剪辑工具进行视频剪辑、特效添加、字幕制作等，确保视频呈现效果符合账号风格与目标受众审美。完成编辑后，按照最佳发布时间策略进行发布。

3. 用户互动与数据分析优化

步骤一：利用抖音小助手的互动管理功能，及时回复用户评论，引导用户参与话题讨论，提升用户活跃度与黏性。同时，关注用户反馈，收集改进意见。

步骤二：结合西瓜助手与抖音后台的数据分析，对发布的短视频进行效果评估，包括播放量、点赞量、评论量、转发量、完播率等。根据数据反馈，分析内容优缺点，调整内容策略，如优化选题方向、改进拍摄手法、调整发布时间等。

本章小结

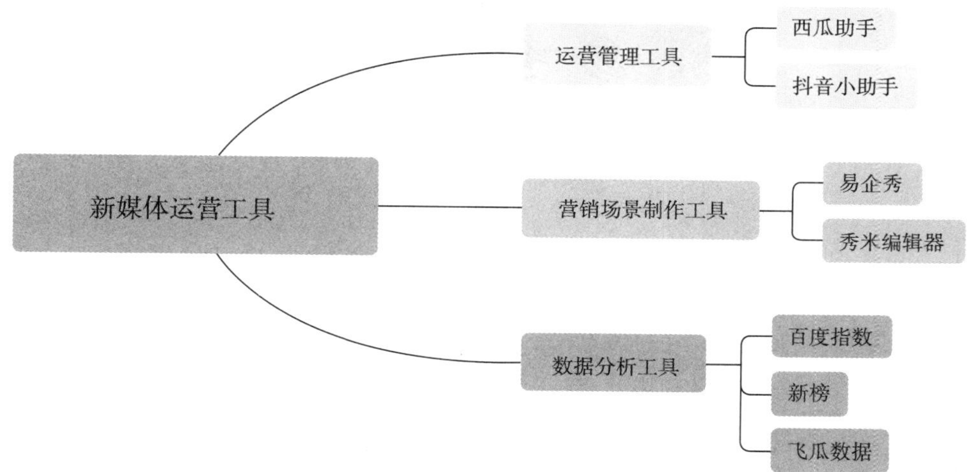

复习思考题

1. 结合你的认识，谈一谈新媒体运营管理工具有哪些。
2. 微信公众号和抖音短视频的营销工具如何使用？
3. 百度指数与西瓜助手中的传播指数有何异同，各自的优势是什么？
4. 请用易企秀为某公司设计一个年会的邀请函。

参考文献

[1] 魏振锋．新媒体运营实务（微课版）[M]．北京：人民邮电出版社，2022.

[2] 李东临．新媒体运营 [M]．天津：天津科学技术出版社，2018.

[3] 勾俊伟．新媒体运营 [M]．北京：人民邮电出版社，2018.

[4] 刘望海．新媒体营销与运营 [M]．北京：人民邮电出版社，2018.

[5] 李俊，魏炜，马晓艳．新媒体运营 [M]．北京：人民邮电出版社，2020.

[6] 刘应波，陈如华，李娟．新媒体数据分析 [M]．哈尔滨：哈尔滨工程大学出版社，2021.

[7] 倪莉莉，郑伶俐．新媒体营销与案例分析 [M]．北京：人民邮电出版社，2022.

[8] 陈娜，姜梅．微博营销与运营（第 2 版） [M]．北京：人民邮电出版社，2021.

[9] 龚铂洋．直播营销的场景革命 [M]．北京：清华大学出版社，2016.

[10] 韦亚洲，施颖钰，胡咏雪．直播电商平台运营（微课版）[M]．北京：人民邮电出版社，2021.